文明花开新税务

税务文化建设典型案例选编

国家税务总局党建工作局　编

中国税务出版社

图书在版编目（CIP）数据

文明花开新税务：税务文化建设典型案例选编/国家税务总局党建工作局编．—北京：中国税务出版社，
2019.11（2020.11 重印）
ISBN 978-7-5678-0772-3

Ⅰ．①文… Ⅱ．①国… Ⅲ．①税收管理—案例—中国
Ⅳ．① F812.423

中国版本图书馆 CIP 数据核字（2019）第 229426 号

版权所有·侵权必究

书　　　名：	文明花开新税务：税务文化建设典型案例选编
作　　　者：	国家税务总局党建工作局　编
责任编辑：	唐　卿
责任校对：	姚浩晴
技术设计：	刘冬珂
出版发行：	中国税务出版社
	北京市丰台区广安路 9 号国投财富广场 1 号楼 11 层
	邮政编码：100055
	http：// www．taxation．cn
	E-mail：swcb@taxation．cn
	发行中心电话：（010）83362083/86/89
	传真：（010）83362046/47/48/49
经　　　销：	各地新华书店
印　　　刷：	北京联兴盛业印刷股份有限公司
规　　　格：	787 毫米 ×1092 毫米 1/16
印　　　张：	26.5
字　　　数：	430000 字
版　　　次：	2019 年 11 月第 1 版　2020 年 11 月第 4 次印刷
书　　　号：	ISBN 978-7-5678-0772-3
定　　　价：	145.00 元

如有印装错误　本社负责调换

中国税务精神

忠诚担当

崇法守纪

兴税强国

中国税务之歌

集体 词
印青 曲

1=♭G 4/4
♩=120 豪迈地

(i i i 6.6 6 i | 6 5 6 3 - | 6 5 3 2 3 5 | 3. 1 2 3 1 5̣)|

5. 5 6 5 | 5. 2 3 1 - | 1. 1 1 6 1 5 3 | 2 1 2 3 2 - |
中 国 税 务 意气风发， 为了祖国富 强 贡献力 量，

5. 5 6 5 | 5 3 2 3 6. - | 1. 1 6 1 2 3 5 | 3 1 2 3 1 0 |
中 国 税 务 奋进昂 扬， 为了民族复 兴 共筑梦 想。

3 3 3 2 3. 2 | 1 1 1 2 5 3 - | 2 2 2 3 2. 6 | 1 1 1 2 3 2 - |
为国聚 财 是我们的责 任， 为民收 税 是我们的荣 光。

3. 2 3 5 | 6. 5 1 2 3 | 2. 3 2 1 | 2 2 2 6 5 - |
忠 诚担当， 崇 法守纪， 兴 税强国， 初心不 忘。

i i i 6.6 6 i | 6 5 6 3 - | 6 6.6 5 3 3 | 2 1 2 3 2 - |
我们是共和国的税 务 人， 前进的号 角在征途上吹响，

i i i 6.6 6 i | 6 5 6 3 - | 2 2 1 2 3 5 | 6 5 3 2 5 |
我们是共和国的税 务 人， 信仰的旗 帜 在新时代飞

rit.
1 - - - | 6 5 3 5 6 i | i - i 0 0 ‖
扬。 在 新 时代飞 扬。

序　言

文化是一个国家、一个民族的灵魂。文化兴国运兴，文化强民族强。党的十九大报告提出，推动社会主义文化繁荣兴盛。习近平总书记强调，"没有高度的文化自信，没有文化的繁荣兴盛，就没有中华民族伟大复兴。"坚定中国特色社会主义道路自信、理论自信、制度自信，说到底是要坚定文化自信。文化自信是更基础、更广泛、更深厚的自信，是更基本、更深沉、更持久的力量。

国家税务总局党委书记、局长王军指出，要创新税务文化，培育税务精神、凝聚税务力量、彰显税务形象。这为全国税务系统在新时代加强税务文化建设指明了方向，提供了遵循。加强新时代税务文化建设，是传承中华优秀传统文化、培育和践行社会主义核心价值观和中国税务精神的应有之义。在实现"两个一百年"奋斗目标、实现中华民族伟大复兴的中国梦的壮丽征程中，各级税务机关肩负着为国聚财、为民收税的神圣使命，需要充分运用税务文化的力量，以正确的价值观念、先进的管理理念、共同的发展愿景凝聚全体税务人的精神力量，打牢共同思想基础，培育良好道德风尚，激发工作的积极性、主动性、创造性，汇聚推动税收事业高质量发展的强大内生动力。

先进的文化理念是经济发展、社会进步的重要动力，现代管理学之父彼得·德鲁克认为，"管理以文化为基础，受文化制约，文化管理是最高层次的管理"。在血雨腥风的革命年代、激情燃烧的建设岁月、波澜壮阔的改革大业之中，中国税务人爱岗敬业、履职尽责，为中华民族从"站起来"到"富起来"再到"强起来"提供了坚实的财力保障，也形成了深厚的税务文化，这是全体中国税务人宝贵的"精神家园"。我们要大力挖掘、充分宣传、积极运用。税务文化作为一种新型的行政管理方法，在各级税务机关蓬勃发展、方兴未艾，取得了显著成效。

筚路蓝缕启山林，栉风沐雨砥砺行。全国税务系统对税务文化建设进行了深层次、多方位的探索和实践，税务文化建设已经被越来越多税务人所认识和接受，并逐渐成为促进税收事业健康发展的重要推动力量。特别是2017年以来，税务总局认真提炼和推动践行"忠诚担当、崇法守纪、兴税强国"的中国税务精神，制定出台关于加强新时代税务文化建设的意见，组织税务系统广泛传唱中国税务之歌，深入开展群众性精神文明创建活动，税务文化建设开启了新征程，有力促进了国税地税征管体制改革之后新税务的"事合、人合、力合、心合"，为做好落实减税降费政策、依法组织税费收入、优化税收营商环境等重点工作提供了强大精神力量。

税务文化建设是一个长期的、渐进的过程，需要经过从量变到质变的过程，必须克服一蹴而就、一劳永逸的思想，做到循序渐进、扎实推进、长期促进。税务文化建设要围绕中心、服务大局，旗帜鲜明讲政治、不折不扣促发展，加强中国税务人对税收事业的认同感、责任感和使命感，将精神理念根植于全体税务人的思想行动之中，突出历史传承与创新发展相结合、突出精神内涵与税务实践相结合、突出税务特色与各方参与相结合，培育和践行社会主义核心价值观，积极践行中国税务精神，讲好税务故事、传递税务声音，形成共同的价值追求和行为准则。

为总结好经验好做法，推广先进典型，推进新时代税务文化建设，税务总局党建工作局组织编撰《文明花开新税务——税务文化建设典型案例选编》。本书包含全国税务系统 105 个优秀税务文化建设案例，涵盖党的建设、思想政治、文明创建、家风家训、志愿服务、队伍建设等多个方面，通过鲜活生动的事例、图文并茂的方式，阐明理念、展示做法、宣传引领，为加强当下税务文化建设提供了丰富的参考和借鉴。愿各级税务机关、广大税务工作者，从优秀典型案例中采"他山之石"，琢"自身璞玉"，找到加强本单位税务文化建设的方向和目标，推动各级税务机关学习先进、对标先进、赶超先进，达到以文化建设锻造队伍、提升素质、促进发展的目的，逐步实现税务文化大发展、大繁荣。同时，本书也是税务系统对外展示文化建设成果的窗口、交流文化建设经验的平台，希望社会各界专家学者对税务文化建设提出宝贵的意见建议。因本次编撰工作时间紧、任务重，同时受限于编撰人员知识水平，本书难免存在一些问题和不足，望广大读者批评指正，如有反馈意见请发送至邮箱 jcgzc@sat.tax，谢谢。

"大鹏之动，非一羽之轻也；骐骥之速，非一足之力也。"税务文化建设只有进行时，没有完成时，各级税务机关要一以贯之、久久为功、接续奋斗，当好税务文化的践行者、开拓者、推动者、引领者，让新时代税务文化之花开遍神州大地，滋润税务干部职工心田，为高质量推进新时代税收现代化提供强大精神动力和文化支撑。

国家税务总局党建工作局

2019 年 11 月

目 录

党建引领篇

党建引领税务文化建设创新发展
………………………………………………国家税务总局湖南省税务局 3

建强党支部 提升组织力
………………………………………………国家税务总局甘肃省税务局 7

探索"四个三"工作法 推进跨区域机构党建工作
………………………………………国家税务总局驻北京特派员办事处 15

党建引领聚合力 共建共赢促发展
………………………………………国家税务总局驻重庆特派员办事处 19

用好信息平台 助推智慧党建
…………………………………国家税务总局大庆市大同区税务局 22

打造"共建共融共享共赢"党建新模式
………………………………………………国家税务总局辽阳市税务局 25

创建党建工作示范点 充分发挥战斗堡垒作用
…………………………………国家税务总局上海市虹口区税务局 28

纵横联动抓党建 绽放税务蓝莲花
…………………………………………国家税务总局连云港市税务局 32

探索情景党课新模式 拓展党员教育新境界
………………………………………………国家税务总局南宁市税务局 35

以党建品牌创建为载体　积极推进税收改革发展
　　……………………………………… 国家税务总局海口市税务局　38

大力加强党建文化建设　积蓄税收发展正能量
　　………………………… 国家税务总局大连高新技术产业园区税务局　41

用活红色资源　打造党性教育基地
　　……………………………………… 国家税务总局盐池县税务局　45

党建引领固本　"五心驿站"塑魂
　　………………………… 国家税务总局蚌埠高新技术产业开发区税务局　48

纵合横通互融强党建　"税海红帆"文化铸先锋
　　……………………………………… 国家税务总局无锡市税务局　52

文化传承篇

以文聚力　以文化人　推动税务文化建设落地见效
　　……………………………………… 国家税务总局广东省税务局　59

设计税务视觉识别系统　深化基层规范化建设
　　……………………………………… 国家税务总局河南省税务局　62

培育"育林文化"　推进"育林工程"
　　……………………………………… 国家税务总局深圳市税务局　65

鹭税书香　品悟共享
　　……………………………………… 国家税务总局厦门市税务局　68

利剑擎天　守好中国税务"南大门"
　　………………………… 国家税务总局驻广州特派员办事处第一大队　71

税风飘扬爱文社　阅读风起溢书香
　　……………………………………… 国家税务总局长沙市雨花区税务局　74

志愿服务聚爱心　格桑花开新税务
………………………………………国家税务总局天津市北辰区税务局　77

创建少年税校　创新税收普法
………………………………………国家税务总局北京市密云区税务局　80

三秦大地写博爱　革命老区洒真情
………………………………………………国家税务总局铜川市税务局　83

传承好家风　弘扬好税风
………………………国家税务总局重庆市两路寸滩保税港区税务局　86

寻文化根脉　承诗意情怀　构建"税务+诗词"文化建设新格局
……………………………………国家税务总局太原市万柏林区税务局　89

弘扬优秀家风　打造清风儒税
………………………………………………国家税务总局泗水县税务局　92

"延安税务家风馆"推进家风建设文化品牌
………………………………………………国家税务总局延安市税务局　95

说唱快板：减税降费"流行色"
………………………………………………国家税务总局平陆县税务局　99

焕发乌兰牧骑红色基因的时代光芒
………………………………………国家税务总局乌海市海南区税务局　103

开展倡廉行孝教育　凝聚清正廉洁原动力
………………………………………国家税务总局上海市金山区税务局　107

传承红色基因　筑牢蓝色税魂
………………………………………国家税务总局重庆市沙坪坝区税务局　110

传承阳明文化　知行合一铸铁军
………………………………………………国家税务总局余姚市税务局　113

牢记税徽赋予使命　践行中国税务精神
………………………………………国家税务总局天津市和平区税务局　116

编写《税工历程》和《口述税史》　讲好税收故事
………………………………………………国家税务总局长春市税务局　119

汇集文化共识　凝聚和合力量

　　　　　　　　　　　　　　　　　　国家税务总局邢台市税务局　122

举办道德大讲堂　传播税务好声音

　　　　　　　　　　　　　　　　　　国家税务总局宜春市税务局　125

以雷锋精神育人引路　让雷锋精神光耀税徽

　　　　　　　　　　　　　　　　　　国家税务总局凌海市税务局　128

深挖革命税收资源　打造红色文化品牌

　　　　　　　　　　　　　　　　　　国家税务总局新县税务局　131

品牌建设篇

打造税务影视精品　深化税务文化建设

　　　　　　　　　　　　　　　　　　国家税务总局湖北省税务局　139

以"卓越绩效"品牌助推税收工作高质量发展

　　　　　　　　　　　　　　　　　　国家税务总局青岛市税务局　143

让税史走进生活　让税法深入人心

　　　　　　　　　　　　　　　　　　　　　北京税务博物馆　147

打造"龚全珍工作室"文化品牌　厚植干事创业氛围

　　　　　　　　　　　　　　　　　　国家税务总局江西省税务局　151

建设税收主题体验馆　搭建文化传播主阵地

　　　　　　　　　　　　　　　　　　国家税务总局东莞市税务局　154

用活地域特色　展现个性元素　倾力打造"光明牛"税务文化品牌

　　　　　　　　　　　　　　国家税务总局深圳市光明区税务局　158

依托边区税务总局旧址　打造红色文化特色研学基地

　　　　　　　　　　　　　　　　　　国家税务总局邯郸市税务局　162

创作《税务弟子规》 不忘初心树导向
………………………………………………… 国家税务总局运城市税务局　166

打造"亲清党建"品牌　服务晋江民营经济
………………………………………………… 国家税务总局晋江市税务局　171

"驿路春风"党建品牌的实践探索
…………………………………………… 国家税务总局成都市龙泉驿区税务局　174

积极打造"责任税务　服务税务　快乐税务"文化品牌
………………………………………………… 国家税务总局西安市税务局　178

"禾税先锋"引领新征程
………………………………………………… 国家税务总局嘉兴市税务局　182

巧打"红色牌"　深化"兵团情"
………………………………………………… 国家税务总局石河子税务局　186

机关文化催人奋进　助力改革逐梦前行
…………………………………………… 国家税务总局佳木斯市郊区税务局　189

争创党建品牌　激活基层党建
…………………………………………… 国家税务总局青岛市崂山区税务局　192

高原之舟　云端税韵　打造税韵牦牛文化馆
………………………………………………… 国家税务总局那曲市税务局　196

打造"七彩"党建品牌　凝铸无悔高原"税魂"
……………………………………………… 国家税务总局格尔木市税务局　199

突出行业特色　打造"燊税"文化品牌
………………………………………………… 国家税务总局自贡市税务局　203

打造非常党建品牌　引领税收事业发展
…………………………………………… 国家税务总局湘潭市雨湖区税务局　206

点亮青春方阵　助力年轻干部成长
………………………………………………… 国家税务总局易门县税务局　210

"三大工程"打造税务文化圈
………………………………………………… 国家税务总局盘州市税务局　213

建设井冈山税务干部理想信念教育基地
　　　　　　　　　　　　　　　国家税务总局吉安市税务局　216

先锋榜样篇

全国人民满意的公务员

张学东：岗位建功、创新攻坚的税务改革"排头兵" ………… 223
剡红红：浴火重生志弥坚 ………………………………………… 226
鞠　英：办税厅里的"知心大姐" ……………………………… 228
滕梦利：将青春的印记烙在八道沟 ……………………………… 231

全国道德模范（全国道德模范提名奖）

肖光盛：入党初心　积淀大爱 …………………………………… 234
黄桂祥：乡村振兴助力者　瑶胞心中"船底顶" ……………… 237
王　鹏：一名孔子故里基层税务人的忠孝情怀 ………………… 241
苏云翠：孝老爱亲　诠释亲情大爱 ……………………………… 245

全国民族团结进步模范

蒙　晖："我们相信你" …………………………………………… 249
喀哈儿·库尔班：助人为乐　奉献爱心 ………………………… 251

全国税务系统先进工作者

施星灿：永不褪色的旗帜 ………………………………………… 253
王俊华：用生命点亮税徽之"华" ……………………………… 258

国税地税征管体制改革先进典型

- 李　平：让生命在改革中绽放光彩 …… 261
- 李红菊：帕米尔高原上的坚守 …… 266
- 付铁盾：我、深圳12366和改革的故事 …… 270
- 施　艳：绽放最美"第一面" …… 274
- 贺　艳：我所亲历的改革：与千万人同行 …… 278
- 张农高：改革不改情怀　转副不转信念 …… 283
- 王玲玲：有心总会有办法 …… 287
- 方启平：头顶税徽心向党　满腔忠诚献税收 …… 290
- 张　咏：传承红色基因　"咏"当改革先锋 …… 295
- 白　波：勇做机构改革的"挑山工" …… 299
- 张　强：2018，我们一起走过 …… 302
- 刘国英：改革一线的"刘哥" …… 306

减税降费先进典型

- 李玉斌：情系税收　用生命演绎新时代共产党员的为民情怀 …… 311
- 崔　国：我和"崔崔说税" …… 315
- 黄信伟：投身减税降费　建设美丽新湖南 …… 320
- 魏　哲：推进减税降费　情系大美黑龙江 …… 324
- 熊俊杰：阿佤人民唱新歌 …… 328
- 张继兴：深耕细作十余载　忠诚担当耀税徽 …… 332
- 李志斌：守土必尽责　让减税降费落地生根 …… 335

中国好税官代表

- 肖　英：好家风让爱心传递　好家训让幸福延续 …… 339
- 董金巧：不忘初心勤耕耘　倾心奉献创辉煌 …… 343
- 董国富：用闪光灯照亮乡亲们的心 …… 346

韩宇南：携妻驻村　扶贫攻坚当先锋 …… 348

许　艺：为爱启航　倾心公益的税务蓝 …… 350

王子洋：唱响青春之歌　大爱筑梦前行 …… 353

朱　海：不忘初心守使命　履职尽责反避税 …… 356

王晓云：身边的党员　榜样的力量 …… 359

刘忠范：高寒地区林海深处的女税官 …… 363

文化建设先进典型

龙智海：方寸票证　逐梦前行 …… 367

孙文海：躬耕文化沃土　为税扬帆起航 …… 370

朱明东：痴心文化写诗篇 …… 373

於中甫：坚守初心　扎根基层　讲述精彩税收故事 …… 375

左　中：笔耕不辍写春秋　以文兴税扬正气 …… 377

附录：

国家税务总局关于印发《国家税务总局关于加强税务文化建设的指导意见》的通知（国税发〔2009〕14号）…… 380

国家税务总局关于加强新时代税务文化建设的意见（税总发〔2019〕66号）…… 388

国家税务总局关于践行中国税务精神的通知（税总发〔2018〕7号）…… 393

中共国家税务总局党组印发《关于在税务系统培育和践行社会主义核心价值观的意见》的通知（税总党组发〔2015〕26号）…… 395

中共国家税务总局委员会关于印发《2019年税务系统精神文明建设工作方案》的通知（税总党委发〔2019〕62号）…… 400

后　记 …… 406

党建引领篇

党的十九大报告指出:"中国共产党从成立之日起,既是中国先进文化的积极引领者和践行者,又是中华优秀传统文化的忠实传承者和弘扬者。当代中国共产党人和中国人民应该而且一定能够担负起新的文化使命,在实践创造中进行文化创造,在历史进步中实现文化进步。"税务文化是中国特色社会主义文化的组成部分,是中国税务精神的载体,是广大税务干部的价值基因和时代追求。在新时代税务文化建设中坚持党建引领,就是要坚持党对宣传思想和文化工作的领导权,坚持用习近平新时代中国特色社会主义思想武装税务干部职工头脑、指导实践、推动工作,坚持统一思想、凝聚力量,培养忠诚担当推进高质量税收现代化大任的税务铁军。

党建引领税务文化建设创新发展

国家税务总局湖南省税务局

一、工作概况

税务文化是中国特色社会主义文化的组成部分，是中国税务精神的载体，是广大税务干部的价值基因和时代追求。湖南税务文化建设起步于 21 世纪初，早在 2001 年，湖南省税务系统就正式提出税务文化建设的命题。近 20 年来，湖南税务坚持把文化建设纳入整体工作部署，积极探索和实践湖南税务文化建设之路，税务文化建设取得了丰硕成果。国税地税征管体制改革以来，国家税务总局湖南省税务局党委坚持以党建引领税务文化建设，以文化的无形力量助推各项工作的协调发展，为高质量推进税收现代化提供了强有力的文化支撑。

二、主要做法

（一）唱响主旋律，"四合"创建聚合力

"四合"是省以下税务机构改革过程中必须唱响的主旋律。按照税务总局王军局长"因合而利、因合而兴、因合而强"的总体要求，旗帜鲜明地宣传主旋律、倡导主旋律、弘扬主旋律。一是全员参与"四合"大讨论。组织开展"事合、人合、力合、心合"大讨论活动。湖南省各级税务机关共举办座谈会 2410 场次，3.4 万人次党员干部参与讨论。各市县税务局 155 名党委书记、全系统 2231 名党支部书记走上讲台讲党课，深情讲述"四合"的情与理、知与行。二是全局倡导"四合"高标准。率先确立"四个一"工作标准，即事合上，强化一个根本，完善双重体制，打赢三场主攻战，夯实四大支撑点，做到业务"一盘棋"；人合上，聚人力，稳人心，育人才，增人气，做到干部"一排坐"；力合上，班子创先，岗位创效，服务创优，实践创新，做到劲往"一处使"；心合上，识大体，明大理，行大道，立大德，做到心往"一处想"。三是全力打造"四合"新标杆。在湖南省税务系统 14 个市州局、141 个县市区局全面开展"四合"示范单位创建。评选 5 个市州局、20 个县市区局作为"四合"示范单位。充分利用电视广播、报纸杂志、税务网站、微信微博等媒介开展"四合"示范

单位宣传，树立新税务良好形象。引导税务干部自觉用"四合"新标准来对照调整，规范言行，齐心唱响"最美和声"。

（二）筑牢主阵地，"五化"建设齐推进

全面开展以党支部设置标准化、组织生活正常化、管理服务精细化、工作制度体系化、阵地建设规范化为主要内容的党支部"五化"建设，努力将基层党支部建设成为坚强有力的战斗堡垒。一是研究出台具体意见。全面规范支部设置、组织生活、管理服务、工作制度、阵地建设5大类17个项目。按照"一年夯实基础、两年巩固提升、三年全面达标"要求，选树一批示范党支部。通过组织现场观摩、开展经验交流、提炼推介支部工作法，示范推动支部建设整体提质扩面、达标创优。二是选优配强支部班子。自觉破除"把业务尖子放在业务岗位上就会发挥作用，放在党务工作位置上就觉得浪费人才"的思想误区，选优配强各级党组织书记。县级税务局"三定"到位后，湖南省1895个党支部全部选举成立。确保对办税服务厅、税务分局（所）等所有单位的党组织全覆盖，实现党员教育管理监督无盲区。三是机关基层全面提升。建立党员领导干部划片包干和联系点制度，各级领导班子成员在基层共建立670个党建工作联系点；省、市两级税务机关165个党支部对口联系县区局或税务分局党支部，机关党员分期分批深入基层一线，有力促进基层党建工作全面进步、全面过硬、全面提升。

（三）增强主动性，品牌党建激活力

积极探索具有湖南税务特色的基层党建工作新路子。一是明确党建工作总体思路。召开全省系统党建工作会议，确立党的建设"一二三四五"总体思路，即把握一个总体部署，坚持双重领导体制，发挥三个层面作用，开展"四合"示范单位创建，紧握五大工作抓手；着眼新纵合横通强党建工作机制，着力构建"1+N"党建工作制度体系，作出一系列内外协同、程序严谨、配套完善、有效管用的制度安排。二是

2019年7月1日，全国税务系统省级一站式党务管理、党员服务、融媒体宣传平台"湘税党建"云平台正式上线

组织开展"全省税务系统十大党建创新项目"评比,不断提升湖南省系统党建工作科学化水平,激发基层党组织的积极性和创造性。创新抓基层党建述职评议考核制度,实行党委书记自评、联点领导具体点评、纪检组长对党风廉政建设工作综合点评、现场测评、上级党委书记总点评"五点评",推进全面从严治党主体责任落地生根。三是深入推进"互联网+党建",增强党建工作活力。在全国税务系统率先打造"湘税党建"云平台,云平台具有一"云"、两库、三载体、四功能、五模块的功能特点,实现省市县三级党支部同时进驻,实现支部管理和党建信息、学习的移动化和可视化管理。2019年7月1日云平台正式上线,使党员学习教育更加精准、高效、便捷,有力推动党建工作从"线下"走到"线上"。

(四)畅通主渠道,思想建设暖人心

越是改革关口、重要时刻,越要注重发挥思想政治工作的重要作用。湖南省税务局坚持把思想政治建设贯穿改革全过程,探索行之有效的办法,拓宽思想工作的渠道。一是深化精神文明创建。积极开展具有税务行业文明特色、职业文明特点、岗位文明特征的创建活动。多次与湖南省文明办衔接汇报,争取政策支持,按照"就高不就低、就近不就远、就有不就无"原则,共认定湖南省系统"省文明单位"52个、"省文明标兵单位"67个,加上新评定的省级文明单位,全省系统共有149个单位获得"省文明单位"或"省文明标兵单位",占95.5%。二是坚持党建带群建、群建促党建。在湖南省行业中率先选举成立系统工会、系统妇女联合会和系统团工委,打通部门壁垒,实现三级联动,构建纵向到底、横向到边的群团工作网络。充分发挥系统工会、妇联、团工委桥梁纽带作用,加大政治动员、政治引领、政治教育工作力度,广泛开展"争做改革标兵,争做岗位先锋""改革攻坚,青年在行动""巾帼建功改革"等各具特色的主题实践活动。税务总局王军局长两次对湖南省局党建及群团工作作出肯定性批示。三是注重发挥先进典型示范引领作用。在全国税务系统形成了先进典型"湖南群体":国家税务总局怀化市鹤城区税务局董金巧被总局确定为国税地税征管体制改革专项奖励二等功人选,受邀参加"中国好税官"现场交流活动;国家税务总局涟源市税务局退休干部肖光盛被中央文明委确定为第七届全国道德模范候选人,《人民日报》(2019年7月17日)刊发其28年如一日助困助学的事迹;国家税务总局湖南省税务局收入规划核算处副处长黄信伟入选全国税务系统7位减税降费先进典型人物之一并参加现场宣讲会。

三、思考与探讨

（一）文化建设不是"一张皮"，而是底蕴的积淀

税务文化建设的内核是社会主义核心价值观、精神、观念等无形的东西，但税务文化面向的对象却是有血有肉的税务干部职工。因此，必须将无形的理念根植和融入到有形的税收工作实践中，化无形为有形，虚功实做，以税务文化的无形力量推动各项工作协调发展。

（二）文化建设不是"一个样"，而是品牌的塑造

税务文化建设具有地域特色、行业特质、时代特征，不能是千篇一律、千人一面。应注重"百花齐放"，深化"一局一品"，避免"人云亦云，照搬照抄"，避免程式化、模式化。税务文化建设的过程实质上是打造品牌的过程。要根据不同区域特点、不同实际情况创造出不同的特色文化品牌。

（三）文化建设不是"一阵风"，而是长期的实践

税务文化建设是一个循序渐进的过程，是一项随着税务事业不断发展而逐步成熟的事业，不可能一蹴而就、一劳永逸。税务系统内外凡是文化建设有影响、有作为的先进单位，其优秀文化无一不是在长期培育中形成的。在税务文化建设过程中，不能有速成思想，要避免短期行为，更要注重长期积累。

（四）文化建设不是"单打一"，而是系统的工程

2019年7月24日，湖南长沙，全国税务系统"不忘初心、牢记使命"主题教育减税降费先进典型宣讲会

税务文化建设是一项庞大的、复杂的系统工程，必须整体推进，分步实施。注重发挥广大税务干部职工的主观能动性，将税务文化理念固化到每一个人的头脑中，使大家自觉成为税务文化的实践者、维护者和创造者，实现税务干部职工与税收事业同发展、共成长，使整个干部队伍充满活力。

（执笔人：陈立龙　潘志勇）

建强党支部　提升组织力

国家税务总局甘肃省税务局

党支部在党的组织体系中是最基层的一级组织,是党联系群众的桥梁和纽带,是党在社会基层组织中发挥作用的战斗堡垒和主要阵地,是党的全部工作和战斗力的基础。党内各项活动,主要是通过党支部来完成。全面提升党支部工作能力,能达到点上突破,面上提升,整体提高的效果。国家税务总局甘肃省税务局认真落实《中国共产党支部工作条例(试行)》,着力打造党支部组织力提升"共同体",推动形成了大抓基层、大抓支部的良好态势。

一、"立骨架",优化组织设置

"优化+扩大"确保支部应建尽建。本着工作相近、规模适度、便于管理的原则,对甘肃省税务系统758个基层党支部进行了优化设置,将党支部设在处(科)室、税务分局、办税服务厅和稽查局,党支部书记由部门行政负责人担任,实现了党支部党建工作与税收业务工作一肩担当、同频共振。注册税务师行业党委通过单独组建、联合组建、挂靠组建、选派指导员等方式,着力扩大"两个覆盖",党支部覆盖率由2015年的26.2%上升到2019年的43.2%。

"优选+培养"建强支部班子。省、市、县税务部门分层分类举办党支部书记、委员培训班,坚持培训提升、辅导跟进,机构改革期间,支部书记自觉担任推动改革的实践者、聚合人心的联系者,支部班子作用有效彰显。天水市税务系统全面实施"把党员干部培养成业务骨干,把业务骨干培养成党员干部"的"双培工程",使领军人才培养、分局长培训与党员队伍的凝聚力执行力提升相互贯通,相得益彰。

共产党员党历卡

二、"通经络"，夯实基础工作

"一份清单"明责。对党支部工作实施清单管理，列明党支部全面从严治党责任23项，党支部书记责任10项。细化党支部工作任务清单，将"三会一课"、主题党日、党课辅导等党支部工作任务序时排列，明确时间表、路线图，挂单作业，对单销号，从源头上解决了党支部工作不会做、做不实的问题。

"三管齐下"强基。以基础规范为重点，全面开展党支部建设标准化工作，甘肃省税务局机关带头，制定党支部自查"体检表"，编制了172项具体对照标准，分5个阶段12个节点动态推进党支部建设标准化工作，实行达标党支部动态管理和未达标党支部销号管理，查缺补漏，强基固本；以动态改进为重点，建立机关党委委员联系督导支部工作制度，督促党支部持续补短板、强弱项；以整体提升为重点，坚持抓两头带中间，在甘肃省税务系统评定了31个基层党建示范点，对工作落后的支部，由先进党支部进行"一对一""一对多"帮扶转化，使后进变先进，先进更先进，促进了党支部工作的整体提升。

三、"活细胞"，激发工作活力

借好"他山之石"。实施税企"共建互促、融合发展"工程，甘肃省税务系统497个党支部与524个民营企业党支部结成党建共建对子，各级税务机关党支部与基层党支部建立党建共建点124个，与扶贫村党支部建立党建共建点141个，既把支部和党员发挥作用的阵地延伸到了基层和社会，又通过不断"取经"推动了党支部工作持续提升。甘肃省税务局机关带头开展"3234"党支部联建活动，围绕"与企业党支部联建促减税降费落地生根、与帮扶村党支部联建促脱贫攻坚精准发力、与县区局党支部联建促党支部工作提档升级"三条主线，搭建实体化联动平台和信息化共享平台，建立"互动式学习教育、互促式工作交流、互助式服务发展"三项机制，组织开展签订一份联建协议等"四个一"支部联建活动，在联创联建中实现了党支部工作互学互促，提质增效。

党支部工作法全面开花。给每名党员建立党历卡，动态记录党员思想、学习、工作等情况，增强了支部工作的针对性和实效性；国家税务总局兰州经济技术开发区税务局坚持每季度给党员过"政治生日"，赠送政治生日贺卡，发送政治生日祝福信息，组织党员重温入党誓词，参加主题党日活动，有效增强了党员荣誉感和组织归属感;国家税务总局定西市税务局在党支部中开展"党徽闪闪、红旗飘飘"竞赛活动,每个季度对先进党支部进行通报表扬并授予流动红旗;国家税务总局酒泉市税务局制定党支部"堡垒指数"考评管理办法,"堡垒指数"由基础积分、正向加分、反向扣分三部分构成,按照基层党组织承诺、党组织自评、党员群众测评、上级党组织评定、亮分公示"一诺三评一公开"的方式进行,实施评星定级管理,在党支部中营造了创先争优、比学赶超的浓厚氛围。国家税务总局武威市税务局在所有办税服务厅设立党员服务超市,为纳税人党员提供党建报刊和影音资料,展示税务系统抓党建的做法和成果,邀请纳税人党员参加办税服务厅党支部组织生活,提升税企一家亲水平。

四、"丰血肉",坚持互融共进

以推进"不忘初心、牢记使命"主题教育、"两学一做"学习教育常态化制度化为契机,甘肃省税务系统将减税降费、放管服、脱贫攻坚等急难工作作为考验锻造党支部战斗堡垒和党员党性能力的"考场"和"战场",坚持税收工作开展到哪里,党支部的作用发挥就跟进到哪里,广

组织党员重温入党誓词

泛设置党员先锋队、党员示范岗,组建"党员突击队""党员先锋队"258个,设立临时党支部或党小组183个,将组织生活开展到工作一线,在一线融合感情、鼓舞士气、解决难题、推动工作。在国税地税征管体制改革中,党支部通过支部会议、干部座谈、党员家访、谈心谈话等多种方式,密切跟进党支部党员干部的思想状况变化,与党支部党员干部建立起了感情纽带,及时疏导了情绪、解决了诉求,党员干部的组织认同感不断增强,干事创业的热情大大激发。

通过持续的定标准、补短板,建机制、压责任,拓载体、激活力,甘肃省税务系统党支部树立了"党的一切工作到党支部"的鲜明导向,党建工作有章可循、有标可依、工作可检查、可评价,经验可复制、可推广,政治建设更加坚实、组织设置更加优化、支部班子更加坚强、组织生活更加规范、党员队伍更加向心、

基础保障更加有力、考评机制更加健全、作用发挥更加充分，党支部政治功能不断强化，党支部日益成为宣传党的主张、贯彻党的决定、领导基层治理、团结动员群众、推动改革发展的坚强战斗堡垒，为推进税收工作高质量发展、决战脱贫攻坚、决胜全面建成小康社会、建设幸福美好新甘肃提供了坚强的组织保障。

（执笔人：杨佑菊）

酒泉市税务系统基层党支部"堡垒指数"考评管理办法

第一章 总则

第一条 为深入贯彻落实全面从严治党要求，推进"大力弘扬铁人精神、争当为民铁人先锋"党建品牌创建活动，着力增强基层党支部政治引领和服务功能，着力提升基层党支部规范化水平，着力推动基层党支部建设全面进步、全面过硬，制定本办法。

第二条 基层党支部"堡垒指数"着眼责任体系、组织体系、队伍体系、服务体系、保障体系、制度体系六大体系建设，建立考评标准，进行科学化管理。

第三条 基层党支部"堡垒指数"考评遵循干好税务、带好队伍，分类指导、量化考评，动态管理、激励争优和民主公开，群众公认的原则进行。

第二章 指数体系

第四条 基层党支部"堡垒指数"由基础积分、正向加分、反向扣分三部分构成。其中：基础积分主要包含责任指数、组织指数、队伍指数、制度指数、服务指数、保障指数六个分项指数，总分值为100分。

第五条 正向加分指数。主要根据基层党支部在引领示范、典型宣传推广、急难险重任务完成等方面堡垒作用发挥情况，以及党员教育管理、基层党建重点任务完成情况，进行正向加分，加分分值为20分。

第六条 反向扣分指数。主要根据基层党支部班子建设，基层党支部整体功能发挥、党员干部教育管理、维护社会和谐稳定等方面存在的问题，进行反向扣分，扣分分值为20分。

第三章 考评程序

第七条 基层党支部"堡垒指数"考评由机关党委负责组织实施，基层党支部配合，按照基层党组织承诺、党组织自评、党员群众测评、上级党组织评定、亮分公示"一诺三评一公开"的方式进行。

第八条 党组织承诺。每年年初由基层党支部根据党组织"堡垒指数"考评标准，结合系统和机关党建工作要点、税收重点工作，就强化党组织政治引领、加强党员教育管理、联系服务群众、为民办实事好事等内容做出具体承诺，与机关党委签订目标承诺责任书。基层党支部应及时公示公开承诺事项，主动接受党员群众监督。

第九条 党组织自评。与绩效考核同步，每季度末由基层党支部逐条对照"堡垒指数"评分标准，根据工作完成情况，分别自评填写基础积分、正向加分、反向扣分，形成自评分，并就得分进行详细说明，及时向机关党委汇报。基层党支部自评得分说明主要包括党组织基本情况、自身建设情况、发挥作用情况、存在问题及原因、改进措施等内容。自评打分应客观、真实，不得瞒报、虚报。基层党支部自评分占考评分值的20%。

第十条 党员群众测评。基层党支部自评结束后，机关党委应及时组织支部党员和群众代表，对照"堡垒指数"考评标准，结合平时了解的情况，对基层党支部完成工作整体情况进行测评。党员群众测评分占考评分值的50%。

第十一条 上级组织评定。党员群众测评结束后，机关党委要专门召开班子会议，根据支部自评得分、党员群众测评得分、基层党组织书记抓基层党建工作述职评议考核得分，在核实正向加分、反向扣分要素的基础上，结合日常掌握情况对基层党支部进行评分。机关党委评分占考评分值的30%。机关党委按照各项得分及占比，核算各支部综合考评得分，并认定考评等次。

第十二条 亮分公示。基层党支部"堡垒指数"得分和考评等次情况，机关党委要及时向基层党支部反馈，结合党组织晋档升级活动，适时通过党务公开栏、内部文件、会议传达等途径向基层党支部、党员公示。

第四章 结果运用

第十三条 "堡垒指数"与绩效考核挂钩。机关党委在单位绩效考核中设置"党支部堡垒指数"考核指标，按照绩效考核标准分值乘以"堡垒指数"实际得分确定绩效考核该项得分。在部门单设支部，"堡垒指数"实际得分直接作为该部门绩效考核结果进行录入；在联合支部，为体现支部工作的整体性、一致性，发挥互帮互助作用，实行连坐机制，即"堡垒指数"实际得分由该支部各组成部门共享共担，按照同等分值作为各该组成部门绩效考核结果进行录入。

第十四条 "堡垒指数"与支部分档定级挂钩。机关党委每年6月底前，根据基层党支部第一、第二季度"堡垒指数"得分，按照每个季度各占50%的权重乘以实际得分计算综合得分，确定先进党支部予以表彰；于每年12月底前，根据基层党支部全年四个季度"堡垒指数"得分，按照每个季度各占25%的权重乘以实际得分计算综合得分，将基层党支部评定为坚强堡垒党组织、合格堡垒党组织、后进党组织、软弱涣散党组织四个等次，实行分类管理，强化巩固提升。

第十五条 坚强堡垒党支部。考评得分在90分以上基层党支部。机关党委应及时予以表彰奖励，确定为党建样板支部，鼓励支持继续创新发展，帮助总结经验、建立长效机制，切实巩固工作成果，优先推荐上级党组织列为先进基层党组织。

第十六条 合格堡垒党支部。考评得分在70~89分之间的基层党支部。机关党委要加强对合格堡垒党组织的教育引导，指派专人负责，加强具体指导帮带，帮助理清思路、明确赶超目标，强化提升措施，促进晋档升级为坚强堡垒党组织。

第十七条 后进党支部。考评得分在60~69分之间的基层党支部。对后进党组织，机关党委要对该党支部书记和班子成员进行诫勉谈话，采取领导包抓联系、典型示范引领、结对帮带共建等方式，查清后进原因，制定对策措施，限期整顿提升。

第十七条 软弱涣散党支部。考评得分在60分以下或考评排名靠后的基层党支部。对软弱涣散党组织，机关党委要对其书记和班子成员进行诫勉谈话，问题突出的要对基层党支部书记和班子成员进行组织调整，配优配强党支部书记和班子成员。要采取党组书记亲自联系包抓，落实帮带责任。软弱涣散党组织要按照市委《关于建立整顿软弱涣散基层党组织长效机制的实施意见》，对照"堡垒指数"考评标准，找准问题和症结，明确整改目标，制定整改提升方案，限期完成，确保晋位升级。

第五章 附 则

第十八条 各项指数扣分以扣完该项分值为止。考评标准中，要求每半年考核的指标在当年第二季度进行实际量化，要求年度考核的指标，在当年第四季度进行实际量化，其他季度考评时视同完成对待以满分计算。

第十九条 本办法由酒泉市税务局系统党建工作科负责解释，自下发之日起施行。

酒泉市税务系统党员"先锋指数"考评管理办法

第一章 总 则

第一条 为深入贯彻落实全面从严治党的要求，落实《中国共产党党员教育管理工作条例》，加强和改进新形势下党员教育管理，切实增强党员的先进性和纯洁性，切实促进党员先锋模范作用发挥，推进"大力弘扬铁人精神、争当为民铁人先锋"党建品牌创建活动，制定本办法。

第二条 党员"先锋指数"着眼争当讲政治、有信念，讲规矩、有纪律，讲道德、有品行，讲奉献、有作为的"四讲四有"合格党员，建立考评标准，进行科学化管理。

第三条 党员"先锋指数"考评遵循收好税、带好队，分类指导、量化考评、动态管理、激励争优和民主公开，群众公认的原则进行。

第二章　指数体系

第四条　党员"先锋指数"由基础积分、正向加分、反向扣分三部分构成。其中：基础积分主要包含理想信念指数、纪律规矩指数、奉献作为指数、道德品行指数四个分项指数，总分值为100分。

第五条　正向加分指数。主要根据党员的工作业绩、所获荣誉、为民办好事实事、参与公益事业等情况和在联系服务群众、推进中心工作等方面先锋模范作用发挥情况，进行正向加分，加分分值为20分。

第六条　反向扣分指数。主要针对党员在政治信仰、宗旨意识、组织纪律、行为操守等方面的不良表现情况，进行反向扣分，扣分分值为20分。

第三章　考评程序

第七条　党员"先锋指数"考评由基层党支部具体组织实施，按照党员承诺、个人自评、党员互评、支部考评、上级党组织审核、亮分公示的"一诺三评一审一公开"方式进行。

第八条　机关党委要根据考评标准，统一制定《党员先锋指数考评卡》，记录党员个人基本情况、承诺事项和党员日常记实、积分量化等内容，做到达标得分有根据、处罚扣分有依据、考评争先有数据。

第九条　党员承诺。每年年初由党员根据先锋指数考评标准，结合自身实际，就履行党员义务、发挥党员作用、联系服务群众等内容做出具体承诺，与所在党组织签订目标承诺责任书。党支部及时公示公开党员承诺事项，主动接受党员群众监督。

第十条　个人自评。每季度末，由党员对照考评标准和承诺事项，根据具体表现情况，分别自评填写基础积分、正向加分、反向扣分，形成自评打分，并向所在党支部申报积分（联合党支部党员须向部门党小组申报、由部门党小组统一申报），所在党支部统一收集汇总党员自评打分情况。个人自评分占考评分值的20%。同时，将先锋指数个人自评情况一并纳入"数字人事"进行工作自评。

第十一条　党员互评。每季度末党支部结合专题组织生活会、绩效考核、工作任务完成情况，组织召开党员会议，并邀请部分群众代表参评，对照考评标准和党员履诺尽责情况开展民主评议，进行互评打分。党员互评得分占考评分值的60%。

第十二条　支部考评。党员互评结束后，党支部召开支委会，核实《党员先锋指数考评卡》记录，通报党员积分情况，综合党员工作生活日常表现，在核实正向加分、反向扣分要素的基础上，评定每个党员的支部考评分值。支部考评得分占考评分值的20%。党支部按照党员个人自评、党员互评和支部考评得分及占比，核算党员综合考评得分，并认定考评等次，及时报送机关党委审定。单设支部将考评等次作为"数字人事——领导评鉴"的参考依据之一进行综合评鉴；联合支部将考评等次反馈主管领导、部门党小组，作为对分管科室、科室工作人员"数字人事——领导评鉴"的参考依据之一进行综合评鉴。

第十三条　上级党组织审核。机关党委对所属支部党员考评结果进行审核把关，对报送审定的不合格党员及时进行调查认定，并将结果反馈党支部。经调查核实，存在党员考评不实的，机关党委要及时纠正，并在一定范围内予以通报批评。

第十四条　亮分公示。党支部根据机关党委反馈的考评结果，通过会议传达、党务公开、网络平台等多种途径向党员群众公示，听取意见，接受监督。机关党委要对考评结果进行备案。

第四章　结果运用

第十五条　强化党员"先锋指数"考评结果运用，划分优秀党员、合格党员、警示党员和不合格党员四个等次，分类施策，加强管理，完善奖惩措施。

第十六条　优秀党员。考评得分在90分以上的党员，人数占比一般不超过15%；年度考评被评定为优秀党员的，由机关党委进行表彰，并作为推荐上一级优秀党员和各类先进模范、后备干部的优先对象。

第十七条　合格党员。考评得分在70~89分的党员。被评定为合格党员的，由所在基层党支部给予鼓励引导，根据不同情况，加强教育培训，强化党性意识，提升素质能力，促使比学赶超、争先晋级。

第十八条　警示党员。考评得分在60~69分的党员。被评定为警示党员的，由所在党支部通过诫勉谈话、通报批评、结对帮扶等方式，教育引导他们端正态度、限期整改，做好帮教转化工作。同时，可以采取集中教育的方式，进行重点整顿。预备党员被评为警示党员的，延长其预备期。

第十九条　不合格党员。考评得分在60分以下的党员、连续两次被评为警示党员的、受到党纪政纪处理的党员均列入不合格党员。情节轻微的，给予限期改正（一般半年）；对于到期不改正的，应劝其退党；劝而不退的，从党内除名。预备党员被评为不合格党员的，取消其预备资格。

第二十条　不合格党员处置工作要依据《酒泉市处置不合格党员暂行办法》，稳妥有序开展，做好处置对象的思想引导工作，处置情况及时报上级党组织审核和组织部门备案管理。

第五章　附　则

第二十一条　各项指数扣分以扣完该项分值为止。考评标准中，要求每半年考核的指标在当年第二季度进行实际量化，要求年度考核的指标，在当年第四季度进行实际量化，其他季度考评时视同完成对待以满分计算。

第二十二条　本办法由酒泉市税务局系统党建工作科负责解释，自下发之日起施行。

探索"四个三"工作法
推进跨区域机构党建工作

国家税务总局驻北京特派员办事处

国家税务总局驻北京特派员办事处（以下简称北京特派办）认真贯彻落实国家税务总局党委新纵合横通强党建工作机制，探索建立党建"三注重、三规范、三本账、三突出"的"四个三"工作法，充分发挥"信息化战略机动部队"的职能作用，实现党建与税收业务工作的有机融合。

一、找准定位，扎实推进全面从严治党

北京特派办作为税务总局派驻北京的跨区域机构，承担着对华北五省（区、市）税务机关落实党中央、国务院决策部署情况的督查、督审、重点税源检查、跨区域涉税大案要案稽查等工作职责，对应全新的工作职能和业务运行模式，存在工作范围跨区域、组织机构扁平化等特点，在党建工作上面临很多新情况和新问题：一是北京特派办实施扁平化机构设置，设置两个处室、两个大队，各处室各大队不下设科室，采取项目化管理，这种设置对各部门主要负责人履行全面从严治党主体责任和监督责任提出了更高要求。二是工作性质决定了北京特派办经常向辖区外派工作团队且时间跨度长，团队党员很难按照要求参加所属党支部的组织活动，党的日常教育和监管难以延伸到工作的第一线。三是由于稽查、督审大队人员在项目间有交叉流动，临时党支部（党小组）人员变动较快，有效发挥临时党支部（党小组）的

2018年5月，北京特派办赴中国国家博物馆参观"复兴之路"基本陈列展

战斗堡垒作用难度较大。按照党中央全面从严治党要求，北京特派办分党组高度重视党建工作，坚持问题导向，找准职责定位，扎实推进跨区域机构党建工作。

二、聚焦中心，积极探索党建工作着力点

面对新挑战、新形势，北京特派办探索建立"三注重、三规范、三本账、三突出"的"四个三"工作法，不断加强党建工作统领作用。

（一）强化组织领导，以"三注重"建设坚强有力的党组织

注重思想政治建设。制定理论学习中心组理论学习制度，深入学习贯彻党的理论路线方针政策，坚持用习近平新时代中国特色社会主义思想武装头脑、指导实践、推动工作。细化年度理论学习中心组学习任务，每年安排专题12个，每月学习1个专题，及时学习党中央最新精神。注重党的组织建设。成立由北京特派办分党组书记任组长，党组成员任副组长，各处室（大队）主要负责人任成员的党建工作领导小组和党风廉政建设工作领导小组，明确了抓思想政治建设、抓领导班子和干部队伍建设、抓基层党组织建设等责任，建立责任明确、保障到位的党建工作运行机制，实现党建工作和业务工作同部署、同推进和同落实。注重党建工作责任落实。严格落实"一岗双责"，分党组书记分别与分党组成员及各临时支部书记签订全面从严治党主体责任书，明确全面从严治党责任主体及责任分工，将全面从严治党责任逐级压实。

（二）强化机制建设，以"三规范"构建从严治党长效机制

规范分党组工作。制定分党组工作规则，明确分党组职责、组织原则、议事决策及责任追究机制，进一步规范分党组工作，加强党的领导，更好发挥党在北京特派办总揽全局、协调各方的领导核心作用。规范全面从严治党工作。科学制定全面从严治党工作要点，明确加强党的政治建设、严肃党内监督、深化作风建设、强化执纪问责、注重监督检查、夯实队伍基础等六个方面重点工作任务，不断增强全面从严治党的系统性、时效性。规范外派团队廉政工作。制定廉政监督管理制度，从事前纪律约定、事中跟踪督查、事后回访反馈三方面加强对北京特派办外派团队的廉政监督，把党风廉政建设延伸到工作的终端末梢，做到工作开展到哪里，纪律规矩覆盖到哪里。

（三）强化过程管理，以"三本账"夯实基层基础工作

建立五个党建工作台账。北京特派办聚焦分党组、党支部、党员三个层级，

从高度、深度、广度三个维度出发，建立5个党建工作台账。建立分党组理论学习中心组学习计划、分党组成员党建工作计划台账，建立主题党日计划、党支部书记工作计划台账，制定党员个人学习规程，每月初下发学习计划，月末进行督办，拓展党建工作广度。发放党支部工作纪实手册。向每个临时党支部发放党支部工作纪实手册，将"三会一课"、组织生活会、民主评议党员、主题党日、党费交纳等工作整合到纪实手册中，实现一本手册全覆盖，各临时党支部按照时间节点逐项填写，促进党支部工作全面规范纪实。设立党建资料管理库。建立网上公共平台，以临时党支部为单位，每月月末上传支委会、党员大会、主题党日等党建工作图片资料，实现各支部经验共享，发挥榜样引领作用，让临时党支部工作"活"起来。

（四）强化工作实效，以"三突出"发挥党支部战斗堡垒作用

突出党支部建在项目上的特点，针对稽查督审人员常驻办案地点的特点，探索将支部建在项目上，在项目上成立临时党支部（党小组），案件主办人作为临时党支部书记（党小组长），统揽整个团队的思想、作风、纪律、业务和廉政建设，将全面从严治党各项要求落到实处。突出机构扁平化的优势，分党组成员分别加入一个党支部，以普通党员身份参加所在支部组织活动，认真倾听所在党支部党员干部的意见建议，自觉把自己置于监督之中。针对北京特派办管理层级少、青年人多的特点，结合"高进、精培、狠用、严考、快出"的用人理念，多搭梯子、多压担子，充分调动青年党员积极性，进一步提升党组织的生机和活力。突出日常教育的重要性，坚持以支部为主体，以党员为依托，以问题为导向，把组织党员开展经常性政治学习和教育摆在突出位置，精心研究和准备"三会一课"的主题、内容和学习教育载体。分党组书记带头讲党课，其他特派办领导分别为所在党支部讲授专题党课，进一步提高了党性修养。

三、党建引领，充分彰显"特"字优势

北京特派办始终坚持以党建促改革、以党建促落实、以党建促管理，各项工作有序推进。一是党建工作成效显著。北京特派办组建初期及时成立4个临时党支部，加强对外派团队党员的教育、管理和监督；正式在编人员全部到位后，立即成立机关党委，积极配合分党组严格履行全面从严治党主体责任，加强对4个党支部的全面领导，注重做好党员的思想政治工作，通过开展主题

2018年5月30日，分党组书记、特派员谢滨同志到内蒙古蒙草生态公司调研

演讲、党史知识竞赛、"榜样之星"评选等活动，不断促进事合、人合、力合、心合，激发党员干事创业的热情，党的基层组织更加坚强，党员队伍的凝聚力不断提高。二是以党建促税收工作。北京特派办充分发挥执法层级高、统筹能力强、业务素质精的优势，推动查办跨区域、专业化、影响恶劣的虚开团伙案件18起，通过集中力量出击，稽查督审联动，先后检查涉嫌虚开团伙6个，涉案金额109.9亿元，税额18.68亿元，移送公安机关犯罪嫌疑人71名。对稽查、督审过程中发现的问题开展"一案双查"，2018年累计移交线索25条，对涉及的税务人员进行了移送问责处理，发挥极大震慑作用。

（执笔人：张亚明　张凡琦　窦秀芳　周玉梅）

党建引领聚合力　共建共赢促发展

国家税务总局驻重庆特派员办事处

一、总体概况

国家税务总局驻重庆特派员办事处（以下简称重庆特派办）作为全国税务系统跨区域监管体制改革的试点单位之一，深化全面从严治党既是新机构培育政治基因、树立精神之魂的内在要求，又是新队伍增强工作本领、提升作风形象的重要举措，更是防范各种风险、确保清正廉洁的重要保障。重庆特派办分党组坚持把党建工作摆在突出位置，第一时间成立党建工作领导小组，完善党的组织体系，印发"两个责任"清单和党建工作要点，定期研究部署党建工作，结合党员干部长期远离驻地、奋战在稽查督审一线的工作实际，深入探索实践"五个一线"工作法，把党的建设延伸到稽查督审最前沿，以坚强有力的党建工作，为履行跨区域监管职责提供坚强组织保障。

二、主要做法

重庆特派办立足新机构、新职责、新使命，以"阵地建设在一线、组织生活在一线、思想教育在一线、帮扶党员在一线、日常监督在一线"为抓手，打造适应扁平化、跨区域、机动化特点的党建工作模式，推动党建与业务有机融合、互促互进。

（一）阵地建设在一线

做实做好党建工作，阵地建设是基础。重庆特派办在每个稽查督审项目上设立临时党支部，由项目组组长担任临时党支部书记，并建立分党组统一领导、机关党委远程指导、班子成员现场督促的工作机制，形成多方共同发力、责任层层压实的良好局面。积极争取辖区税务机关支持，在成都、昆明等地设立固定的党员活动室，成立青年理论学习小组，常态化开展党建活动，确保稽查督审任务推进到哪里，阵地就建设在哪里；干部流动到哪里，支部就设置在哪里。

（二）组织生活在一线

严肃党内政治生活，制度落实是核心。各临时党支部严格落实"三会一课"

等制度，按月开展"新时代讲习所"活动，采取专题党课、自学自讲、读书交流等形式，不断深化政治理论学习。严格按照要求，全面使用重庆市统一的智慧党建工作平台，实现组织生活、党费交纳、政治学习的线上管理，党员干部即便长期在外工作，也能随时随地通过网络接受组织管理、开展在线学习，重庆特派办干部在线学习积分长期保持在重庆市级机关前3名。临时党支部主动与所在地税务机关开展共建活动，成都检查组与案件地稽查局联合开展"启思堂"大讲堂，广西督审组与项目地督审处一起赴百色市开展革命传统教育，提升组织生活实效。重庆特派办班子成员及各部门负责同志深入稽查督审一线讲授专题党课12次，机关党委到案件项目地开展集中讲习活动，各临时党支部在工作所在地就地开展主题党日活动10余次。

（三）思想教育在一线

加强党员干部管理，思想教育是关键。为了上紧外出党员干部思想政治这根"弦"，重庆特派办紧紧抓住事前、事中、事后各个环节，每次稽查督审任务实施前，领导班子成员对分管人员逐一开展教育提醒、提出工作要求。各临时党支部书记充分利用案件分析会、项目推进会的契机，组织党支部人员认真学习中央最新精神和税务总局部署，帮助党员干部领会精神实质、把握核心要义。领导班子成员经常性与外出党员干部开展全覆盖的谈心交心，深入沟通思想、理顺情绪、化解矛盾。

（四）帮扶党员在一线

提高团队整体活力，关心帮扶是重点。党员干部长期在外办案，工作生活困难多、风险大。为了让长期在外办公的干部切实体会到组织温暖，重庆特派办把人文关怀融入稽查督审任务全过程，动态建立个人情况档案，掌握干部家庭状况，深入了解工作生活困难。建立心理健康咨询团队，在稽查督审过程中及时为干部提供帮助、做好情绪疏导，让党员干部消除顾虑、安心工作。各临时党支部在"五四""七一"等节日召开青年和党员座谈会，组织趣味性强的文体活动，把案件检查组、督审项目组建设成和谐温馨的"大家庭"。2018年11月3日，西藏督审项目组1名干部带病坚持工作，后因高原反应发生严重肺部感染，重庆特派办第一时间派出人员赴一线慰问，让党员干部深受鼓舞。

（五）日常监督在一线

确保干部队伍廉洁，从严监督是保障。由于重庆特派办干部长期出差、缺少身边监管,加强外出党员干部的监督一直是纪检监察工作的难点和重点。经过调查分析,重庆特派办研究出台外派党员干部监督办法,以风险问题为导向,以预防控制为主线,采取经常约谈、发函提示、调查核实、现场检查、专项整治等方式,促进党员干部依规依纪履职用

2018年10月13日,组织开展"团结奋进 勇攀高峰"金秋登山活动

权。落实两个责任,临时党支部书记认真履职尽责,扎实开展警示教育,常态化进行廉政提醒,及时发现苗头性、倾向性问题,抓早抓小、防微杜渐。在外派项目组设置兼职纪检监察员,不定期派出专职纪检干部到一线监督检查,督促党员干部严格执行各项廉政规章制度。

三、工作成效

"五个一线"工作法增强了党组织的凝聚力、向心力和战斗力,激发了党员干部充分发挥先锋模范作用。重庆特派办全体干部团结拼搏、攻坚克难,党员干部争当模范、冲锋在前,形成了干事创业、奋勇争先的强大合力。圆满完成税务总局下达的27起虚开骗税案件的查处工作,立案检查企业65户,涉及10余个省、市的844户企业,确认虚开增值税发票5.02万份,涉案金额50.72亿元、税款9.78亿元,打掉虚开增值税发票团伙14个,抓捕犯罪嫌疑人56人;圆满完成督审督办项目46个,发现问题211个,督促责任追究1207人次,有力提升了跨区域监管水平。重庆特派办通过坚持和加强党的全面领导,推动全面从严治党向纵深发展,有力地促进了党中央、国务院以及税务总局各项决策部署的落地落实,进一步规范了辖区税务机关的执法行为,探索形成了一套行之有效、务实管用的经验办法,建立起了一支活力充沛、战斗力强的精兵队伍,多次获得税务总局领导和地方党政领导的肯定批示。

(执笔人:许光烈 王冰清 吴波)

用好信息平台　助推智慧党建

国家税务总局大庆市大同区税务局

习近平总书记指出，各级党委要高度重视信息化发展对党的建设的影响，做到网络发展到哪里、党的工作就覆盖到哪里，充分运用信息技术提高党员教育管理水平，加强网络舆论的正面引导。2018 年 7 月以来，国家税务总局大庆市大同区税务局创新开发应用"同忻致惠"信息平台，着力打造党建文化品牌，不断涵养风清气正良好政治生态，充分发挥党委领导核心作用、党支部战斗堡垒作用、党员先锋模范作用，不断推进"事合、人合、力合、心合"，充分展示了新机构、新服务、新形象。

一、主要做法

"同忻致惠"即为勠力同心、优化服务、税企同心、共促发展，其中，"同"为大同区税务局同心同德之意；"忻"为新追求、新作为、乐观豁达之意；"致"为周到细致、追求奉献之意；"惠"为优惠、实惠，让纳税人享受政策红利之意。

（一）线上"云平台"，激发党建活力

云平台以"同忻致惠"手机 APP 为载体，通过堡垒先锋、队伍建设、纳税服务、税务清风、群团在线、税月新苑、在线学习等栏目，展示党建动态、强化党员管理，促进经验交流，同时打造了"税企共建"客户端，充分满足纳税人需求。

推"新"——搭建全方位学习平台。"同忻致惠"云平台通过随时推送新思想、新政策、新精神，让党员干部能够充分利用碎片化时间，打造 24 小时不间断在线课堂，突出学习的时效性、及时性。党员干部还可以利用在线视频、学习资料等栏目在线自主选择学习内容，随时在线交流、分享。通过每日一题、在线测试等形式完成学习内容测试。通过线上线下联动，构建一个全方位、全覆盖的良好学习教育氛围。

提"效"——构筑多角度管理平台。"同忻致惠"云平台通过会议通知、材

料下发、学习心得、微党课等方式拓宽"三会一课"等规定动作落实的广角，对党组织的"三会一课"、安排学习计划等过程实现流程化、数字化管理，系统针对每一个时间节点进行自动提醒和信息推送。通过堡垒先锋、税务清风、队伍建设等栏目，使党员群众对党建信息、廉政信息、队伍建设等方面的工作随时关注、及时掌握。

激"活"——提供新模式交流平台。"同忻致惠"云平台设置了"税月新苑"栏目，提供线上交流平台，打造交流沟通新模式。党员干部可以上传工作学习心得、党建寄语、心语感想、原创作品等内容，党组织通过"税月新苑"，能充分了解党员群众的所思所想，及时掌握思想动态，为做好思想工作筑牢根基。

创"优"——打造立体化服务平台。"同忻致惠"云平台打造了"税企共建"手机客户端，将纳税服务从办税大厅点对点服务拓展到线上线下、点面结合。纳税人通过"纳税服务""税收政策"等模块，及时了解新政策、新法规，掌握最实用、最权威的税收法律知识解读。通过"纳税咨询"栏目随时进

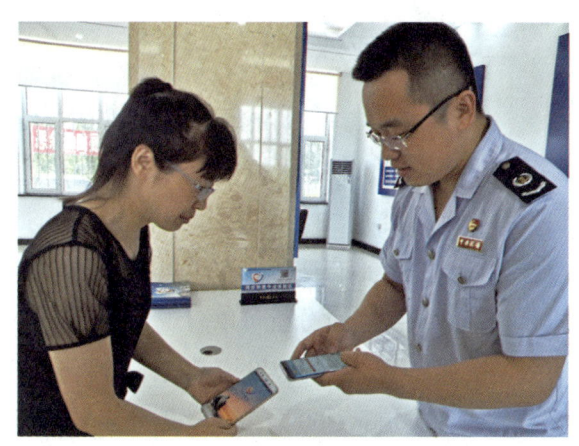

2019年6月6日，税务干部向纳税人宣传"同忻致惠"党建平台"税企共建"端功能

行业务咨询，专业解答团队会对纳税人提出的问题给与及时解答。通过"意见建议"向税务局提出合理化建议。"同忻致惠"党建品牌通过"税企共建"APP的建设，更好优化营商环境，更便民快捷服务了纳税人。

（二）线下聚合力，筑牢党建根基

加强联动，着力提升组织力。"同忻致惠"党建云平台实现了线上线下有机结合，同频联动。将"三会一课"、党员管理、民主评议等党建工作环节，从单一通过会议开展，拓展为线上线下同时开展，另管理教育对党员增加了有效抓手，整体提升党建工作格局，发挥战斗堡垒作用。

多措并举，切实增强向心力。大同区税务局党委通过师徒制、AB岗、"阶梯"读书计划、工间操等形式，苦练内功，增强动力，加速融合，着力打造一

支业务素质综合全面的队伍。通过在线学习引导、线下教育实践、拓展服务模式、创新成果展示等多种形式，不断增强党员干部的归属感、认同感、荣誉感，以党组织为核心的向心力不断巩固，进一步强化党委领导核心作用。

构架桥梁，有效提高凝聚力。"同忻致惠"党建品牌的建设，创新线上沟通交流模式，结合线下活动的开展，架起沟通交流的"立交桥"。通过"税月之声"广播站、"税阅书屋"与"税月新苑"进行同频互动，进一步提高凝聚力；通过青年干部座谈会、道德讲堂、志愿者服务队、接受铁人精神再教育、红色家书主题党日、拍摄《中国税务之歌》MV、党建宣传片、支部排球赛等党建活动，不断激发干部活力，更好发挥党员先锋模范作用，形成良好工作氛围。

二、工作成效

（一）双向模式打造精品，提升党务管理水平

"同忻致惠"党建品牌，通过线上线下有效互动，拓宽了党组织建设和党员教育管理的渠道，打通了党组织联系群众的"最后一公里"，让党建工作实现"智慧升级"。云平台通过各个模块的综合统计，自动形成对标积分，生成个人排行榜，党组织通过分析可以直观了解情况，为管理决策、评先评优提供切实有效的数据支撑，更好地发挥考核评价服务决策作用。截至2019年7月，云平台共发布各类信息300余条，党员干部累计浏览信息近5万余次，在线学习1万余人次，在线考试3000余人次。大同区税务局在2018年大庆市税务系统绩效考核中名列第一。

（二）拓展模式优化服务，提升纳税服务水平

通过"同忻致惠"党建品牌，将纳税服务从线下拓展到线上，充分发挥"税企共建"服务功能，为纳税人打造了一个"了解政策、学习法规、纳税咨询"的综合性平台。截至2019年7月，访问量1万余人次，及时解答了个人所得税起征点、减税降费等14个方面25个问题，得到广大纳税人一致好评，大同区税务局在2018年黑龙江省纳税人满意度调查排名中获得90.77分，位列第一。

（执笔人：谢潘）

打造"共建共融共享共赢"党建新模式

国家税务总局辽阳市税务局

为全面落实党的十九大精神,扎实开展"不忘初心、牢记使命"主题教育,积极探索税务文化建设的有效路径,国家税务总局辽阳市税务局与北京大学马克思主义学院结对共建,打破领域和行业的界限,围绕党建、思政、培训、宣传等层面共建,搭建税务机关与国内顶尖高校"双向互动、双方共育、双倍受益"新平台,开启"税校合作培养复合型人才"新模式,合力打造提升党建理论水平的"培训点"、深化党建研究的"孵化地"、助力减税降费的"服务站"、理论与实践对接的"连接线"、研究税制改革和引领创新的"智囊团",构建以党建引领税收事业发展的新格局,实现税、校双方组织共建、队伍共融、资源共享、合作共赢。

一、主要做法

(一)共建聚力,凸显文化引领功能

2019年5月17日,辽阳市税务局和北京大学马克思主义学院的1000名青年干部和学生代表齐聚辽阳中华会堂,共诵习近平总书记对青年的寄语,铿锵有力的誓言回响在每个青年人心中。辽阳市税务局、北京大学马克思主义学院共建暨纪念五四运动100周年"青春心向党 建功新时代"主题宣讲活动圆满落幕。在共建启动仪式上,辽阳市税务局和北京大学马克思主义学院互赠"党员干部培训基地"和"学生社会实践基地"牌匾,实现基层税务机关与国内顶尖学府党建对接。

(二)共融助力,增强文化激励功能

新老共融,激活"一脉相承"接续力。针对青年干部群体思想多元化、价值主体自我化的特点,围绕减税降费、纳税服务与优化营商环境等现实题材,辽阳市税务局青年干部与北京大学马克思主义学院师生共同创作演出音乐剧,在致敬老一辈税务人为税收事业做出毕生贡献的同时,激励新一代青年税务人扛起税收现代化的责任和使命。

税企共融，增强"一心为民"影响力。为进一步感受减税降费给企业带来的"红利"，北京大学马克思主义学院师生沿着习近平总书记考察路线，来到亚洲第一大工业铝材研发制造商忠旺集团和辽阳石化公司，了解国企、民企的改革发展和党建工作，感受党中央实施新一轮东北振兴战略带来的巨大变化。通过参观产品展示厅和生产制造车间，感受企业的迅猛发展。忠旺集团负责人说："减税降费就是给企业送真金白银，减的是国家税费，增的是企业发展动能。"

上下共融，提升"一抓到底"战斗力。实地参观国家税务总局辽阳市白塔区税务局办税服务厅，走进党员之家、观看工作纪实视频、体验代开发票流程和收缴企业所得税税款操作，北京大学有关同志感叹："服务纳税人的硬件设施、税务人员的精神面貌都让我印象深刻，这次税校合作为高校社会实践开辟了'第二课堂'，延长了思想政治工作的频度广度。"

（三）共享发力，扩大文化辐射功能

共享的是精神，坚守的是信念。辽阳市税务系统郭明义爱心团队的志愿者代表和北京大学马克思主义学院的师生来到鞍钢矿业公司齐大山矿区，跟随"当代雷锋"郭明义同走矿山路，体验矿工生活。在矿山深处，郭明义带领全场共产党员重温入党誓词，共唱《歌唱祖国》。随后的座谈中，郭明义就如何坚定对马克思主义的信仰、坚定走中国特色社会主义道路的信念、坚定实现中华民族伟大复兴中国梦的信心和青年们深入交流，鼓励青年用马克思主义思想指引前行道路，永久奋斗。

结对共建以后，辽阳市税务局与北京大学马克思主义学院师生共享红色精神，把红色基因、红色血脉融入到税务干部队伍建设，高质量推进新时代税收现代化，全力锻造让党放心、让人民满意的税务铁军。

2019年5月17日，辽阳市税务局、北京大学马克思主义学院青年干部在鞍山齐大山矿区与郭明义同志（右一）重温入党誓词

二、工作成效

辽阳市税务局始终坚持加强党的全面领导,坚持以文化人、以文砺人、以文育人,通过不断加强税务文化建设,大力实施文化兴税战略,党员干部的理想信念更加坚定,党支部的战斗堡垒作用进一步增强,党性实践活动进一步丰富,党建工作水平进一步提升,有力推动了辽阳市税务系统党支部规范化制度化建设。通过党建带群建,精神文明创建活动蓬勃开展,共设立党员先锋示范岗210个,7个基层单位被评为省、市级青年文明号,3个单位被评为巾帼建功先进集体。党员干部在服务纳税人、优化营商环境、税务机构改革和减税降费等工作中发挥先锋模范作用,得到了广大纳税人的高度认可。

2019年5月17日,辽阳市税务局、北京大学马克思主义学院青年代表在辽阳中华会堂合影留念

(执笔人:金东均　盖阳阳　麻宇航)

创建党建工作示范点
充分发挥战斗堡垒作用

国家税务总局上海市虹口区税务局

一、工作概况

培育基层党建工作示范点，是新形势下推进税务系统基层党建工作的重要载体，是创新基层党建工作方式方法的迫切需要，是充分发挥基层党组织战斗堡垒作用的必然要求。为深入贯彻新时代党的建设总要求，积极构建税务系统全面从严治党新格局，国家税务总局上海市虹口区税务局认真做好基层党建工作示范点建设，扎实落实"下抓两级，抓深一层"工作机制，建立健全"新纵合横通强党建"体制机制。选择以上海市税务局领导联系的第三税务所党支部和连续荣获五届全国文明单位、七届上海市文明单位的第一税务所党支部2个党支部作为上海市局级党建工作示范点，选择虹口区税务局领导联系的8个党支部作为区局级党建工作示范点进行创建探索，以点带面提升各基层党支部的党建工作水平，2018年5月，虹口区税务局被评为上海市税务系统党建工作示范点。

上海市虹口区税务局党委书记、局长赵明富同志（左六）为先进党支部颁发证书

二、主要做法

虹口区税务局党委根据新机构新使命，探索构建"六位一体"党建工作示范点创建格局，涵盖政治、思想、组织、作风、纪律、文化建设等，积极推进实现全面从严治党向基层延伸，实现党建工作全面过硬、全面进步。

（一）突出政治建设，把牢改革方向

严格落实"两个责任""四责协同"，形成"主要领导主体抓、分管领导全面抓、其他领导协同抓、支部领导具体抓"的"四级联动、四抓落实"的党建工作格局。党委委员认真落实"四责协同"，下大力气抓好党建工作与税收改革的融合，把牢改革方向。结合机构改革，先后召开3次民主生活会，各党支部认真召开组织生活会和开展民主评议党员，做到"五个到位"，即会前准备到位、理论学习到位、查找问题到位、批评和自我批评到位和整改措施到位。实现"四个压实"，即压实集中学习研讨、压实谈心谈话听取意见、压实查找问题及原因剖析，压实问题整改落实。党委委员以普通党员的身份参加联系党支部的专题组织生活会和民主评议，全体党员"思想认同、目标相同、措施协同"，开展真诚的批评与自我批评，取得实实在在工作成效。

（二）推进思想建设，凝聚改革合力

持续开展"六学""五讲"，即领导领学、个人自学、支部带学、网上辅学、小组帮学、掌上微学等"六学"。认真落实习近平新时代中国特色社会主义思想的学习；采用领导班子示范讲、支部书记普遍讲、专家教授辅导讲、红色基地现场讲和党员骨干交流讲等"五讲"形式，通过集中学习、参观见学，不断丰富和创新讲党课方式。每年委托虹口区委党校分四批开展"强党性、树形象"党员全覆盖培训。注重加强思想政治建设，采取"教育引导打动人、谈心谈话温暖人、弘扬税务精神鼓舞人"，坚持开展"五必访""六必谈"和"思想政治工作九法"。开展"新机构、新使命、新作为"主题党日活动，组织党员开展"承诺践诺"活动，征集机构改革"微心语"，将征集的135条优秀"微心语"通过"虹税文化长廊""微心语"树进行展示，向全体党员发出"拥护改革、支持改革、践行改革"的《倡议书》，全体党员带头在《倡议书》上签字承诺，通过思想政治工作，党员干部以身作则，自觉做模范做表率，五对夫妻双方同时担任领导职务的，积极响应干部任职回避要求调任或"实改虚"。

（三）加强组织建设，筑强改革堡垒

以提升组织力为重点，实现党的组织在基层全覆盖。"三定"明确后，建立健全各级党组织，设置23个党支部，有党支部书记、副书记、委员共101人。开展"一支部一品牌"创建，推广党支部"四点"工作法，即：各党支部建设政治站位高一点、基础党建实一点、队伍管理严一点、开拓创新多一点；严格落实"三会一课"等七项制度，使基层党建有力有效。

（四）注重作风建设，提升改革动力

落实"严管善待"，加强高标准管理，强化推进机关党的作风建设，持续开展"红色激情、绿色希望、蓝色使命"三大岗位建功活动，引导广大党员、团员青年投身改革事业。为落实减税降费、"放管服"改革、优化营商环境和税制改革，尝试开展企业所得税减免备案核查工作。推行新办企业10项初始化业务当天办结，平均办理时间缩短至15分钟；发挥线上线下结合优势，形成了发票线上申请和线下"窗口领票＋自助领票＋专业配送"立体式发票申领服务。推行集团总部型企业税源集中服务管理，提高税源管理效率，试点零散税源委托电信代征服务，创建上海市首家"智慧办税厅"，实现办税人员人脸识别、远程视频咨询、平板电脑智能咨询、智慧云大屏幕、涉税体检报告打印、自助办税、虚拟现实体验等办税功能。

（五）强化纪律建设，守住改革防线

采取"十大举措"，开展廉政教育月活动，强化"六大纪律"，加强警示教育。完成第一轮基层巡察全覆盖，积极探索基层巡察有效方法，创新巡、察、见"三字法"，即：问题导向，"巡"基层落实情况；贴近群众，"察"基层民意诉求；严肃问责，"见"基层整改成效。围绕"巡察、整改、收效"3个环节，依托信息化管理平台，确保国税地税征管体制改革期间各项工作平稳顺利推行。

（六）落实文化建设，弘扬改革精神

开展"学模范、颂模范、争做模范"系列活动，评选表彰先进党支部、优秀共产党员和优秀党务工作者，结合机构改革中涌现出来的先进典型在"虹税文化长廊"上进行宣传。虹口区税务局党工团联合组织90余名干部开展了学习贯彻党的十九大精神、弘扬中国税务精神"红色足迹"城市定向活动。开展学习型党组织和文明单位创建，申报创建全国文明单位1家、上海市文明单位2家、其他级别文明单位17家。

上海市虹口区税务局践行中国税务精神，开展"不忘初心、牢记使命"主题教育

加强对"忠诚担当、崇法守纪、兴税强国"中国税务精神的宣传和践行，学唱《中国税务之歌》，激发党员干部动力和活力。

三、工作成效

2018年，虹口区税务局党建课题《对健全和完善税务系统党员干部的激励和约束机制的研究》荣获上海市机关优秀调研成果三等奖，入选上海市思想政治工作研究会组织编写的《实践与思考》一书。创新"课题式、互动式、案例式"中心组学习，荣获虹口区处级中心组学习实践创新成果项目。《让税徽闪耀红色光芒》在2018年4月10日的《组织人事报》第二版头条报道，基层党建工作成效在《上海支部生活》《中国税务报》《中国税务》多次刊载。荣获上海市五一劳动奖状、上海市青年突击队等荣誉6项。

（一）责任有效落实，党建基础不断夯实

严格履行主体责任、领导责任，充分发挥党总揽全局、协调各方的核心作用，把党的领导体现在税收工作的各方面和全过程，把党的工作放在心上、抓在手上、扛在肩上，以政治引领，党建先行，落实"条主责、块双重、纵合力、横联通、齐心抓、党建兴"的"新纵合横通强党建"体制机制，完善"下抓两级、抓深一层"，实现"四级联动"和"四责协同"，主体责任和监督责任有效落实。

（二）示范引领明显，党建水平不断提高

强示范、重引领，构建"六位一体"党建工作示范点建设格局，进一步健全完善"三会一课"、民主生活会、组织生活会、民主评议党员、谈心谈话和党日活动制度，通过开展制度化的党建活动，助推党建规范化、标准化建设。承办上海市税务系统组织生活公开课暨基层党建工作示范点学习交流活动，通过党建工作示范点创建展示介绍、以情景表演的形式展演、党校教授教学点评和组织观摩党建宣传阵地等活动，相互学习交流，共同提高党建工作水平。

（三）先锋精神彰显，党员队伍更加坚强

在党建工作示范点创建过程中，开展"党旗飘起来、党徽亮起来、党员作用发挥出来"等主题活动，引导党员干部在岗在位在状态，营造见贤思齐、比学赶超的浓厚氛围，激发党员干部干事创业动能，党员队伍建设有效加强，先锋模范作用进一步加强。

（执笔人：金贝杯　林志明）

纵横联动抓党建　绽放税务蓝莲花

国家税务总局连云港市税务局

蓝莲花，是圣洁清廉的象征。由于廉政的"廉"、莲花的"莲"、连云港的"连"三字谐音，而蓝色又契合税务蓝和连云港海属文化特色，国家税务总局连云港市税务局将"蓝莲花"党建文化作为税收事业发展的灵魂工程来抓，着力打造党建品牌，实现了党建文化和税务文化的有机融合。

一、提升新本领，打造政治思想教育平台

连云港市税务局创新党建工作形式，在社会主义核心价值观教育基地举办新颖生动的"党建优品荟"展示活动

以思想教育为核心，依托"蓝莲花"大讲堂、"蓝莲花"读书会，深入学习党的十九大精神，举办"'两学一做'兴税业·税务蓝中党旗红"主题活动和"旗帜鲜明讲政治"蓝莲花微党课比赛，征集"微党课"课件26个、"两学一做"微感言928条。组织开展"学习王继才争当改革先行者"系列活动和主题教育活动，号召党员干部主动到改革最需要的地方去。创新"主题党日＋"做法，开展8期党风廉政系列讲座，以及党员个人绩效点评会、税务精神分享说、"军转干部座谈会""享阅读·话初心"蓝莲花读书交流活动等，促进党建与业务融合共生。

二、适应新体制，构筑全面从严治党平台

着力将"蓝莲花"作为廉政文化的形象标识，并在实践中逐步提炼出"蓝莲花""和、合、清、雅、乐"的文化内涵，深入打造"蓝莲花"党风廉政文化品牌，通过党风提升三年规划、"履职守规 争当首善先锋"行动、完善13个配

套制度措施，将管党治党政治责任落实情况细化为 9 大类 33 项绩效考核指标，体现到"税眼金睛"政治巡察工作的全过程，构筑立体化防护网。加强党风廉政教育，开展重温入党誓词、专题教育、警示教育等活动，强化日常廉政风险防范。仅 2018 年就组织 300 余名党员，分 9 批次到周恩来纪念馆、淮海战役纪念馆等红色教育基地，重温入党誓词，接受党性洗礼。

三、紧跟新时代，搭建核心价值宣传平台

在江苏省税务系统打造首个以社会主义核心价值观为主题的税务党建文化基地，基地约 400 平方米，共分为 3 个功能区 18 个板块，全方位、多层次、广角度大力宣传社会主义核心价值观，展示税务部门税务党建文化建设的成果。同时通过开展"中华优秀文化与社会主义核心价值观"学习实践、"核心价值观建设大家谈"、开辟"核心价值观教育实践"专栏，举行"核心价值观"演讲比赛等形式，不断凝聚核心价值共识。以实际行动践行社会主义核心价值观，开展"党员亮身份"行动，推进"双进双促"大走访，2018 年以来，党员领导干部走访特困户 300 余户，帮扶贫困户 213 户，实现脱贫 186 户。

四、聚焦新格局，拓宽党建文化引导平台

市县一体，结合地方特色，打造了晶都税务党旗红、和安税韵、税行者、税壹号、退税 360 党旗红等具有鲜明地域特色的税务党建文化，并通过"党建优品荟"进行展示。国家税务总局东海县税务局围绕"水晶心"文化促品行、"品绩管理"提绩效的思路，通过组织党员干部举行拓展训练、道德讲堂、伦理培训、家风家训征集等活动，打造了"晶·品"绩效文化品牌。国家税务总局连云港市赣榆区税务局以"不忘初心、牢记使命"为主题，以红色动力党建文化体系为重心，依托和安书院，形成"一院四区十班"的载体，进一步丰富发展了"蓝莲花"税务文化的内涵。

五、立足新任务，夯实党建工作支撑平台

在全面从严治党新形势新任务新要求下，立足"蓝莲花"税务党建文化平台，积极实施标准化党建规范，编写了《落实全面从严治党工作规范》，梳理基层党建表证单书 23 类，明确党委、党支部等"六个主体"的责任义务、工作流

连云港市税务局举行学习全国"时代楷模"王继才同志先进事迹报告会

程、督查考核等事项,做到行有准则、动有依据、做有规范、考有标准。细化党建工作示范点创建目标,建立12类128项责任清单,形成横向到边、纵向到底的党建示范点创建责任体系。完善基层党建工作联系点制度,分解压实了8类35项工作责任,推行"联建共抓"工作机制,建立领导基层党建工作联系点13个,连云港市税务局机关党支部基层党建共建点4个,让每个支部都成为一面旗帜。

六、统筹新发展,健全党群共建互动平台

不断拓展"蓝莲花"税务党建文化的内涵和外延,推进党建与税收工作深度融合,全面落实减税降费、"放管服"、优化税收营商环境等一系列深化改革"组合拳",实现党建与税收业务工作同部署、同推进。创建蓝莲花"三八"红旗手工作室,成立蓝莲花义工团、蓝莲花党员志愿者、蓝莲花爱基金、蓝莲花爱心妈妈等党群组织,开展捐资助学、援助孤残、关爱儿童等活动,"爱心妈妈"团队当选"江苏十大感动人物"。通过春秋两季"小蜜蜂"自行车骑行、党员志愿服务、职工运动会、文体俱乐部、"真情税官"朗读者宣传等一系列活动,不断汇聚事业发展正能量,有效实现以党建"强主业、促改革、兴法治、带队伍、领群团"的集成发展。

(执笔人:武琼 杨青 陶维生)

探索情景党课新模式　拓展党员教育新境界

国家税务总局南宁市税务局

国家税务总局南宁市税务局把党建引领作为推动改革任务落实的"红色引擎",通过强党建、筑税魂、聚合力,激活思想政治工作"一池春水"。在县乡税务局落实"三定"暂行方案、推进社保费和非税收入划转关键时期,为进一步强化党建引领,以活动凝聚人心,以榜样鼓舞人心,引领广大党员干部积极投身改革主战场,切实激发作为改革参与者、实践者和见证者的责任感和自豪感,做到事合、人合、力合、心合,在改革浪潮中彰显红色中坚力量,南宁市税务局探索题材丰富、生动活泼、手段先进、参与广泛的情景党课新模式。

一、主要做法

情景党课改变传统党课一人唱"独角戏"的旧套路,注重形式和内容的创新,突出主题的鲜明性、内容的鲜活性、讲述的艺术性,使党课成为凝心聚力的催化剂和加油站、推进改革的加压器和鼓劲机。

(一)突出主题的鲜明性,体现改革担当

情景党课紧扣国税地税征管体制改革的主题,以党建引领为核心,聚焦"初心、忠诚、担当、实干、情怀"五个关键词,以市、县、乡三级税务机构全体党员为主角,大力挖掘和展示 2018 年 3 月以来南宁市税务系统涌现出的各类先进典型,讲述绿城税务党员在改革中不忘初心、砥砺奋进、争当改革"排头兵"的真实事迹。旨在激发税务党员干部主动参与改革的积极性和主动性,以党员的模范作用带动引领全市税务系统干部职工,为打好制定和落实"三定"暂行方案、社会保险费和非税收入征管职责划转、税费业务和信息化整合升级等一系列改革攻坚战提供强大的精神动力和思想保证。

(二)突出内容的鲜活性,讲好改革故事

党课以南宁市税务系统 104 个基层党支部推选出的 22 个在改革期间涌现的先进人物和团队的事迹为原型进行创作。该堂情景党课共讲授微党课 6 节,由全市税务系统各基层党支部精心筹备。以身边人讲述机构改革身边事为视角,

2018年10月16日,南宁市税务局税务干部通过情景党课的形式向党员干部再现向党旗宣誓,用行动诠释税务党员干部铮铮誓言

通过微视频、歌舞、快板、情景剧、朗诵等艺术形式情景再现感人事迹:国家税务总局南宁市经济开发区税务局许国强,家中两代税务人薪火传承,见证税务局的历史变迁,为税收工作贡献力量;国家税务总局南宁市青秀山风景区税务局副局长彭伟,由"正"转"副"后,正确看待个人舍与得,坚持心系工作以大局为重,在新机构挂牌前一晚主动到单位与保安一起守牌;人事教育科副科长王珍,为完成"三定"暂行方案持续加班一个多月,不能照顾刚上小学的孩子;国家税务总局南宁市青秀区税务局的"党员突击队",从接受局党委授予的队旗以来,以党建领航改革,日夜奋战一线,从数据整合、系统融合到社会保险费和非税收入划转,用党员税干连轴转换取纳税质效的提升,将纳税人申报80项涉税事项前移办税厅限时办结,实现办税服务提速60%。党员干部观看情景党课后,均表示党课内容丰富感人,课程编排细致入微,讲授形式新颖独特,以小见大,寓情于理,进一步激发了干事创业的热情和激情。

(三)突出讲述的艺术性,激发改革动力

情景党课主要呈现出三个特点:一是艺术载体创新,综合运用了情景剧、朗诵、歌曲、舞蹈等艺术表现形式,将政治理论学习融入生动的剧情中,让抽象的理论具体化,形象化;二是视角选择独特,例如通过办税大厅的叫号机、电脑、座椅的视角,讲述改革中废寝忘食、埋头苦干的纳服党员先锋队的工作场景;三是语言通俗易懂,灵活运用党员干部生活中的语言,将普通话与"南宁话"结合起来,让党课语言亲切、朴实、生动,党员们坐得住、听得进、记得牢。

二、工作成效

(一)显著提高党员教育质量,增强党组织的凝聚力和吸引力

情景党课以各级党组织为抓手,以模范党员为带领,凝聚广大干部职工合力,以敢于担当的勇气,敢作善成的决心,拥护、支持和推动改革,更加贴近

党员生活、满足党员需求、适合党员口味,参加情景党课的1000多名党员干部无不交口称赞。实践证明,情景党课更大地丰富了党课教育的内容和形式,拓宽了党员集中教育的的思路,提高了党员教育的质量,得到了党员的真心支持和普遍欢迎,增强了党组织的凝聚力和吸引力,为党员教育注入了生机与活力,增强了党员教育的吸引力,呈现出干部队伍稳定、征纳关系和谐、干部遵规守纪的良好工作态势。

(二)充分发挥党员主体作用,党员综合素质持续提升

情景党课,让普通党员成为党课主角,从创作到走上舞台处处参与其中,共予教育任务、共享教育成果、共担党员责任、共筑党员意识,从而找到一种归属感和认同感,增强了主体意识。同时,一场精彩的情景党课,需要党员付出巨大的心血,投入充足的热情,更需克服

2018年10月16日,南宁市税务局通过情景演绎的形式开展"绿城党旗红 改革当先锋"情景党课

重重障碍,用饱满的热情和强烈的责任感投入到情境互动式党课的创作中。在此过程里,党员得以积累和优化知识、提升创作能力、加强团队合作意识,党员综合素质得到显著提高。

(三)树立党员先进典型,营造创先争优的浓厚氛围

南宁市税务局的情景党课选取改革中产生的党员先进典型作为题材,大力弘扬先进典型,以榜样鼓舞人心,引领广大党员干部积极投身改革主战场,发挥税务铁军精神,继续再接再厉,以更高的标准、更严的要求、更实的作风,一路向前,将国税地税征管体制改革进行到底,切实激发党员干部作为改革参与者、实践者和见证者的责任感和自豪感,在南宁市税务局营造出比学赶超改革先锋的浓厚氛围,在改革浪潮中凝聚起一股红色的中坚力量。

(执笔人:罗家义 段嘉欣)

以党建品牌创建为载体
积极推进税收改革发展

国家税务总局海口市税务局

国家税务总局海口市税务局党委牢固树立"抓好党建工作是最大的政绩"的理念,为推进全面从严治党向纵深发展,提升基层党建工作的内涵和品质,以打造特色党建品牌作为加强基层组织建设的重要抓手,不断激发基层党建工作新活力。

一、主要做法

通过布局"一支部一品牌""一区局一品牌",努力将党建品牌建设向基层延伸,着力构建一个层次分明、各具特色、优势互补、富有活力的海口税务党建品牌格局。

(一)品牌提炼有内涵

海口市税务局机关各党支部和各区局党委从自身工作职能出发,通过集体研究,找准能够代表自身工作优势和特点的品牌,用精练的短语概括出品牌名称。提炼出的品牌名称一般具有三个方面的内涵:一是暗合单位名称,如国家税务总局海口市龙华区税务局的品牌名称"同心协力划龙舟,谱写税务新华章",税收经济分析科党支部的品牌名称"创精品分析,促经济发展",易懂易记,让党员有归属感。二是体现工作特色,如国家税务总局海口市秀英区税务局的品牌名称"绣好税收锦上花",体现该局以精心绣好组织收入、税收征管、纳税服务、党风廉政和法治创建"五朵花"为抓手,充分发挥税收职能作用;又如纳税服务科党支部的品牌名称"聚焦'满意度',深化'放管服'",国际税收管理科党支部的品牌名称"'税务蓝'助力'一带一路'",都很好地体现了部门的职能特色。三是体现党的先进性,如国家税务总局海口市美兰区税务局的品牌名称"税字我最美,税服我最蓝",国家税务总局海口市琼山区税务局的品牌名称"逢山开路作先锋",都充分展现了区局党委强烈的创先争优意识。

（二）品牌创建有亮点

党建品牌创建最大的价值在于围绕中心、服务大局，一个好的党建品牌必须有实实在在的工作亮点予以支撑。例如个人所得税科党支部在个人所得税改革攻坚冲刺阶段提出"党建助力个税改革"的党建品牌，该党支部积极开展进学校、进机关、进企业等形式多样的党日活动，党员主动发力当好个人所得税政策的"讲解员"和"宣传员"，针对不同群体解释个人所得税优惠政策的细节，尤其是对社会各界高度关注和期盼的子女教育、继续教育、大病医疗、住房贷款利息、住房租金、赡养老人等6项专项附加扣除政策进行大力宣传，确保纳税人和广大群众听得懂、易理解、会使用，助推个人所得税政策宣传全覆盖。社会保险费和非税收入科党支部在社会保险、非税收入划转时期提出"社区共建，服务民生"的党建品牌，该党支部通过与社区开展联合共建，紧密联系社区，依托原有社区征收力量更好地开展社会保险费的

2019年4月11日，海口综合保税区税务局党支部与海南汽车小镇联合党支部共同开展主题党日活动

征收工作，同时组建一支党员服务示范队，深入社区开展志愿服务活动，为探索税务党建融入属地中心任务新模式提供了经验借鉴，进一步丰富了支部党建品牌内容。

（三）品牌管理有规范

海口市税务局党委对于已认定和创建的党建品牌实行动态管理，每年开展一次评比，对不符合党建工作要求或没有亮点工作支撑的品牌予以调整或撤销，各党支部和区局党委也可根据工作目标和任务的变化及时对品牌内涵予以修订，确保党建品牌创建始终紧跟税收工作形势，紧贴税收重点任务。例如海口综合保税区税务局原本的党建品牌是"开放促发展，年轻聚活力"，为切合当前海南自贸区（港）建设工作实际，更好地发挥综合保税区税收工作职能，将品牌名称调整为"保先晋位，税领潮头"，与当前的工作目标和工作任务紧密贴合。

二、主要成效

2019年7月5日，海口市秀英区税务局党支部与秀英街道办事处党支部联合开展"减税降费进万家，改革红利惠民生"主题党日活动

海口市税务局机关各党支部已提炼出24个党建品牌，基本实现所有支部全覆盖，下属区局也确立了7个党建品牌，明确了创建方案，海口市税务系统"1+N"的党建品牌创建体系初步形成，党建活力进一步贯通到党肌体的"神经末梢"。各党支部围绕组织收入、减税降费、优化营商环境等重点工作开展品牌创建，党支部战斗堡垒作用进一步加强，党员先锋模范作用进一步发挥，带动基层税务干部职工干事创业的正能量不断提升，实现了税收工作有引领，党建工作有灵魂。

三、思考与探讨

党建品牌创建活动是推进基层党建工作创新发展的有效途径，也是活跃党支部工作的重要载体。海口市税务局党委在打造品牌创建体系过程中，有两点感悟可供借鉴：

一是党建品牌创建必须避开"空对空"的陷阱。党建品牌创建应始终同税收中心工作和本部门业务工作有机结合，认真解决"两张皮"问题，使品牌创建过程成为强化党组织凝聚力、战斗力和影响力的过程，进一步提高党员干部工作积极性，促进各项工作全面发展。

二是党建品牌的示范带动效应必须充分发挥。党建品牌创建必须牢牢符合新形势党的建设总要求，始终保持其先进性和示范性。通过全覆盖式的品牌创建活动，不仅要打通基层党建工作"最后一公里"，实现基层党建工作水平的全面进步，更要带动全体税务党员发挥好先锋模范作用，推动税收事业更好更快发展。

（执笔人：张珊珊　陈勇）

大力加强党建文化建设
积蓄税收发展正能量

国家税务总局大连高新技术产业园区税务局

面对加快税务干部队伍"四合"、落实更大规模减税降费的新形势新任务，国家税务总局大连高新技术产业园区税务局以党建文化建设为引领，充分发挥基层党组织在推动发展、服务群众、凝聚人心、促进和谐方面的作用。发挥党员"先"作用，打造党建"新"品牌，营造干事"欣"环境，为深入推进税收事业高质量发展积蓄了强大的正能量。

一、党建引领，吹响减税降费"先锋号"

为深入贯彻党中央、国务院关于减税降费的重大决策部署，把党建融入这项重要工作，大连高新技术产业园区税务局成立实施减税降费工作领导小组临时党支部，坚持以党建为引领，把党组织的机制建起来，把落实各项工作的标尺立起来，把党员的先锋形象树起来，把落实减税降费政策和打造高新园区双创营商环境紧密结合在一起，吹响了减税降费"集结号"。

2018年12月，大连市高新园区税务局党委班子同干部职工分批开展读书座谈会

（一）签订"承诺书"，突出党委"头雁"效应

领导干部率先垂范，12名党委成员全部投入到减税降费工作组指导工作，确保党建工作与减税降费工作同研究、同部署、同落实。党委成员分别带领党员干部实地走访企业，签订《落实减税降费承诺书》，郑重承诺主动接受纳税人

监督，全力确保减税降费新政落地生根。与 827 户应享受政策的小规模纳税人签署了承诺书，打消了企业顾虑，树立党员干部的新形象，为推动减税降费政策落实起到了动员、引领作用。

（二）着力"规范化"，发挥支部"堡垒"作用

组织全体党务干部学习《党建工作实用手册》，以龙王塘税务所党支部为示范点，以点带面，推进各党支部在组织建设、制度完善、运行规范、活动开展、资料整理和作用发挥等方面实现规范化，并将减税降费工作落实情况纳入支部党建考核指标中，加强基层党组织规范管理，有效提升党支部创造力、凝聚力、战斗力。国际税收管理科党支部坚持创新党建，优化服务，协调多个部门助力大连学院鉴定技术研究所企业快速享受减税降费优惠政策，相关做法被新华网、今日头条等多家媒体报道。

（三）组建"突击队"，激发党员"冲锋"劲头

2019 年 4 月大连市高新园区税务局青年减税降费突击队队员进行政策讲解服务纳税人

在党建工作的引领下，大连高新技术产业园区税务局成立"青年党员突击队"，发动青年党员签订"落实减税降费工作倡议书"，激励青年干部带头冲锋，34 名青年党员作为"宣传员""辅导员"深入企业组织开展税收政策宣讲 88 场，惠及近 10 万名纳税人。围绕企业所得税新政、申报表填列、减税政策解读三个方面开展 9 场专题培训，惠及纳税人 3000 户。利用减税降费海报、优惠政策辅导手册、电子显示屏、微信公众号、政策解读 H5 等多样化宣传手段，开展线上线下同步宣传，在纳税人中间刮起了一阵"减税降费宣讲风"。

二、多方共建，点亮党建工作"新品牌"

为了进一步强化党建对税收中心工作的引领效果，大连高新技术产业园区税务局党委以税企支部共建为切入点，创新路径多层次开展"党建引领促发展、

共筑营商新环境"系列主题共建活动，实现了"思想共建、组织共抓、活动共办、多方共赢"，点亮了党建工作"新品牌"。

（一）"四方论坛"服务营商环境

联合华信企业集团、农业银行大连分行、东北财经大学，举办"减税降负、金融惠普、支持民营、振兴大连"主题共建活动，实现"税、企、银、学"四方加强党建文化与社会文化互动的成效。深入交流党建工作经验，探讨党建助力发展的有效路径，提出以免退税为质押为企业提供贷款，解决大连民营企业融资难、融资贵问题的思路，提振企业发展信心和发展活力，为园区民营企业发展营造良好舆论环境，扩大了党建工作的社会效应。

（二）"百家企业"共享红利套餐

联合大连高新区党工委和多家银行党组织以党建搭建平台，举办"党建引领减税降费、助力经济高质量发展"主题宣讲会，为260余家出口企业介绍大连高新区助力企业发展的创新举措、党中央对减税降费的工作部署以及适用于出口企业的金融扶植政策，为企业烹饪"红利套餐"。

（三）"千名青年"共话青春奋斗

针对辖区内高新技术企业多、高校多、青年人才多的特点，大连高新技术产业园区税务局确保党建与团建同频共振开展，举办"诵读青春、唱响新时代"主题共建活动，以朗读、朗诵、歌舞等形式弘扬"五四"精神，庆祝中华人民共和国成立70周年，展现不同行业领域青年"不忘初心、奋斗拼搏"的画卷，在线上线下吸引近千名青年共话青春，点燃了青年干部岗位建功的青春热情，进一步拓展共建文化影响。

三、以文化人，营造干事创业"好氛围"

大连高新技术产业园区税务局党委把"用先进文化引领党员"作为党建文化建设的重要课题，以书香工程为牵引，多措并举、协同推进，达到以文聚人、以文悦人、以文化人的效果，发挥党建文化"润物细无声"的感染力，营造了团结和谐、心齐气顺的干事氛围，为税收中心工作增添动力。

（一）建设干部书屋，打造思想交流阵地

投入人力、物力、财力建设干部书屋，不断升级干部书屋的软硬件设施，及时收集归纳干部职工阅读兴趣，定期根据需求购置图书，最大限度满足党员

干部学习需求。打造了丰富知识、交流思想的文化阵地，营造出"好读书、学理论、强支部"的浓厚文化氛围。

(二)开展读书座谈，凝聚干部思想共识

连续4年组织党员干部每年精读1本好书，分批召开读书交流会，广泛交流学习心得体会。国税地税征管体制改革期间，号召全体党员干部精读《格局》，结合工作面对面谈心得、话思想，传递正能量。通过读书会交流了解党员干部思想动态，有效促进干队伍融合。读书座谈会开展以来，共组织座谈33场，参与干部450余人次，编印4本读书心得文集，全面展示党建文化建设成果。相关经验做法被国家税务总局大连市税务局推广，多次被媒体宣传报道。

(三)培育青年人才，激发干部队伍活力

坚持"考辅结合育才"，连续3年开展青年干部每周一考，隔周一辅导，有效加强了青年干部业务能力，青年党员代表大连市税务局在"全国税务系统办税技能竞赛"中荣获全国总决赛团体一等奖。坚持开展先进典型选树活动，大力开展"最美园区税务人"评选活动，表彰优秀党员干部和党支部，发挥典型示范引领作用。多位党员干部获得"大连市先进工作者""大连市敬业俊青年"荣誉。坚持"深入一线实战"，让党员干部轮流到办税服务厅"慧姐工作室"咨询岗值班，发挥了青年党员生力军作用，在全局形成了奋力敢作为、勇担当的良好风气。

(执笔人：孙静仪)

用活红色资源　打造党性教育基地

国家税务总局盐池县税务局

国家税务总局盐池县税务局党委围绕全面从严治党和"不忘初心、牢记使命"主题教育,深入挖掘红色资源,传承红色基因,历经一年,建成了800余平方米的党性教育基地,成为宁夏及周边省税务系统重要的党员教育基地。

一、利用好红色资源

盐池县隶属于宁夏回族自治区吴忠市,位于宁夏东部,地处陕、甘、宁、蒙四省(区)交界地带,属温带大陆性半干旱气候,盛产咸盐、皮毛、甜甘草。

1936年,西征红军解放了盐池县城,建立了宁夏第一个县级红色政权,同年10月,在时任中央苏维埃共和国中央政府驻西北办事处国民经济部长毛泽民亲自指导下,盐池县成立了第一个边区红色税务分局。盐池县税务局成立后,在三边税务支局的指导下,先后开征了农业税、货物税、营业税、盐税、牲畜买卖税等税种。

1941年皖南事变后,国民党政府停发八路军军饷,并对边区实施全面军事包围和经济封锁,外援完全断绝,在毛泽东同志发出"自力更生、艰苦奋斗""发展经济、保障供给""到盐池驮盐去"等一系列号召后,老一辈税务人在盐池县委县政府的领

在党性教育基地重温入党誓词

导下,广泛发动群众开展大生产运动,团结工商界人士发展盐池经济,广泛宣传党的保护工商业政策,源源不断将盐、甘草、皮毛等"盐池三宝"输送到革命圣地延安,为革命胜利作出积极贡献。

二、传承好红色基因

盐池县税务局按照"立足盐池、着眼宁夏、面向全国"的高标准开展党性教育基地建设工作，广泛发动盐池县各镇街、各部门征集老物件，搜集传世文物，走访在世老前辈收集相关信息和实物。组织人员多次拜访民间收藏家、民间博物馆，足迹遍布上海、江苏、山东、浙江、陕西、甘肃、宁夏等地，经过一年紧张建设，建成"革命历程篇""当代党建篇""廉政展示篇"共3大篇7个展区的红色基地。

展厅中陈列的一张张破碎的老税票、一片片残缺的老布告、一幅幅泛黄的老照片、一件件陈旧的老物件，无不叙述着在硝烟战火中，老一辈税务工作者的艰辛和曲折。展厅运用现代声光电技术，自带光带、视频播放、通电玻璃、感应警钟、电子翻页设备等新技术一应俱全。电影、视频等影像资料再现了当年税务工作者蹲点查补盐税、武装押运钱款、集体评议税款、与国民党县政府分庭而治等场景。展厅顶部天幕再现了南昌起义、秋收起义、飞夺泸定桥、井冈山会师、遵义会议、平型关大捷等历史事件，具有较强的现场感，令人震撼。同时，展厅将盐池县税务局成立80年的历史从税收制度、组织领导、机构设置、人员安排、收入数量等内容，在大量翻阅历史文献资料的基础上进行梳理呈现，使盐池县税务历史传承和奋斗脉络更加清晰。

展厅将现当代税务工作者从战争年代到和平建设年代的先进典型代表集中展示，用他们坚定的信仰、无私的奉献、勤政的作风、廉洁的品质，教育当代税务干部算清人生"七笔账"，把好人生"八大关"，勾勒出盐池县几代税务人的"红色脸谱"。

盐池县红色税务党性教育基地初步建成后，引起了国内党史和税务史研究专家的关注，并且先后有中国税务学会、国家税务总局安庆市税务局、宁夏回族自治区党委政府等单位相继在教育基地开展了党性教育活动，累计接待参观人员30批次，2000余人。

三、发扬好红色传统

盐池县税务局弘扬老一辈税务人"执法严明、无私奉献、民主征收、不畏艰难、艰苦朴素"的边区税收精神。注重红色基因传承，用红色传统抓班子，用红色基因带队伍,通过参观革命圣地、体验边区税务分局遗址、请革命老前辈作报告、举办红色诗歌朗诵会、演讲会、文艺演出等活动,激励当代税务人聚焦税收中心工作,时刻牢记共产党人的初心和使命,为实现中华民族伟大复兴的中国梦提供正确的思想引领和不竭的精神动力。立足党建引领,把全面从严治党作为带队治税的首要任务,在党的建设、依法治税、组织收入、营商环境优化、减税降费、队伍建设、廉政建设等工作上,秉承"一代接着一代干、党员做给群众看"的朴素信念,驰而不息、久久为功。通过传承和弘扬老一辈税务人的革命精神,不断引导当代税务人在国税地税征管体制改革、减税降费等重要工作中勇当先锋,争做表率,让红色传统绽放出新的时代光芒。

开展"激情飞扬红五月 减税降费谱新篇"暨纪念五四运动 100 周年主题活动

(执笔人:曹雪峰 金文涛)

党建引领固本 "五心驿站"塑魂

国家税务总局蚌埠高新技术产业开发区税务局

加强基层党建文化建设是激发基层党组织和广大党员干部奋发向上、奋力争先内在动力的重要途径。国家税务总局蚌埠高新技术产业开发区税务局探索建设"五心驿站"党建文化品牌,把党建文化融入到政治、思想、组织、作风、纪律建设等各方面,旨在让文化阵地"活"起来,让党建成果"实"起来,让党员先锋号"响"起来,从根本上提升党建内生动力。

一、主要做法

"五心",即要求党员干部明初心、守恒心、讲公心、存敬心、葆忠心。其中,初心是根本,恒心、公心是践行,敬心、忠心是保障。"五心"各有建设内容和举措,融入驿站平台后成为独具特色的"五心驿站"品牌。

(一)初心驿站——锻造坚定理想信念

不忘初心,方得始终。蚌埠高新技术产业开发区税务局党委始终坚持将初心教育贯彻始终,寓教于行。初心驿站是党员干部的"大熔炉"。

2019年1月10日上午,40名党员端坐整齐、聚精会神地聆听微党课《老马的水壶》,主讲人马国民1994年从部队转业到原郊区地税分局,天天骑着二八大杠自行车走街串巷收税,随身带着一个军用水壶,渴了就喝一口。这个水壶他一直珍藏到现在,见证了他大半辈子的"税月"时光。他的微党课生动朴实,让现场的党员深受教育。

2019年7月,高新区税务局税务干部在海军士官学校为海军士官学校五大队学员宣传税法

在这个驿站内,学习久久为功。建立健全党员干部理论学习制度及理论学习考核制度,制定理论学习计划,利用"三会一课"、党员活动日等载

体，通过加强辅导、考核和检查工作，学党章党规、读理论原著，教育党员做心中有党的明白人。每位党员的政治生日，都是一场回顾入党初心的"微党课"，都是一场坚定理想信念的"大洗礼"。组织开展"党课我来讲"活动，安排普通党员轮流走上讲堂。采取"联学＋巡听"的方式，与外单位、其他区联合开展党委中心组学习，并邀请上级党组织巡听指导，形成了以党委中心组学习为龙头、各级党组织和广大党员干部为基础、全员参与整体推进的理论学习格局。

（二）恒心驿站——引领党员锐意进取

保持进取精神，方能勇攀高峰。恒心驿站是党员干部的"加油站"。

在这个驿站内，成立"党员突击队"，以工作筑恒心。党员业务骨干成立"党员突击队"，在营改增、金税三期上线、减税降费、个人所得税改革等重点工作中，冲锋在前，打造攻坚克难的"先锋队"，引领全体税干比学赶超，始终保持工作激情和旺盛斗志。开办"青年夜校"，以学习筑恒心。开办"青年夜校"，加强年轻干部党员的教育培训，激励年轻干部工作之余利用碎片化时间学习，产生了20多位岗位能手，"能手率"位居蚌埠市各县区税务局第一名。开展"周一我们谈"，以激励筑恒心。每周一开展谈心谈话，领导班子成员和分管部门主要负责人谈，党支部书记和支部委员谈，部门负责人和本部门同志谈，面对面了解一线干部的所思所盼，化解矛盾，及时排解疏导党员情绪，助力他们牢牢守住恒心。

（三）公心驿站——全力服务纳税主体

立党为公、执政为民，是公务人员的使命所在。公心驿站是党员干部的"正容镜"。

2019年5月7日一大早，税源管理一科的科长李璐刚上班，航天生物公司两位工作人员就将一面写有"优质高效服务企业　勤政为民为国聚财"的锦旗送到她手里。原来是该公司因做变更登记无法认证通过，而有可能无法享受出口退税，这将给企业带来11万元的经济损失。管理一科及时协助企业在办税服务厅逐份进行手工操作认证，使企业得以按期申报。这是蚌埠高新技术产业开发区税务局优化纳税服务的一个缩影。

在这个驿站内，严执法。梳理各项征管流程，加强内控管理，严格自由裁量权的使用，对上级布置的疑点核查、执法督查、风险应对等临时性事项，实现执法过程的"事前、事中、事后"全过程记录，规范税收执法，加强权力约束,严禁假公济私、以公谋私的行为。优服务。组织成立志愿服务队伍,开展"税务志愿江淮行 减税降费促发展"活动,开展"淮畔税语"政策辅导系列网络直播,通过新媒体推送减税降费新政。建立包保联系机制,从领导干部到普通党员,均通过包保到户的形式,发放联系卡,把应享受减税降费政策的纳税人全部列为包保对象,建立"点对点"的包保关系,确保各项决策部署不折不扣落实到位。强监督。优化税收营商环境,实施任务清单、责任清单、销号清单"三单"管理,闭合责任链条。向社会公布涉税投诉电话,聘请特约监督员,将纳税人满意度调查与内部目标考核相结合,全面开展执法监督,大力营造风清气正的工作作风。

(四)敬心驿站——规范权力阳光运行

心有所敬、心有所畏,才能永葆廉洁奉公本色。敬心驿站就是党员干部的"阳光房"。

2019年1月8日下午,30余名高新区税务局税务干部家属围坐在会议室里参加家属廉政座谈会,观看警示教育片、畅谈感触做法、签订承诺书。这也是蚌埠高新技术产业开发区税务局廉政文化进家庭的一个场景。

在这个驿站内,压实主体责任。制定《落实全面从严治党主体责任和监督责任的任务清单(试行)》,细化8个责任主体93项具体任务清单,层层签订党建和党风廉政建设目标责任书。强化廉政教育。剖析发生在身边的"四风"问题和腐败典型案例,通过观看警示片、参加法院庭审、开展廉政文化进家庭活动等方式,进行以案示警,以案明纪。推进作风建设。每间办公室均张贴机关效能建设行为规范,要求全员认真执行。不定期组织开展效能检查建设,坚持执纪问责,使作风建设入脑入心。

(五)忠心驿站——处处彰显忠诚担当

忠诚、干净、担当,是合格党员的基本标准。忠心驿站就是党员干部的"试金石"。

在蚌埠高新技术产业开发区税务局,张素兰是一个有威望、有口碑的领导。2018年国税地税征管体制改革,张素兰服从改革大局和工作需要,不讲条件不提要求,从原单位"一把手"转任局党委副书记、副局长,没有任何怨言,全身心投入到工作中。张素兰说,服从组织安排,就是对改革最大的支持和最好的拥护。

在这个驿站内,筑牢战斗堡垒。注重基层党建基础建设,机构改革后,及时成立党支部，将年龄轻、责任心强的优秀同志选拔进党务干部队伍。制定党建标准化建设电子台账和"一本通"，实行序时推进，项目化管理，不断推动基层党组织建设全面过硬、全面进步，党支部标准化建设一次性达标。开展创先争优。以内强素质、外树形象为

2018年8月，高新区税务局班子与海军士官学校五大队班子签订军民共建协议

主要目标，积极开展"立足岗位作表率、改革创新当先锋——我是党员我承诺"活动、大力开展文明单位、青年文明号、巾帼文明岗等精神文明创建活动，建设文化活动场所，举办道德讲堂、演讲比赛、知识竞赛和"书香税务"等活动，不断丰富单位文化生活，引导全体党员干部讲奉献、比作为，形成比学赶帮超的良好氛围。助力公益事业。组织税务干部开展助学、拥军、扶农等一系列公益性活动，与安徽皖酒集团、海军蚌埠士官学校学员二大队签订共建协议，实施税企共建、军民共建等活动，引导税务干部热心参与公益事业，积极承担社会责任。

二、主要成效

"五心驿站"党建文化品牌建设，营造了政治坚定、敢于担当、积极向上的税务文化氛围，有效激励了广大税务干部的工作激情，有力促进了各项工作地开展。

"五心驿站"建设形成了整套工作机制，搭建了工作平台，推动了党建工作与税收中心工作紧密结合、相互融合，从"你是你、我是我"变成"你就是我、我就是你"，促进化学反应，达到有机统一，形成党建与业务"大合唱""一盘棋"，与"忠诚担当、崇法守纪、兴税强国"的中国税务精神一脉相承。

"五心驿站"建设以来，先后获蚌埠市"工人先锋号"，蚌埠市委、市政府行风评议先进单位、市直机关"十佳科室"等称号；"五心驿站"获得安徽省税务局党建"十大品牌"称号；志愿服务队被蚌埠市直机关工委评为"最佳志愿服务组织"。

（执笔人：钱鹏　盛伟伟）

纵合横通互融强党建
"税海红帆"文化铸先锋

国家税务总局无锡市税务局

党建文化是中国特色社会主义文化的重要组成部分。身处吴文化发源地，国家税务总局无锡市税务局紧紧围绕税务总局构建新纵合横通强党建机制体系，传承"崇德、重文、务实、创新"的吴文化精髓，着眼新形势新定位、新要求新作为，以党建文化为先锋旗帜，大力弘扬社会主义核心价值观，宣扬践行中国税务精神，构建富有无锡税务特色的"吴韵税风"组织文化体系，打造"税海红帆"党建文化品牌，以党建"红帆"领航新时代税务发展新征程，谱写税收服务经济高质量发展新篇章。

一、主要做法

（一）党建引领强支柱，以文化自信筑牢党员信仰基石

对党的忠诚信仰，是税务干部的精神支柱。无锡市税务局党委坚持用先进的党建文化引领人、教育人、感召人，用文化自信坚定理想信念，培育积极健康的党内政治文化。确立"一讲三合四融"党建工作思路，健全党建文化制度体系，凝聚全体党员的理念和文化认同，坚定政治和理想信念。改革期间建立政治、思想、制度、文化、典型"五个引领"党建领导机制，依托"税海红帆"党建文化全程助力改革进程。"红帆"党建围绕创建"税收服务发展创新先导区、税收治理综合示范区、税收营商环境最佳体验区"，积极推进党建文化与班子建设、与税收主业相结合、与服务发展相结合，把党建文化的导向、激励、约束、凝聚功能切实体现到提升税收

2018年8月，宜兴市税务局开展党员承诺践诺活动

治理现代化和服务高质量发展之中。

（二）一切工作到支部，以文化认同激发基层工作活力

弘扬"支部建在连上"的光荣传统，以税务分局（所）、机关内设科室为单位建立党支部，树牢"一切工作到支部"的鲜明导向和理念共识，始终保持党组织和党员的先进性。形成以"税海红帆"党建品牌为主体，推进"一党委一品牌，一支部一特色"工程，创建了"红雁""红色+""红枝叶"等十几个特色党建子品牌，实施"一个支部一堡垒，一名党员一面旗"创建，充分激发党员工作热情，增强基层党支部凝聚力。探索构建党员"绩效、品行、能力评估+发展培养"的"3+1"体系，开展党员"亮身份、亮职责、亮承诺、亮绩效"活动，实施党员"育贤计划"，通过文化感召将更多先进分子吸纳到党员队伍中来，使每名党员成为税务铁军的先锋模范。先后培育选树了道德模范蒋岳，全国税务系统国税地税征管体制改革先进典型、"中国好税官"张农高等先进典型。

（三）创新载体添活力，以文化网络构筑干部"精神家园"

丰富党建文化载体，推行"互联网+党建"，自主开发集"党务管理、学习教育、制度建设"于一体的智慧党建平台，全方位、多角度地掌握党组织和党员动态信息、活动开展情况，持续提升党员干部群众的活动参与度、

2019年5月，无锡市税务局第一届"吴韵税风"文化节启动

组织归属感和队伍向心力。开展"微党课"、党员过"政治生日"等，增强党内政治生活的生动性和有效性，畅通党内互动交流沟通渠道，使党建文化真正成为促进价值认同、增强组织自信、凝聚队伍人心的精神源泉。发挥作为无锡市"马克思主义大众化示范基地"的优势，组建"青年马克思主义学院"，丰富青年精神文化生活，增强队伍向心聚力的集体荣誉感。

（四）融入大局谋发展，以文化共建提升税务部门形象

积极推动双重领导体制下新纵合横通强党建机制的落地落实，坚持"税海红帆"品牌建设与集群效应相结合，结合无锡地域特色，着力打造"吴韵先锋"党建联盟，以文化为纽带，把联盟单位分散的党建资源整合成综合教育实践的

"大课堂"，把联盟单位独立的服务资源集聚成优化营商的"共同体"，有效凝聚协同企业、社会治理的合力，形成齐头并进、互促共进的良好局面。无锡市税务局与联盟内金融机构共同推出针对中小微企业的"税易贷""税银贷""税添富"等金融服务，累计发放税收信用贷款 80 亿元；无锡市惠山区税务局依托党建联盟开设红帆在线工作室，"线上＋线下"24 小时为企业解答生产经营中遇到的各类问题；江阴市税务局牵头 15 个政府部门成立党建联盟"先锋荟"，以会诊式联动服务，为企业发展中遇到问题提供解决方案，降低企业制度性成本。

二、工作成效

（一）"税海红帆"文化提升了引领力

以构建富于无锡地域特色、体现税务行业特点的党建文化为纽带，推动无锡市税务局党建工作走在前列。党建工作先后在全国、江苏省税务系统党建工作专题会议上进行交流，被无锡市委表彰为先进基层党组织，2 个基层党支部被无锡市委选树为"党支部标准化规范化建设示范点"，3 家书记工作室分别被江苏省、无锡市委组织部确立为党支部书记工作室示范点，3 名党员在江苏省"习近平新时代中国特色社会主义思想知识竞赛"中夺得团体总分第一名。

（二）"税海红帆"文化促进了战斗力

切实把党建文化的先进性体现到党员干部的先进思想和先锋模范行为上来，做到"平常时候看得出、关键时候站得出、危难关头豁得出"。落实减税降费等重点改革攻坚任务中，党建引领作用得到充分发挥。党员先锋队、青年突击队始终活跃在急难繁重工作的一线，减税降费中，党员青年"突击队"组织了专题培训 18 场次，整理热点问题 50 余个，成为税务铁军的集中代表，引导团结全体干部全面提振改革发展的"精气神"。

（三）"税海红帆"彰显了影响力

加强党建文化建设这一凝聚人心的"强磁场"、干事创业的"动力源"，使党建带全面、管全局的作用更加有形、生动地体现到税收主责主业中，体现到服务发展第一要务中。2018 年，无锡市税务系统组织税费收入迈过 2000 亿元大关，连年在无锡市绩效管理考核中名列前茅，被无锡市委、市政府表彰为"服务地方发展优秀单位"。

（执笔人：李普春）

点 评

春风化雨,润物无声。全国税务系统将"党建+税务文化"建设细化为一个个鲜活饱满、生动具体的典型案例,让原本零散化、碎片化的文化活动,通过"党建引领"这条主线有机串联起来,进而使税务文化建设得以落地,党建对新时代税务文化建设的引领作用得以充分彰显。

税务机关首先是政治机关,必须旗帜鲜明讲政治,始终站在党和人民的立场上看问题,始终以党的旗帜为旗帜、以党的方向为方向、以党的意志为意志。在本篇的典型案例中,各级税务机关牢牢把握税务文化建设的指导思想和工作原则,全面加强党的领导,将税务文化建设融入党建工作中部署一体推进,形成了党委统一领导、责任部门各负其责、群团组织协同推进、全体税务干部共同参与的税务文化建设新格局。

习近平总书记强调,"中国特色社会主义文化,源自于中华民族五千多年文明历史所孕育的中华优秀传统文化,熔铸于党领导人民在革命、建设、改革中创造的革命文化和社会主义先进文化,植根于中国特色社会主义伟大实践"。建设新时代税务文化,各级税务机关党组织既是税务文化的引领者和践行者,又是传承者和弘扬者,必须以马克思列宁主义、毛泽东思想、邓小平理论、"三个代表"重要思想、科学发展观、习近平新时代中国特色社会主义思想为指导,增强"四个意识"、坚定"四个自信"、做到"两个维护"。打造旗帜鲜明讲政治、坚定不移强党性的党建文化品牌,让全国税务系统广大税务干部职工站立在祖国广袤大地上,牢记"为国聚财 为民收税"的神圣使命,坚定属于税务系统的文化自信,提升属于税务系统的文化软实力,推动税务文化繁荣兴盛!

文化传承篇

　　文化是中华民族凝聚力和创造力的源泉，中华民族生生不息、发展壮大离不开文化的传承。习近平总书记指出，"我们要善于把弘扬优秀传统文化和发展现实文化有机统一起来，紧密结合起来，在继承中发展，在发展中继承。"文化传承，就是要传承中华优秀传统文化，弘扬中华人文精神，重视文明家庭建设，发扬传统节日文化；文化传承，就是要宣传和践行社会主义核心价值观，践行中国税务精神，构筑税务干部的共同精神家园；文化传承，就是要强化税务职业道德建设，繁荣发展税务文艺，夯实税务文化基础。要让税务部门在长期税收实践中形成的价值观念、道德精神、行为规范等，为广大税务干部广泛认同、遵守并继承发展，为税收事业凝神聚气。

以文聚力 以文化人
推动税务文化建设落地见效

国家税务总局广东省税务局

国家税务总局广东省税务局党委高度重视税务文化建设，把加强新时代税务文化建设作为加强队伍建设和深入推进干部队伍"四合"的重要抓手，以精神"铸魂"、机制"强基"、典型"引路"，不断探索丰富多样的文化实践，有力推动税务文化建设与税收改革发展高度融合、互促互进。

一、精神"铸魂"，强化干部职工的文化认同

广东省税务局充分发挥文化的感召力和影响力，引导全体税务干部自觉践行中国税务精神，树立税务行业文明新风。一是以文化凝聚人。广泛开展社会主义核心价值观和"忠诚担当 崇法守纪 兴税强国"中国税务精神的宣传教育，以正确的价值观念、先进的管理理念、共同的发展愿景凝心聚力、统领思想，培育良好税务道德风尚，汇聚起推动新税务机构事合、人合、力合、心合的强大动能。二是以品牌吸引人。坚持把品牌建设作为提升税务文化建设质量的重要抓手，依托"五个五"党建品牌创建、"广东税务文化道德讲堂""寻找最美税务人""感动就在身边""道德模范评选"等活动，打造了一批在全省乃至全国税务系统具有广泛影响力和感召力的文化品牌，营造了"千帆竞发、百花齐放"的生动局面。三是以氛围感染人。搭建"文化墙""文化长廊""税收主题体验馆"；组织开展传唱《中国税务之歌》、演讲比赛、书画摄影等各类活动，通过潜

广东省税务局举行"凝心力 促融合 展风采"趣味运动会

移默化、润物无声的文化熏陶，大力弘扬向上向善的税务文化力量。举办"新时代新税务新担当"风采展示（报告）活动，以朗诵、情景剧、合唱、身边人说身边事等展示形式，全面展现新队伍的新风采、新机构的新作为，有力促进新机构干部队伍"四合"。成立广东省税务作家协会，丰富税务文化艺术创作平台，推出了一批承载税月风云和记录税事春秋的文学精品，进一步强化广大税务干部的文化认同。

二、机制"强基"，夯实文化建设的重要保障

广东省税务局从"制度文化"入手，发挥制度机制的刚性约束力量为行为"塑形"，强化税务干部参与税务文化建设的思想自觉和行动自觉。一是建立文化建设责任机制。将税务文化建设纳入全省税收工作要点和全面从严治党工作要点，纳入各级税务局党委书记党建述职的重要内容，形成党委统一领导、职能部门各负其责、群团组织协同推进、全体税务干部共同参与的税务文化建设新格局。二是建立文化建设激励机制。将税务文化建设工作纳入绩效考核和党建工作评价体系，在对日常典型选树工作进行考核的同时，按照获得荣誉表彰的层级，分别给予对应的考核加分，充分调动各单位积极性。严格按照规定落实先进典型的相关待遇，积极为先进典型解决工作、生活中的实际困难，用实实在在的举措激励先进。三是建立税务文化践行机制。注重文化的实践养成，结合广东省税务系统党员占比大的特点，在全系统部署开展"百千万"党员干部减税降费重攻坚抓落实行动，通过全面推行办税服务厅和基层一线党员在岗佩戴党章、亮身份亮职责亮承诺，全面推广党员示范岗、党员责任区、党员突击队等做法，充分发挥全系统百名党委书记"头雁"作用、千名党支部书记主力作用、万名党员干部先锋模范作用。积极推进雷锋志愿服务，打造了"蓝色梦想""麦田行动""税爱学子"等一系列志愿服务品牌，有2个基层党组织先后获得"全国学雷锋示范点"称号。

三、典型"引路"，营造争先创优的浓厚氛围

广东省税务局通过选树、培养一批先进典型，弘扬主旋律，传播正能量，激发税务干部干事创业的强大力量。一是分类选树典型，突出示范效应。紧密结合队伍建设实际，制定典型培养计划，分层次、分类别地选树一批具有代表

广东省税务局举行减税降费"党员先锋队"等授旗仪式

性、示范性的岗位标兵、业务能手、道德模范,对典型苗子进行重点培养。积极参加全国道德模范、中国好人、中国好税官等评比,涌现了"全国道德模范"候选人黄桂祥、"全国脱贫攻坚奖"候选人华关、"全国五一劳动奖章"获得者黄丹、"中国好人"吕雪芬等一批先进典型,营造"崇尚先进、学习先进、争当先进"的浓厚氛围。二是立体宣传典型,扩大辐射效应。注重运用物态阵地进行宣传,充分整合现有的300多个省、市、县局党员之家、职工之家、团青之家、妇女之家"四个之家"党群阵地,集中展示原国税地税系统曾经荣获及由新机构承继的各类荣誉表彰,组织开展形式丰富多样的党群活动,切实增强广大干部职工对新税务机构的文化亲近感和共同荣誉感。在全系统广泛开展"学先进、找差距、争当文明先锋"主题活动,邀请"好人标兵"为干部职工讲党课,通过微信公众号、门户网站、主流媒体等多种途径进行立体化宣传,拉近广大税务干部与先进典型的距离。三是动态管理典型,持续焕发活力。用荣誉回馈典型,对先进典型旗帜鲜明、大张旗鼓地开展表彰奖励,使先进典型政治上有荣誉、生活上有待遇,树立起正确的工作导向。用成长激励典型,对符合条件的优秀典型在提拔任用等方面优先考虑,推动先进典型交流轮岗锻炼,鼓励先进典型在新的岗位再创佳绩,使先进典型有发挥才能的广阔天地。用成效鼓舞典型,发挥典型的示范引领作用,以实际行动感染、教育、带动身边干部共同提高,共同进步,激发典型的内在动力。

(执笔人:郭智明)

设计税务视觉识别系统
深化基层规范化建设

国家税务总局河南省税务局

习近平总书记强调，基层是一切的工作的落脚点。抓基层、强基础是贯彻党中央全面从严治党向基层延伸的固本之举，是落实以人民为中心发展理念的重要举措，是落实"放管服"改革和优化营商环境的重要途径。税务机构改革后，河南省税务系统通过开展基层规范化建设，统一外观形象，完善管理制度，规范业务流程，共塑新税务、树立新形象，营造了基层拴心留人的良好环境。

一、倾听"新税务"新呼声

2019年初，国家税务总局河南省税务局主要负责同志带领调研组，先后深入国家税务总局许昌市税务局、国家税务总局平顶山市税务局、国家税务总局郑州航空港经济综合实验区税务局就开展基层规范化建设工作进行深入调研。调研发现，基层普遍存在标识不一致、闲置资产处置和闲置房产使用不规范、办公环境待改善等问题。结合基层对此项工作的意见建议，在反复论证的基础上，决定在河南省税务系统开展基层规范化建设。广东省税务局成立项目组，紧贴基层实际制定下发《2019年全省税务系统基层规范化建设重点工作方案》，明确形象标识统一、场所功能完善、设备满足需要、内部管理规范、队伍充满活力等为主要工作内容，明确时间表、路线图，积极向国家税务总局人事司汇报基层规范化建设的思路，得到肯定和支持。税务总局提出要结合实际、创新思路、以点带

2019年河南省税务局领导调研基层规范化建设

面、扎实推进，力争为全国税务系统基层建设打造出"河南样板"。为更精准把握基层所思所盼，省局项目组先后深入 8 个省辖市 17 个基层分局进行进一步调研，召开不同层级的座谈会 11 场，征求到基层对此项工作的意见建议 8 大项 49 条。

二、绘就"新形象"新蓝图

河南省税务局项目组走访多家设计公司并择优选择，根据税务总局相关文件规定和基层需求设计出《河南省税务局税务视觉识别系统》，涵盖 5 大类共 93 项基本要素、标识标牌、网站、着装等规范，同时对行政管理类和税收业务类 2 大项 11 类 29 项制度进行梳理，要求各单位结合实际进行统一规范，原则上保证每个县（市、区）税务局所辖分局（所）执行统一制度。依托基层，在反复征求市、县、分局等基层意见基础上，数易其稿，经省局相关处室把关，制定《全省税务系统基层规范化建设验收方案》，为河南税务系统规范化建设工作顺利开展提供了制度保障和创建标准。

三、打造"新样板"新路径

河南省税务局本着"公平公正、质量优先"的原则，2019 年 5 月中旬，在各单位积极申报的基础上，召开由省局相关处室参与并担任评委的"全省基层规范化建设样板单位评审会"，结合工作基础、区位优势、氛围环境、重视程度等因素，最终确定国家税务总局洛阳市税务局、国家税务总局新乡市税务局为河南省基层规范化建设"样板单位"打造试点。经过打造，样板单位面貌焕然一新，执法执勤类车辆已经全部涂装贴膜完工，各项工作正在积极稳妥推进。7 月底，河南省税务系统基层规范化建设现场会在洛阳召开。各单位分管教育工作局领导、教育科长等参加了会议。与会代表实地参观学习了样板单位的基层规范化建设情况；观看了洛阳市税务局、新乡市税务局基层规范化建设经验专题片；听取了国家税务总局洛阳高新区税务局、国家税务总局新乡市辉县税务局的经验介绍；发放调查问卷表，收集意见建议；河南省税务局党委对全省税务系统基层规范化建设工作进行了安排部署。

四、铸就"新时代"新基石

一是全省"一张图纸"，打造"规范工程"。省局要求各单位严格对照《河南省税务局税务视觉识别系统》要求，确保全系统标识标牌的规范统一。整体布局要协调美观，一些功能室、楼宇文化要统筹规划，外观要清新雅致，内容要归类、整合、有内涵。加强税务文化建设，与文明城市、文明单位创建等结合起来，与党建文化、法治文化、廉政文化、文明创建、家风家训、先进典型等文化建设结合起来，使基层规范化建设工作有氛围、有亮点、有特色。

二是坚持"一个紧字"，打造"节俭工程"。开展基层规范化建设，坚持从税收工作实际需要、解决基层关注问题的角度推进，严禁借基层规范化建设之名建设一些华而不实的形象工程，坚持因地制宜、因需而建，能通过修缮达到效果的决不推倒重来，要用上级单位"紧日子"换来基层单位的"好日子"。

2019年河南省税务局召开全省税务系统基层规范化建设现场会

三是上下"一把尺子"，打造"廉洁工程"。结合开展官僚主义、形式主义专项整治，在开展此项工作过程中严格程序、严明纪律，注重事前、事中和事后的监督检查，把好廉洁关，做到资金安全、工程安全、干部安全，把工作做好，把好事办好，将基层规范化建设真正打造成为廉洁工程、阳光工程。

四是体现"一个爱字"，打造"暖心工程"。在建设过程中，更多考虑基层干部最关注什么、最急切改善什么，在不违反中央八项规定及其实施细则要求的前提下，通过优化改善办公和基层必需的生活条件，使服务纳税人、缴费人效率更高，效果更好，让基层干部感受到家一般的温馨，提升干部职工的归属感和幸福指数，激发干部扎根基层、奉献基层的热情。

（执笔人：丁校伟　刘永波）

培育"育林文化" 推进"育林工程"

国家税务总局深圳市税务局

国家税务总局深圳市税务局认真落实党中央、税务总局要求，与腾讯集团联合搭建"数字人事+智税人才"平台，构建人才"展示、评估、孵化、服务"四大体系，推出"小数+小智"形象公仔等文化产品，培育"优选、精育、善用"为核心的"育林文化"，着力打造人才建设"育林工程"，为深圳经济社会快速发展提供强有力的税务人才支撑和税收智力支持。

一、以深圳标准优选人才，汇集改革创新人气

厚植"育林文化"的前提是树立优选人才观，深圳市税务局坚持以深圳标准优选人才。

（一）把好"入口"

开设全国首个公务员招录微信公众号，及时提供招录信息、服务青年才俊报考，充分展示税务文化、彰显特区魅力。目前关注用户突破4.2万人，累计推送图文1000余篇，阅读量突破200万次。坚持用优秀人才招录更优秀人才，深圳市税务局连续3年参加深圳市主办的全国高校毕业生就业双选会，吸引一大批青年才俊。组建由全国税务领军人才、岗位能手组成的团队，走进北大、清华等40余所"双一流"院校开展100余场校园宣讲。2014—2018年新录用公务员中，"双一流"院校及海外名校学子占比近50%。其中，北大清华共19名，人民大学33名，中山大学80余名；研究生学历占比超30%；财税、会计、金融、法律高端证书人才占比超20%。

（二）搭建"接口"

与北大、清华、复旦、

2019年8月18日，深圳市税务局党委委员、副局长陈捷（左七）出席2019年首批新录用公务员报到见面会

香港中文大学等境内外精英院校对接，每年安排大学生开展暑期实习，得到深圳市委、市政府领导的表扬批示。连续4年承接北大研究生实习项目，被北京大学评为"优秀实习基地"，被中山大学评为"最佳雇主"，吸引大量优秀学子共赴鹏城、报考深税。

（三）塑造"窗口"

助力深圳推进粤港澳大湾区建设、努力建成现代化国际化创新型城市，深圳市税务局着力加大外语人才特别是小语种人才招录力度，累计招录联合国全部官方及德语、日语等小语种人才50多名，外语专业八级及以上人才近200人。

二、以深圳质量精育人才，凝聚税务干部人心

厚植"育林文化"的核心在于树立精育人才观，深圳市税务局坚持以深圳质量精育人才，经过精心培育，深圳市税务系统现有全国税务领军人才32人，"三师"等高端证书人才700余人，税务总局、深圳市税务各类专业人才库人才1700余人。

（一）聚焦"薪火相传"，抓带教培养

在全国税务系统首推导师制度，形成包含"跟踪导师""提升导师""专题导师"等多层次的带教导师体系。由深圳市税务局领导担任领军人才导师，领军人才、专业人才担任青年人才导师，将导师制贯穿人才培养、人力资源开发全过程。

（二）聚焦"顶层设计"，抓制度保障

制定《新进人员导师制管理办法》《专业人才服务管理办法》《外语人才培养使用计划》等制度。机关处室制定专业人才培养方案、各基层单位制定人才培养计划，形成从上到下、从行政到业务、从新进人才到领军人才的完备人才培养开发体系。

2019年7月24日，深圳市税务局党委书记、局长张国钧（第二排左六）、党委委员、副局长李伟（第二排左七）、党委委员、副局长项清（第二排左五）出席智税人才沙龙之风险管理国际经验借鉴研讨会

（三）聚焦"品牌塑造"，抓平台搭建

精心打造"最美"文化品牌，举行"最美深税人""最美导师""最美新人"等系列评选宣传活动。充分运用"互联网+学习"理念，在微信公众号发布

"育树林丰"专题 36 期，建立高端外语人才团队、备考"三师"、攻读在职研究生学习团队 100 余个。

（四）聚焦"智税文化"，抓生态构建

构建以智税平台项目市场为主体的人才协作成长体系。2019 年发布科研类、专项类项目 110 个，安排项目导师 150 余人，学员 550 余人。始终把强化团队建设与重视个人需求统一起来，努力促进人才成长与组织发展的协调共进。

三、以深圳精神善用人才，成就向上向善人生

厚植"育林文化"的意义在于树立善用人才观，深圳市税务局坚持以深圳精神善用人才。

（一）在改革攻坚中发挥关键作用

在建设信息化"云工程"和风险管理"防火墙工程"中，全国税务领军人才牵头组织电子税务局、数据仓库和大数据分析平台建设，助推提升"深圳质量"。作为核心骨干，领军人才推动风险管理质效大幅提升，2018 年深圳市源头暴力虚开发票企业占全国的比例由 2017 年的 35% 下降到不足 7%，有效遏制深圳地区企业虚开发票、骗税的高发态势。

（二）在服务大局中展现担当作为

在实施减税降费中，深圳市税务局从专业人才库中成立"金牌讲师团""专业辅导组""项目攻坚队"，用行动提升深圳纳税人、缴费人的幸福感和获得感。截至 2019 年 7 月，共举办"减税降费"专题讲座 300 余期、辅导重点企业超过 10 万家。着力培养国际化人才，定期举办"语税同行沙龙"，创办翻译刊物《语税视点》，选派外语人才驻外工作，服务大国税收建设。

（三）在创新实干中发挥人才价值

把培养人才与推进管理和服务创新紧密结合，与腾讯合作建立"智税"实验室，组建"区块链发票"团队、构建"数字人事+智税人才"平台，为青年创新创业发挥作用、搭建舞台。推动人才在深圳各行业、各领域充分流动，国税地税征管体制改革以来，深圳市税务系统 20 余名全国税务领军人才、各类专业人才进入深圳市各级党政机关和企事业单位，为深圳发展贡献力量。

（执笔人：杨庆　刘昊）

鹭税书香　品悟共享

国家税务总局厦门市税务局

2018年以来，国家税务总局厦门市税务局积极推出特色文化品牌"鹭税书香、品悟共享"读书系列活动，进一步发挥文化聚人育人的作用，为高质量推进新时代税收现代化提供坚实的能力基础、精神支撑、道德滋养和文化保证，展现厦门税务人家国情怀和使命担当。

一、明机制，规范有序推进读书活动

厦门市税务局高度重视税务文化建设，注重干部个人文化素养的提升，2019年1月启动"鹭税书香、品悟共享"读书系列活动，每季度由不同基层单位承办。各承办单位结合时事热点确定读书活动主题及工作方案，采用"读书征文评选、读书分享会及承办单位特色活动"的形式深入推进读书活动。

2019年第一季度"鹭税书香、品悟共享"读书系列活动由厦门市税务局主办、国家税务总局厦门市思明区税务局承办。活动主题确定为"春和"，"春和"者，春日和暖、春风和煦也，引自《汉书·文帝纪》："方春和时，草木群生之物皆有以自乐。"另有晋·傅玄《众星》诗："冬寒地为裂，春和草木荣。"宋·范仲淹《岳阳楼记》文："至若春和景明，波澜不惊，上下天光，一碧万顷。"因"和""合"谐音，寓意在国税地税征管体制改革进程中，事合、人合、力合、心合，合则成体，八音合奏，终和且平。

"春和"主题读书活动共征集到248篇文章，评出一等奖7篇、二等奖12篇、三等奖19篇，在内网开设"税务文化"专题模块，刊登展示优秀作品。各基层单位结合"春和"主题，举办读书分享会，邀请文学爱好者共享读书感悟、碰撞思想火花，对提升税务干部表达能力、思考能力以及拓宽知识面起到积极促进作用，营造了全员学习、终身学习读书氛围。

二、强创新，形式多样开展读书活动

鉴于厦门市税务系统干部年轻化、思维活跃化的特点，思明区税务局创新

性地开展"春和煦暖·名著流传"税务文化展演活动。各基层单位自由选取中外名著中广为流传和熟知的经典片段,以名著影片配音、分角色讲述名著故事、名著情景表演等方式进行展示,通过舞台剧、配音、歌唱、舞蹈、书法等形式,精心演绎古今中外12个经典名著片段,内容涵盖四大名著、历史典故、外国名著、诗歌话剧、近现代优秀作品等。国家税务总局新疆维吾尔自治区税务局50多名处级干部、厦门市思明区委领导和来自厦门市税务系统的300余名干部共同观看了"春和"主题读书活动文化展演。展演集中展现了新税务新面貌新风采,在文化传承中加强新时代税务文化建设,在减税降费新征程中凝聚合力,奋力推进政策落地生根,做到"向上向善、尽职尽责、同心同行"。

2019年厦门市税务局组织"鹭税书香 品悟共享"读书活动

三、重弘扬,深入挖掘凸显精神引领

结合国家税务总局关于加强新时代税务文化建设的实施意见,厦门市税务局积极弘扬中华优秀传统文化、践行社会主义核心价值观和中国税务精神。

(一)弘扬革命文化

深入挖掘革命文化精神特质和时代价值,不忘初心,继续前进,把红色传统发扬好、把红色基因传承好。国家税务总局厦门市集美区税务局选取电影《智取威虎山》的片段,通过配音表演讲述侦察英雄杨子荣与威虎山匪帮斗智斗勇的故事,充分展现共产党人英勇奋斗、不怕牺牲的精神。国家税务总局厦门市海沧区税务局编排音乐舞蹈剧《金陵十三钗》,通过舞蹈讲述抗日战争时期十三个弱女子舍命保护女学生的故事,展现国家危难之际中华儿女的英雄气概。

（二）弘扬传统文化

深入挖掘优秀传统文化蕴含的思想观念、人文精神、道德规范，采用多种形式展现传统文化魅力。市局稽查局选取《西游记》选段，第一稽查局、第二稽查局选取《三国演义》选段，国家税务总局厦门市火炬区税务局选取《红楼梦》选段，展现中国古典文学史上的卓著成就，鼓励税务干部阅读中华经典名著，形成人人传承中华文化的生动局面，增强税务干部文化参与感、获得感和认同感；第三税务分局通过舞台剧《城南旧事》讲述英子童年故事，弘扬家庭美德，推动形成爱国爱家、相亲相爱、向上向善、共建共享的社会主义家庭文明新风尚。

火炬区税务局干部表演《红楼梦》黛玉进府选段

（三）弘扬社会主义核心价值观

国家税务总局厦门市翔安区税务局通过舞台剧《将相和》讲述蔺相如与廉颇为家国大义摒弃个人私怨的千古美谈，大力弘扬讲仁爱、重民本、守诚信、崇正义、尚和合、求大同的核心思想理念；国家税务总局厦门市思明区税务局通过舞台剧《简爱》倡导精神自由、人人生而平等的理念；国家税务总局厦门市同安区税务局通过曹禺话剧《雷雨》《原野》，从反面讲述践行社会主义核心价值观的重要性。

"鹭税书香、品悟共享"读书系列活动为厦门市税务系统广大干部职工提供了学习交流和展示才华平台，彰显了税务文化精神内涵和审美风范。为促进税务文化发展，扶持优秀文化作品创作生产，推出更多思想精深、艺术精湛、制作精良的税务文化作品起到积极推动作用。

（执笔人：叶曼娜 卓开育 蔡煜祺）

利剑擎天　守好中国税务"南大门"

国家税务总局驻广州特派员办事处第一大队

国家税务总局驻广州特派员办事处（以下简称广州特派办）辖区为湖北、湖南、广东、海南、深圳等"四省一市"，这里是中国经济最活跃的区域之一，以6.4%的国土面积，承载全国约18%的人口，提供了全国19.8%的GDP、19.6%的税收，经济地位和税收贡献十分突出。广州特派办第一大队（稽查大队）深刻领会税务总局党委战略布局，紧紧围绕税收中心工作，加强党建引领，认真践行中国税务精神，铸造广州特派办价值理念，主动提升稽查工作站位。

一、党建引领，前移支部全面覆盖

"支部建在连上"。稽查大队稽查案件项目组到哪里，临时党支部就延伸到哪里。一是临时支部建在一线。稽查大队推出"稽查工作地必建临时党组织"模式，临时党支部指导业务例会，党建工作与业务工作同部署、同落实、同考核。稽查大队成立以来，共组建了24个稽查项目临时党支部，临时支部召开支部会280余次，临时支部书记和办案稽查干部谈心谈话150余次，一名同志获得"广东省直机关优秀共产党员"称号。二是加强流动党员管理。一个稽查专案组外调行程达1.25万公里、稽查干部年平均出差达200天。针对临时支部流动性大、党员分散等特点，稽查大队从教育、引导、管理和监督等四个方面建立流动党员动态管理机制，防止因出差时间过长可能引发党员疏于管理等问题。"不忘初心、牢记使命"主题教育以来，9个稽查项目临时支部结合稽查工作实际，认真开展学习、调研、检视和整改等工作，通过视频连线、电话会议等方式实时全程参

税务干部与企业财务负责人共同清点账簿资料

加机关党委大队党支部学习、党课等活动增强了凝聚力和战斗力。三是建立实时指导机制。稽查大队参与组建"广州特派办党建工作平台"、建立"党支部+"的实时指导机制，完善党员管理卡，明确临时监督员，机关党委、大队支部和临时支部实时对接，有关要求同步传达，相关活动同频互动，实现党员管理无缝对接。

二、精神铸魂，改进作风永无止境

"政治路线确定后，干部就是决定的因素"。干部干部，干字当头的，既要想干愿干积极干，又要能干会干善于干，关键要提振干部的精气神。一是提炼精神气质。广州特派办稽查大队成立之初即参与开展精神铸魂大讨论，提炼出"忠诚担当、法治公正、创新高效、勇毅笃行"的共同价值理念。二是找准定位目标。围绕特派办"信息化战略机动部队"定位，借助广东省红色教育资源，开展革命精神的教育，涵养干部格局层次和家国情怀，着力打造一支高素质、专业化、能征善战的稽查铁军。三是践行中国税务精神。围绕学习践行中国税务精神和广州特派办共同价值理念，开展了主题党课、主题征文、组织主题演讲等形式，参与编发《广办党建》期刊，引导稽查干部增强事业情怀、养成吃苦精神、着力建功立业，涌现出一批甘于奉献、敢于拼搏、爱岗敬业、忠于职守的优秀稽查干部。

三、业务强魄，提升能力精培严管

"让青春闪光，在岗位建功立业"。按照税务总局"高进、精培、严考、狠用"的指导思想，注重通过系统培养、实践锻炼和协同作战培养和锤炼干部。一是注重系统培训。稽查大队组建了一支全部本科以上学历，其中90%以上干部具有硕士或博士学历、85%以上的干部具有"三师"资格的高素质队伍。坚持每年集中培训、专题学习、学习小组交流等形式，组织干部系统培训稽查业务，增加信息化稽查、会计、金融等高深业务课程。累计培训干部180人次，实现每名干部每年轮训一次。二是注重实践磨炼。注重在实践中培养干部，在实战中给年轻干部加压力、压担子，引导干部将业务知识转化为实战技能，在重要关键岗位、急难险重任务中发挥挂职领军人才"传帮带"作用，帮助年轻干部快速成长，80后干部已成主力，90后干部成长迅速。成立以来，辖区内税务机关查处涉案企业 1552 户，缴获虚开发票 140682 份，涉及发票金额 123.31 亿元，为国家挽回税款损失 15.92 亿元；税警联合捣毁违法犯罪窝点 15 个，打掉违法犯罪团伙 16 个。三是注重协同作战。聚焦特派办稽查督审两项核心业务，推进稽查督审内部联动，外查涉税违法犯罪行为，内查税务人员与不法分子内外勾结、通同作案等问题。

四、纪律约束，构建体系严守规矩

"系好第一粒扣子"。纪律建设事关政治生态建设，事关干事创业环境，事关单位整体形象，必须从严从紧从硬，构建遵规守纪监督管理体系。一是政治机关明规矩。特派办是政治机关，是一支有着特殊使命的纪律队伍，既是执法者，又是监督者，

支部书记、稽查大队大队长李亚兵参加某案件税警联合收网行动

尤其注重明规矩、守纪律。新进人员报到即召开纪律教育大会，明确提出"六个严明"纪律要求，制定了 20 条具体规矩，倡导践行"三多三少"，即多一点公心、少一点私心，多一点交心、少一点戒心，多一点关心、少一点疑心，将政治纪律摆在第一位。二是经常教育守纪律。稽查大队定期组织召开警示教育大会，通报税务系统违法违纪典型案例，集体观看警示教育基地，筑牢干部拒腐防变的思想堤坝。经常开展谈心谈话，教育每名干部必须心存敬畏，手握戒尺，时刻把纪律和规矩挺在前头、立在心头，筑牢防线、不越雷池。三是建立体系抓日常。结合特派办人员管理扁平化的特点，出台"每月集中学习日"制度，创设临时廉政监察员和廉政回访制度，建立《稽查督审廉政纪律监督办法》，推出"党员管理卡""干部管理卡""离穗登记备案""定期家访制度"等措施，加强日常管理约束监督，密切关注干部平时交往，管好干部 8 小时以外。

（执笔人：王志敬）

税风飘扬爱文社　阅读风起溢书香

国家税务总局长沙市雨花区税务局

读书修身，从政立德。在国家税务总局长沙市雨花区税务局，有这么一群爱好阅读的干部，自发成立爱文社，以文抒情、论文说税，打造了思想交流和精神驰骋的文化园地。

一、源起：问渠那得清如许

爱文社赴跳马镇喜雨小学开展"书香伴成长　税宣进校园"活动，为孩子们讲述历史上的税收故事（中为爱文社成员）

在长沙市雨花区税务局，活跃着一群爱文好艺、善于写作的干部，他们当中有创作颇丰的博主，擅长诗歌、游记的业务能手，执着如一的文学追梦人，随着加入的干部不断增多，大家决定搭建一个税收文学爱好者互相切磋、共同提高的平台。2014年11月，"心·微玉"爱文社正式成立。"用文字燃起生命的篝火，用文字传递爱与光，用文字期待更多的美好。"这是爱文社成立的初衷。为此，爱文社设立了写作水平和阅读兴趣的双重门槛，主张"以读书为乐、靠作品说话"，5年来成员有进有出，能够源源不断地创作出有筋骨、有韧劲的文学作品，为税收事业举精神之旗、建精神之家。

二、发展：春城无处不飞花

作为文化建设的耕耘者，爱文社立足"倡导全民阅读　打造书香机关"，带动引领全局干部勤学、善思、笃行，营造了"人人爱读书、处处飘书香"的浓厚氛围。

（一）活动有味，氤氲书香人生

培养阅读风尚，需要绵绵之力，久久为功。爱文社将写作与分享、聆听与讲述、学习与休闲相融合，以活动的多样化推动阅读的常态化、长效化。"我心中的歌""遇见最美的遇见""感恩四季　心满书香"等主题沙龙常办常新，成员们秉承"我手写我心"，在文学创作的道路上孜孜以求，挥洒激情；为追寻文化足迹、涵养精神底蕴，开启"重拾历史的碎片"铜官窑匠心之旅、"唐风税韵·诗书养心"书堂山踏青之旅；首创税务礼仪操，刮起一股"文明礼仪"旋风，网络视频点击量突破 4 万人次；自编手语舞《习主席寄语——堂堂正正一辈子》，惊艳亮相湖南省税务系统党纪条规知识竞赛。

（二）引领有方，建设书香机关

大力倡导"日读一小时、月读一本书、季读一评比"，借助显示屏、报纸、微信等搭建起"读书、评书、荐书"平台。与区局新闻工作室联手，开辟"心·向上""心·诗想""心·微语"等报纸专栏，不定期征集干部及子弟的读书体会、诗歌、散文、书画等作品，累计刊发稿件 400 多篇。与纪检组、工会、青工委共同举办"青春悦读　快乐分享""家风促税风　家书抵万金"主题征文、《心与梦》诗歌朗诵、"名师经典进基层"讲座，引导干部切实把读书当作一种生活态度、工作职责和价值追求，带动全局、全家共润书香、传承美德。

（三）传承有型，共筑书香城市

借"世界读书日"春风，爱文社从服务细节入手，在办税服务厅等候区设置读书角，赠送自制书签，与纳税人牵手阅读、分享阅读。参加市委宣传部主办的"书香长沙·悦读社会"全民阅读启动仪式，现场分享阅读感悟，传播心灵书香。与湖南省科技馆、长沙市妇联、帮扶小学联合开展"书香伴成长　税宣进校园""青春助学　爱心圆梦""礼赞新中国　书香润万家"活动，通过捐赠书籍、阅读绘本，寄托"读书为人生奠基，为教育添彩"的美好心愿。

三、成效：最是书香能致远

文化育人，文化兴税。有了书香和墨韵的浸润，同样的工作，却有不一样的精彩，爱文社将文化效应辐射到税收工作的方方面面，让读书学习的正能量弥漫雨花税务的幸福之路。

（一）凝聚合力，书写改革新篇章

爱文社把群团工作的触角延伸到改革主战场，让融合的火焰更加旺盛、温暖更入人心。文字的交流、情感的碰撞让更多志同道合者走到一起，成为一家人"身合心合"的认可、"相亲相爱"的见证。爱文社从最初的成员8人，发展至现在的25人，累计创作各类文学作品300多篇，其中发表博文133篇，点击量突破9500人次。书香雨花已成为一个闪亮的文化标识和精神符号，长沙市雨花区税务局蝉联五届"全国文明单位"、荣获长沙市"书香机关"创新案例单位。

（二）激发活力，唱响服务和谐曲

"心·微玉"爱文社成员齐聚一堂，共赴"遇见最美的遇见"爱文社三周年主题分享会

为做好、做新、做实税收宣传工作，爱文社精心策划税收宣传公益歌曲MV《心·微光》，词、曲皆由爱文社成员原创，邀请纳税人演唱，用歌声和镜头充分展现了税务干部用心工作、诚心服务的形象，讲述了纳税人辛勤劳动、诚信经营的故事，在征纳之间架起一座温馨的连心桥。税务总局微信公众号对歌曲进行了推广。2019年6月，在长沙市税务系统"十佳税务青年"评选晚会上，爱文社将歌曲改编成歌舞剧，以精彩演绎勉励税务人不忘初心、牢记使命。

（三）增添动力，凝聚团队正能量

爱文社成员作为税务各条战线的生力军，以着墨的情怀书写"有我"的担当，以文字的力量汇聚共进的方向。在国税地税征管体制改革、个人所得税改革、减税降费攻坚战中，一马当先、勤勉尽责，用"笔"与"行"守护税务蓝。乐为税收鼓与呼，爱文社相继参与"为金三奋斗的那些人、那些事"系列报道，用身边事感动身边人；开展以寻找身边正能量为主题的"我为你点赞"活动，让系统内外读懂了"雨花精神"；撰写编印《心·悦读》作品集、《心·家书》书信集，充分展现了雨花税务人充盈丰沛的精神世界。

（执笔人：彭芳）

志愿服务聚爱心　格桑花开新税务

国家税务总局天津市北辰区税务局

格桑花，青藏高原上生命力极为顽强的花，是藏族人民幸福和爱的象征。

"王阿姨，我和我的家人衷心感谢您的资助！当我有能力的时候，我一定会像您一样，去帮助那些需要帮助的人。为您送上我们家乡的唐卡，保佑您一生平安。"通过一对一捐助得以继续求学的藏族姑娘安么吉在信中这样说。

国家税务总局天津市北辰区税务局不但有"王阿姨"，还有发起人"冯叔叔"，结对帮扶的"王叔叔""居叔叔""孟叔叔""闫阿姨"……10年来，他们执着坚守公益服务初心，默默传承爱和奉献，用普通平凡的善举为高原偏远地区贫困家庭的孩子们，送去温暖和关爱，并将"奉献、担当、服务"的精神融入工作各方面，这个集体就是"北辰区税务局格桑花志愿服务队"。

2019年5月15日，青海同仁县根顿群培中学，志愿者代表刘春媛在小学班教唱《我和我的祖国》

一、爱心捐助促脱贫

格桑花志愿服务队，原名"格桑花助学行动队"，源于2009年一名普通税务干部对青海贫困学生的资助。在该局领导的支持鼓励下，格桑花助学行动队于2009年5月正式成立。

队伍成立后，与玉树曲麻莱县帮手孤儿院结成帮扶对子，每年至少两次邮寄御寒衣物。2010年4月玉树发生地震时，北辰税务人捐助的冬衣刚好送达震区，成为孤儿院孩子震后第一批救急物资。2012年，助学行动队为四川甘孜藏族自治州色达县然充小学募捐30余包衣物；2013年，为西藏日喀则藏区孩子募集200余件冬衣；2014年，经辽宁电台牵线，募捐资金为辽西贫困地区的凌源小学购置棉鞋……助学行动队已向贫困地区捐赠冬衣 7000 余件、运动服 4000 余件、棉鞋 100 多双，累计 1200 人次参与捐助。

10 年来，北辰税务人还通过一对一方式捐助 27 人次，捐助金额 4 万余元，与孩子们联系沟通从未间断，对孩子们的鼓励祝福从未停止。现在，资助的孩子有的成为技术工人，有的顺利考上大学，有的成为"白衣天使"，有的……

二、志愿服务促"四合"

北辰区税务局党委将志愿服务作为凝聚人心促"四合"的重要抓手，由区局工会和团支部确定组织标识，修订组织章程，以"做力所能及的事、帮需要帮助的人"为志愿活动宗旨，正式命名为"北辰区税务局格桑花志愿服务队"，把志愿公益服活动扩展到结对助学、文明创建、扶贫助困、社会公益、公众服务等志愿活动各领域。

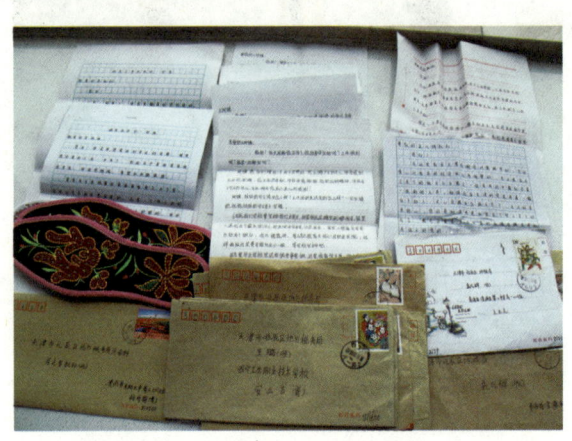

孩子们的感谢信

2018 年 8 月，北辰区税务局格桑花志愿服务队开展更名后第一次捐赠活动，募集冬衣 296 件、棉鞋 5 双。机构合并后的北辰税务人把一个个裹满深情厚谊的麻包，寄往西藏自治区那曲市申扎县巴扎乡色尼村。2019 年 5 月，志愿服务队组织春季衣物捐赠和助学捐款活动，组织捐赠衣物 900 余件，筹集学习用品捐款近 3 万元，将服装寄送至青海省偏远地区三所少数民族学校，并委派代表将学习用品送至青海省黄南藏族自治州同仁县根顿群培中学，鼓励学生们刻苦学习、努力成才，做民族团结和奉献社会的典范，造福自己的家乡。志愿者代表还入户家访困难学生，了解孩子们的生活环境和家庭困难，确定下步志愿服务方向和重点帮扶内容。

机构合并以来，北辰区税务局格桑花志愿服务队在坚持西部助学助困外，还在本区结对农村困难家庭、伤残军人家庭、民心工程家庭和城区孤老家庭 57 户，120 人次入户帮扶慰问；组织创文创卫和社区志愿活动 10 余次，参与人数达

800余人次;参与本区捐款助学83人,通过北辰区团委捐助贫困学生9800元。

格桑花志愿服务队的系列活动,拉近了干部距离,促进了队伍融合,展示了新机构、新服务、新形象,谱写了征管体制改革的"四合"新篇章。志愿服务队已成为北辰区税务局精神文明建设的一面旗帜,得到天津市税务系统和社会各界的支持响应,不断有系统内兄弟单位、高等院校青年协会、社会企业及组织加入爱心队伍、参与助学助困志愿活动。

三、税务文化促工作

北辰区税务局党委坚持把格桑花志愿服务队"奉献、担当、服务"的精神融入日常工作,不忘税务人的初心和使命,扎实推动工作,更好服务纳税人。

10年来,志愿服务队先后被《中国税务报》《天津日报》《天津新闻》《每日新报》等媒体专题报道,荣获"天津最美财税人集体"、天津市税务局2019年"感动天津税务"团体等荣誉称号。

志愿服务队的很多队员都从普通群众成长为中共党员,从业务新手变成了业务骨干,从普通干部走上了领导岗位,逐渐成为税务工作的中坚力量。每逢重大税收工作,都有他们突击在前的身影,尤其是在落实减税降费政策中,队员组成突击队,编排"音乐快板",制作减税降费"微视频",开展"税法进校园"等活动,推动减税降费政策落实落地。

如今的格桑花志愿服务队发挥着重要引导激励作用,已经成为北辰区税务局凝聚人心、奉献爱心、检验恒心、激发雄心的优质平台,是基层税务机关文化建设的有效载体,是践行社会主义核心价值观的美丽窗口。

(执笔人:孟凡辉 宗向荣)

创建少年税校 创新税收普法

国家税务总局北京市密云区税务局

一、工作概况

2005年5月31日,原北京市密云县地税局、县教委与县第一小学联合创办北京市首家少年税校,由税务干部和学校教师共同担任"税法讲师",开展税法宣传教育。2017年3月31日,原北京市密云区国税局、地税局联合区教委、司法局、团区委在太师屯镇中心小学举办密云少年税校成立12周年暨覆盖全区启动仪式,标志着少年税校从2所小学扩大到全区40所小学,青少年税法教育融入区德育教育体系。14年来始终坚持以课堂教育为主要渠道、以社会实践为重要内容,在积累大量教学实践的基础上,少年税校逐步凝聚教育、司法、宣传、志愿服务等多方力量,形成区域青少年税法宣传教育的强大合力,努力提高青少年对税收知识的学习兴趣和掌握程度,让税收的种子在孩子心中生根发芽。

二、主要做法

(一)管理制度规范

协同发展。围绕依法治税工作总目标,高度重视税收普法教育工作。持续完善制度规范,与密云区教委、区司法局、团区委联合成立"加强少年税校建设"领导小组,建立健全税收法治宣传教育机制,深入开展税收法治宣传教育。在税收宣传月、"12·4"国家宪法日等各类普法活动中,做到有规划、有方案、有落实。

完善制度。立足密云少年税校实际,打造特色法治教育品牌,推动税收普法教育纳入国民教育体系。积极与地方政府沟通协调,将税法宣传教育列入全区"七五"

2018年5月29日,少年税校小学生到密云区办税服务大厅进行"便民办税探访之旅"

普法规划，从制度上细规范、严管理，提升税法宣传站位，为普法教育工作奠定坚实基础。研究制定《北京市密云区少年税校普法教育基地管理制度》，责成各少年税校成员单位负责基地日常管理维护，选派业务骨干组成讲师团，定期到少年税校巡讲。

建立场所。密云少年税校自2005年在密云第一小学成立至今，已在40所小学共开课8000余节，为万余名学生送去丰富多彩的法治宣传教育活动，不仅全面提高学生对税收知识的学习兴趣和综合掌握能力，更帮助孩子们树立起依法诚信纳税的意识。

（二）实践活动丰富

寓教于乐，系统施教。在区局机关、税务所建立少年税校实践基地，通过"走进税务局"活动让学生亲身感受税收现代化进程，拉近学生与税收的距离；围绕税收主题开展座谈会、征文演讲、书画比赛、编演情景剧等活动，充分调动学生积极性，促进提升对税收的认识；以生活中真实人物的亲身经历为雏形，自编、自导、自演的《少年税梦》《系好人生第一粒纽扣》《最好的未来》等微电影，拍摄少年税校专题纪录片《风华税梦恰少年》，直观展现税校对学生、对社会的辐射带动作用。

多方联动，形成合力。加强与税务博物馆等部门的合作，共建税收实践基地，举办"与税收共成长 让梦想更飞扬"等主题活动，通过看"税史"、知"税事"、上"税课"，零距离感受税收魅力；2019年税收宣传月，组织税校学生参加北京市税务局"'减税降费'我知晓 助力改革做先锋"税收知识竞赛，通过"大手拉小手"的参赛模式，凝聚税务部门、纳税人、青少年学生等多方减税降费宣传力量。

税法宣教，培育师资。2017年9月，原密云区国税局、地税局联合区教委、团区委、司法局等单位，举办"金秋硕果慰园丁 税法知识我先行"税收专项知识培训活动，全区40所小学近百名教师与税务干部共同参加活动。通过

2018年12月，少年税校开展税法课程，以实际行动践行宪法精神

向兼职教师讲授税法常识、研讨青少年教育心理学等项目，进一步促进少年税校讲师团专业化建设。

（三）宣传渠道拓宽

少年税校依托"互联网+"技术，不断拓展宣传渠道，丰富宣传内涵。成立以来，税校活动多次被人民网、凤凰网、新华网、千龙网、中国青年网、《中国财经报》《法制晚报》《劳动午报》《北京日报》《中国税务报》、北京电视台、北京人民广播电台等多家媒体宣传报道。2017年起，通过映客、一直播等载体，多次开启"直播+税务"的全新教育模式，直播过程累计吸引52.68万网友关注。2017年12月4日国家宪法日，发布H5版"寻找校徽大挑战"，增进学生对税收的理解，点击量突破12万人次，并通过网易新闻客户端推广至北京、广东、杭州等11个省市，在全国范围内彰显了少年税校创新宣传形式的新风尚。

三、工作成效

密云少年税校对进一步影响身边人、带动全社会提高税收法治意识、营造和谐税收环境起到积极作用。成立以来，得到国家税务总局领导充分肯定，并获得社会各界多项荣誉，被中央电视台、北京电视台、新华网、人民网、《中国税务报》等多家媒体报道，形成特色宣传品牌，取得良好社会效益。

2008年，"少年税校"志愿服务项目获得密云县年度"优秀志愿服务公益实践项目"荣誉称号。2011年11月，少年税校教材荣获北京市基础教育课程教材改革实验优秀成果奖。2012年，"税法进校园"志愿服务队被评为密云区十佳明星志愿服务团队。2016年，"少年税校"志愿服务项目入选北京市机关事业系统"团建20佳"；少年税校案例在首都地区2016年未成年人思想道德建设评选中获奖。

10多年间，数千名参加过少年税校教育活动的学生已成为真正纳税人，在接受回访时表示"会诚信纳税"的占100%。2017年4月，百姓税收意识调查结果显示，了解"我国税种构成"的仅占7.4%；在索取发票的目的中，由于工作需要或作为购物凭证的占92.6%，因纳税义务而索取发票的仅占7.4%。同期，对40名少年税校学生及家长的调查结果则显示，了解我国税种构成的达86.7%，选择因"纳税义务而索取发票"的占20%。

（执笔人：吴靖　刘亚萍）

三秦大地写博爱　革命老区洒真情

国家税务总局铜川市税务局

陕西铜川是一片红色的土地，1933年，刘志丹、谢子长、习仲勋等老一辈无产阶级革命家在照金创建了"陕甘边照金革命根据地"，不但为中国革命保存了火种，还创立了不忘初心、牢记使命、为党为民奉献一切的"照金精神"。为进一步加强精神文明建设，提高广大税务干部职工的思想道德修养和综合素质，激发爱心意识、社会服务意识和奉献精神，国家税务总局铜川市税务局积极响应各级文明委和国家税务总局陕西省税务局的号召，在红色革命老区建立一支组织有序、作用显著的志愿者队伍，900多名志愿者以服务社会、服务纳税人为己任，开展形式多样、内容丰富的服务活动，彰显税务大爱，营造了崇德向善、乐于公益的良好氛围。

一、传承红色基因，在革命老区里彰显"税务大爱"

2015年2月14日，习近平总书记在照金考察时指出："以照金为中心的陕甘边革命根据地，在中国革命史上写下了光辉的一页。要加强对革命根据地历史的研究，总结历史经验，更好发扬革命精神和优良作风。"在铜川市委、市政府和陕西省税务局的领导下，铜川市税务局志愿服务队全面挖掘陕甘宁边区红色税收史，于2017年9月在陕甘边照金革命根据地纪念馆举办了"边区税票回边区"专题展览，直观展示陕甘宁边区的社会、政治、经济、文化发展面貌特征和老一辈边区税务人的牺牲精神，先后吸引近7万群众实地参观，社会效应明显。

铜川市税务局志愿服务队立足社会，服务群众，扶老携幼，贴心关怀，建立"春

铜川市税务局志愿者与留守儿童在铜川市瑶曲镇中心小学合影

送文化、夏送清凉、秋送助学、冬送温暖"的"四季送"服务制度，连年开展"小心愿、大爱心"关爱留守儿童活动，筹措资金在铜川市耀州区瑶曲镇中心小学建立"留守儿童之家"，帮助铜川市10余所乡镇小学的"留守儿童之家"升级改造。志愿者们认领购买爱心礼物，在春节、六一等节点向山区儿童捐款资助学习用品2000余套，先后资助耀州区照金北梁红军小学、耀州区瑶曲镇中心小学、宜君县哭泉中心小学、宜君县彭镇中学等20余所学校，送去"乐学堂"学习平台。在铜川照金北梁红军小学、铜川市一中等13所学校建立"青少年税收宣传教育基地"，开展"税法宣传牵手红领巾"活动。

二、"输血"变"造血"，在脱贫攻坚中注入"税务力量"

结合铜川脱贫攻坚工作，铜川市税务局志愿服务队认真贯彻落实中央扶贫工作精神，将"扶智、扶志"相结合，扶思想、扶信心，扶知识、扶技术，开启民智，凝聚民心，补足贫困群众精神之"钙"，在脱贫攻坚中贡献铜川税务力量。

他们深入帮扶包抓村，创新税收政策宣传方式途径，以宣传扶贫政策、印发宣传画、开展家庭教育乡村行等活动为契机，通过智力扶贫、技能扶贫、产业扶贫、医疗扶贫等多种途径，举办税收知识、樱桃种植、手工丝袜拉花技能及电子商务等各类实用技术培训班，充分发挥税务系统特点，通过支部活动、党员活动日和扶贫下乡活动深入贫困村、社区、人口密集区等集中开展税收优惠政策宣传。贯彻落实税收优惠政策，将落实小微企业增值税和企业所得税税收优惠政策作为助力脱贫攻坚的抓手，支持帮助贫困户发展养殖业、创办服务实体等方面进行税收减免，扎扎实实把扶贫工作做到点子上，形成了"扶持一户成功一户，成功一户带动一村影响一域"的良好格局。

据统计，铜川市税务局志愿服务队先后帮助扶贫村协调资金260余万元，用于贫困村基础建设和"市级美丽乡村"建设，并为阿庄村、小庄村修建村民文化广场，为铜川市耀州区马鞍桥村安装文化广场路灯，为葫芦村铺设砂石路和"通组"水泥路，向贫困户赠送猪崽、山羊，以及农业科技图书百余册。走访发放宣传重点群体创业就业、自主就业退役士兵税收优惠政策手册1500余份。2017年底，阿庄村12户贫困户已全面脱贫，并实现全村脱贫。铜川市税务局被陕西省妇女联合会、陕西省扶贫开发办公室联合评为"三秦巾帼脱贫先进集体"。

三、弘扬爱心，扶危济困，援助遭遇重大灾害的困难群众

铜川市税务局志愿服务队先后累计为灾区捐款捐物价值5万余元，筹集善款20万余元。志愿者们积极投身铜川"N+1"爱心组织，坚持献血，为甘肃四川等地的孩子寄去冬衣，筹集手术费2万余元；为眼疾孩子更换眼角膜，筹集手术费万余元，

2019年3月5日，铜川市税务局志愿服务分队获奖合影

并联系嫣然天使基金，帮助唇腭裂儿童前往北京做手术；为耀州区孙塬镇丁山村白血病儿童争取社会筹资近10万元，备受各方爱心人士关注和点赞。

四、争当"急先锋"，在铜川大地上传递税务声音

铜川市税务局志愿服务队作为纳税服务的"急先锋"，深入贯彻落实中央、省、市关于优化营商环境、落实减税降费政策等系列部署，走进广场、走进群众、走进基层一线，传递改革好声音，传播改革正能量。

践行"机构改革，服务先行"理念，推出税务服务"三大革命"（时间革命、流程革命、效率革命），打出"办税时间最短、办税流程最简、办税效率最高"的组合拳，办税效率较改革前平均提速30%。深化"银税互动"，累计为铜川市180余户纳税信用企业协调诚信贷款21.21亿元，有效解决了企业信贷难度。通过"点对点、面对面"的形式，先后上门走访纳税人1.6万余户，零距离"送政策、解疑难、问需求、助发展"，持续推动实体经济"降成本、增后劲"，提升了纳税人的获得感。

（执笔人：张庆伟　田玥）

传承好家风　弘扬好税风

国家税务总局重庆市两路寸滩保税港区税务局

一、工作概况

"家风相连成民风，民风相融汇国风"，习总书记多次强调，要把家风建设作为干部作风建设的重要内容。国家税务总局重庆两路寸滩保税港区（重庆西永综合保税区）税务局（以下简称保税区税务局）从该局年轻干部占比高、思想可塑性强、文化引领需求迫切的实际出发，注重"以文化人"，弘扬好家训、好家风，以"家风"带"税风"、"转作风"、"纯民风"，取得积极成效。

保税区税务局是一个平均年龄仅为34.89岁，年轻干部占比近4成的年轻团队，成立时间短、人员融合不足成为干部队伍建设的一项短板。国税地税征管体制改革以来，更面临着"事合、人合、力合、心合"的现实需求。该局以传承好家风、好家训为切入点，促进青年干部成长成才、更好服务税收中心工作，取得了较好成效。

二、主要做法

（一）以"家风家训"为重要内容，丰富干部教育内涵

组织干部学习"习近平总书记关于家风重要论述"等经典讲话，并开展主题研讨。组织开展"传承家训家风，弘扬传统美德"等主题党日活动20余次。开展诵读《傅雷家书》《颜氏家训》等紧扣家风文化传承的专题学习活动13次，举办"树好家风传承孝道"主题辩论赛，在唇枪舌剑中凝聚传家风、守孝道的正能量。策划开展"家风家训进校园"等活动，与辖区学校、企业联合共建，共同征集"优秀家风家训故事"，宣读"家书家信文章"，践行"立家规—晒家规—行家规"等主题活动5次。

（二）以"家人"为角色定位，构建新型同事关系

在工作中打破生硬同事关系，从平等尊重、温情和谐的"家人"角色定位同事关系，处理干部成长。建立新进公务员"一把手负责制"，主要负责人定期听取新进人员思想汇报；建立"党委委员+科所长+一般干部"扁平化工作机

制,开展"三谈心"活动。来自儒学发源地的征管科长,将山东人的"仁义礼智信"谈给部门干部,东北新进公务员小刘将敢为人先、百折不挠的"闯关东"精神谈给部门同事,"家风家训"被谈在话里、讲在耳边、记在心里。建立"导师制度",由该局业务能手和科所长担任导师与新进公务员共结成8个对子,进行业务指导,深化"帮带"情义。建立"三个第一课"机制,讲好新进公务员入职第一课、讲好新提拔干部上岗第一课、讲好廉洁自律法治第一课,净化思想、端正导向。

(三)以"家文化"为鲜明主题,打造工会服务平台

在工会建设中倡导"家文化"理念,做职工干部的"娘家人"。建立"五个一起"固定节目:每逢冬至"一起包一顿饺子"热气升腾中弥漫保税家人情感;每逢年初"一起共度联欢",回顾往昔,执手未来,践行"相亲相爱一家人"的保税家文化;每逢元宵"一起过个大年",抖擞精神再出发;每逢中秋"一起分享故事",共享成长喜悦;每逢职工家庭困难,同舟共济,"一起共渡难关",年均开展活动20余次。关注职工"公事",也关心"私事",通过开展联谊会、组织体检、建立工会兴趣小组等,帮助干部解决感情、健康、业余生活等问题。累计与政府、海关、学校等单位开展联谊活动7次,组建艺术、游泳、烘焙、篮球和舞蹈等8个兴趣小组,每年累计开展活动936人次,营造家庭氛围。

(四)以"家风融合",力促改革"四合"

营造家庭温暖氛围,通过"家庭式互助",助力机构改革队伍融合。原国地税干部结成对子,以互学业务知识、互做师生等方式化解业务不熟悉的难题,增进干部感情,让家庭式互助助力改革凝聚力,促进"事合、人合"。立足区局不涉及全局整合、仅划转部分原地税部门干部的改革特点,以提升14名原地税部门划转同志"归属感"和"认同感"为重点,班子成员开展"大走访",累计谈心谈话136次,收集意见建议50余条。让"家人"的贴心成为互融共促的催化剂,实现"力合、心合"。

在红岩村革命纪念馆开展"不忘历史,时刻保持党性纯洁"活动

三、工作成效

通过传承好家风带动转作风，保税区税务局青年干部快速成长、税收主业亮点纷呈。

（一）职工"小家"温馨和谐

通过传承家风家训，干部的小家庭更加和谐。19岁入伍、26岁穿越川藏线，32岁退伍转业的刘忠清同志的家庭因弘扬军人"令行禁止、甘于奉献"的家风精神，被所在社区命名为"光荣之家"，他从迷彩绿的青春到税务蓝的坚守事迹被重庆市税务局和国家税务总局宣传报道。2018年，一对同在该局工作的外地90后青年干部因税结缘，步入婚姻殿堂并扎根重庆，共同为税收事业奋斗。5名初为人父为人母的青年干部在主题分享会上分享以好家风家训育儿的心得，倡导健康生活、减少应酬、注重家庭陪伴，"常回家吃饭、多陪陪家人"成为青年干部的新风尚。

（二）机关"大家"亮点纷呈

家风传承，提振了税务干部的精气神，树好了言行举止的新典范，全局上下"言有规、行有矩、效有果、业有成"。2018年实现收入94.57亿元，同比增长88%。着力推进"放管服"，出台服务指导手册，前台业务办理时限平均缩短60%，努力营造良好营商环境，累计减免税金9.52亿元，完成出口退税1.9亿元。近5年，荣获全国"青年文明号"、重庆市"先进职工之家"、重庆市"文明单位"等荣誉称号。连续8年保持零行政复议、零行政诉讼和执法服务零投诉，干事创业氛围蔚然成风。

（三）干部"个人"成长成才

弘扬好家风好家训带来了好作风，促进了青年干部的快速成长，2011年以来，平均在编干部不到50人的保税区税务局先后有2名同志成长为全国税务系统领军人才，17名同志成为注册会计师、律师、税务师等中高端人才，两名青年干部被评为重庆市国税地税征管体制改革"五个一百"先进典型。

（执笔人：吴辉　焦艳）

寻文化根脉　承诗意情怀
构建"税务+诗词"文化建设新格局

国家税务总局太原市万柏林区税务局

诗词作为中华优秀传统文化的特殊形式，更在潜移默化润物无声中，体现着民族文化传承，彰显了民族文化自信。国税地税征管体制改革以来，国家税务总局太原市万柏林区税务局坚持文化自信是更基础、更广泛、更深厚的自信，紧扣税务文化建设要求，以弘扬中华优秀传统文化为切入点，以诗词为媒，为时代而歌，传承文化精髓，汇聚文化力量，积极构建具有万柏林税务特色的文化体系，切实增强广大税务干部的文化参与感、获得感和认同感。

一、工作概况

孔子云，"诗可以兴，可以观，可以群"。万柏林区税务局紧密结合干部队伍建设实际，高举文化自信旗帜，以"诗以咏志"为主题，立足促进"四合"目标实现、激发税务干部队伍活力这一目标，突出传承文化精髓、增强文化自觉这一重点，先后举行了"习近平总书记用典税企学习竞赛""诗画清明""青春与经典有约""重学经典家训""手书最喜爱的诗词""与社区共建诗词之旅"等主题活动，以诗词为媒，凝聚改革合力，提高干部职工的归属感、认同感；以诗词为镜，筑牢责任担当，坚持为税收助力、为时代而歌；以诗词为号，砥砺家国情怀，奏响"忠诚担当、崇法守纪、兴税强国"的最强音，有效解决了机构改革后队伍活力不足、融合凝聚不够等问题，努力实现干部队伍整体素质提升和税收工作的融合发展。

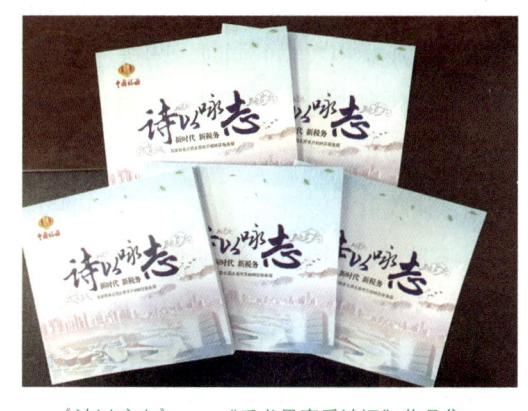

《诗以咏志》——"手书最喜爱诗词"作品集

二、主要做法

充分发挥文化潜移默化的作用,以文聚人、以文兴税、以文化人、以文夯基,汇聚文化力量,培植文化定力,为高质量推进新时代税收现代化提供坚实的思想基础、精神支撑、道德滋养和文化保证。

税企联建,组织"习近平总书记用典"学习竞赛

一是坚持文化浸润日常生活,以文聚人,强化担当。习近平总书记曾指出,"用中华民族创造的一切精神财富来以文化人、以文育人"。广泛开展"手书最喜爱的诗词"活动,鼓励全局干部在日常生活中积累经典诗词,通过主题党日、晨会夕会分享最喜爱诗词和感悟。组织全局干部摘抄诗词、诵读经典,汇编成册,共收录290余副手抄作品,10余副书法作品。挑选朗朗上口的经典诗词贴在多肉植物的花盆上,摆放在大厅,纳税人办税间隙,可以读诗读词,感受中华文化的深远内涵。从古至今的诗词中迸发而出的汹涌情感,在潜移默化中为税务干部营造出积极向上的文化场域,形成了人人学诗词、字字入心脾、上下相传阅的良好文化氛围。

二是坚持文化助推税收工作,以文兴税,服务经济。紧密围绕第28个税收宣传月"落实减税降费,促进经济高质量发展"主题,拓展税收宣传形式,创新"税法课堂"授课内容,"青年税务干部先锋队",从诵读经典家训入手,配合问答和游戏为万柏林区众纺路小学等5个小学送去别开生面的税法宣传课;为四川大凉山地区小学捐衣物的同时,赠送《给孩子的好诗词》诗集,让诗词韵味浸润孩子的心灵。结合区域文化建设,与兴汾苑等社区共建,以对诗话词为主要形式,集中开展减税降费文化沙龙、漫谈减税降费"红利"等别具特色的减税降费宣传辅导,让政策宣传覆盖面更广、群众知晓度更高、纳税人和缴费人理解力更强。

三是坚持文化引领文明创建,以文化人,厚植底蕴。2019年清明节前,积极响应文明委号召,精心组织开展"我们的节日·诗画清明"主题活动,通过个人展示、团队比拼等寓教于乐的诗词飞花令和插花等项目,缅怀革命先辈,寄托哀思之情,汲取信仰力量。"五四"青年节,集中开展"青春与经典有约"

主题拓展活动，通过设置刺激有趣的诗词知识抢答环节，青年税务干部"过五关斩六将"，展现了"天生我材必有用"的青春无畏，增强了家国意识和责任意识。积极参加文化作品创作，以一线税务干部的亲身体验为题材，创作出原创文化作品《音诗画"诗以咏志"》，用"少年强则中国强"为切入点，展示青年干部站在人生新起点的无限荣光，用"一蓑烟雨任平生"诉说出中年干部面对改革工作的坚定不移，用"观沧海"为切入点表达身处波澜壮阔改革中的税务人"幸甚至哉，歌以咏志"的情怀，用"数风流人物还看今朝"宣誓出新时代全体税务人的使命担当。节目在国家税务总局太原市税务局组织的"时代印记，接续奋斗"诗歌朗诵活动中引发强烈共鸣，广大干部职工获得了精神文化享受和心理满足。

四是坚持文化创新党建工作，以文夯基，激发活力。一方面，不断坚持"两学一做"学习教育常态化制度化、丰富"不忘初心、牢记使命"主题教育的学习形式和重点内容，通过学习习近平新时代中国特色社会主义思想中的典故出处，在党支部学习讨论会上进行分享，谈感悟、谈理解、谈做法。另一方面，借助税企共建党日活动，扎实开展"习近平总书记用典"学习竞赛，税务干部与晋商银行等联建企业组队，根据习近平总书记在不同场合引经据典的原文题干，抢答用典出处，并结合实际阐述个人对典故的理解和认识，激发了党员干部对习近平新时代中国特色社会主义思想更深一步、更进一层的学思践悟热情，让理论思想入脑入心。

三、工作成效

加强税务文化建设，要通过有温度有深度的文化建设促进干部队伍整体素质的提升，促进各项税收工作的快速发展。太原市万柏林区税务局打造的"税务＋诗词"文化建设新格局，不断从中华优秀传统文化中汲取养分，并结合实际拓展新的文化表现与推广形式，将"诗词融入税收主题主业主线之中、融入税收宣传工作之中、融入党群活动之中、融入节日和文化活动之中，坚定文化自信，树立税务新风，形成独具特色的万柏林税务文化，凝聚起推进各项税收工作和税收改革攻坚的强大精神力量。这种税务文化精神不断发酵，潜移默化影响着全局干部职工，真正形成人人共建、人人共享的良好文化氛围。

（执笔人：宋洁　高志燕）

弘扬优秀家风　打造清风儒税

国家税务总局泗水县税务局

国家税务总局泗水县税务局充分借鉴和吸收当地独特的儒家文化资源，结合自身工作实际，引导广大干部职工树立"大家风"思想，积极打造儒韵民风机关，把对家庭的感情升华到对单位的认同感和归属感，营造出了家风醇、党风正、政风清的良好氛围，探索出一条以"弘扬优秀家风　打造清风儒税"引领税务事业全面发展的特色道路。

一、工作概况

为保持税务干部队伍思想稳定，促进深度融合，提高工作质效，提升税务部门形象，泗水县税务局立足工作实际，审时度势开展"弘扬优秀家风　打造清风儒税"活动，取得了事半功倍的良好效果。

二、主要做法

（一）以弘扬"儒风孝道"为切入点，倡树优厚"家风"

将儒孝文化作为重要元素融入税务文化建设之中，扎实开展家风建设。以县局综合办公楼为主体，精心选取儒家文化经典制作文化版面，打造儒家文化宣传展厅。在生活区内将《弟子规》《新二十四孝》等内容做成展板，在生活区每一个单元门口，都悬挂了税务干部提炼的"家风"楹联。开展家风促廉活动，打造"泉乡税务大讲堂"，先后邀请专家举办《儒家文化与行政管理》《弟子规》专题讲座，组织广大税务干部职工及家属听讲，接受传统文化熏陶。定期组织干部职工或家属走上讲台，让身边人讲述身边事，用身边事教育身边人。与干部职工配偶签定"家庭共建助廉承诺书"，引导家属当好"廉内助"。成立志愿服务队，开展以"尊老、敬老、爱老"为主题的志愿服务活动，走进敬老院、走进社区、走进农村，为孤寡残疾老人送去温暖。

（二）以贯彻"儒税清风"为着力点，涵养优良"党风"

充分发挥国家税务总局泗水县税务局苗馆税务分局廉政教育基地和国家税

务总局泗水县税务局星村税务分局基层党建示范点作用，以点带面，全面铺开党风建设。苗馆税务分局被县纪委命名为"泗水县廉政文化教育基地"，星村税务分局成为泗水县基层党建示范点，形成了"蓝色服务""绿色家园""红色基地"三色主题文化，建成"服务型基层党组织文化展厅"。两个基地建成以来，共接收系统内外干部参观学习3000余人次。落实好廉政建设主体责任，强化廉政教育，完善工作制度，抓好监督问责，确保税务干部尽责守廉。深入开展法制教育，提升干部依法治税意识，在全力抓收入的同时，落实好减税降费各项政策，不断优化纳税服务，提升纳税人满意度。

（三）以传承"儒学经典"为落脚点，培育优秀"政风"

将"和为贵"的观念渗透领导班子和干部队伍建设中，打造团结、务实、为民、廉洁的党委班子。建立完善良性的政务管理机制，形成用制度管人、管

2019年5月30日，泗水县税务局组织妇女同志到龙城社区幼儿园与孩子们欢度儿童节

事、管权的良好局面。优化以"仁"为本的服务观，坚持以"纳税人需求"为导向、"纳税人满意"为目标，建机制强队伍，激活力促担当，全力打造"泗税如意、一次办好"纳税服务品牌，持续优化税收营商环境。树立以"廉"为荣的行政观，创新廉政教育形式，通过"学廉""思廉""述廉""保廉"系列活动开展，不断提升干部职工廉洁勤政意识。

三、工作成效

泗水县税务局通过弘扬优秀家风，打造清风儒税，在全局营造了浓厚文

化建设氛围，带动了税务工作开展和干部队伍管理，实现了机构改革工作稳步高效落实，税收整体工作也取得了明显成效。一是干部队伍和谐稳定。机构改革以来，全局干部思想稳定，队伍团结和谐。期间也涌现出一批优秀干部的先进事迹，深刻影响和带动着全体干部职工投身改革、履职尽责、服务发展。二是组织收入稳定增长。县局坚持把家风建设、文化引领和提升收入质量紧密结合起来，"两手抓、两不误、两促进"。2018年以来组织收入地方级增幅持续位于全市前列。三是征纳关系和谐融洽。不断创新服务方式，坚决落实"放管服""一次办好"改革要求，认真落实各项税收优惠政策，让纳税人和缴费人充分享受改革红利，纳税人满意度、获得感和税法遵从度持续增加。四是干部职工遵规守纪。家风建设和儒家文化的熏陶也带来好的行风政风，打造了一支务实勤勉、遵规守纪、风清气正的过硬干部队伍，税务窗口实现零投诉，全体干部职工未出现一起违法违纪问题。

（执笔人：吴德）

"延安税务家风馆"推进家风建设文化品牌

国家税务总局延安市税务局

国家税务总局延安市税务局把家风建设作为税务文化建设的重要载体和有效抓手，以打造"延安税务家风馆"为着力点，不断丰富家风内涵，厚植家风沃土，赋予税务精神时代特色，以好的家风支撑起好的社会风气，让政风行风、税风家风互促互进，相得益彰。

一、工作概况

延安市税务局以习近平总书记关于"重视家庭建设，注重家庭、注重家教、注重家风，发扬光大中华民族传统家庭美德"的重要讲话精神为引领，坚持把家风建设作为精神文明创建的重要内容，并以继承发扬延安精神为己任，推进家风建设与税务文化齐头并进，打造了全国首个行业家风馆——"延安税务家风馆"，被授予"陕西省家风培育体验示范基地"和"延安市家风培育体验示范基地"，在延安市税务系统营造了立家风、树家风、创家风、传家风的良好氛围，为税收现代化建设注入了强劲的思想活力。"延安税务家风馆"的全面落成，成为引领税务文明发展的"新引擎"，也是树立形象、彰显文明、提升站位一扇重要的人文窗口。

二、主要做法

（一）筹建之初：发出干部思想"动员令"

早在2016年初，原延安市国税局经过与延安市妇联、中国妇女报陕西记者站多次协调沟通，决定联合筹划建设全国首个行业、延安市首家"家风馆"，并在延安市税务系统广泛开展"弘扬好家风，树立好税风，传递好作风"活动，重点通过"家风馆"这一载体，把家风建设融入税务文化建设，大力弘扬中华传统文化，传承优良家风家教，在潜移默化中激励、引导广大税务干部职工树立家庭文明新风尚，自觉培育和践行社会主义核心价值观。

筹建前期，原延安市国税局专门召开了"家风建设"工作专题动员会议，从思想上、认识上和行动上广泛动员干部职工积极参与该活动,争做"家风馆"的参与者和建设者,充分发挥集体的智慧和力量,做到人人动手齐参与,合力共建扬家风。活动启动以来,得到了广大干部职工的广泛关注和热烈响应,为后期建设奠定了良好的思想基础。与此同时,广大领导干部率先垂范,带头收集整理活动作品,并对"家风馆"建设积极建言献策,极大地影响和带动了周围同事的参与性和积极性。通过好家风好家训的收集挖掘、整理传承,大家在此过程中相互学习交流、取长补短,使评选好家风好家训的过程变成了深入推进税务家庭文明建设的重要历程,干部职工对家风建设重要意义的认识水平也不断深入。

(二)筹建伊始:摸着石头过河

开展家风建设对于税务部门来说,是一项全新的工作和挑战,而如何结合实际打造"家风馆"并将税务文化进行实物展示、落地呈现,更是一项充满挑战的摸索尝试。在筹建期间,一方面面对着场馆搭建工程量大、板块布局错综复杂、布展内容难以兼收并蓄、素材收集难度大等难题,另一方面也面对着各项税收工作头绪众多,任务繁重,人才力量薄弱等客观实际,可谓一无经验,二无参照,三缺专业指导。

延安税务家风馆

原延安市国税局在多年文化建设的基础上,结合革命圣地的地域优势,多次召开专题会议讨论"家风馆"整体布局、板块设计等内容,并制订设计方案、落实责任部门、开展实地调研。在原陕西省国税局和延安市妇联、市文明办的大力支持和指导下,该局不断尝试,摸着石头过河,想方设法疏堵点、克难点,因地制宜、总体规划、分区布局、巧用现材、创新设计,经过与有关部门专家学者的反复探讨,板块布局的数次调整和布展作品的精挑细选,最终将"家风馆"的宏伟愿景一步一步变为现实,为全省税务系统开展家风建设摸索了思路,积累了经验,提供了遵循,成为陕西税务家风建设和文化落地工程的典型代表。

（三）筹建过程："工匠精神"出细活

"延安税务家风馆"从设想构思到全面落地，历时将近半年之久。期间，原延安市国税局先后4次下发通知在全系统内征集"好家风好家训"相关作品，对征集到的作品进行严格审核把关，反复斟酌修改，精益求精创精品，紧盯目标不松劲，共征集到各类家训、家谱、格言、对联、警句以及家庭故事1084条，治税、治局格言37条，个人及单位全家福906张，实物资料108件。在税收改革各项工作任务十分繁重的形势下，延安税务系统广大干部职工积极克服困难，高度重视、积极行动、深入挖掘、精心提炼，形成了覆盖全系统、自上而下的征集网络。有的干部职工甚至积极发动家人收集家谱、牌匾、照片以及家庭故事等，特别是系统内的三代税务世家，以他们的传奇故事、深厚情感和醇厚家风，荟萃和展现了蕴藏在广大税务干部职工家庭中的传统美德，为"家风馆"的建设增添了一道靓丽的风景线。

除了将收集到的优秀作品作为"家风馆"基础陈列资料，还将有关作品汇编成《延安税务家风家训集》，发放至系统全体干部职工，将家风建设的厚重分量传递到干部手中。"延安税务家风馆"的建设，完成了一个经验从无到有、认识由浅入深、设想由近及远、内容积少成多的创新过程。

三、取得成效

经过精心筹备，2017年2月27日，原延安市国税局"家风馆"在市局机关一楼大厅成功落成。整个家风馆共分"前言及缘起、家国天下、红色家风、税务情怀、最美家庭及红色税史"六个区域，内容包括32块展板、12个陈列柜、2幅书法作品、1个电子平台、60余件实物资料，上千条家训、家谱、格言、对联、警句以及电子照片1300余张。馆名"延安税务家风馆"七个字由延安四代税务世家97岁的老干部杜培桢老先生题写，这本身就是一种家风传承的示范和颂扬。"家风馆"

省市妇联领导检查延安市税务局家风馆建设工作

整体设计以中式风格为主调，细节处融合陕北特有文化特色，图文并茂、今昔照应、融会贯通、古色古香，实现了传统与现代、科技与文化、文明创建与税收工作的完美结合。

　　家风馆建成以后，受到各级领导、社会各界和广大税务干部的热切关注。时任陕西省委书记娄勤俭、延安市委书记徐新荣分别对"延安税务家风馆"做出了表扬性批示；"家风馆"开馆以来接待社会各界参观观摩200余批次，累计2000余人。该局新进干部尚蓉蓉谈到："每次进出办公大楼，不仅能看到自己'小家'的家风家训，更能感受到税务'大家'春风化雨般地滋润，感觉单位更像一个'家'了。"延长石油集团公司财务科办税人员王丽说："自从税务部门开展家风建设活动以后，不仅税务干部的精神面貌发生了明显转变，而且办税效率和服务态度也比以前更好了。"

　　从税务"大家"看个人"小家"，融"小家"培育于"大家"建设，"大家""小家"一起建，两者相得益彰，互相促进。在该"家风馆"电子平台上，延安市税务系统每一位干部职工通过指尖轻点都能找到自己的家风家训和全家福，一种回归组织、融入集体的归属感自然而生。同时，通过"家风馆"的建设，延安市税务系统17个单位全部提炼出治局治税格言，16个单位形成了具有本单位地域文化特色的文化标识，90%以上的单位创作出本单位的税务之歌，干部职工的思想观念在家风建设的生动实践中得到升华，干部队伍的凝聚力、向心力也得到进一步加强。每天进出于"家风馆"，广大干部职工都沐浴着好家风的洗礼，接受着好家风的熏陶，这种潜移默化的文化渗透，不仅重塑着广大干部职工的心灵和思想，让大家自觉将"小家"建设向"大家"看齐，对税务部门深化文明创建和作风转变具有重要推动作用。

（执笔人：党晨　师娜）

说唱快板：减税降费"流行色"

国家税务总局平陆县税务局

2019 年，党中央、国务院出台了一系列减税降费政策，给纳税人带来了"真金白银"的税收红利。不折不扣落实各项减税降费政策，成为税务部门头等大事。和着新时代税务文化的主旋律，国家税务总局平陆县税务局以"文化搭台、宣传引导、政策唱戏"为思路，用鲜活的说唱快板把减税降费政策唱进了纳税人和缴费人的心里，由税干自编自导自演的 MV《减税降费 ING》还被新华网、中国网、国家税务总局官网接连转发，为减税降费政策宣传渲染了一层青春靓丽的流行色。

一、定调子，说唱快板成主题

改革赋重任，无日不趋新。2019 年 3 月，全国第 28 个税收宣传月即将来临。宣传月的大幕如何拉开？什么样的宣传形式才能紧扣时代脉搏？纳税人迫切需要了解的政策是什么？围绕"落实减税降费 促进经济高质量发展"的主题，传统的税收宣传方式能否将减税降费政策送到群众的心坎里？通过走访纳税人和缴费人、了解群众意愿、听取民众期盼，平陆县税务局党委创新提出了"文化搭台、宣传引导、政策唱戏"的工作思路，结合当下流行文化元素，决定创作一个融时代气息、文化元素、税收政策为一体的说唱快板节目，以喜闻乐见的文艺表现形式宣传减税降费政策，真正发挥税收宣传的先导作用。

二、搭平台，文艺宣传走在前

为确保说唱快板高质量、高标准创作，平陆县税务局第一时间进行安排部署和研究探讨，召集单位内写作高手和业务精英组建创作团队，抽调年轻税干建立税宣文艺队，确保创作顺利进行。快板词是节目的灵魂，如何把枯燥、复杂的减税降费政策变成浅显易懂的快板词不是一件容易的事。平陆县税务局干部结合自己擅长税种纷纷行动，吃透政策，汇总整理，主动编写和上报政策宣传词。一些已经退居二线的老税干也发挥余热，主动为快板词的编写出谋划策提供资料。同时，为了使快板词更具美感和韵律，该局特邀民间经验丰富的快板词创作老师指导修改。为保证政策不走样，创作团队与创作老师一遍遍沟通讲解政策和税收宣传要求，力求老师在理解透彻政策的基础上把词编排得准确押韵、朗朗上口。

三、下苦功，排练效果高质量

快板词创作完成后，接着就是紧张的排练。排练期间，年轻的演员们热心主动，在高质量完成本职工作的前提下，利用下班时间和节假日，积极投身于紧张的排练之中。在老师悉心指导下，大家一个动作、一个姿势、一个表情、一个眼神地反复练习，经常排练到晚上八九点。在这些演职人员里，既有新婚不久的新娘子，又有忍着伤痛默默排练的老大姐，还有正在哺乳期的妈妈。她们心怀大局、激情澎湃，克服了一个个困难，为节目的完美展现立下了汗马功劳。她们进企业、进校园、进超市，说唱快闪每一次都能引来大批群众驻足观看，不少群众纷纷拍照转发朋友圈，"减税降费"的旋律在平陆的三千山壑唱响。

四、扩影响，网络宣传展风采

2019年4月中旬，在进行了多场演出后，为进一步增强政策宣传效果，说唱快板节目的原班人马紧锣密鼓改编拍摄了MV作品《减税降费ING》，利用新

2019年4月1日，快板说唱节目走入企业，以快闪的方式亮相，把减税降费新政策在第一时间送给纳税人

媒体广为传播，同时在运城市各个公共场所循环播放宣传。新华网、国家税务总局、山西税务、太原税务网站分别以《减税降费新政有哪些？运城税务"女团"唱出来！》《减税降费政策要点有哪些？税务小姐姐用快板说给你听》等为题，对视频进行转发和报道，平陆"税务小姐姐"身上炫目的税务蓝成为税宣月的流行色。

说唱快板不仅将减税降费政策送到社会民众手中，受到纳税人缴费人的普遍欢迎和好评，得到各级媒体的广泛关注，更重要的是在创作的过程中，调动了青年税干的工作激情，丰富了干部职工的文化生活，营造了浓厚的税务文化氛围。税务文化建设是广大基层税干的价值基因和精神追求，只有内生于心，才能外化于行。阔步走在税务文化建设的阳光大道上，平陆税务人将一如既往在引领税收事业蓬勃发展中迸发活力、在服务经济发展中展现魅力、在不忘初心中集聚合力。

（执笔人：任国芳）

《减税降费ING》MV快板词

谱写税务新篇章（音乐快板）

女一：纳税人您请听好，减税降费新政策
女二：一九年　喜事多　利好一波接一波
女三：普惠减税百业兴　小微企业一身轻
六人：增值税　算收入　不扣费用和支出
　　　月报季报自己定　怎么合算怎么弄
左侧：过去月入三万元　就要纳税来缴钱
右侧：如今政策大优惠　十万以内不缴税
全体：租金收入要平摊　差额征税严把关
　　　另行计算不动产　多缴部分退税款
全体：接着咱说所得税　纳税只算净利润
女一：你若收入一万多　扣除费用放一边
　　　剩余利润才缴税　你说实惠不实惠
女四：小微企业好前景　认定标准有调整

　　　　　　　资产总额五千万　员工三百把活干
女五：应税所得三百万　计算方法分两段
女六：年入未达一百万　要乘以：百分之五直接算
　　　　一百万到三百万　要乘以：百分之十快速算
全体：城镇土地使用税　在规定税额幅度内（变三角正方形）
　　　现行税额又新举　下调百分之二十五
六人：资源城建印花税　房产土地耕占税和两附加（交叉跳）
　　　原定优惠再叠加　又减一半众口夸
四人：个税新法利民生　六项扣除喜心中
　　　教育住房想周全　大病养老照顾完

男声（画外音）：
　　　　　今年起　四月一日又新政　增值税　再度下调新税率
　　　　　制造业　百分之十六是原先　现如今　降至百分之十三
　　　　　农产品服务业有奔头　百分之十降到九
　　　　　扩大抵扣范围广
　　　　　车票机票全纳进　可以抵扣进项税
　　　　　不动产　原来抵扣分两年　现如今　全额抵扣一次完
　　　　　留抵退税百业旺　为企业　现金流转增保障
　　　　　邮政业　电信业　现代生活服务业
　　　　　按照进项原税款　又加百分之十再抵减
四人：三个无须给方便　大厅办公流水线
　　　无审批　无核查　证明资料不用拿
全体：三个自动全智能　电子申报自生成
　　　各种享受一目明　快捷便利高水平
全体：新税务有新服务　不忘初心执公逐梦
　　　改革创新奋发有为撸起袖子加油干
　　　　　加　　油　　干

焕发乌兰牧骑红色基因的时代光芒

国家税务总局乌海市海南区税务局

乌兰牧骑的长盛不衰表明,人民需要艺术,艺术也需要人民。在新时代,希望你们以党的十九大精神为指引,大力弘扬乌兰牧骑的优良传统,扎根生活沃土,服务牧民群众,推动文艺创新,努力创作更多接地气、传得开、留得下的优秀作品,永远做草原上的"红色文艺轻骑兵"。

——习近平

土地为台云作幕,北疆海南绽红芽

乌兰牧骑是蒙古语,意思是"红色的嫩芽",后被引申为"红色文艺轻骑兵",是适应草原地区生产生活特点而诞生的文化工作队,具有"演出、宣传、辅导、服务"等职能,深受广大农牧民和纳税人欢迎。她扎根生活沃土,服务农牧民群众,从乌兰牧骑传播出来的文艺作品,带着草原和泥土的气息,饱含着人民热爱党、热爱祖国、热爱家乡的情感,经久不衰地传扬。

不忘本来,才能开辟未来;善于继承,才能更好创新。为丰富新时代税务文化创新、推动减税降费措施落地落实,创新税收宣传形式,2019年3月,国家税务总局乌海市海南区税务局响应习近平总书记号召,率先在全国税务系统扛起乌兰牧骑红旗,成立了乌兰牧骑"草原税务"小分队。接过海南区宣传部授予的"税务乌兰牧骑"这面承载着光荣传统的旗帜。

新时代乌兰牧骑的内涵是什么?如何履行好税务乌兰牧骑的政治使命和文化使命?就是要锻造一支在新时代焕发新的生机与活力的队伍,让这种

2019年7月27日,乌海市海南区乌兰牧骑草原税务小分队到辖区偏远草场为牧民群众送去税收政策宣传和文化惠民演出

文化传承篇 | 103

红色基因融入税务文化血脉，让红色精神激发力量，让信仰之火熊熊不息，让税务乌兰牧骑成为先进文化的传播者、草原文艺的传承者、税务文化的创新者。在宣传演出和服务人民的漫漫长征途中，这支基层税务宣传小分队的初心和使命就是要一步步成长为扎根人民的红色文艺宣传队、税收政策辅导队、生活服务队。

送歌献舞为人民，聚焦民生税在行

海南区乌兰牧骑草原税务小分队队员现已发展到 86 名，全部由税干组成，其中 90 后年轻税干占比达到 72%。面对如何组织好税收宣传文艺演出这个新任务，这些都是文艺零基础的队员们也曾一筹莫展。在乌海市乌兰牧骑的亲切指导下，一专多能的老中青税务干部，从税收主业中挖掘素材、从社会热点中发现，在工作之余自行编排了多个节目，展现日新月异的美好生活、传递党的声音和对基层群众的关怀、解读国家出台的税收好政策。

队员们从人民群众关心的税收政策中寻找创作的源泉和灵感，从民族民间优秀丰厚的文化传统中汲取营养。坚持"文化搭台、税宣唱戏、寓宣于乐"，税务乌兰牧骑把自己的落脚点定在了文化惠民演出和税收宣传。他们利用休息时间反复排练，共同唱响最美的歌，表达最真挚的情感，走进社区、企业、农区、牧区、学校、车间、单位，为基层群众和纳税人送上真诚的祝福。

把视角对准新时代人民群众的生活需求、党的政策、税收热点，贴近生活、贴近人民、贴近现实的文艺作品群众更加认可。"第一次现场看到男女搭档的相声，没想到是来自我们海南税务局的乌兰牧骑小分队。""这是我们本土的甘德尔乐队！"原创小品《从税记》、蒙古族歌曲《请到我家来》《歌唱美好生活》获得演出现场群众的交口称赞。《相约在乌海》赞颂 70 年来祖国与家乡日新月异的发展变化；快板《新机构·新形象·新作为》、配乐诗朗诵《巾帼税务情》抒发了税务干部职工对党、对祖国、对税收事业的忠诚与热爱，表达了对伟大祖国的无比赞美之情和对事业美好前景的向往和追求。

"子女教育要减负，3 岁以后能扣除，继续教育也能享，筑梦起航创辉煌。"把个人所得税政策写入歌曲《美好时代》，简单的民谣旋律朗朗上口，专业的税收政策辅导转变为通俗易懂的文艺宣传。扎根人民的宣传更有生命力，乌兰牧骑红成功点燃税务蓝，为税收宣传注入了热情与活力，主动宣传、热情服务，税务乌兰牧骑成功打通了税收宣传服务的"最后一公里"，拉近了税务部门与人民群众的距离。

"巴亚日拉党的好政策,巴亚日拉乌兰牧骑"

税风和畅的3月,乌海市海南区银泰商场"个体私营经济党群服务中心"门前的步行街空地上,乌兰牧骑"草原税务"小分队正载歌载舞尽显才华,不时引来观众们的阵阵喝彩。在乌海市海南区公乌素镇经营超市的白海刚和周围的几个商户朋友赶了20多公里的路专门前来观看演出。"国家的减税降费好政策是一波接着一波,便民办税的好措施是一个接着一个,把这些好政策好措施编排到各种节目里真的是第一次见到,也让我们这些个体工商户实实在在体会到了各项税收优惠政策对我们的帮助,太有新意了,必须点赞!"在热闹的演出现场,刚刚看完相声《从税记》的白海刚面带笑容地说。

"我们公司现有员工1500人,全部参加了社会保险。降率前,我们每月要为职工缴纳五险一金240多万元,其中养老保险费每月缴纳182万元。自5月1日起养老保险费费率下调至16%后,我们企业每月养老保险费将少缴20万元,2019年预计节约资金160万元,到2020年,全年仅养老保险费一项就可以节约资金240万元,这对企业来说,都是最直接的重大利好,我们真切感受到了国家对企业政策扶持的实效。"炽热明艳的5月,正在观看乌兰牧骑"草原税务"小分队演出的内蒙古乌海市化工有限公司税务会计袁向梅向记者介绍说,"增值税税率下调三个点我们企业全年利润预计增加1540多万元,个人所得税政策落实2019年前4个月少缴27万元,这是我们企业收到的又一个减税降费大礼包。"

"我们往常只顾种地,总觉得缴税和我们没甚关系,今天这些娃娃们让我们开了眼界,农民想挣钱致富还能靠税收优惠政策了。"在烈日炎炎的6月,巴音陶亥镇赛汗乌苏村委会门前,刚刚听完政策讲解的村民李大爷指着手上的《支持脱贫攻坚税收优惠政策》宣传折页,兴高采烈地告诉记者。这是乌兰牧骑"草原税务"小分队为农牧区老乡们带来别开生面的惠民演出和"一揽子"脱贫攻坚税收优惠政策,把脱贫攻坚税收政策送到了老乡家门口。

"刚才的扫黑除恶问答,我紧张得不行,差点可没答上来,看来回去还得再补补课。"这是在7月凉爽的夏夜,税务乌兰牧骑在辖区消夏晚会的专场演出中引入了以双城联创、扫黑除恶、减税降费知识为主要内容的群众互动有奖问答环节,吸引了群众的热情参与。

2019年7月27日，乌海市海南区乌兰牧骑草原税务小分队到辖区偏远草场为牧民群众送去税收政策宣传和文化惠民演出

简单搭建的临时舞台可能只是厂区采光并不明亮的车间、村民家院里的一块空地，也可能只是牧区的一块开阔草场，甚至只是等待拆迁的社区未硬化的黄土滩，可就是这样的舞台才离群众更近。自成立以来，乌兰牧骑草原税务小分队已经开展"六进"惠民演出13场，已经有两万多名牧民、群众、纳税人观看惠民演出、接受减税降费政策宣传辅导。他们中有慕名前来的个体工商户、自由职业者，有专门为接受政策辅导的企业税务会计……

台上表演3分钟，走下舞台还有自己的专业知识来助阵。会讲"蒙汉"双语的税干呼格吉乐图正在用母语为蒙古族村民介绍新的税收优惠政策，大家直呼这样的讲解听得懂、像回事，"巴亚日拉（感谢）党的好政策，巴亚日拉（感谢）乌兰牧骑"。

海南区税务局局长、乌兰牧骑队长高波说："从坐着牛马车甚至徒步下乡、只要有一名观众也要演出的时代走来，时光虽然远去，但乌兰牧骑的演出始终围满了观众，乌兰牧骑诞生时贴近生活的红色基因被代代相传。任何媒介形式都无法代替这种面对面、心贴心交流，农牧民渴望我们的表演，我们的演员也离不开基层群众。"

红色草原文艺兵，戎装飒爽马蹄轻。能因篝火随风舞，晓沐朝霞踏露行。边地逢春人尽醉，千里北疆传美名。听，乌兰牧骑的赞歌正在颂唱，歌声清澈、明亮，让人一听到就能想起内蒙古草原的天空，如此高远，如此蔚蓝，那颜色和我们的税务蓝竟然是如此的相似。

（执笔人：李海燕）

开展倡廉行孝教育　凝聚清正廉洁原动力

国家税务总局上海市金山区税务局

党的十九大报告指出,要"深入挖掘中华优秀传统文化蕴含的思想观念、人文精神、道德规范,结合时代要求继承创新,让中华文化展现出永久魅力和时代风采"。国家税务总局上海市金山区税务局把家风家训摆在重要位置,积极倡导孝廉文化,开展倡廉行孝主题教育活动,以孝廉家风促清廉税风,努力探索寻找更加契合基层税务的廉政教育抓手,创新廉政教育平台,提升廉政教育质效。

一、主要做法

(一)营造"忠责孝廉"文化氛围

持续深化孝廉氛围。在基层税务所打造清风长廊、学习园地等孝廉文化宣教场所,设置廉政警示格言墙,展示经典孝廉典故、孝廉格言,介绍优秀职工事迹,彰显"以身践孝、以孝践廉"的良好作风。搭建了廉政信息网,通过微信、短信、邮件等多种形式,积极宣传孝廉故事,传扬孝廉文化。在重大节日,向税务干部职工发送廉政短信,提醒全体干部职工廉洁自律,不忘初心。定期组织开展孝心传递活动,积极争创"三心"评选活动(即对父母有孝心,对亲属有爱心,对同事有善心)。设立"好同事相处标准""孝德家庭行为标准",为干部职工日常行为提供模范标准和参照。

持续发展税廉文化。成立具有金山特色的剪纸、农民画、书画等兴趣小组,将税务廉政文化与陶冶情操相结合,寓教于乐,寓廉于情。开展税务干部孝廉文化作品评选活动,并将制作的孝廉文化作品编印成册设展。投入专项资金购买孝廉书籍,组织开展主题读书活动,分享孝廉体会,注重精神补钙,强化思想构建。

持续推进艺术创作。深挖"忠责孝廉"人物典型,创作形态丰富的艺术作品,进一步树立先进典型,营造"崇尚廉政、以廉为荣"的良好氛围。税廉小品《快递》赴国家税务总局参加演出,小品《贺宴》在国家税务总局上海市税务局比赛获一等奖，结合"营改增""金三上线"等重点工作创作的小品《梦里寻"根"》获上海市总工会"我要上五一晚会"金奖。税务干部绘制的长卷农民画《阿根办税室》获上海市税务系统职工绘画网络展览评奖绘画组一等奖。

（二）筑牢"不想腐"思想防线

认真开展廉政教育。每年3月组织廉政教育专题活动，加强廉政教育学习活动。认真开展了解、提醒和诫勉谈话，及时进行廉洁从政提醒教育，督促党员干部加强学习，以学立德，以学养廉。各党支部结合工作实际，开展各具特点、各具亮点的廉政文化建设活动，形成独树一帜、特色鲜明的"一所一品"格局，促使廉政文化建设"百花齐放"。机关第一党支部、第一税务所党支部等利用移动互联网平台等媒介，创建党支部工作交流微信群，以"微平台、微课堂、微窗口"的形式加强廉政教育学习交流。定期分析队伍状况，积极走访政府、经济小区、企业等，了解廉政建设情况，敢抓敢干，保证队伍健康稳定发展。

积极做好警示教育。开展详实生动的警示教育党课，邀请金山区纪委书记作《中国的事关键在党》党风廉政建设形势任务报告课，各党支部组织全体党员认真学习上海市税务系统违纪违法案例等反面案例，通过抓紧抓实违纪违法案例警示教育，进一步加强干部职工对廉政准则的敬畏之心。组织党员干部到金山区警示教育基地、松江区方塔园廉政教育基地等廉政警示教育实地参观，实地感受，引以为戒。

（三）传递"家风领社风"正能量

组织干部职工积极参与金山区"五好家庭""平安家庭""寻找最美家庭"等评选活动，宣扬"注重家庭、注重家教、注重家风"的重要指标，以身边人、身边事带动干部职工在学习感悟中付诸行动。其中，肖金家庭、陈照明家庭分别荣获上海市"五好文明家庭"、金山区"最美家庭"荣誉称号。积极组织开展评优活动，引导干部职工树立健康、阳光

上海市金山区税务局青年党员在第一税务所学习园地讨论交流

的生活态度和端正、勤勉的工作态度，宣扬发展好家风，共促孝廉文化发展，引领良好社会风气。第一税务所开展"每周一星"评选，推出新梅办税室等先进典型；第二十一税务所开展"双评""双星"活动（孝贤家庭评比、好同事评比、好事实事之星、群众满意之星评选活动），取得较好成效。

二、工作成效

"百善孝为先，勤政廉为本。"金山区税务局以廉政文化示范点为抓手，以孝廉文化为核心，以税务工作为平台，以金山文化为特点，积极倡导税务廉政文化，开展倡廉行孝主题教育活动，以孝廉家风促清廉税风，有效提升了党风廉政建设的总体水平。

家风正，则税风齐；税风齐，则作风顺。孝廉家风是抓手，清廉税风是目标，将"孝"从敬老爱亲的道德情感升华为爱岗敬业、乐于奉献的社会责任，形成独具

上海市金山区税务局税务干部参观第二十一税务所清风长廊

特色的税务廉政文化。金山区税务局将继续努力，通过建章立制，进一步完善孝廉文化示范点建设，持续加强队伍建设，树立孝廉典型，宣传身边的好人好事，宣传群众"看得见、学得到"的"凡人善举"，最终使孝廉文化成为一种文化自觉和廉洁力量，形成基层清正廉洁的原动力。

（执笔人：李伟峰　杨佳）

传承红色基因　筑牢蓝色税魂

国家税务总局重庆市沙坪坝区税务局

重庆市沙坪坝，前临嘉陵江，背依歌乐山，自周朝巴国属地起，已有3000余年历史，是巴渝文化的繁盛地、沙磁文化的发源地、红岩精神的发祥地。国家税务总局重庆市沙坪坝区税务局始终注重党对意识形态工作的领导，坚持以文化人，融入红岩精神，传承红色基因，塑造税务风骨，取得了良好社会效应。

一、注重红色基因与税务文化的"传承结合"

沙坪坝这块浸染着无数革命先烈鲜血和精神的红土地，为后人留下了历久弥新的"红岩精神"和一大批红色革命遗迹。沙坪坝区税务局充分发挥红色文化鉴古知今、资政育人的作用，让学习红色文化不仅作为干部职工的兴趣爱好、工作任务，更成为弘扬主旋律、激发正能量、展现新形象的有力抓手，让红色文化"活起来"，将红色文化"用起来"，为促进税收事业发展提供精神动力和智力支持。沙坪坝区税务局是转业退役军人安置大局，转业退役军人占全局干部总人数的25%，全局科所长中转业退役军人占比27%。怎么用好这支"红色军队"？沙坪坝区税务局总结出"既来之则安之，在角色转变上用真功；既安之则用之，在培养使用上用真心；既用之则爱之，在双拥工作上用真情"的"三真工作法"，参评"百名退伍军人先进典型"，坚持"永葆本色、贡献突出、模范先锋"评选标准，将退役军人在税务热土上再立新功的先进事迹宣传好、学习好，带动整支干部队伍焕发了新的红色动能。举办军营故事宣讲会，要求每年新进干部全员参与，力争上好"第一堂课"，打好"红色基

2018年12月，沙坪坝区税务局青年党员在红岩魂陈列馆"不忘初心　牢记使命"主题展前合影留念

础",参好"精神军训"。

二、注重红色基因与税务文化的"创新转化"

沙坪坝区税务局充分利用红色资源培育税务文化,初步形成了一个以实际需要为"纲",以历史事件为"点",以历史进程为"线",以红色景点为"面",纵横相结、有机连接的教学资源网络。分群体、分层次、分节点开展红色文化培训,将红色基因的根脉转化为党性教育的生动教材,融入沙坪坝区税务人的文化血液中。开设阳光大讲堂,通过"讲解、点评、互动"的模式,实现了情理交融的现场教学。阳光大讲堂设置了红岩魂、沙磁文化等特色课程,"寓理于史、寓理于情",注意"精"讲"巧"讲,使课堂教学变成认知和感悟党性的思想盛宴。将红色爱国主义教育课堂建在红色遗址上,组织党员干部开展"红岩村里读红岩 烈士墓前颂烈士"主

2019年7月,沙坪坝区税务局的义务讲解员李映雪(左)在讲解共产党人的初心使命

题活动,使党员干部现场接受一场"红岩精神"的庄严洗礼。实施"领头雁"工程,将政治坚定、大局为重、专业过硬、作风正派的"红岩干部"选出来,成立"红岩攻坚小组",冲锋在改革一线,成为攻坚克难的尖刀利刃。通过对周恩来总理的《我的修养要则》以及江姐、小萝卜头的狱中故事等的学习感悟,进一步陶冶了沙区税务人勤于自我修养、勇于无私奉献的精神品格。

三、注重红色基因与税务文化的"宣传发扬"

沙坪坝区税务局以"加强党的领导 弘扬红色沙区税务文化"为主题,组织拍摄了《匠心》《不忘初心跟党走、心中信仰有力量》《传承》等一批凝聚红色文化内涵的高质量宣传片,创作了《聚沙成塔》《摇篮曲》等原创节目。这些"文化名片"将红岩精神贯穿影像始终,红岩连线取景、退役军人出镜,在一

次次的播放与演出中将红色基因与税务文化紧密联结，生动展现了"忠诚、廉洁、荣誉、国家"红色沙坪坝区税务精神。依托红岩精神和沙坪坝区税务精神打造了沙坪坝区税务局红色文化墙，对各类办公用具，如演示文稿、水杯、便签等进行了统一设计，通过身边常用的物品打造红色税务文化的外延载体。通过"开学第一课"、与红岩魂陈列馆共同培训青年义务讲解员等方式宣传红色税务文化，让青年税务干部成为宣传红色税务文化的主力军。依托大型活动深化红色税务文化宣传，在"不忘初心　牢记使命"主题教育、"我和我的祖国"主题宣传教育等活动中始终重视加强对干部的红色文化教育，使其形成了良好的联系与互动。展现沙坪坝区税务形象，丰富红色沙坪坝区税务文化内涵。

重庆市沙坪坝区税务局用红色文化锻造了蓝色税务铁军，圆满完成了半年组织收入任务，扎实推进了减税降费等重点工作的落实，为沙坪坝区"一中心两基地一高地"建设做出了积极贡献。刚刚成立一周年的沙坪坝区税务局，以中国税务精神构图，以落实减税降费政策、社保征管职责划转等重点工作着色，以不断推进税收现代化迈向更高水平留白，勾勒出一幅饱蘸红色笔墨、浸润税务文化的新时代新税务新画卷。

（执笔人：宋敬波　王燕洲）

传承阳明文化　知行合一铸铁军

国家税务总局余姚市税务局

宁波余姚市是著名思想家王阳明的出生地和讲习地，国家税务总局余姚市税务局积极汲取王阳明先生"知行合一"思想精华，坚持把"知行合一"思想作为治税带队的有效抓手，与"忠诚担当、崇法守纪、兴税强国"的中国税务精神同频共振，有效促进了新税务的事合、人合、力合、心合，推动了税收事业行稳致远。

一、以学促"知"重传承，忠诚担当聚合力

"知者行之始"，行动的开始要心中有知。余姚市税务局坚持从"知"上下功夫，组织开展系列专题学习活动，使干部职工深入理解"知行合一"思想，掌握"忠诚担当、崇法守纪、兴税强国"的深刻内涵，提升干部思想修养。

（一）文化讲堂搭平台，凝聚共识增动力

余姚市税务局积极开展阳明文化学习活动，打造以知行合一、忠诚担当为核心理念的"舜穗"文化品牌（"舜"为余姚古称，"穗"通"税"）。创办"舜穗"文化讲堂，举办践行中国税务精神专题讲座，学唱中国税务之歌，开展"点赞新中国、昂扬新时代"微型党课比赛等活动，营造人人学习、个个担当的浓厚氛围，做到入脑入心。

（二）融合培训勤充电，学思践悟求真知

学习必须要有正确的着力点。余姚市税务局紧紧围绕机构改革后业务新变化和岗位新需求，加强思想和业务融合培训，从政治、业务、技能入手，创办"局校合作""青春夜学"等多种平台，组织开展

余姚市税务局党委书记、局长周望转（左一）和嘉宾一起为"舜穗文化苑"开园揭幕

各类培训339场,累计7113人次,有效促进了知识经验聚合、队伍人心融合。

（三）师徒结对传帮带，进阶培养育人才

为传承弘扬王阳明育人理念,余姚市税务局大力推行"导师制",挑选中坚骨干与青年干部结成"一对一"帮带对子,身体力行引导青年干部树立"为国聚财、为民收税"的工作责任感和职业使命感,目前累计结对196人次。为青年干部建立个人成长档案,制定阶梯式培养计划,明确各个时期的培养目标、培养方式和培养内容,努力实现个性化培养、最大化提升。

二、以"行"践知重实效，崇法守纪铸铁军

"行者知之成"。余姚市税务局紧紧围绕税收工作主题、主业、主线,引领干部职工突出"行",认真做好税收中心工作,努力做到内化于心、外化于行。

（一）深耕细作强化阵地建设

余姚市税务局打造"舜穗"文化苑作为干部职工开展文化实践活动的主阵地,内设税务文化长廊、党员之家、廉政展厅、荣誉室、群团驿站、图书室、书画室等10大功能区,集党建文化、法治文化、廉政文化于一体。自编《画里有话》廉政漫画口袋书,开发"数字化廉政宣教平台",开设廉文品读、以案预警、廉政视频等专栏,加强作风纪律建设,引导干部职工牢固树立"崇法守纪"理念。"舜穗"文化苑被浙江省委党校四明山分校确定为教育实践基地,先后接待省内外参观考察学习团50余批次。

（二）德孝修身传承优良家风

王阳明家训的核心是良知教育,主张"蒙以养正"。余姚市税务局持续开展"传承好家规、涵养好家风"主题活动,组织诵读"王氏家训"、制作"我的家风家训"书签、开展家训书法比赛等活动,让弘扬好家风在干部职工心中萌芽生长。大力发掘身边感人的孝道故事,税务干部王舒婷家庭被评为余姚市"最美家庭"、赵丽珺被评为余姚市

2018年9月17日，余姚市税务局团委举办青年文明号开放周启动仪式暨第一期"青春夜学"开课仪式

"最美女儿"，引导更多干部学习身边榜样、重视家风建设。

（三）互惠双赢推进文化共建

余姚市税务局结合深入学习贯彻习近平总书记给余姚市横坎头村全体党员的重要回信精神，精心组织开展"税务文化进文化礼堂"主题实践活动，通过组织"中国好税官"等先进典型进村宣讲，组织村内党员观看电影《武陵山上的星光》等活动，深入推进"双百共建"，既大力宣传了中国税务精神，又进一步践行了"知行合一"思想，以实际行动助推美丽乡村建设。

三、"知行合一"谋发展，兴税强国谱华章

坚持以忠诚担当为引领，以崇法守纪为保障，以兴税强国为己任，内强素质、外树形象，在高质量推进新时代税收现代化中，干在实处、走在前列。

（一）吹响融合集结号，全员练兵提素质

本着"立足岗位、注重实效"的原则，通过文化讲堂、专题夜学、岗位练兵、业务比武等多种形式，持续加强干部队伍素质建设，切实强化政治意识，及时更新知识理念，切实提升业务技能，努力打造一支忠诚干净担当的高素质税务干部队伍。余姚市税务局33名干部入选宁波市税务系统各类人才库，4名青年干部入选宁波市税务系统青年才俊计划，17人获得"三师"证书。

（二）主动服务顾大局，聚焦主业促中心

余姚市税务局始终坚持以纳税人、缴费人为中心的理念，不折不扣落实好减税降费政策措施，大力优化纳税服务，全心服务地方发展。2018年，组织税费收入228.84亿元，纳税人满意度始终位居宁波市税务系统前列。在宁波市税务局组织的绩效考评中，连续第五年取得了第一段的好成绩，在余姚市民主评议机关活动中连续第六年荣获垂直管理部门第一名，首次实现不满意票为0。

（三）擦亮名片展新貌，同心筑梦树形象

学习贯彻习近平总书记关于"知行合一"思想的重要论述，坚持党建引领，创新党支部"八小"工作法，引领党员深入践行中国税务精神。近年来，余姚市税务局荣获国家级荣誉12项，省部级荣誉42项，充分展现了税务部门的良好形象。

（执笔人：张梅玲　杨思远）

牢记税徽赋予使命　践行中国税务精神

国家税务总局天津市和平区税务局

中国税务精神是税务人的核心价值观和行为准则，践行中国税务精神是税务人的自觉行为和价值体现。国家税务总局天津市和平区税务局紧紧围绕精神文明建设和税务文化建设创新开展工作，唱响"中国税务之歌"，演好"中国税务故事"，开展"减税降费伴你行"，注重精神内涵与工作实践相结合、历史传承与创新发展相结合，以实际行动宣传践行"忠诚担当、崇法守纪、兴税强国"的中国税务精神。

一、唱响"中国税务之歌"——共"四合"之声，展税务风采

"中国税务意气风发，为了祖国富强贡献力量，中国税务奋进昂扬，为了民族复兴共筑梦想……"振奋人心的歌词，激昂的旋律传递着对税收事业的深切热爱，40 名税务干部的脸上写满了认真与专注，眼神中迸发出自信与热情。和平区税务局组建合唱团，在天津市组织的"唱响新时代 改革再出发"歌咏朗诵活动中演唱了这首"我们自己的歌"。为做好新机构成立后在荧屏上的首次"亮相"，合唱队员们牺牲休息时间，积极配合排练演出，从简单的发声练习开始，通过多次训练和磨合，加深对歌曲的把握，合唱效果稳步提升。队员们不满足现状，在原乐谱的基础上进行再加工，加大难度，将齐唱改为二声部合唱。以最大的付出，发挥最好水平，呈现最佳的效果，在比赛中展示税务干部的风采，为天津税务人争光。在共唱《中国税务之歌》中，税务干部将中国税务精神内化为精神追求，激发了热爱祖国、热爱税收事业的深切情感，展现了国税地税征管体制改革期间天津税务人昂扬奋进，助力改革的良好精神风貌，得到了评委老师的一致好评，取得优异成绩。

二、演好"身边税务故事"——改革开放 40 年，三代税务不了情

中国税务精神彰显了税收精神时代性、行业性和发展性特征。为展现不同

时期税务精神的发展，和平区税务局组织老、中、青税务人编排《三代人的税务情》朗诵微剧，参加天津市举办的"新时代故事"——庆祝改革开放40周年群众朗诵演讲大赛，取得优异成绩。

"我们的税收就是经济的'晴雨表'，在改革开放这40年里功不可没啊！"演出中，税务干部们通过朗诵与短剧相结合的形式，以一家三代税务人的经历，展现了改革开放40年来，中国税制在推行利改税、营改增、纳税服务改革、国税地税征管体制改革等方面发生的翻天覆地变化。一幕幕场景背后，是一代又一代税务人对税收事业的热爱。他们在改革开放40年中留下的足迹踏实而坚定，向全社会展现了天津税务人的奉献与担当、创新与拼搏的精神状态。"让我们郑重宣誓：忠于中华人民共和国宪法，维护宪法权威，履行法定职责，忠于祖国，忠于人民……"在20名青年税务干部的庄严宣誓中，朗诵微剧落下帷幕。

三、落实"税收优惠政策"——减税降费伴你行，便民服务暖人心

在热闹的天津五大道夜间经济示范街区内，一支由"税务蓝"与"中国红"组成的宣传队伍，吸引了无数过往游客的目光，成为夜市里一道亮丽的风景线。税务干部们向来往游客和街区内商户送上减税降费政策"礼包"。向个体商户重点宣传个人所得税及增值税改革最新政策，耐心细致解答民众提出的社保费降率、个人所得税专项附加扣除等具体问题。随着音乐欢快节奏的响起，一个个青春靓丽的身影在民园体育场聚集，18名青春洋溢的税务干部以一曲《青春畅

2019年5月24日，五大道夜间经济示范街区内，天津市和平区税务局干部开展"减税降费伴你行"系列活动

想》的歌舞表演把现场气氛再次点燃。在和平区税务局志愿者服务队大旗下，40多名身穿"中国红"运动衣的青年志愿者在民园体育场进行夜跑活动，以新颖形式宣传减税降费政策。

"不忘初心税务情，奋发有为再前行。百姓纷纷来点赞，咱撸起袖子加油干！"在和平金街，八名税务干部将减税降费政策内容改编成天津市民喜欢的快板唱词，为商户和行人送上别开生面的税收宣传活动。为庆祝建国70周年、建党98周年，和平区税务局党员先锋突击队以"守初心 担使命"为主题，开展"党员志愿服务日"活动，向商户和行人宣传税收政策，现场发放宣传手册并面对面解答涉税问题。

践行中国税务精神，既要内化为精神追求，更要外化为自觉行动。和平区税务局组织税务干部走进区政府讲授"区长税课"，将减税降费政策送进"政府机关"；开展政策宣传"五进活动"即"进企业、进商圈、进楼宇、进夜市、进社区"。和平区税务局提出"让纳税人获得'优享政策＋优质服务'的双优体验"新目标，大幅精简办理流程、大量压缩提交审核资料，建立减税降费疑难问题快速处理通道、制定应急预案、成立应急小组、优化办税流程、充实导税咨询团队，全面落实首问责任、限时办结、"最多跑一次"等服务制度，实现服务和流程的全方位优化。

四、宣传"中国税务精神"——尽兴税之力，创强国之业

"忠诚担当、崇法守纪、兴税强国"的中国税务精神是一面旗帜，是一种力量，是一个标志，凝聚着税务人对国家的忠诚，为人民的使命，对税收事业的精神追求。和平区税务局通过传唱中国税务之歌、扩展宣传平台、开展宣传活动等途径，在全局范围内广泛宣传中国税务精神。

大厅的电子滚动屏、办税服务厅的电子屏、公告栏、会议室，处处都展示着中国税务精神，大力营造宣传氛围，在日常工作中融入深透。开展道德讲堂活动学习先进模范精神，税务干部努力向先进看齐，营造干事创业的良好氛围。在国庆、春节等节日组织联欢活动，自编自演诗歌、三句半等节目，大力宣传中国税务精神，弘扬税务文化。

（执笔人：崔鹏飞）

编写《税工历程》和《口述税史》讲好税收故事

国家税务总局长春市税务局

一、工作概况

习近平总书记指出："不忘历史才能开辟未来，善于继承才能善于创新。只有坚持从历史走向未来，从延续民族文化血脉中开拓前进，我们才能做好今天的事业"。

长春作为吉林省省会，是一个具有独特历史沉淀的城市。这座城市经历抗日战争时期的伪满统治、解放战争时期的战火洗礼和新中国成立后东北老工业基地的振兴发展，它的历史是东北地区半个多世纪以来沧桑巨变的时代缩影。

2014年初，原长春市国税局选择了新中国成立初期长春税收发展史这一历史背景作为切入点，编撰整理长春税史并将税务文化融入其中，使税史人物有血有肉，税史故事丰富多彩。使"忠诚朴实廉洁勤能、克服困难不怕牺牲、刻苦钻研爱岗敬业、勇于奉献不求私欲和鱼水情深为民服务"的税工精神深入人心。

二、长春税史工作前期成果

长春税史工作者牢记习近平总书记的指示，深刻理解国家税务总局王军局长关于"用好文学力量，讲好税收故事"的内涵，挖掘线索、发现亮点、编写故事、志在传承，共采访老税工及家属99人，录制采访影像资料1500G，收集照片、证件等各种文物197件，史料近200份。大量文物史料和图文素材被运用到了史实片《口述税史》和长春税史

《口述税史》部分作品

系列文集《税工历程》，并为筹建中的税史文化馆提供了展品。

2018年，长春税史系列文集《税工历程》第一辑、第二辑和史实片《口述税史》第一集、第二集与读者、观众见面，并被收录在长春市政协和长春电视台合拍的《为城市书写历史》专题片中。《税工历程》第二辑和《口述税史》第二集发行后，长春税史工作迅速进入《口述税史》第三集《砥砺前行》和《税工历程》第三辑及其姊妹篇《新税工历程》的采访、整理、制作等项工作中。2019年，《新税工历程》和《口述税史》第三集《砥砺前行》已制作完成。

三、做法与规划

2019年，长春税史工作将搭建"一个中心"、写好"两个历程"、立足"三个基本点"、理清"四个阶段"、实现"三个一"战略目标这"12343"工作框架，在不断巩固前期成果的基础上，做好机构合并后长春税史内容的充实完善工作。

坚持"一个中心"，就是以人物、事件、史实的完美结合为中心，通过"三文"（文物、文学、文化）的完美结合和现代科技手段的运用，再现不同时期税工群体不畏劳苦、迎难而上，艰苦奋斗的光辉历程，传承和解读税工精神的内涵。

写好"两个历程"，就是编辑出版好《税工历程》和《新税工历程》。

立足"三个基本点"，是由"三个立足"和"三个辐射"形成的"组合拳"。一是在结构上，立足税收辐射税源。从国家政策、企业发展体现经济发展变化走势，以税源为脉络将收入、计划、征管各个工作场景贯穿始终，通过"一汽""长客""228""793""133"等建于20世纪50年代的重点税源发展史的展示，形成长春税史馆的风格、特色和亮点。二是在时间上，立足"新中国成立后"，辐射"新中国成立前"。按照经济决定税收的理念，反映税收发展壮大的历程。以新中国成立后的税工历程来辐射新中国成立前税史轨迹，特别是伪满洲国税制对我国税制建设的影响。三是在空间上，立足长春市，辐射伪满洲国。主要介绍和展示长春作为"伪满洲国首都"，从1931—1945年选取卷烟厂、电影厂、老字号商行等具有代表性的企业，展现当时的税收规模以及对社会经济发展的贡献度；同时全面反映东北三省的税收历史。

理清"四个阶段"，是指长春税史以时间为脉络划分的四个史段，史段一为

1948—1957年，史段二为1958—1977年，史段三为1978—1993年，史段四为1994—2016年。

实现"三个一"战略目标，是指完成"一套税史片""一个税史馆"和"一部税史书"，通过对外宣传，对内教育，打造集政治使命、历史使命和税工使命于一身的"长春税工精神传承工程"。

今天的新闻就是明天的历史，现在的素材就是未来的史料。《新税工历程》将突出"把史料存于当下"这一突出特点。《新税工历程》以2016年为节点，由追记和顺记两部分组成。2016年以前（不包括2016年）为追记，2016年以后（包括2016年）为顺记。追记部分按照"两头起"的方法进行编撰，分别以1948年和2016年为端点向1994年汇合，形成"三点连线"的"两头起"循迹格局。同时，筹建长春税史文化馆，收集文物、税工回忆录等史（资）料，认真做好设计、布展工作，不断开创长春税史工作的新局面！

（执笔人：王铁勇　王学义　朱正义　赵彦文　丁渝山）

汇集文化共识　凝聚和合力量

国家税务总局邢台市税务局

国家税务总局邢台市税务局坚持"党建统领、文化铸魂、创新驱动、和合奋进"的治局理念，把文化建设作为思想建设的重要依托，立足三个目标、五种形式、三个转变，创新党员教育管理模式，创办邢台税务大讲堂，为税务干部搭建学习、工作、生活等方面交流沟通的平台。通过开展系列活动，凝聚新税务新力量，树立新机构新形象，充分调动干部职工的积极性创造性，形成向上向善、示范引领、争先进位的浓厚氛围，推动建立有利于传承和发展优秀税务文化的体制机制。

一、定位三个目标，找准大讲堂活动支点

国税地税征管体制改革以来，邢台市税务局坚持创造性转化和创造性发展，以提升"邢台市税务大讲堂"为重要抓手，突出绝对忠诚、绝对可靠的政治标准，做好新税务文化建设工作，将大讲堂打造为税务干部思想、文化和能力特色阵地，稳定人心，稳定队伍。

思想上解惑。习近平总书记强调，我们党依靠学习创造了历史，更要依靠学习走向未来。国家税务总局党委书记、局长王军也曾提出税务系统要坚持把思想政治工作贯穿改革始终，确保改革进、人心顺。邢台市税务局认真贯彻落实上级精神，把邢台税务大讲堂作为激发党建活力的有力抓手，把文化建设作为思想建设的重要依托，教育引导广大党员干部善于学习、善于进步，使思想、能力、行动跟上党中央要求、跟上时代前进步伐、跟上事业发展需要。

2019年3月，河北邢台税务大讲堂畅谈"和合"价值理念

文化上解渴。邢台税务大讲堂以弘扬社会主义核心价值观和

中国税务精神为核心,围绕传承中国税务精神、坚定理想信念、落实重大任务等方面,汲取中国智慧、传播税务价值,用正向积极的价值取向引领人、塑造人、鼓舞人,增强干部职工对新单位的获得感、归属感、幸福感,形成改革发展合力。

能力上提升。搭建成长学习和展示工作成果的平台。一方面相互交流沟通,相互熟悉业务,既做业务的行家里手又做复合型人才。另一方面,为干部提供展示风采的舞台,带动全局形成浓厚的学习氛围,把学习型机关建设引向深入,引导干部把干事和创业、干净和担当、勤政和廉政统一起来,永葆共产党员的政治本色。

二、创新五种形式,丰富大讲堂活动内涵

主题选择上突出"时代性"。邢台税务大讲堂活动在主题确定上始终与时代同行。以学习、读书为主题,以谈心交流的形式,主讲嘉宾和税务干部从工作、生活和个人成长经历等方面阐述学习和读书的重要意义及感悟,在追忆历史、对照先进、自醒自励的过程中,进一步增强担当意识、提升担当自觉,强化作为共产党员的历史责任感和工作使命感。

讲课内容上体现"导向性"。围绕"和合""健康""楷模"多方面内容开展,满足不同层次税务干部多样化知识需求。利用轻松多样、贴近实际的主题,通过活泼新颖的形式,寓教于乐,激发税务干参与热情。在轻松的讲堂环境中拉近税务干部之间的距离,在解决实际问题中丰富税务干部精神世界,推动"事合、人合"走向"力合、心合"。

典型引领上突出"先进性"。依托大讲堂,实施"先进典型引领工程",将选树典型、宣传典型、学习典型、崇尚典型作为加强干部思想政治建设的载体。举办"事迹报告会"和以"楷模"为主题的大讲堂活动,通过讲述、观影、朗诵、情景再现等多种方式,以身边人讲身边事、身边人讲自己事、身边事教身边人。交流互动环节,税务干部结合活动主题、自身岗位、生活经历,围绕"做什么样的人、将会成为什么样的人、如何成为什么样的人"

2019年4月,河北邢台税务大讲堂开展中国好人事迹报告会

等问题交流分享心得感悟。通过先进典型的宣讲，系统上下深入挖掘身边的模范人物，形成风清气正良好氛围，凝聚税收事业发展的强大合力。

组织形式上突出"灵活性"。针对党员教育服务手段单一、效果不突出问题，突破传统以灌输为主导的模式，采取领导带动、全员互动、上下联动、积极主动的学习方式。根据每期不同主题创新形式，采取集体讲述和个人讲述相结合、领导带动和普通干部主动相结合、嘉宾授课和问答互动相结合、文艺演出与诗歌朗诵相结合，文字展示和原景再现相结合的形式，增强实效性。

参与人员上突出"广泛性"。注重于思想碰撞，力求打造开放式、互动式、联动式讲堂，形成全系统5000余名干部的动态同频。领导带头讲、能者为师讲、干部互动讲、上下联动讲、专家专题讲，从主持人到主讲人、再到互动发言人，每期一更新，不断壮大宣讲主题，充分展示人才、锻炼人才、发现人才。同时，利用信息化技术，实现市局和各区县局同步联动，让大讲堂的讲台延伸到整个系统，真正实现全系统同频共振、同向发力。

三、打造三个转变，筑牢大讲堂活动基础

根据每期主题，市局主要负责同志提出"我相信学习能改变命运吗？""我坚持学习了吗？"等问题，通过演讲、讲座和座谈等多形式，交流探讨体会和感悟，最大限度地激发每个人的潜能，最大限度地发掘邢台税务文化建设的内在力量。开讲8期以来，主讲35人次，互动发言87人次，受教育人数2300余人。邢台税务大讲堂已成为思想政治建设的有力抓手，传承展示税务职业道德和精神文化的重要舞台，宣传先进典型和优秀人才的重要讲台，形成巨大的凝聚力和向心力。

国家税务总局党建网对"创新""减税降费""楷模"等主题大讲堂情况进行报道。税务干部在思想上、行动上都有了较大提升，实现了干部从"不敢讲"，到"我想讲"；从"不会讲"到"期待讲"；从"要我学"到"我要学"的三个转变。机关乃至全系统税务干部树立好学之德、培养学习之法、强化用学之能，在学习中不断进步，在进步中不断成长，把学习成果转化为对税收工作的不懈进取、对高尚情操的笃定坚持、对艰难险阻的勇于担当。

（执笔人：付壮　李召）

举办道德大讲堂 传播税务好声音

国家税务总局宜春市税务局

"国无德不兴,人无德不立"。党的十九大报告指出:要提高人民道德水准,深入实施公民道德建设工程,激励人们向上向善。为加强合并后新税务机构思想道德建设,大力弘扬"忠诚担当、崇法守纪、兴税强国"的中国税务精神,进一步增强道德兴税、文化强税的力量,国家税务总局宜春市税务局凭借宜春"中国好人"之乡的独特道德传统和文化优势,在坚持中传承,在传承中创新,不断赋予道德讲堂鲜活的时代感和旺盛的生命力。

一、主要做法

(一)坚持常办常新,给道德讲堂注入持久旺盛的生命力

宜春税务道德讲堂能够坚持六年,主要"秘诀"在于三个"进"。

一是稳中求进。"稳",指道德讲堂的制度设计总体不变,始终围绕社会公德、家庭美德、个人品德等;活动载体总体不变,坚持传承"唱歌曲、诵经典、学模范、谈感悟"等表现形式。"进",指求新求变,通过逐步创新形式,丰富内涵,包括举办道德模范和典型人物先进事迹报告会、观看情景剧表演、将讲堂延伸到网站和杂志等,不断植入新元素、增加新亮点。

二是循序渐进。策划上,从个人私德、社会公德到国家大德,从传统美德到当代道德新要求逐层推进;内容上,围绕每期主题,通过对节目的合理编排,氛围的精心烘托,不断把观众的情感推向高潮;形式上,不断做优做精情景剧、小品、诗画等节目,让干部群众喜闻乐见、寓教于乐。

三是与时俱进。坚持问题导向、聚焦工作中心是每期道德讲堂的鲜明特色,特

宜春市税务局合唱团在道德讲堂上唱响《中国税务之歌》

别是机构合并后,一期围绕"四合",一期围绕减税降费,唤起了宜春市税务系统上下干部职工深深共鸣,引起了广泛社会反响。

(二)坚持入脑入心,让道德讲堂充满催人奋进的感染力

以机构合并后首期道德讲堂"和合共进新税务"为例,共10个环节。唱"合"之歌环节,合唱团以饱满热情齐唱《中国税务之歌》,集体讴歌税收事业,弘扬税务精神、展现铁军风采。省"合"之事环节,主持人引导干部自我反省,在机构改革中为单位做了什么,是否尽心尽力。说"合"之路环节,播放《和合共进新税务》短片,生动再现改革进程和干部心路历程。诵"合"之典环节,税务干部以书言合,以音表合、以诵促合,笔精墨妙展现了众志成城、和衷共济的责任与信仰。表"合"之心环节,情景剧《税务人》真实再现了干部舍小家顾大家的宽广胸怀、知大局更知进退的情怀与担当;观"合"之行环节,小品《你们的样子》重现了合并后篮球队征战宜春市直机关篮球赛的真实场景,展现了宜春税务团结、坚持、向着胜利永不后退的亮剑精神,剧情让很多观众泪目。抒"合"之情环节,税务干部上台谈感想心得,分享对"和合"的理解。作"合"之评环节,宜春市直机关工委主要领导点评税务道德讲堂切合实际选题好、引人入胜、感人至深、催人奋进!

(三)坚持共建共享,为道德讲堂汇聚四面八方的凝聚力

办好道德讲堂,必须举全局之力、久久为功。

一是党委高度重视。宜春市税务局党委高度重视思想政治建设、十分珍惜道德讲堂文化品牌,始终把道德讲堂作为一项精品工程,每期道德讲堂坚持自编自导自演,主要领导带头策划、带头过问、带头点评、带头参加合唱,班子成员带头饰演小品、情景剧角色。

二是主办部门高度负责。宜春市税务局机关党委作为牵头部门,主动担当,积极作为,协调各方,年初制定年度计划和分期计划,明确每期道德讲堂主题,按照既定活动规范,明确活动内容、做法要求、流程时间,通过牵头主办好首期道德讲堂,带动各派出机构轮流举办好下期的道德讲堂。

三是干部高度参与。通过集体互动、全员参与,充分挖掘各方面的工作和生活素材,充分发掘"吹拉弹唱跳、导编写画演"各方面的人才,充分调动干部职工参与的热情、现场的激情和观看感情,达到润物无声、风化俗成效果。

二、主要成效

自 2013 年 8 月开讲，六年的坚持，宜春税务道德讲堂实现了"五个一"。

一是成为一场精神盛宴。围绕社会主义核心价值观、中国税务精神，每一期都有不同主题，形式多样、内容丰富，每一期都给观众带来不一样的视听体验和精神感受。

二是点亮一盏指路明灯。讲堂以社会公德、职业道德、家庭美德、个人品德教育为主要内容，旗帜鲜明弘扬主旋律、传播正能量，让干部职工有追求、知敬畏、守底线，像一盏指路的明灯，指引着干部职工的精神境界和行为规范。

三是打造一张闪亮名片。讲堂先后获江西省直机关工委主要领导、《光明日报》副主编高度评价，并被江西省机关党建工作现场会定点观摩、江西省委组织部《党建好声音》电视专栏专题报道。

四是营造一种向上向善氛围。与道德讲堂的风化俗成相伴随，宜春税务人敢于担当、舍己为公、敬业奉献，如中国好人陈桂如、甘英英、中国好税官黄红梅、全国最美家庭曾颖家庭等竞相涌现，风清气正、向上向善的政治生态蔚然成风。

五是树立一种良好形象。在道德讲堂熏陶下，系统上下干部职工奋发进取。合并后的新税务机构，接力擦亮全国文明单位金字招牌，税警合作平台建设和减税降费工作等多项工作获税务总局王军局长批示肯定。

宜春市税务道德讲堂税务干部展示"绝对忠诚"书法作品

（执笔人：朱建明　李雯　许玮　曾圣和）

以雷锋精神育人引路　让雷锋精神光耀税徽

国家税务总局凌海市税务局

国家税务总局凌海市税务局以中国税务精神为引领，23年如一日以雷锋精神带队兴税，形成了"以雷锋精神育人引路 让雷锋精神光耀税徽"的特色税务文化，先后荣获全国精神文明建设先进单位、全国税务系统先进集体等国家、省市级荣誉称号。

一、加强物态文化建设，推动学雷锋品牌化

凌海市税务局在持之以恒学雷锋的实践中，打造了"二馆一网一屋一队"+雷锋廊宇文化为载体的学雷锋综合体，形成了税务系统独特的学雷锋品牌。

"二馆"即雷锋文化馆和学雷锋展馆。雷锋文化馆始建于2010年3月，开创全国税务系统之先河，拥有雷锋同志讲话录音、雷锋班第1任到第25任班长亲笔签名等近千份珍贵资料。学雷锋展馆，存有雷锋图片及学雷锋图片100余张。

"一网"即学雷锋网站。2011年8月开通国内首家学雷锋网站，上线后点击量很快就突破千万。

"一屋"即雷锋书屋。2012年8月建成，收藏雷锋有关书籍320多种，藏书量5000余册，堪称税务系统最多最全。2018年，抚顺市雷锋纪念馆主动与凌海市税务局共建并互赠图书。

"一队"即学雷锋志愿服务团队。团队下设法律援助、税收志愿服务、社区服务、捐资助学等8支队伍。与雷锋生前所在部队20多年军税共建弘扬雷锋精神；慰问敬老院老人10年未曾间断；10多年来资助学生360余名、帮扶家庭100多户，捐款150多万元，捐物2000多件。新税务机构成立以来获赠了多面锦旗。

雷锋语录、雷锋事迹等廊宇文化在凌海市税务局处处可见。"两馆一屋"建成以来共接待参观3.7万人次，仅2019年3月5日、6日两天就接待390余人参观学习，新华社、中央人民广播电台等媒体多次进行报道，成为辽宁省弘扬

雷锋精神和社会主义核心价值观的重要基地。

二、加强行为文化建设，推动学雷锋常态化

凌海市税务局把学雷锋活动作为一项经常性的工作来抓，让雷锋精神在税收工作中得到生动体现。

重要时点开展主题活动。在党和国家举办学雷锋相关重大活动后的第一时间，都组织学习、座谈等活动。2018年9月28日习近平总书记参观抚顺市雷锋纪念馆后，凌海市税务局次日就组织了"响应习总书记号召，做一颗永不生锈的螺丝钉"主题活动，得到社会广泛好评。

重要节点开展纪念活动。在每年学雷锋纪念日、五四青年节等节点都开展纪念活动。比如，2019年3月举办"颂雷锋精神 树税务新风"以及"树理想信念 展青年作为"两场教育活动；2019年5月与凌海市开发区税务局联合开展"互赠图书 共学雷锋"活动。

三、加强制度文化建设，推动学雷锋制度化

凌海市税务局下发了一系列制度、文件，形成了短、中、长期学雷锋规划。

短期学雷锋规划。时间范围1年。2019年印发《第一届新时代雷锋式最美税务人和新时代雷锋式服务之星评选方案》，将通过为期一年的争创，选树出像雷锋同志那样一心向党、奉献社会、刻苦钻研、踏实肯干的先进典型，拟在2020年3月表彰。

中期学雷锋规划。时间范围1~5年。把学雷锋工作贯穿于近5年的税收重点工作中。为了贯彻落实减税降费政策，学雷锋志愿服务队到企业进行"点对点"滴灌，一对一辅导920余户次。2019年4月22日，凌海市税务系统"立足岗位学雷锋 兴税强国展风采"动员部署大会隆重举行。2019年4月28日，新华社客户端推出《让雷锋精神在凌海市税务局永驻》的文章。

长期学雷锋规划。时间范围5年以上。聚焦雷锋精神新时代内涵，努力建设一支不忘初心、牢记使命高扬中国税务精神的团队。发挥凌海市税务局"全国学雷锋基地先进单位"的功能和辐射作用，与中华雷锋文化促进会、中国社会福利基金会学雷锋管委会等全国知名学雷锋组织和雷锋生前亲密战友乔安山老人等学雷锋人物密切联系，厚植雷锋文化沃土，连续3次承办辽宁省雷锋研

究会论坛活动。

四、加强精神文化建设，推动学雷锋自觉化

把学雷锋作为凌海税务人的自觉追求，在学雷锋中收获幸福感、满足感。

先进典型持续涌现。积极挖掘选树先进典型，10年来选树了60多位雷锋式最美税务人，发挥示范引领作用。在税务机构改革期间推出了翁婿从税、母女爱税、轻伤不下火线、甘做第一助手等先进事迹。其中，老税干张振利同志被评为"第一批辽宁省税务系统岗位学雷锋标兵"。

阵地平台持续夯实。2014年，原凌海市国税局就被辽宁省税务局确定为"社会主义核心价值观教育基地"；2017年，被辽宁大学确定为"大学生就业实践见习基地"。2019年4月，被中华志愿者协会确定为"志愿服务实习训练基地"，中华志愿者协会会长宋志强亲自授予匾额，指出要把基地办成传承雷锋精神、开展志愿服务的平台和阵地。

社会影响持续扩大。凌海市税务局学雷锋工作、税务文化工作得到社会各界认可，先后在国家级媒体报道6次、省级媒体报道30余次、市级媒体报道100余次，2019年被辽宁省税务局评为"学雷锋活动示范点"，撰写的《雷锋精神与企业文化》《雷锋》专刊已公开发行，得到社会好评。

（执笔人：郑英坤　钟凯月）

深挖革命税收资源　打造红色文化品牌

国家税务总局新县税务局

税收文化是中国特色社会主义文化的重要组成部分，是税务精神的载体，也是广大税务干部的价值基因和时代追求。近年来，国家税务总局新县税务局充分发挥税收文化"举旗帜、聚民心、育新人、兴文化、展形象"的作用，深挖革命老区税收文化资源，着力打造大别山红色税收文化品牌。

一、背景意义

发展大别山红色税收文化，主要基于：一是革命历史孕育了红色税收文化。革命战争年代，新县是鄂豫皖革命根据地首府所在地。1931年7月，鄂豫皖革命根据地政府在新县城关成立了鄂豫皖苏维埃政府税务总局，这是中国共产党成立的时间早、税收制度和组织体系较为完善的革命根据地税务机关，它不仅支持了革命战争，也为新中国税收制度的建立提供了宝贵经验，是我国税收发展史上弥足珍贵的历史遗产，是我们了解税收历史、增强税务工作者价值认同的生动教材。同时，老一辈税务工作者在为国聚财、为民收税的过程中，300余名先烈先辈边工作、边战斗，100余人献出了宝贵生命，时任税务总局局长尹太良就牺牲在战场上，年仅28岁。先辈们忠于党、忠于人民、忠于税收事业的革命精神，艰苦奋斗、不怕牺牲的奉献精神，在新时代仍有巨大的现实意义和时代价值，是我们感悟初心、砥砺前行的宝贵精神财富。二是税收事业发展需要税收文化。按照国税地税征管体制改革相关要求，2018年7月，原新县国税局、原新县地税局、鄂豫皖苏维埃政府税务总局旧址管理办公室三部门合并。在此过程中，涉及多名干部职工的人员转隶、岗位调整，三个部

鄂豫皖苏维埃政府税务总局旧址实物复原场景

门的编制设置、职能划转等多项工作。用一位老同志的话说："单位合并后，班子大了、位子少了、板凳长了、座次变了"，很多干部面临进退留转，思想有所波动。为保证工作不断、队伍不乱、人心不散，系统上下需要一种共同的文化和理念凝聚人心、引领发展，保证老区税务事业持续前行。

二、具体做法

（一）擦亮"红色"名片

以鄂豫皖苏维埃政府税务总局旧址和箭厂河第一税务所旧址为重点，不断加大投入，打造平台，丰富载体。在尊重原貌的前提下，对总局旧址进行保护性建设。累计投资1000余万元，修缮原旧址、建设展厅1320平方米，设置先烈事迹展板50余块，多媒体影像5处，场景模拟8处，主题雕塑、浮雕3处，实物陈展300余件，互动体验设施7处，整理珍贵财税史料、文物和文献400余种。基本还原了红军税务先辈"一手拿枪收税、一手开展劳动"的工作场景，直观再现了鄂豫皖革命根据地初创红色税收制度、为中国革命做出重要贡献的光辉历程。中国共产党第十届中央政治局常委、中央委员会副主席、上将李德生为旧址题写了匾额，原河南省委书记徐光春为旧址陈列馆题写了馆名；2012年9月，总局旧址揭牌，成为红色精品旅游景区和红色教育基地。

（二）挖掘"红色"内涵

出版《红色税收的足迹》，制作书籍光盘。依托"互联网+"，组织文化艺术展、纪录片拍摄，央视十套、腾讯网、河南省电视台、信阳电视台及全国10余家报刊、30余家网站对大别山红色税收文化予以专题介绍和跟踪报道，让红色文化可"看"。加强与鄂豫皖三省税务部门联系，组织开展"寻根、追忆、重走红色之旅"活动，探寻革命历程；邀请老红军讲述"革命税收"，请红军税务人员后代讲"祖孙三代的税收"等故事，让红色税收文化可"听"。邀请专家学者举办讲座研讨会，举办红色税收文化讲座、革命先烈红廉事迹讲座，让红色税收文化可"悟"。通过深入挖掘红色税收文化，不断拓展内涵和外延，让其焕发出时代光彩。

（三）丰富"红色"载体

开展形式多样的宣教活动，引导税务工作者、社会各界走进鄂豫皖苏维埃政府税务总局旧址，感悟红色税收文化。抓住重点时间节点，围绕"七一""十一"、税收宣传月、廉政教育月等重要节日，开展红色历史进学校、进社区、进农村等活动，宣传红色税收文化；针对重点人群，联合大别山干部学院、社会公益组织、行政机关等，开展重温入党誓词、廉政宣誓、青少年税史教育、大学生红色夏令营、"新党员、新团员、新学生"新起点新认识红色教育等活动。组织现场教学，通过现场讲解、互动体验等形式，增进学员对红色税收文化的认识。累计接待各类人员3000余批次100万余人次，人员覆盖工农商学兵等各类群体，实现了宣传教育的多层次、广覆盖，提升了全民对革命税收艰难创业历程的认知。其中，接待税务系统内部红色税收文化教育350批近5万余人。特别是加强新县新录用公务员、新办证纳税人的革命传统教育，让他们在接触税收之初，接受红色税收法治精神熏陶，提升行业正气，促进了税法遵从，推进了依法治税。

三、主要成效

一是助推了老区税收事业发展。在红色税收文化的熏陶下，新县税务系统上下人心思进、人心思干，尤其在征管体制改革后，全局形成了事合、人合、力合、心合的良好局面。截至2019年6月30日，累计完成县级税收收入24877万元，占年度计划的59.3%。实现个人所得税减免户（人）27166次、减免1769.09万元。特别是在优化纳税服务上，落实"一厅通办""一键咨询"和"一网通办"，开通税银便民快车，在全市率先完成六税两费退税任务。推出电子税务局、个人所得税APP、"陪您跑一次"等服务措施，促进惠民政策落地，赢得社会各界一致好评。

税史展厅

二是服务了民营企业发展。在红色税收文化的感召下,结合减税降费工作开展,全县税务工作者主动对接企业、宣传政策,切实将国家政策送到企业身边、落实到纳税人身上。像新县九龙建设有限公司的陈鹏说的:"增值税小规模纳税人免征增值税、小微企业普惠性税收减免、六税两费减半等,对企业来说,税负降低,优惠很大,给企业带来了好机遇,特别是对民营企业推动非常大,能带动更多的群众就业!"

三是叫响了大别山红色税收文化品牌。借助厚重的红色历史,鄂豫皖苏维埃政府税务总局旧址被新县旅游部门确定为"新县红色旅游线路精品景点之一",大别山红色税收文化成为老区税务部门的一块金字招牌。各级党政机关、事业单位纷纷来鄂豫皖苏维埃政府税务总局旧址感悟初心、接受革命文化教育。鄂豫皖苏维埃政府税务总局旧址被大别山干部学院确定为学院学员"现场教学点",被河南省委宣传部授予"爱国主义教育示范基地",被省委宣传部、司法厅、文化厅、普法办联合命名为"全省首批优秀法治文化建设示范基地",被确定为"河南省国税系统廉政教育基地""全国税收普法教育示范基地""全国税务系统税收宣传教育基地"。

(执笔人:蔡斌 胡明楼)

点 评

百花齐放、百家争鸣。全国税务系统以经典诵读、诗词说唱、文艺创作、影视戏曲等多种形式,传承中华文化,学习党史税史,发扬革命文化,开展志愿服务,通过本篇一个个特色鲜明、丰富多彩的典型案例,我们分明感觉到一股力量,以文聚力、以文化人,新时代税务文化建设正在落地见效。

税收事业的发展实践是税务文化传承与发展的基础,而文化的传承又对税收事业发展发挥着重要的促进作用。全国税务系统的文化传承中,既涉及弘扬中华传统优秀文化,又涵盖弘扬传统美德精髓,还包括鼓励干部向上向善的思想文化内容,符合税收文化发展的客观规律和现实需要,呈现出诸多鲜明特点。一是加深税务文化形成发展的基本规律认识,通过实践,认清文化传承与建设的长期性和艰巨性,努力做到统筹规划、分步实施、稳步推进,在实践中总结,在总结中提升。二是税收事业发展的传承与税务文化建设的传承达到内在统一,全国税务系统文化传承与建设,始终从税收事业发展的使命任务和内在要求出发,富有前瞻性、具备现实性,税务文化与税收工作协调一致、互促共进。三是统一性、系统性与地域性、自主性得到有机融合,"忠诚担当、崇法守纪、兴税强国"的中国税务精神逐步入脑入心,其税历渊源、发展脉络、价值取向构筑起税务人的共同精神文化家园。各级税务机关充分结合地域文化、工作特点,不断丰富税务文化的内延和外涵,不断创新税务文化的理念和行为,呈现出一体多样、硕果累累的发展格局。

品牌建设篇

习近平总书记指出，文化是最需要创新的领域。坚持守正创新，重点抓好理念创新、手段创新、基层工作创新，让一切文化创造源泉充分涌流，使中国特色社会主义始终反映时代精神，引领时代潮流。做好新形势下宣传思想工作，要自觉承担起举旗帜、聚民心、育新人、兴文化、展形象的使命任务。加强新时代税务文化建设，各级税务机关要坚持创造性转化、创新性发展，锲而不舍、一以贯之抓好税务文化品牌建设；要坚持文艺规律，举精神旗帜，建精神家园，推动进行无愧于时代的税务文艺创造；要坚持依托税务文化阵地，充分利用好革命文化资源和红色教育基地，加强政治文化建设；要坚持加强互联网建设，唱响网上主旋律，巩固壮大思想舆论，营造风清气正的网络空间；要坚持增强税务文化的凝聚力、生命力，讲好税务故事，传播税务声音，切实提高税务文化软实力。

論文集概要

打造税务影视精品　深化税务文化建设

国家税务总局湖北省税务局

2019年5月18日，由国家税务总局湖北省税务局制作的讲述"信念老人"施星灿感人故事的电影《武陵山上的星光》在全国电影院线公映。借此契机，湖北省税务局大力宣传施星灿同志先进典型事迹，并与"践行中国税务精神、唱响中国税务之歌"系列活动相结合，向全社会展示税收事业发展历程和税务干部精神风貌，推动新时代税务文化建设向纵深发展。

一、挖掘精神"富矿"，将影片"撑"起来

施星灿同志60多年始终坚守初心、牢记使命，他在入党志愿书中写道："无论在任何复杂、危险的情况下，我都会站稳立场、绝不动摇、绝不退缩。"他一生坚定共产主义信念、全心全意为人民服务服务，为后人留下了宝贵的精神"富矿"。这是制作影片《武陵山上的星光》的重要支撑。6年前，主创人员深度挖掘这座精神"富矿"，记录施老平凡而又光辉一生。

2019年5月9日，国家税务总局局长王军作出批示：这部影片用纪实手法再现了已故优秀共产党员、税务老兵施星灿同志平凡而伟大的一生，我看后深受感动、深受震撼。施星灿同志是一个简简单单的人，他几十年如一日坚定共产党人理想信念、恪守为人民服务宗旨，吃苦在前、享乐在后，爱岗敬业、无私奉献，令人信服、感人至深，充分展现了"忠诚担当、崇法守纪、兴税强国"的中国税务精神，给税务人留下了宝贵的精神财富。习近平总书记指出："理想信念就是共产党人精神上的'钙'，没有理想信念，理想信念不坚定，精神上就会'缺钙'，就会得软骨病。"希望全国各级税务机关积极组织观看这部影片，认真学习施星灿同志的先进事迹，筑牢思想之基、补足精神之钙，以坚如磐石的理想信念、不忘初心的坚定信仰，积极投身税收现代化事业，为坚决打赢减税降费攻坚战、高质量推进新时代税收现代化作出新的更大贡献。也希望税务系统广大文学爱好者和宣传工作者深入生活、深入基层，用心用情用功创作更多更好反映税务题材的影视作品，尤其是反映新时代税务人新气象新风貌的扛

鼎之作，展现税务改革新作为、谱写税收发展新篇章！

二、弘扬主旋律和正能量，让影片"响"起来

影片制作过程中，始终突出主旋律，凝聚正能量。随着镜头一路追寻施老当年工作和生活的"留迹"，聚焦当年他为国聚财、为民收税的场景和片段，客观真实地还原了20世纪60、70年代激情燃烧的"税月"。尽管有的情节与现代社会存在一定疏离，但施星灿同志对党忠诚、永跟党走的信仰信念，爱岗爱国、扎根基层、服务人民的崇高精神，艰苦朴素、舍己为人的优良作风，以及扶贫助困的家国情怀和至诚大爱等，处处彰显主旋律，与时代脉搏同频共振，正是新时代大力弘扬的精神风尚。在影片首映式上，湖北省电影家协会驻会副主席余述平表示：《武陵山上的星光》秉承中国电影优秀的现实主义传统，又注入了为时代画像、为时代立传、为时代明德的强大基因，同时在努力实现审美和艺术表达上下了不少功夫。更重要的是，电影塑造的中国税官形象，填补了湖北电影的一个空白。

三、建立高效运筹机制，让影片"动"起来

为了将人物和故事从现实中搬到荧幕上，成为一部"动起来"的电影，从税务总局的顶层设计到湖北省税务系统实操执行，从税务系统内上下联动到系统外多方协作，以及编剧、导演等主创团队与影视制作公司、投资方之间的协

2019年4月25日，国家税务总局人事司副司长、机关党委副书记、党建办副主任武艳茹在《武陵山上的星光》首映式上讲话

调配合，逐步建立了一套顺畅、高效的运行机制。早在制作电影之前，税务总局就部署开展宣传和学习施星灿典型事迹，持续开展了系列宣传活动，为剧本前期创作打下了坚实基础。影片进入制作期直至全国公映，税务总局党建办、办公厅、税收宣传中心在把握导向、宣传策划等方面一直给予精准指

导。同时，湖北省税务局和恩施州、黄冈市及利川市等地税务部门均成立了专班，加强协同，上下联动，形成合力。特别是在影片拍摄阶段，恩施州委、利川市委市政府高度重视，专门下文要求市直各部门全力支持电影拍摄工作。在影片制作过程中，湖北省委宣传部、组织部、财政厅、电影局等部门都不遗余力地给予支持和帮助，为电影成功制作做了重要保障。

《武陵山上的星光》开机仪式

四、依托坚强的主创团队，让影片"立"起来

电影《武陵山上的星光》由湖北税务系统干部自编自导，影片编剧、总导演都是税务人，分别是国家税务总局湖北省利川市税务局和国家税务总局湖北省浠水县税务局的党员干部。可以说，《武陵山上的星光》是一群共产党员被一名共产党员感动后群策群力推出的优秀电影作品。实践证明，正是有影片主创和演出团队这样一支团结协作、甘于奉献、创作激情饱满、正能量充沛的团队，才使影片中一个个人物形象栩栩如生地"立"起来。影片主人公施星灿的扮演者范浩军说："怀着对施星灿的崇敬之心，我主演了这部电影，尽管利川路途遥远，拍摄环境非常艰辛，但施星灿的精神一直激励着我将这部戏演下去。"从创作剧本到影片公映，历时6年多，陆续有6000多人次参与演出，很多群众演员也被施星灿的事迹所感动，表示他们不要任何报酬。

五、锻造宣传品牌，让影片"亮"起来

尽管电影刚刚问世，但围绕影片主人公施星灿同志的先进事迹宣传活动持续开展了6年多时间。早在2012年，国家税务总局就作出向施星灿同志学习的

决定，并将他选树为全国税务系统践行党的群众路线四个典型之一，在全国税务系统开展巡回报告。施星灿先进事迹曾得到全国人大副委员长沈跃跃、国务委员兼国务院秘书长肖捷、税务总局局长王军等领导批示宣传。新时代赋予了施星灿及以他为原型的影片新的品牌内涵：既是税务系统深入学习贯彻习近平新时代中国特色社会主义思想、践行社会主义核心价值观的重要体现，也是展现"忠诚担当、崇法守纪、兴税强国"中国税务精神的生动载体。2019年6月4日，王军局长在全国税务系统"不忘初心、牢记使命"主题教育动员部署会议的讲话中强调："电影《武陵山上的星光》是开展主题教育活动的生动教材，希望全国各级税务机关再次组织观看这部影片。"7月，税务总局结合"不忘初心、牢记使命"主题教育活动安排，向全国税务系统发出学习宣传施星灿同志先进事迹的通知，要求全国各级税务机关党委将施星灿同志先进事迹作为主题教育的鲜活教材，精心组织安排学习和宣传。随着影片在全国10180家影院同步上映，在税务系统内外产生强烈反响。截至2019年7月底，观影人数近100万人/次。

湖北税务系统一直将学习施星灿活动贯穿电影制作全过程。为了让影片"亮"起来，更好地发挥品牌效应，进一步加大对影片的宣传推介力度，不断扩大影片的社会影响力；组织全员观影，在主流媒体开辟专栏专题，组织开展"观影片、谈感受"征文活动，并纳入"不忘初心、牢记使命"主题教育内容，激励广大税务干部敬业奉献，推动新税务进一步实现力合、心合。开展电影"进机关、进乡村、进社区、进学校、进企业、进单位"活动，让影片走进广大观众心中，使施星灿的崇高精神在更大范围得以传播弘扬。

（执笔人：朱彦　谭人帼）

以"卓越绩效"品牌助推税收工作高质量发展

国家税务总局青岛市税务局

国家税务总局青岛市税务局坚持党建引领,创新实施"卓越绩效"品牌战略,按照培育理念、压实责任、固强补弱、创新创优的思路,加强党建与绩效管理的深度融合,形成"抓好党建强绩效、强化绩效促税收"的良性循环。2017年,"卓越绩效"品牌被青岛市委命名为青岛市机关名牌;2018年,创新实施"卓越绩效"品牌战略项目,获得青岛市机关优秀工作成果特色创新奖,得到了社会各界充分认可。2017年11月24日,国家税务总局局长王军对"卓越绩效"品牌建设作出肯定批示。

一、背景意义

(一)"卓越绩效"品牌建设是加强党的建设、全面从严治党的必然要求

党的十八大以来,特别是国税地税征管体制改革后,税务系统党的建设面临着新情况、新任务,全面从严治党任重而道远。充分发挥绩效品牌的辐射、带动、示范作用,大力弘扬"忠诚担当、崇法守纪、兴税强国"的中国税务精

"卓越绩效"品牌被中共青岛市委命名为青岛市机关名牌

神,大力营造真抓实干、追求卓越、创新创优的浓厚氛围,以扎实有效的绩效管理提升基层党建的生机活力,推动党中央和税务总局重大决策部署在青岛税务系统落地生根,具有重要的现实意义。

(二)"卓越绩效"品牌建设是转变政府职能、树立良好形象的重要举措

面对新时代转变政府职能的新要求,通过科学制定绩效考评指标、落实两个责任、营造文化氛围倒逼思想提升、职能转变、工作改进,有效提振税务干部精气神、释放税收工作正能量、增强税务部门公信力和执行力,切实优化税收营商环境,树立青岛税务良好社会形象。

(三)"卓越绩效"品牌建设是深化征管体制改革、高质量推进税收现代化的有效手段

只有全体税务干部同心同德、同力同向,才能实现2020年基本实现税收现代化的宏伟目标。深化"卓越绩效"品牌建设,将征管体制改革要求和税务战略目标扎根于税务干部内心,形成共同的价值追求,持续激发干事创业热情,有利于调动广大党员干部的积极性、主动性、创造性,顺利推进征管体制改革,加快实现税收现代化。

二、主要做法

(一)明确发展规划,构建系统完备的绩效文化体系

与复旦大学达成战略合作,对各项统计指标,经SWOT分析得出绩效管理优化思路,形成《青岛市税务局绩效管理诊断及发展思路报告》,制定《关于深化"卓越绩效"品牌建设的实施意见》和《卓越绩效建设重点工作规划》,明确"卓越绩效"目标规划和发展思路。持续推进"卓越绩效"品牌建设,对领导能力、组织能力、创新能力等体系进行有机融合,不断提高组织管理的整体绩效和能力,形成日益完备的绩效文化"五力"模型,构建起基于科学民主的战略决策体系、基于督考合一的高效执行体系、基于能力素质模型的个性化教育培训体系、基于动力激发维度的价值驱动体系和基于可持续生态发展的人才成长体系"五大体系"。

(二)着眼提质增效,健全公平高效的绩效考评机制

紧紧围绕推进税收现代化建设工作主线,构筑"税收绩效有目标、目标执

行有监控、执行情况有考评、考评结果有反馈、反馈结果有运用"的管理闭环。坚持组织与个人共同成长，将绩效任务完成情况与个人工作目标实现情况相结合，用绩效理念抓人才培养，推进个人成长与工作绩效提升；坚持服务基层和服务纳税人相统一，在绩效管理中强化基层服务和纳税服务导向的指标权重；坚持提升站位与增强公信力相统一，发挥绩效文化的渗透、辐射功能，通过内外环境的交互宣传和良性互动，努力形成税务干部自觉弘扬传承、社会各界广泛赞誉的行为准则和价值追求。

（三）优化绩效平台，形成和谐共赢的绩效品牌认同

突出体系"硬支撑"，强化文化"软滋养"，持续开展覆盖系统上下的"卓越绩效"品牌文化建设。自主研发"绩效云图"信息化移动平台，建设绩效文化长廊、展览室，广泛开展群众性的绩效讲座、绩效论坛、绩效征文等品牌创建推广活动，总结绩效管理亮点工作，定期编

绩效文化专刊

辑《卓越绩效》文化专刊，如影随形弘扬绩效文化、展示绩效成果、凝聚绩效合力。2018年，举办青岛税务首届绩效研讨会，由基层局局长和税务干部讲述改革新实践、传播绩效新理念，税务总局和青岛市委、市政府有关领导给予高度评价。"卓越绩效"文化承载力进一步升级，品牌美誉度进一步提高。

（四）强化结果运用，提升创新创优的绩效品牌价值

切实将绩效考评结果与干部任用、评先选优、年度考核和教育培训等挂钩，形成绩效管理主体责任"纵向到底、横向到边、双向互动、环环相扣、层层负责、人人向上"的格局。同时积极探索多元化的结果运用模式，打破持续改进绩效管理的瓶颈，凝聚系统上下振奋精神干事业、攻坚克难抓创新的力量，着力打造一支忠诚干净担当的税务铁军，实现各项工作齐头并进、亮点纷呈。

三、工作成效

（一）有效提升了税务机关建设水平

通过抓分析辅决策、抓标准促规范、抓质效促提升，营造"人人讲绩效、个个谋发展"的良好氛围，推动了各项工作从"固化于制"到"内化于心"。通过"卓越绩效"品牌的"引""统""促"作用，深入开展精神文明创建、培育"和合"相融的税务文化，真正在事合人合基础上，实现力合心合。

（二）有效强化了税收职能作用发挥

实施"卓越绩效"品牌建设以来，青岛市税务系统坚持依法征税不动摇、咬住收入目标不放松，既确保了国家税收安全，又为经济转型升级作出了积极贡献。2018年，组织各项收入1784.17亿元，2019年1—7月，组织各项收入847.85亿元，为青岛经济转型升级送来了"及时雨"，纳税人、缴费人的获得感和满意度不断提升。

（三）有效提升了税收工作质效

以"卓越绩效"品牌引领广大税务干部以忠诚担当的精神，昂扬的斗志、投身国税地税征管体制改革，不断深化"放管服"改革，持续优化营商环境，各项考评均取得了优异成绩。2018年，青岛市税务局荣获全国税务系统绩效考评第三名、纳税人满意度调查全国第三名、青岛市经济社会发展综合考核中央驻青单位第一名。

（执笔人：郭洪源　王聘　李铁军　王媛）

让税史走进生活　让税法深入人心

北京税务博物馆

党的十八大以来，党中央、国务院高度重视文化建设，习近平总书记对文物工作作出重要指示，他强调："文物承载灿烂文明，传承历史文化，维系民族精神，是老祖宗留给我们的宝贵遗产，是加强社会主义精神文明建设的深厚滋养"。我国税收历史悠久，税收文物遗存丰富，税收文化光辉灿烂，北京税务博物馆坚决贯彻习总书记指示，秉承"传承税收历史、弘扬税收文化、普及税法知识"宗旨，把税收历史文化与爱国主义教育、博物馆展览有机结合，通过展览"让文物说话""让文物活起来"，让税收历史文化更加生动有趣、充满活力，使之成为重要税收文化宣传窗口、税收普法教育基地以及意识形态领域阵地。

一、工作概况

北京税务博物馆始建于2005年，曾落址故宫东侧普度寺内，是全国第一家省级税务部门筹建的专业性博物馆。2009年9月，因原址普度寺文物保护暂停展览。2013年，经原北京市地方税务局倡议，原北京市国家税务局、朝阳区人民政府和中央财经大学响应，四家单位历时两年完成复建。

2015年经北京市文物局备案批准将北京税务博物馆纳入北京市博物馆序列。2015年9月，北京税务博物馆复建开馆，2016年5月，正式面向社会公众免费开放，博物馆展厅面积1400平方米，馆藏税收文物史料5万余件，上展税收文物史料3000余件。

二、品牌创建

北京税务博物馆在国家税务总局和国家税务总局北京市税务局党委的坚强领导

北京市朝阳师范附属小学师生到北京税务博物馆聆听税法讲座并参观

下，围绕中心、服务大局，整合多方资源，大力推进文物征集、税收历史研究和税收宣传教育工作，努力创建税收文化宣传品牌。

（一）打造税收文化宣传窗口

1. 做好日常参观接待

正式开放以来，北京税务博物馆累计接待来自社会各界参观者3.5万余人次，全国30余个省市财税部门来馆参观交流，影响力和知名度不断提升。

2. 挖掘税收文化内涵

充分利用馆藏资源，与中央电视台《国宝档案》栏目合作，制作播出《清代印花税之谜》《清朝的房租与房价》《统一度量衡》《推行一条鞭法》等10期节目，应邀参与北京电视台《锐观察》《税收天地》《这里是北京》等栏目的节目录制，多次获新华网、中央人民广播电台、中国税务报、北京日报、北京青年报、凤凰网等媒体宣传报道。《展千年税史 览北京税博》获得2017年度北京市广播电视公益广告专项资金扶持项目一等奖。

3. 搭建税企互动平台

中国国际税收研究会等社团组织，普华永道、安永等会计师事务所，泰康人寿、同仁堂集团、首钢集团等大型企业先后组织来馆参观，部分企业还捐出极具价值的税收文物资料，切实增进了税企感情，体现了征纳和谐。

4. 举办系列宣传活动

发挥优势资源和博物馆网站、公众号等网络媒介，在税收宣传工作中的重要作用，在2019年的"减税降费"系列宣传中，和北京电视台合作录制《这里是北京——馆长说》节目，以减税降费为背景，以税收文物为切入点，对历史上减免税进行解读。同时，走出去与税校、企业共同开展减税降费知识竞赛。

5. 开展中国税收历史文化对外交流

北京税务博物馆先后接待部分国家驻华使馆的税务和经济官员、2016年第十届税收征管论坛大会（FTA）与会国家及国际组织的48位税务官员、2017年"一带一路"国际合作高峰论坛的部分国家和国际组织财税代表。截至2019年8月，共接待来自澳大利亚、荷兰、美国、希腊等41个国家和国际组织的财税经济官员、学者，推动中国税收历史文化走出国门，提升了中国税务的国际影响力，坚定了文化自信。来自经济合作与发展组织（OECD）的 Peter Green 留

2018年7月25日,马尔代夫国内收入局代表团一行到北京税务博物馆参观交流

言,"税收历史对一个国家的历史文化有极大影响,北京税务博物馆用令人印象深刻的方式展出了这段历史,值得所有人观看。"

(二)打造税收普法教育和科研基地

1. 持续加强基地建设

北京税务博物馆积极致力于各教育基地建设,已完成12个基地的建设,先后获评国家税务总局、中华人民共和国司法部首批"全国税收普法教育示范基地",全国普法办首批"全国法治宣传教育基地","北京市中小学生社会大课堂资源单位""北京市爱国主义教育基地",与中国财政科学研究院、中国人民大学、中央财经大学、首都经贸大学联合建成研究基地、教学实践基地、学生实习实践基地。

2. 积极组织学生普法教育活动

北京税务博物馆目前已与北京市东城区、朝阳区、密云区等数家小学、中学建立合作关系,在税收宣传月、国家宪法日等重要节点,组织开展税收亲子游、主题参观、普法专题讲座等活动,对学生进行税法教育,使之成为税法的"学习者"和"践行者",实现"教育一个学生,带动一个家庭,辐射整个社会"的普法教育目标。

3. 深入开展中国财税史研究

北京税务博物馆成立以来,编辑出版图书《北京税务博物馆馆藏鉴赏》,形成中国税收历史之最系列、崇文门税关系列、文物背后的故事系列、《明代白银货币化与赋役改革》《中国古代财税管理机构沿革》《明清时期北京财税收入储运管理研究》等系列调研成果。

主动与财税院校开展财税史研究合作，与中央财经大学共同成立中国税史研究院，以财税院校独有的科研资源为智力支持，实现优势互补，将北京税务博物馆打造成为中国财税史研究的新平台。

（三）努力打造意识形态领域阵地

1. 设置红色税史展陈

北京税务博物馆常设展览之一为"革命根据地税收专题展"，展示中国共产党成立以来各阶段财税相关文物史料，让税务干部及纳税人了解老一辈革命家和税务工作者不怕牺牲、艰苦创业的精神，了解新中国的税收从哪里走来，进一步增强爱国情怀。

2. 设置红色临时展

北京税务博物馆切实落实习近平总书记的"把红色资源利用好，把红色传统发扬好，把红色基因传承好"的指示，2017—2018年举办以"不忘初心、牢记使命"为主题的临时展《战斗在太行山上——晋冀鲁豫革命根据地税收史》，通过近百件晋冀鲁豫边区的税收文物史料，展示了革命战争年代财税工作的艰辛，激励当代税务人继承和发扬革命传统的激情，为新时期税收现代化建设发挥光和热。

3. 举办红色税史论坛

邀请国内知名专家学者讲述红色税史，让广大税务干部学习红色税史、铭记税收历史，爱岗敬业、诚信友善、勇于担当，从我做起践行中国税务精神。

4. 筹办中国当代税收历史陈列展

在新中国成立70周年之际，北京税务博物馆推出中国当代税收历史陈列展，将新中国成立以来的税种变化、税制变迁形成序列说明，并增设税收现代化展览内容，将税收的历史、现在、未来展现给观众。

（执笔人：邹红姣　郑薇薇）

打造"龚全珍工作室"文化品牌
厚植干事创业氛围

国家税务总局江西省税务局

一、背景意义

龚全珍是江西老红军、开国将军甘祖昌的夫人，不忘初心讲奉献，放弃了大都市优越的生活条件，追随丈夫回到江西省莲花县农村老家，在乡村教师的平凡岗位上，数十年如一日，模范践行了一名优秀共产党员的崇高追求，先后被评为全国道德模范、感动中国十大人物和全国优秀共产党员。习近平总书记亲切地称呼龚全珍为"老阿姨"，号召要一代一代地传承弘扬甘祖昌和龚全珍"坚守信仰、淡泊名利、艰苦奋斗、无私奉献"的革命精神。

江西税务人紧密结合"忠诚担当、崇法守纪、兴税强国"的中国税务精神，赋予龚全珍精神以税务行业特点和窗口岗位特征，让龚全珍精神在江西省办税主阵地上落地生根、开花结果。国税地税征管体制改革后，为迅速实现队伍"事合、人合、力合、心合"，全面树立展示"新机构新服务新形象"，局党委始终坚持强化思想精神引领，积极培树文化品牌，大力传承弘扬龚全珍精神，以磅礴的文化力量来凝聚干部队伍活力，推动消除文化差异，不断增进文化认同与融合，实现以红色精神文化助推江西省税收改革发展事业行稳致远。

二、主要做法

（一）突出特色创品牌

在江西省税务系统300余个办税场所，按照"7+N"

江西省税务局组织党员干部到龚全珍家乡莲花县沿背村开展体验式教学——参观甘祖昌将军故居（前排左三为省局党委书记、局长胡立文）

的统一标准创建"龚全珍工作室",即:有整齐规范的工作场所,有龚全珍先进事迹图片展示宣传区,有群众来信来访接待室,有便捷的服务流程,有温馨的服务窗口,有行之有效的工作机制,有作风过硬的党员志愿者队伍,N 为各地结合工作实际开展创新服务,将"龚全珍工作室"全面打造成传承红色基因的"传承室",宣传党的路线方针、税收法律法规和政策的"宣讲室",化解党群、税企矛盾分歧的"化解室",联系服务群众的"连心室",创建为纳税人服务新平台。2019 年以来,"龚全珍工作室"帮助纳税人解决问题 500 余个,化解矛盾纠纷 30 余起。

(二)不忘初心强作风

开展党员承诺践诺活动,组建党员"先锋队""突击队",开展"我是党员我来讲,我是党员我来干,我是党员我争先"主题实践、诵读龚全珍日记、观看专题报道、聆听访谈式专题党课、分期分批组织党员干部到龚全珍家乡莲花县沿背村开展体验式教学等活动,引导干部不断坚定政治信仰、恪守一心为党初心,安心扎根基层一线。截至 2019 年 7 月,江西省办税服务厅活跃着 132 支青年党员先锋队,为纳税人宣讲减税降费政策,开展相关业务辅导。132 支队伍共有队员 5188 人,占江西省税务系统总人数的 24%,共现场答疑近 1.3 万个,收集意见建议近 9000 条,直接帮助企业 4000 多户。

(三)牢记使命优服务

牢记税务部门"为国聚财 为民收税"的神圣使命,在办税场所推出"线上办税一次不跑,线下办税最多跑一次"一系列暖民心、惠民生、解民忧的便民办税服务新举措,让广大纳税人和缴费人更加方便快捷地办理税收业务。通过推出"线上"PC 端、手机端、自助端,电子税务局、自然人税收管理系统等网上办税平台,让纳税人"多走网路,少跑马路",同时打造"一城一厅",实行"一站式"服务,扩大业务通办,逐步实现"一门"办税,提升"线下"服务质效,并推出双休日、国家节假日全年"不打烊"服务和委托邮政部门代开发票代征税款等服务,将减税降费政策等惠民利民大礼包实打实送到千家万户。2019 年底前,将实现 90% 以上主要涉税事项一次办结;2020 年底前,将实现 95% 以上主要涉税事项一次办结。

(四)榜样引领激活力

通过评比党员示范岗、星级办税员,开展"争做优秀共产党员、争做最红

组织党员干部到龚全珍家乡莲花县沿背村开展体验式教学——在沿背村议事坪重温入党誓词

税务人""新机构·新服务·新形象"服务建设提升等一系列活动,营造了一生向上、一心向善的浓厚氛围,极大激发了广大基层干部干事创业的热情和活力。2019年以来,5个办税服务厅获得全国巾帼文明岗、全国青年文明号荣誉称号,40个办税服务厅获得江西省巾帼文明岗、江西省青年文明号荣誉称号。不断涌现出"中国好税官"黄红梅、中国好人榜"敬业奉献"模范王新乐和"孝老爱亲"模范王子洋、全国最美家庭曾颖和陈雪霖、全省道德模范王师等一大批先进典型,使广大干部学有榜样、赶有目标,为税收事业注入了源源不断的精神动力。

三、工作成效

江西省税务局以"老阿姨"龚全珍同志为楷模,通过在办税服务场所全面创建"龚全珍工作室",把基层党建融入纳税服务,推进龚全珍精神与税收工作深度融合,以先进事迹和伟大精神感染人、激励人、鼓舞人,培养、锻炼了一批龚全珍式的好党员、好干部;营造忠于职守、艰苦奋斗、甘于奉献、勇于创新的浓厚干事创业氛围,为深化"放管服"改革、落实减税降费政策、优化税收营商环境注入不竭动力,纳税人和缴费人体验感、获得感明显增强。纳税服务工作在中央电视台、新华社、人民日报等主流媒体集中报道,江西省领导同志多次给予批示肯定。在全国办税技能竞赛暨第八届全国税法知识竞赛中,包揽全国总分第一、第二名,共35人获得个人三等奖以上名次。

(执笔人:金铎 罗清华)

建设税收主题体验馆　搭建文化传播主阵地

国家税务总局东莞市税务局

一、背景意义

　　国家税务总局东莞市税务局踏实践行"忠诚担当　崇法守纪　兴税强国"的中国税务精神，紧抓税务文化建设，推进税收事业快速发展，组织税收收入从 1993 年的 9.41 亿元跃升到 2018 年的 2263.69 亿元，为经济社会发展做出应有的贡献，先后获评"全国文明单位""全国巾帼文明岗""全国五一劳动奖章"等集体、个人荣誉称号。为弘扬中国税务精神，充分发挥税务文化的宣导功能，展示税收事业的光荣发展历程和未来方向，彰显税务人的初心使命，培育理解税收、关心税收、支持税收事业发展的时代新人，国家税务总局东莞市税务局因地制宜，打造东莞税收主题体验馆。

二、主要做法

　　东莞市税务局从 2017 年开始建设，于 2018 年正式推出"东莞税收主题体验馆"。该馆由序厅、税收经济发展展示区、老税所、税务学堂、纳税服务体验区、VR 办税区、税收游戏互动区、减税降费专区八大展区构成，整体面积超过

东莞市税务局联合步步高小学开展"税法进校园"活动之小学毕业班税收普法体验课程

1000平方米，采用全景交互、人工智能、VR等现代化技术手段，全角度展现了税收的过去、现在和未来，为广大社会公众提供了"看得见、听得到、摸得着"的全方位、立体化税收互动体验，成为税务精神的展示窗口，税务文化的传播平台，税收宣传的互动阵地。

（一）传承税务物质文化和精神文化，弘扬中国税务精神

为系统地呈现改革开放40年以来的税收改革发展全程，东莞市税务局在体验馆内开辟税收经济历史展示区，以丰富的文献材料综述税收发展改革脉络，彰显税务人"兴税强国"的使命担当，成为中国税务精神在基层一线的展示窗口。呈现古今税收发展脉络。以滑轨屏人机交互的形式展现从古代的"初税亩"到现代的增值税、所得税的发展历程，让参观者从历史的视角理解税收的演变过程。重塑峥嵘岁月老税所。重拾税收记忆，用一张张珍贵的旧票据、老物件，重塑20世纪70年代东莞的老税所，诉说骑自行车下乡收税年代的税收历史。串联税收改革大事记。以星空滚动播放形式，展示珍贵历史影像资料。从1994年国地税分设到2018年国地税机构合并，从征管大集中到金税三期上线，从营改增到更大规模减税降费，真实再现了改革开放以来东莞税收事业改革创新的流金岁月。讲述税收推动经济发展的历史进程。开辟"城市、经济、税迹"板块，详述东莞从一个香飘四季的农业县到世界智能制造高地的飞跃过程，展示改革开放40周年东莞及粤港澳大湾区的政治、经济、文化变迁，串联东莞一座城市的发展记忆。

（二）展示征管创新探索和前沿方向，畅想未来治税梦想

东莞税收主题体验馆集成展示了近年来广东税务系统特别是东莞市税务部门在落实减税降费、深化"放管服"、优化营商环境、提升纳税人满意度方面的一系列创新措施，立足东莞智能制造高地的独特优势，结合大数据、人工智能、VR技术等最新的前沿发展方向，探索展示税收征管模式的未来发展趋势。税收大数据智能展示。馆内设置了宽10米的大数据展示屏，打造征纳一体的税收大数据智能展示平台，与国家税务总局广东省税务局综合管理平台打通，向参观者实时展现东莞市经济与税收大数据。在这里，不仅可以实时查看东莞的各类税收时点数据，更可以随时调取东莞税收的近十年、各月份、各行业、所属企业等各类数据，深度挖掘这座"金山银库"，为税收工作决策提供大数据支撑。还可实时接通全市33个办税服务厅，随机查看大厅办税情况，感受税务人

紧张忙碌的工作状态。创新征管智能展示。近年来，东莞市税务局开展了一系列征管方式的创新探索，参观者可以实地查看增值税发票护航系统、O2O涉税事项集中处理、国地通发票代开易等东莞各类创新征管方式的运作模式和工作成效。VR办税智能展示。最吸引参观者的是以"黑科技"思维在全国首创设立的VR办税服务厅。戴上VR眼镜，参观者可立即进入到超前的现代化的虚拟办税场景，体验纳税申报、发票领用和代开发票等场景式办税业务，酷炫真实的效果可让参观者一瞥未来税收征管技术的前沿。未来税收智能展示。3D播放自主创作的《未来税收》影片，该片引入人工智能、虹膜识别等高科技手段，让智能化、现代化的纳税服务融入人们的生活，阐释税收的作用，展现税收服务未来的发展前景，让参观者真正感受到税收改革和技术创新的独特魅力，成为参观者们畅想未来税收的"梦工厂"。

（三）创新税法宣传阵地和互动体验，打造税收宣传平台

东莞市税务局以税收主题体验馆为税收法治教育的"官方宣传阵地"，打造体验式的税收宣传阵地，引导形成理解税务文化、崇尚遵守税法的良好社会氛围。设立税务学堂。组建"青少年税法宣讲团"，探索将税法宣传融入教学活动的新方法，采用故事教学、"小小税官"角色扮演、设立"税收体验日"、税法思辨等实践式、参与式、体验式教育形式，为青少年学生开辟校外第二课堂。打造税收游戏互动区。设置机器换人科技展、税收知识抢答游戏和"税收点亮城市"电容互动触摸屏，直观地呈现税收"取之于民、用之于民"的属性。通过这些智能互动、寓教于乐的方式，让社会公众特别是青少年在参观体验中，认识税收、理解税收，更加明确地认识到税收在社会发展中的支撑性作用，强化税法普及宣传。创新引入机器人税官。体验馆中最受参观者欢迎的是一台"萌萌哒"机器人税官"税小莞"，它不仅能随机游走担任场馆引导员，还能与参观者开展智能语音对话，回答各类常见的税收问题。它的知识库可以持续更新，开发出更多的税收功能。寓教于乐、智能对话、人机互动，"税小莞"成为馆内的"小明星"，成为开展税收宣传的"新利器"。

三、工作成效

东莞税收主题体验馆，为参观者开启了一段穿越时空的税收互动体验之旅，让税务人看了受教育、纳税人看了受启发、用税人看了倍加珍惜发展成果，填

补了国内税收类体验馆的空白。

（一）彰显税务人的初心和使命

东莞税收主题体验馆作为税收历史的展示馆，回顾了改革开放以来税收事业的发展里程，呈现了新时代智慧税务的靓丽风采，凸显税收在国家治理体系和地方经济社会发展中基础性、支撑性、保障性地位，展现税务之家的光荣历程，弘扬了中国税务精神，彰显了税务人的初心和使命。

（二）创新税务文化的宣传和教育

东莞税收主题体验馆作为税务文化的创新宣传阵地，已先后与16所学校建立了"税收宣传对对碰"项目，来馆参观学生人次达700左右。其中，南方网全程网络直播了东莞步步高小学参观体验馆的宣讲活动，观看互动人数达10万人次，有效促进了税务文化和税法的宣传，不断培育理解税收、关心税收、支持税收事业发展的时代新人。

青少年小税官体验VR智慧办税服务厅

（三）打造税收服务粤港澳大湾区的全新名片

东莞税收主题体验馆作为税收文化的创新展示窗口，生动展示了新时代新税务新风采，诠释了"忠诚担当、崇法守纪、兴税强国"的中国税务精神，成为税收服务粤港澳大湾区发展的亮丽新名片。一年多来，共接待社会各界200余批次超过3000人次参观者，受到一致好评。

（执笔人：何锋　卜秀平）

用活地域特色 展现个性元素
倾力打造"光明牛"税务文化品牌

国家税务总局深圳市光明区税务局

国家税务总局深圳市光明区税务局以拟人化卡通形象——"小光"和"小明"作为光明税务代言人,分别赋予"拓荒牛""孺子牛"的精神内涵,倾力推进"光明牛"税务文化品牌建设。

一、背景意义

深圳市光明区税务局坚持以"光明牛"文化品牌建设为引领,以"小光"和"小明"两只"税务牛"为载体,为"税务牛"赋予了鲜明的地域特色、时代特征、个性元素,全力打造独具特色的"牛牛"税务文化。设计将"税务牛"动漫形象广泛运用于税收宣传、纳税服务、思想建设、队伍建设、廉政建设等工作,使税务文化建设更加生动化、趣味化、个性化。两只"税务牛"形象创意来源于光明区老字号企业——晨光乳业。两位"代言人"的名字来源于光明区的"光"和"明"两字,寓意光明区。两只身着税务制服的"税务牛"卡通形象,分别代表光明税务人开拓进取的"拓荒牛"精神和无私奉献的"孺子牛"

2018年10月,光明区税务局的"牛牛说税"主创团队在参加深圳市税务局举办的"最美小编"评选活动时与两只税务牛"小光"和"小明"合影留念

精神，是光明税务"拓荒牛"创业文化和"孺子牛"奉献文化的形象载体。

二、主要做法

"光明牛"税务文化品牌坚持两条主线，依托三种形式，精心打造五个子品牌，即以弘扬"拓荒牛"和"孺子牛"精神为主题，以"税务牛"人偶、动漫、衍生产品三种形式为载体，打造"牛牛说税""税苗萌芽第一课""牛牛育林""牛牛微课堂""牛牛倡廉"五个子品牌，推进"牛牛"文化的传播与渗透。

（一）坚持两条主线，大力弘扬"牛牛"精神

以弘扬"拓荒牛"敢为人先的进取精神和"孺子牛"的奉献精神为主线，通过拟人化的卡通形象激励和引导光明税务人在税收工作中开拓拼搏、创新进取、敬业奉献、忠诚担当。以"牛"的形象作为光明税务的形象代言，就是用"牛"特有的奋进、勤恳、忠诚的性格特征寄寓光明税务人，通过这种潜移默化的教育形式，让光明税务人牢记开拓奋进"拓荒牛"和"俯首甘为孺子牛"的精神内涵。

（二）依托三种载体，广泛推广"牛牛"文化

在税收各项工作中充分依托"税务牛"人偶、动漫、衍生产品等形式深植"光明牛"文化。以"小光""小明"的形象制作卡通人偶，在沙龙、宣传、培训等场合以"税务牛"人偶的形式参与活动，增强"牛牛"文化影响力、感染力。创作"牛牛"系列动漫故事，将最新税政、时政热点通过"税务牛"讲故事的形式传达出来，诙谐幽默、极富喜感的动漫故事让枯燥复杂的税政理论更加浅显易懂。制作微信表情包、"税务牛"毛绒玩具、钥匙扣、鼠标垫、购物袋等文化衍生产品，在税收宣传活动中发放，进一步扩大"光明牛"的影响力、感染力。

（三）打造五个子品牌，切实丰富"牛牛"内涵

通过"牛牛说税""税苗萌芽第一课""牛牛育林""牛牛微课堂""牛牛倡廉"等五个子品牌，深入推进税务文化建设。

"牛牛说税"是实用的办税指南，最通俗的业务指引，最有趣的政策解说，成为"便民办税春风行动"和税收宣传月的主阵地。开设至今推出系列漫画30余期，微信H5两期，街访视频3期，公益广告2期，利用"线上+线下"的模式提升了"牛牛说税"的知名度和美誉度，吸引近10余万人次浏览点赞、分

享转发。

"税苗萌芽第一课"是税法进校园活动的明星品牌,"税务牛"走进课堂讲授税收知识。连续组织两届光明区中小学生税收漫画和征文比赛、"小小税官"税收体验活动,得到了辖区中小学生和家长老师的广泛欢迎。

"牛牛育林"是人才培养的主阵地,通过开展"弘扬牛精神、筑梦大愿景"青年辩论赛,成立"牛牛猎税务狮"小分队组团备考"三师"资格证等活动,为人才培养浇水施肥,助力育林工程。

"牛牛微课堂"是青年文化活动的大舞台,通过定期开展讲座、文化沙龙,为广大青年干部提供了一个展示自我的平台,围绕"牛牛文化"举办各类沙龙、讲座、论坛10余期,引导青年干部树立正确价值观,激发了青年干部队伍活力。

"牛牛倡廉"是廉政建设的好助手,创作税收廉洁系列漫画,向干部家属派发"牛牛倡廉"大礼包,通过"光明牛"发布倡廉提醒、宣传廉洁纪律、讲述违法违纪典型案例,做到警钟长鸣。

三、工作成效

深圳市光明区税务局抓住税务文化建设的"牛鼻子",着力打造开拓进取、敬业奉献的"牛精神",在税收宣传、纳税服务、思想建设、队伍建设、廉政建设中深植"拓荒牛"和"孺子牛"文化,凝聚起光明税务人开拓进取、敬业奉献、忠诚担当的共同精神追求,让税务文化软实力得到进一步提升。

(一)以"拓荒"精神为航标,砥砺前行开新路

随着"拓荒牛"的开拓创新精神深入人心,深圳市光明区税务局的各项工作结出丰硕成果,先后有20多项工作经验、创新成果被全国、深圳市税务系统推介。2014年,原深圳市光明区国税局办税服务厅从"一窗通办"到"全职能"服务模式入选第一届"全国行政服务大厅典型案例展示"评选。2016—2018年创新推出的国地税联合办税服务区、"牛牛说税""税苗萌芽第一课"三个项目连续三年入选深圳关爱行动百佳市民满意项目。"光明牛"文化品牌建设项目获深圳市委、市政府和深圳市税务局各项表彰10余项。

(二)以"奋进"之心为指引,奋蹄争先铸铁军

开拓进取的创新精神也融入了光明税务人的血液,形成了你追我赶,人人

2019年6月，光明区税务局在街区举办减税降费政策有奖问答活动，"小光"和"小明"两只税务牛为落实减税降费政策宣传代言

争先的良好工作氛围。通过"牛牛育林"培养了一大批税务英才。6名干部通过学习获得研究生学历，55人入选国家税务总局和国家税务总局深圳市税务局各类人才库。在"金牌讲师"评选活动中，2人被评为深圳市税务系统"金牌讲师"，1人被选聘为扬州税院客座讲师，6人次代表深圳市税务局参加税务总局练兵比武考试，取得佳绩。

（三）以"孺子"美德为感召，敬业奉献做表率

光明税务人坚持用"孺子牛"精神践行敬业美德，涌现出一批批务实苦干、任劳任怨的"老黄牛"。征收管理科科长董秋红带领科室人员全身心地投入工作之中，所在科室被评为广东省巾帼文明岗。老党员何小玲在自己的工作岗位上爱岗敬业、吃苦耐劳，几十年如一日全心全意为人民服务，深受群众爱戴，曾获深圳市五一劳动奖章，其家庭被评为广东省"最美家庭"。

（四）以"忠诚"税魂行大道，风清气正树新风

通过"牛牛倡廉"引导干部职工学习"税务牛"的忠诚之心，寓教于文，寓教于理，寓教于乐，形成廉洁文化无处不在、润物无声的浓厚氛围。在"光明牛"精神的感召下，党员干部任劳任怨，在平凡岗位上体现自己的社会价值。

（执笔人：陈风韵　康琛　吴湟）

依托边区税务总局旧址
打造红色文化特色研学基地

国家税务总局邯郸市税务局

晋冀鲁豫边区税务总局旧址,位于河北涉县红色文化名镇索堡镇,具有重要的革命历史地位、深厚的税务文化积淀、极高的文物保护价值和独特的综合宣教功能。抗日战争时期,晋冀鲁豫边区税务总局、边区工商总局等部门在此办公,有力领导了全边区经济、税收、交通、金融等各项事业的发展,为支持抗日战争、解放战争,巩固晋冀鲁豫根据地作出了卓越贡献。同时,也为后来成立的华北税务总局、中央人民政府财政部税务总局,奠定了税制、人才基础。

为深入挖掘、开发和利用太行山红色税收文化资源,2015年起,邯郸、涉县两级税务部门抢救性修复旧址,建立税收陈列馆,联合地方党委政府、文物、工商等部门力量,加强旧址文物保护、税史研究、文化传承、税法宣传,打造了深具税务特色的综合教育基地。2016年,被邯郸市政府确立为"全市爱国主义教育基地""市级文物重点保护单位"。2017年,被国家税务总局、中华人民

晋冀鲁豫边区税务总局旧址整体面貌

共和国司法部联合命名为"全国税收普法教育示范基地",成为河北省重要的税务红色文化新"名片"。

一、精心布局,科学规划,建设以税收陈列馆为核心的多功能教育平台

一是认真研究历史贡献。1941年10月至1945年12月,边区税务总局在涉县驻扎(1942年7月,与边区工商管理总局合并)。坚持敌后税收工作5年之久的晋冀鲁豫边区税务总局,制定各项税收法规、政策,加强税收征管,查禁外货走私,统制出入口贸易,发展边区工商业,为战争胜利做出重要贡献。当时,在12万平方公里、人口总数2551万人、共辖149个县的广阔区域内建立的晋冀鲁豫边区税务总局,健全了组织机构,建立了统一完备的税收制度,为新中国税收事业提供了税制、征管和组织基础。

二是迅速开展抢救性修复。2015年,按照修旧如旧的原则,邯郸、涉县两级税务部门上下联动,对历经百年风雨的"三阁楼"旧址进行抢救性修复,并同时对旧址院内的四合院、附属建筑、外围广场等部分进行修复。修复后,建成占地1700余平方米,包含税收陈列馆、税收文化长廊、税收普法大讲堂等区域的教育平台。

三是建立晋冀鲁豫边区税务总局陈列馆。陈列馆以旧址三层主阁楼为主体进行设计布展。一楼展厅主题为"场景还原"和交通图邮。利用文物、图文,还原抗日战争时期老一辈革命家艰苦奋斗的场景,并介绍了太行区交通、邮政事业发展历史。二楼展厅主题为"机构沿革"和"税制建设",分为抗战爆发、发轫太行、创设税局、税政统一、合理负担、统一累进税等版块,系统介绍了边区税务机构的沿革、税收制度建设。三楼展厅主题为"峥嵘岁月",介绍税收贡献、英烈模范等内容。展览面积400余平方米,共展出图片200余幅、文物600余件。

二、创新形式,丰富载体,打造群众喜闻乐见的综合教育大格局

自2016年税收陈列馆开放以来,河北省、邯郸市、涉县三级税务部门依托旧址,加强税史研究、税法宣传和革命传统教育,形成了广泛辐射、效果突出

的综合教育格局。

一是普及税史税法，增强大众诚信纳税意识。围绕税收重点工作，在该旧址组织开展晋冀鲁豫边区税收文物展、"走进魅力太行，品味红色税月""青少年税法宣传大讲堂""旅发大会·红色税宣"等丰富多彩的税法宣传活动40余次。与129师剧社、文联合作，联合创作红色税收情景剧《烽火岁月时那些税事儿》等节目，在全市范围巡回演出。

二是传承红色精神，提升党员干部综合素质。将旧址作为党员干部重点培训基地，制定教育大纲，整合边区税务总局旧址及周边红色教育景点、财税文物、教学课件、体验活动等各类教育资源，将习近平新时代中国特色社会主义思想、中国共产党党史、勤政廉洁、中国税务精神等内容融入课堂，有效提升党员干部党性修养和思想政治水平。

三是挖掘税收历史，打造存史资政育人基地。深入搜集整理有关税收史料，印刷《晋冀鲁豫边区税收陈列馆画册》《税政先声》邮册等，编写《晋冀鲁豫边区税收工作纪事》《抗日烽火中的一段艰难"税月"》《晋冀鲁豫边区税务总局局长刘裕孚》等30多篇税史作品，在《档案天地》《中国税务报》等刊登。国家税务总局邯郸市税务局联合涉县县委、县政府，摄制全国首部红色税收文化历史纪录片《税出太行》，在网络上热播。四是打造文化名片，凝聚社会支持税收共识。开馆以来，被中央电视台、中新网、《中国税务报》等多家媒体报道，累计接待全国税务系统同仁、各地游客等前来参观8万余人次。旧址已成为集税法宣传、税史研究、革命传统教育、爱国主义教育等综合功能较强的税务文化基地。

三、放眼未来，开拓创新，全力打造新时代下税务特色综合教育基地

当前，在全国税务系统同心共筑税务梦、奋力推进税收现代化的关键时期，晋冀鲁豫边区税务总局旧址的历史价值、文化价值、教育价值愈发浓郁与深厚。2019年，邯郸市税务局以建国70周年为契机，立足"新税务、新服务、新功能"定位，发力三个目标，打造"太行山上·税收红"品牌，进一步提升旧址综合教育功能。

一是着力打造"中国红色税收文化高地"。大力加强旧址保护、史料挖掘、

2018年河北省税务系统在晋冀鲁豫边区税务总局旧址举办传承"中国税务精神"主题教育活动

宣传推广、开发利用,从而丰富中国税务文化内容,增强税务人培育和弘扬税务文化的自信,增进公众对税务文化的关注和理解,为推进各项税收工作高效开展营造良好文化氛围。

二是着力打造"中国税务精神传承基地"。旧址蕴含着深厚的红色历史文化积淀,承载着老一辈税务人艰苦奋斗、不怕牺牲、勇于担当、廉洁奉献的红色税务精神。将继续依托旧址加强新入职公务员和全系统党员干部教育,使之成为宣传和践行"忠诚担当、崇法守纪、兴税强国"中国税务精神的重要教育阵地。

三是着力打造"中国税务红色文化特色研学基地"。深入挖掘和利用旧址资源,推进旧址与税法宣传、传统教育、税史研究、文化传承、地方旅游、经济建设等工作的深度融合,将旧址建设成为税务特色鲜明、影响力广泛的红色税收文化综合研学基地。

(执笔人:付壮　张昆明)

创作《税务弟子规》 不忘初心树导向

国家税务总局运城市税务局

为凝聚事业发展合力，国家税务总局运城市税务局以"四合"为主题，采用国学典籍《弟子规》写作体例，创作了《税务弟子规》，作为国税地税征管体制改革特殊历史时期税务干部得失进退的判断尺度和行为依据，在运城市1700余名税务干部中广为推广、传诵、学习、践行。新颖的题材和务实的内容，赋予了运城市税务局新时期税务文化建设的生动内涵，唱响税务干部不忘初心、共建家园的美妙和声。

一、主要做法

（一）"四合"为篇，立足价值归引

《税务弟子规》的核心内容可概括为"讲政治、守规矩"，它以"事合、人合、力合、心合"为篇，划定税务干部融合期的思想行为准则，以组织的口吻教导规劝，在税务干部中更富号召力和感染力，具有很强的思想政治教育意义。"指挥部，盼相融；基层局，齐响应；四合诀，总号令；新税规，悟且行""新税务，新进步；业腾飞，本须固；党建领，使命驻；葆初心，核心护"等表述，说明了创作的初衷，指出讲政治是事业的根本。除《总叙》外，其余四个篇章分别对应不同的准则，如《事合篇》具体解释了政务业务的融合处理，指出"事合"的解决办法是"定规制""权责明"；《人合篇》通过引用先贤典故，说明了不同岗位不同身份的税务干部应具备的思想境界和个人努力方向；《力合篇》阐明团结协作的原则，发出了"全力赴、夺战果"的燃情号

运城市税务局第一税务分局开展全员诵读《税务弟子规》交流会

召;《心合篇》语重心长,追本溯源,唤醒干部的同理心,希望大家怀着筑梦情怀共同迈进新时代。语言表述既循循善诱,又纲举目张,有效地引导广大税务干部确立以执公逐梦为核心的运城税务价值观,形成全市税务系统奋进合力。

(二)古为今用,传承经典文化

《弟子规》列述弟子在家、出外、待人、接物与学习上应该恪守的守则规范。曾经是启蒙养正的重要读物,300多年来广为传诵,影响深远,在当代仍具有重要教育意义和深厚群众基础,它的作者清代学者李毓秀,正是运城市新绛县人。运城市税务局创作《弟子规》政治文化宣传片,风格活泼,寓教于乐,传播范围较大,广受好评。

《税务弟子规》采取国学典籍《弟子规》的文学体例,三字一句,韵律整齐,语言精练,朗朗上口。它的创作,既是对中华优秀传统文化的传承,具有浓厚的本地文化特色,也是在以往税务文化建设基础上的融合创新。将《弟子规》作为新时期税务干部思想行为准则的模板,寓意明显,能够使税务干部产生强烈的代入感。《税务弟子规》适当运用传统文化元素,如关于"河东、盐运"的表述,尧、舜、禹、关云长等河东先贤的事迹描写和历史典故,激发了税务干部的认同感和自豪感,使之迅速接受并传诵开来。

(三)实践取向,促进落地生根

《税务弟子规》反映了运城市税务局党委带队治税的实践经验。国税地税征管体制改革以来,运城市税务局党委十分关注税务干部现实需要和心理诉求,不断思考问题产生的原因和化解矛盾的方法,在《税务弟子规》中逐条解读。初衷就是要在潜移默化中提升税务干部的思想认识,转变消极观念,献务实之策、聚人和之力。创作过程中,运城市税务局党委广泛征求市局党委委员、基层局"一把手"、科股长、一般税务干部的意见建议,多次召开研讨会,几经删改,最终成稿。虽然文字经过了高度的艺术加工,但言浅意深、说理透彻、直击人心,做到了以情感人、以理服人、以文化人。《税务弟子规》定稿后,创新载体,制作不同展示风格的《税务弟子规》音频、视频,利用新媒体等,在运城税务系统上下全面推广,立即引发了税务干部的强烈关注和热烈讨论,传递出"忠诚担当、崇法守纪、兴税强国"的税务正能量使税务干部深受感染。大家纷纷表示,要"担使命,强国脉;从头越,大步迈。"运城市税务系统工作氛围为之一新。

二、主要成效

税务文化建设是一个长期坚持润物无声的过程，也是一个立足实际不断发展的过程。运城市税务局以推动税务文化繁荣兴盛为己任，将《税务弟子规》作为重点建设的文化品牌，随着改革的深化、形势的发展、思想的碰撞而不断更新、优化，更加深入地走入税务干部的内心，净化、丰富税务干部的精神家园，在时代发展中沉淀税务文化的独特芬芳。

（执笔人：郭开立）

税务弟子规

总　叙

晋之南，河之东；因盐运，名运城；
华夏根，民族魂；文厚重，灿如星。
弟子规，是启蒙；国学典，教化从；
改革潮，波涛涌；国地税，启新程。
指挥部，盼相融；基层局，齐响应。
四合诀，总号令；新税规，悟且行。

事合篇

融合期，万般事；论根本，定规制；
政务急，业务密；走程序，办实体；
老条规，难匹配；细梳理，精调剂；
权责明，无缝隙；常磨合，更默契。
信息化，大趋势；奋起追，正当时。
云数据，掌中器；技纯青，方锋利。
业务合，充电急；大练兵，不停息，
补短板，互学习；齐头进，要熟记；
上擂台，比一比；胸有竹，志夺旗。
办税厅，窗口区；塑形象，主阵地；
一进门，首问制；一件事，跑一次；
自助区，终端机；税和费，不分离；

值班长，导税岗；同舟济，解难题。
月报表，双对接；求真实，细分析。
划资产，把账对；清家底，都归一。
稽查局，跨区立；织天网，当卫士。
优服务，无巨细；强管理，秉公义。

人合篇

河东地，多贤良；行高贵，名远扬；
尧舜禹，相禅让；安天下，成绝唱；
忠义勇，关云长；丹心献，世无双。
新党委，初领航；班子硬，队伍强；
板凳加，莫嫌长；团结好，正能量；
月有缺，玉有瑕；避其短，用其长。
当班长，树榜样；领头雁，重担当；
兼听明，偏听暗；心换心，大合唱。
做辅佐，莫乘凉；分内事，扛肩上；
同频震，相互帮；犯禁令，切勿想。
股所长，当干将；创事业，做栋梁；
老干部，是财富；献余热，映晚霞。
老骨干，叫得响；信息化，需补强。
小税干，采众长；青出蓝，接好棒。
帅转副，士留步；心坦荡，又何妨；
换位想，能推让；将相和，天地广。
求进步，风格讲，比定力，看度量；
破迷障，识本相；旅途长，攒人望。
犯错者，勿迷茫；党组织，勤回访。
贤德人，勿放凉，相信党，定上榜。

力合篇

新税务，新进步；业腾飞，本须固；
党建领，使命驻；葆初心，核心护。
勠力行，势无阻；经风雨，关山度；
一条心，成肱股；一把箭，变铁杵；
兄弟阋，无胜负；手足情，春风沐；
陋习驱，正气补；挺身出，是义务；

勿附和，勿沉默；当时躲，后孤独。
新使命，新任务；千帆发，上征途；
宵着衣，全力赴；旰以食，夺战果。
大任务，小项目；相联系，互帮扶；
今日你，明日我；主客位，轮流顾。
若挤兑，若捣鬼；似精明，实糊涂；
若推诿，若扯皮；空内耗，啥也误。
亲加清，廉加俭；划红线，守门户；
身不偏，鞋不湿；循规矩，站得住。
文化之，德育之；如细雨，润万物；
环境美，生产力；合成旅，丰碑铸。

心合篇

币帑输，国命脉；税赋征，历万代；
国地税，并蒂开；立分合，数十载。
党中央，税制改；九州内，皆拥戴；
同向行，大道开；齐心动，国安泰。
税务蓝，吾钟爱；金税徽，放光彩；
安我身，展我才；一路来，恩似海。
忆往昔，手足亲；两条线，根一脉；
父子营，兄弟连；心连心，互声援。
看今朝，大整编；序列新，初心在；
点将台，军令签；肩并肩，奔未来。
爱组织，敬班子；论缘由，党指派；
或宽严，或褒贬；真心爱，金难买。
没有主，没有次；坐一起，同心圆；
无高低，无远近；才德俱，方偏爱。
谈工作，论生活；有分歧，也难免；
表善行，去缺陷；互镜鉴，相帮带。
弟子规，源远来，新税规，记心怀；
温言劝，深期待，常自勉，可成才。
中国梦，百年载；新税务，新时代；
担使命，强国脉；从头越，大步迈。

打造"亲清党建"品牌　服务晋江民营经济

国家税务总局晋江市税务局

一、背景意义

习近平总书记指出，要构建亲清新型政商关系。"亲清"二字也是"晋江经验"中"处理好市场经济与新型服务型政府关系"的重要内容。身处政商关系最密切、最敏感的一线，习近平总书记的讲话，为国家税务总局晋江市税务局打开了一条"亲清"党建之路，也为税收事业的健康发展指明了方向。晋江市税务局党委坚持"亲清"抓党建，探索出一条亲清税商之路，既依法依规、勤政廉政，又融亲融情、真诚服务晋江3万多家民营企业，共同打造一方民营经济的繁盛热土。

二、主要做法

（一）便民亲——服务有方"十个办"

春风便民，税企同心。晋江市税务局坚持"始于纳税人需求，基于纳税人满意，终于纳税人遵从"的工作理念，以税务人的"辛苦指数"换取纳税人的"幸福指数"，大胆创设"十办"服务。立足"信息多跑路、群众少跑腿"，在福建省首推微信办、网上办、自助办、智能办，创新智慧型纳税模式。打造"三维多功能智能办税机器人"，通过语音识别纳税人描述的关键字词提供相应的服务，解答业务问题和最新资讯，缩短等待时间、提升办税体验。党员税官主动揽业务、争服务，延时办、预约办、VIP办、应急办、上门办、分流办，真正做到想纳税人之所想、解纳税人之所需、急纳税人之所急。减税降费工作开展以来，抽调党员业务骨干，组建"减税降费党员专家团"，在办税大厅增设咨询专窗，及时在办税一线化解急难问题；党员干部深入企业商户，开展宣传辅导"面对面"、减税礼包"点对点"、降费服务"一对一"。

（二）税企亲——感情回归"三来补"

"硬件不足软件补、政策不足服务补、优惠不足感情补。"面对企业外迁、税源外流的多重挑战，晋江市税务局党委作出"三补"承诺，创新分片包干责任

2019年4月,晋江市某药店在"私人订制服务单"上写了"每季度销售额大概一二十万,不知道交多少税"的服务需求,"新税青"党员服务团队上门宣传减税降费

制,由党员领导挂帅,分组挂钩若干镇街和异地晋商,与企业话乡情、问需求、解难题。同时推动地方产业扶持政策出台,针对纳税信用A类的龙头企业推出龙头企业个性化服务团队、VIP客户服务室等12条个性化服务措施。精选政治素质过硬、业务素质良好的优秀党员干部充实到出口退税审核队伍,为出口退税队伍注入"红色血液",优化退税服务流程、提升退税服务质效。创新"私人定制"服务,让有服务需求的企业、纳税人、缴费人根据自身需要填写"私人定制服务单",组建"新税青"团队,根据"私人定制服务单"为纳税人提供量身定制的个性化精准服务。推行党建进企业、进社区、进商会、进学校的"四进活动",以党建共建为基础,凝聚党建合力,打通税收服务的"最后一公里"。

(三)家园亲——以人为本"家文化"

坚持以党建带动工会、共青团、妇女等群团工作蓬勃开展,发挥干部职工主力军、青年生力军、妇女半边天作用。成立福建省税务系统首家妇联,开展妇女干部喜闻乐见的文体活动,丰富妇女同志的文化生活。团委与晋江青商会签订共建协议,开展文体交流活动,同时以"服务为主,双向互动"为原则,建立纳税服务、税收政策、出口退税三个快速咨询反馈联络组,构建"亲清"税商关系。工会牵头,积极响应干部需求开设合唱团、葫芦丝、剪纸、尤克里里等18个兴趣小组,丰富干部业余生活,营造晋江市税务局"大家园"文化氛围。充分发挥群团组织的桥梁纽带作用,全力推动全体党员干部心往一处想、劲往一处使。

(四)权责清——交注有度"云监管"

晋江市税务局坚持落实全面从严治党,推行法制化、标准化、规范化、阳光化、民主化、协作化、监督化、闭环化、回归化、集成化等权力"十化"制度。在福建省率先推行"巡查全覆盖","准确定位,让政治巡查'严'起来;健全机制,让巡查体系'立'起来;创新形式,让巡查手段'活'起来;跟踪问责，让监督力度"硬"起来；固化制度，让整改成效"明"起来。风纪周检查，党建月巡查，每季支部自查，半年交叉互查。对党支部开展党的基础建设情况进行全面政治体检，把检查结果作为评选优秀支部的标准，对落后党支部通报诫勉。聚焦"一体监督"，构建横纵联通监督检查体系，以督导检查促落实；聚焦"一线监督"，深入基层单位进行抽查测试，以考核考评促工作落实；聚焦"合力监督"，实施领导定点联系制度，开展实地走访，以问题导向促工作落实。正风提效的效果逐步显现。

（五）形象清——党员有范"好税官"

推行"税官三诺"，党徽戴在胸襟上，承诺写在岗位上。在国税地税征管体制改革、减税降费等重大任务中，全体党员签下承诺书，比普通干部多做一些、做好一些，通过实际行动践行诺言、彰显党员担当。作风建设，先锋引领是关键。党委班子应急轮值，窗口党员午间不休，每周

2019年结合减税降费重点工作，党员专家团队深入福建龙峰纺织科技实业有限公司"面对面"送政策

考核党员履职，每月评选服务标兵，每季度评选流动红旗窗口，成立青年党员攻坚队、巾帼党员服务队等，涌现出一批又一批的"党员好税官"。

三、主要成效

智慧化、人性化的措施提升了服务的感情指数，得到国家税务总局局长王军的肯定批示。温情、高效、公平的营商环境提升了纳税人、缴费人的满意指数。逐年递增的税收收入助力地方发展，提升了城市的幸福指数，"亲清党建"得到福建省委、省政府和省直工委领导的充分肯定。晋江市税务局也荣获全国文明单位、全国税务系统先进集体、全国工人先锋号、全国税务系统法治基地、全国五一劳动奖状、全国模范职工之家和全国巾帼文明岗等荣誉称号。

（执笔人：庄稼仁　林岑晔）

"驿路春风"党建品牌的实践探索

国家税务总局成都市龙泉驿区税务局

一、背景意义

龙泉驿区位于四川省成都市东南,是全国综合实力百强区、天府新区汽车产业核心区、成都"东进"主战场。国家税务总局成都市龙泉驿区税务局承担全区3.5万户纳税人的征管服务工作,税收规模和税收贡献居成都市各区县税务局第二名,现有在职干部297人,设置党支部28个,共有党员181人。2019年7月,被中央组织部、中央宣传部表彰为第九届全国"人民满意的公务员集体"。

为认真贯彻落实全面从严治党要求,注重打造"驿路春风"党建品牌建设。"驿路春风"党建品牌,取"龙泉驿"之名、谐"一路"之音、寓"从严治党永远在路上"之意、应"便民办税春风行动"之行,统"龙泉·易""龙之正·泉之清"等子品牌,注重突出时代特征、税务特质和地域特色。创建以来,"驿路春风"党建品牌得到新华网、人民网等主流媒体关注报道,吸引税务系统内外、省内外数十家单位调研观摩,推动龙泉驿区税务局创建为四川省税务系统第一批"基层党建工作示范点"、龙泉驿区委党建工作"经验交流地"。

二、主要做法

(一)突出"三大工程"抓手

实施"堡垒共筑驿家人"工程。落实基层党建联系点工作要求,明确3方面9项具体任务,省、市、区局三级党支部联合开展"减税降费在行动""不忘初心、牢记使命"主题教育、主题党日等活动。联合"一汽大众""东风神龙"等重点企业,开展党建共建活动。结对驿河社区党委,开展"个税宣传进社区""共画党建同心圆"等活动。

实施"志愿帮扶驿家人"工程。一手抓"造血","精准扶贫"万家村,与贫困家庭建立"1+1"结对帮扶"连心卡";一手抓"输血",深化对民族地区兄弟单位"帮扶共建",组建"党员志愿服务"队,累计投入帮扶资金近百

龙泉驿区税务局开展"爱满暑假 助力成长"关爱留守儿童志愿服务活动

万元。

实施"风清气正驿家人"工程。纳入国家税务总局和四川省政府确定的"税务（稽查）执法全过程记录制度试点工作单位"，研发"进户执法动态监控一体化平台"，作出"优质服务、廉洁从税、五个不让"等承诺654条，实现全过程留痕和可回溯管理。

（二）打造"四大驿站"平台

打造"引领驿站"。落实《加强改革期间党组织和群团组织建设十条举措》，实现党员在所有部门全覆盖、党组织在所有部门全覆盖、群团组织建设全面到位"三个全覆盖"。落实"一支部一特色"要求，总结形成"四抓四促""透明工场""创·易"等特色支部工作法。

打造"智慧驿站"。创新大数据思维理念，在成都市首推"E-get"存量房交易涉税查询系统，快速解决百姓"理解难""资料难""计税难"的烦恼；自主开发"E平台"，实现发票代开、发票配售、简易注销等辅助决策，平均办理时间从15分钟压缩到5秒钟。

打造"服务驿站"。以"龙泉·易"纳税服务品牌为载体，让纳税人"税前易知晓、税中易办理、税后易沟通"。将11类212个依申请类事项全部前移至办税服务厅，9类149个事项实现"只跑一次"，主要办税事项"全程网上办"，"非接触式"办税比例80%以上。打造"先锋驿站"。发挥党员先锋作用，制定青年干部培养实施意见，实施"领头雁工程""青廉工程""梦工厂计划"，设立"党员先锋岗"，培树发掘在落实减税降费、优化营商环境等工作中的先进典型，发挥示范带动作用。

（三）丰富"五微一体"载体

以"微创新"撬动大党建。创新"开放式组织生活"，突出主题、内容、受众的开放化，开展"固定党日+道德讲堂"55期；创作舞台剧《桃花故里好税官》、动漫微电影《熊猫村税事》等一批党员干部喜闻乐见的优秀作品。

以"微党课"赢得大舞台。创新内容"小巧"、架构"简清"的"微党课"，"大理论"结合"小事件"，"大主题"走上"小讲台"，开展党支部"小课堂"56次，"驿路春风"线上"微党课"46期，"爱廉说"微讲堂66期，点击量突破1万次。

以"微服务"承载大格局。制定《关心关爱干部职工》措施16条，慰问生病职工、困难干部和老党员21人次，让干部感受组织温暖。组织开展职工运动会、文化活动周、"八一""重阳"座谈会，增强干部归属感。

以"微阵地"展现大形象。围绕"春风沁心"强基固本、"春风劲吹"改革创新、"春风化雨"便民服务、"春风送暖"传递关爱四大主题，建立"七景税苑"党建园地、"强党建引领新事业"活动阵地，以"小切口"擦亮党建"形象窗"。

以"微行动"引领大作为。实施"寒门学子圆梦行动"，自发创办公益组织"心芽社"，资助贫困大学生完成学业；举办"爱满暑期·助力成长"留守儿童夏令营，得到四川省文明办高度肯定。

三、工作成效

（一）氛围更浓了

党员干部制作的《桃花的印象》H5动态海报获四川省税务系统特等奖，话剧《唐小雨的选择题》获成都市税务系统文艺汇演二等奖，《每月一课》入选成都市纪委党纪党课，《出口退税跟我学》荣获2018（第四届）中国企业微课大赛"突出贡献奖"，党员责任感、认同感、获得感增强了，基层党组织的凝聚力、战斗力更强了。

（二）队伍更活了

党员干部勤练内功，忠诚担当，奉献社会，累计发展党员10余名，32名干部取得注册会计师、税务师、法律职业资格，涌现出全国百名优秀县税务局长、全国百佳办税服务厅主任等先进个人237人（次），荣获全国"人民满意的公务员集体"、全国文明单位等多项殊荣。

在办税服务厅开辟服务驿站

（三）站位更高了

党员干部认真践行中国税务精神，开展便民办税春风行动，"十三五"期间组织税费收入1258亿元、减免税费103亿元；在四川省纳税人满意度测评中，位列成都市参评单位第一名；营改增以来，龙泉驿区纳税人减负面超过80%，一般纳税人税负下降0.39个百分点、小规模纳税人税负下降0.09个百分点，为激发微观主体活力、优化营商环境持续贡献了龙泉税务力量。

（执笔人：黄秋利　朱光源）

积极打造"责任税务 服务税务 快乐税务"文化品牌

国家税务总局西安市税务局

国家税务总局西安市税务局高举习近平新时代中国特色社会主义思想伟大旗帜，秉承中国税务精神，倾力打造"责任税务、服务税务、快乐税务"（以下简称三个税务）文化品牌，走出了文化建设与税收工作融合发展的新路子，凸显了税务文化软实力，促进了"事合、人合、力合、心合"向纵深发展。

一、背景意义

站在新时代的历史起点上，西安市税务局抢抓新机遇，着眼高质量推进税收现代化建设的新部署新要求，主动对标国家税务总局"四合"要求和国家税务总局陕西省税务局"六个一"发展理念，以改革创新的精神、敢为人先的勇气，突出服务经济社会发展大局的主题，突出"为国聚财、为民收税"的神圣使命，展现推进税收现代化的时代特征，秉持"文化育人、文化兴局、文化强税"的理念，大胆实践探索"三个税务"文化建设，全力打造一支肩上有责任、心中有服务、生活有快乐，一切行动听党指挥的西安税务铁军，建立起"内润于心、外化于行、渗透于制、固化于物"的西安税务立体文化大格局。

二、主要做法

遵循文化建设的基本规律，结合税收工作实际，确立了西安税务"三个税务"特色文化建设思路，即"一条途径、五个步骤、四个平台、一个指数"。

一条途径：目标愿景→故事案例→传播认同→自觉践行→习惯养成。

五个步骤：理念提出（责任税务、服务税务、快乐税务）、理念灌输（内化于心）、理念措施（外化于行）、理念形成（从组织文化到个人文化）、理念落地（习惯养成）。

四个平台：党建引领平台，每月开展一次税企党建活动，塑造税企融合协同发展;"三个税务"钉钉平台,通过钉钉软件平台将"三个税务"文化建设及时传播到每一名干部,收集干部职工对"三个税务"文化建设的意见建议,营造全员参与的浓厚氛围;擂台赛平台,每半年开展一次擂台赛,将各基层局"三个税务"文化建设经验与不足,进行分享与研讨,相互促进文化建设;工会活动平台,系统工会牵头成立15个文体协会,每月开展一次系统文化活动,丰富干部业余生活。

一个指数:快乐指数测评。每半年进行一次快乐指数测评,了解干部职工的关注点,及时调整工作节奏与思路。

三、工作成效

在"三个税务"文化建设实践过程中,广大税务干部既依法履责又热情服务,既热爱生活又拼搏奋进,用实际行动向全社会和纳税人、缴费人讲好西安税务故事,得到了社会各界点赞好评。

(一)建设"责任税务",回应"为国聚财、为民收税"神圣使命的"担当之问"

责任税务是核心,是根本。西安市税务局时刻牢记"为国聚财、为民收税"神圣使命,以想干事为"德",会干事为"能",干实事为"勤",干成事为"绩",不出事为"廉",切实担负起政治责任、职业责任、服务责任、廉政责任、培养责任,建立起了"事事定责、人人有责、收税守责、执法担责、工作

2019年4月,省、市税务局领导(左7为省局党委书记、副局长席七万,左8为省局党委委员、市局党委书记、局长李毅刚)赴西电公司践行"责任税务"减税降费进企业

尽责、绩效问责"的责任文化。

  围绕税务总局、陕西省税务局和西安市委、市政府的工作部署，紧盯"预算收入目标""减税降费落地"两大任务，进一步强化责任意识、明定责任边界、健全责任体系，加快补齐短板、加强督查督办、严格绩效考核、严肃追责问责，充分发挥了税务部门在保障组织收入、优化营商环境、培植涵养税源、支持产业发展等方面的职能作用，积极为西安建设作贡献。狠抓经济税收分析，形成有力度、有分量、高质量的税收分析报告，进一步增强税务部门服务地方党委、政府决策话语权。面对落实减税降费政策的重大政治任务，研究制定保障减税降费政策落细落实"20条硬措施"，建立市县局两级班子"直连包抓"税务所（分局）工作机制，实施减税降费"一线工作法"，形成了全系统"上热中强下实"的干事氛围，确保减税降费"大礼包"，伴随着优质服务飞入"寻常百姓家"。

  （二）建设"服务税务"，回应人民群众美好生活需要的"民生之问"

  服务税务是形象，是方法。西安市税务局积极践行全心全意为人民服务的根本宗旨，把党的群众路线贯彻到税收工作全部活动之中，建立起了"主动服务税收现代化建设，主动服务地方党委政府，主动服务地方经济发展，主动服务广大纳税人、缴费人，主动服务广大税务干部"的服务文化。

  牢固树立以纳税人为中心的理念，以"八个一"为抓手，不断丰富服务内涵，创新服务手段，完善服务机制，提升服务质效，达到了税收与经济、税务与社会、征税与纳税的良性互动。举办税企"共话减税降费"座谈会暨第28个全国税收宣传月启动仪式，让"税收宣传月"成为"思想认识提升月""政策落实强化月""纳税服务优化月"。以"新税务、新服务"为主题深入开展"便民办税春风行动"，瞄准"三化五最"目标，结合西安市委、市政府打造"15分钟"政务服务圈的要求，不断丰富"33451"服务模式的新内涵，出台4大类13项50条便民办税服务举措，纳税人办税"最多跑一次"事项清单由207项增加到267项，实现148项涉税业务"一次不用跑"，税收营商环境持续向好，纳税人满意度和获得感明显提升。树立共享共建理念，搭建税企"双建双促"共建平台，把税务人在奋斗中获得的快乐积极传递到纳税人、缴费人之中，把企业的先进管理文化充分吸收借鉴到税务机关之中，把纳税人、缴费人的心声第一时间反馈到税务部门之中，让税企之间，让税务人与纳税人、缴费人之间真正实现"一家亲"。

（三）建设"快乐税务"，回应凝心聚力的"铸魂之问"

快乐税务是目标，是努力方向。西安市税务局坚定"向往美好、追求快乐"的信念，坚持在奋斗中寻找快乐，从怎样塑造向上的工作理念、怎样营造良好的工作氛围、怎样为广大税务干部提供更好的学习环境等方面入手，建立起了"快乐工作、快乐学习、快乐生活"的快乐文化。

机构合并后，面对制度规范、工作方式等方面存在的差异，采取以"事合"为切入点，在实践磨砺中加深对机构改革的认识和理解，在合作共事中提高对团队岗位的认同和归属，在日常工作中增强对业务技能的学习和交流，逐步推进"事合、人合、力合、心合"向纵深发展。开展"三个税务"建设大家谈、干部职工思想状况问卷调查研究分析、谈心交心、青年英才擂台赛、外出"借智"学习、征集"金点子"，创办"长安税苑"电子刊物，组织"砥砺奋进新时代、共建快乐大家庭"主题征文活动等，加强思想交流，促进理念融合；开展追赶超越擂台赛、优化税收营商环境现场会，举办各类业务培训班等，加强工作交流，促进业务融合；举办趣味运动会、元宵联欢会，成立文学、读书、乒乓球、羽毛球、摄影等15个文体协会，启动"建功行动、绿色行动、美丽行动"为主要内容的西安税务巾帼建功"三大行动"，形成道相同、心相通、力相聚、情相融的快乐氛围，使在快乐中干事创业、在快乐中团结奋进、在快乐中追逐梦想成为一种风尚，进而升华为西安税务人共有的文化理

2019年5月，在长安区翠华山开展全系统"快乐税务"登山比赛暨文体协会授牌仪式

念。西安市税务局团委与中铁二十局集团联合举办的"落实减税降费、青春奉献税收"主题团日活动被西部网刊载。国家税务总局西安市灞桥区税务局第一税务所荣获"全国巾帼文明岗"，国家税务总局西安市新城区税务局长乐西路税务所荣获全国"青年文明号"，西安市税务局系统工会荣获全国爱心互助保障基金先进集体。

（执笔人：李毅刚　王健　刘勇　秦普航）

"禾税先锋"引领新征程

国家税务总局嘉兴市税务局

嘉兴是中国共产党的梦想起航地。国家税务总局嘉兴市税务局围绕"把建党圣地打造成为党建高地"目标,充分利用嘉兴"红色资源",把红船精神的丰富内涵践行到税务实践中去,着力培育"禾税先锋"党建文化品牌,打造一支新时代勇立潮头的红船税务铁军。

一、背景意义

嘉兴自古祥瑞,野稻不播自生,籍此亦名"禾兴",简称"禾"。"税"字分解为从禾、兑声,遂更不忘为国聚财初心。"先锋"意为秉承"开天辟地、敢为人先的首创精神,坚定理想、百折不挠的奋斗精神,立党为公、忠诚为民的奉献精神"红船精神,全情心系嘉禾大地。南湖旁的税务干部和革命红船有着密不可分的天然联系,涌动在血液中的"红船基因"是激励税务干部百年追梦的原动力,传承红船精神、践行红船精神更是嘉兴税务人肩上的光荣使命。

二、主要做法

(一)树立一个"核心理念"

紧紧围绕党建"总引擎",牢固树立党建引领促进嘉兴税收事业发展这一核心理念,牢记初心使命,坚定红色信仰,深入开展"大学习大调研大抓落实""十个一"党建活动等,在学习实践中不断丰富"禾税先锋"党建文化品牌内涵,让全体党员在改革战场上锤炼党性,发挥先锋模范效应,营造感召人、鼓舞人、凝聚人的良好氛围。

(二)凝聚两个"文化合力"

创新学习形式强能力。以"三会一课""党建红色阵地""党建微学堂""学习强国APP"等为载体,依托集中学习、现场教学、专题研讨、税企联建、税村结对、支部共建、校政合作等方式,筑牢党员干部理想信念之基。做实基层服务堡垒激活力。出台《加强嘉兴市税务系统基层建设工作的意见》,成功打造浙江省税务系统基层"五小"建设嘉兴样板；嘉兴市税务系统94个党支部全面开展"一支部一品牌"创建活动，形成了一批如"红船税务智囊团"等叫得响、有特色、有影响的党建品牌。

（三）打造三个"文化平台"

倾力打造集示范、学习、教育、宣传、互动等多功能于一体的综合性文化平台。打造"二厅二廊两馆"税务文化先锋阵地，通过"嘉兴市图书馆·税务分馆"打造文化学习分享平台，通过互联网、嘉兴税务微信公众号、新媒体、《嘉兴税务》打造动态推送平台，通过"禾税先锋"展示厅打造党建文化展示平台，累计接待60多个单位300余人次参观学习。

（四）依托四个"文化品牌"

以新时代新要求为目标，深刻提炼党建经验，打造"1+N"文化品牌。以"禾税先锋"党建品牌为主线，把"一局一品""禾税心舟"机关服务品牌、"春风同行"志愿者服务品牌等有机衔接，融入税收宣传、征纳互动、党工团妇等各项活动，形成党建与税收业务的互融互促工作机制，不断扩大品牌影响力和辐射面。

（五）运用五个"文化载体"

一是文明创建塑造形象。通过工作联商、活动联办、先进联创等，充分发挥工会、妇委会、共青团活力。拥有全国文明单位、"全国巾帼文明岗""全国青年文明号"、全国模范职工小家等省级以上荣誉30多个，呈现百花盛开春满

2018年3月1日，嘉兴市税务局青年党员、团员走进嘉兴敬老院送爱心

园的可喜局面。

二是先进典型树立标杆。开展"我最喜爱的税务先锋""十佳基层党组织、十佳党支部书记、十佳党员""嘉兴税务好青年"等评选表彰活动,集中展示新时代税务人的精神品格和价值追求,激发干部学有榜样做有方向。

三是关爱机制凝聚人心。推行"青年干部培养导师制"、出台嘉兴市税务系统青年干部培养三年规划,建立"局长接待日"制度,定期开展谈心活动,构建帮扶关爱困难职工的长效机制等,不断增强组织的归属感。

四是廉政文化育廉立人。构建"阵地育廉、形式倡廉、情景警廉、关爱引廉、活动促廉"五位一体的廉政教育综合体,开展青年干部讲案例、普通党员上党课,运用"书香传家"主题青年读书会、青年课堂等载体,厚植廉政文化氛围。

五是文化活动激发活力。开展书画摄影作品展示、"同心谱新篇　和美共税月"运动会、"歌唱新时代共筑税务梦"大合唱、建设"1+1"文体兴趣小组,陶冶情操、愉悦身心,营造"和合"文化氛围。

2019年1月,嘉兴市税务系统"歌唱新时代　共筑税务梦"大合唱比赛

三、主要成效

(一)激发兴税强国新活力

"禾税先锋"凝聚核心竞争力,通过发挥党建品牌的集成示范效应,把党建品牌的建设和征管体制改革、组织收入、优化服务等重点工作相结合,实现组

织收入难而有策、纳税服务行而有效，国税地税征管体制改革进而有为、征收管理强而有力，打造了和谐、奋进、清廉、活力的嘉兴税务队伍形象。"七一"前夕，多名税务干部荣获嘉兴市优秀共产党员、担当作为好干部、群众工作能手等称号。2019年以来，获得嘉兴市委、市政府主要领导肯定性批示10余次。

（二）打造税收营商环境新高度

"禾税先锋"提升服务为民强大动力，持续优化营商环境。推出"便民办税春风行动"68条便民服务措施，纳税人办理事项从机构改革前的204项整合成140项，且"最多跑一次""零上门"事项占比达95%。浙江省委主要领导调研南湖区企业开办"一日办结"情况时，充分肯定税务专区涉税事项"半小时办结"工作。创新项目"企业研究开发项目信息管理系统"在"最多跑一次"会议上得到浙江省委有关领导的肯定。

（三）提升队伍素质彰显新形象

"禾税先锋"党建品牌不断增强党组织的创造力、凝聚力、战斗力，广大党员牢记使命担当，坚定践行红船精神，敢于负责、敢于担当、敢于破难，争当投递政策的"邮递员"、沟通征纳的"联络员"、攻坚克难的"战斗员"，党员动起来，支部活起来，沟通顺起来，争先创优，追梦奔跑，奋力开启新征程，基层党建的生机与活力不断显现。

（执笔人：杨朝晖　郑黎辉）

巧打"红色牌" 深化"兵团情"

国家税务总局石河子税务局

红色基因是石河子的根,军垦精神是石河子的魂。石河子,这座军人选址、军人设计、军人建造的城市,以其优美的环境、独特的文化被誉为"戈壁明珠"。石河子市是新疆生产建设兵团(以下简称兵团)第八师师部所在地,也是兵团事业的重要窗口。根植于此的国家税务总局石河子税务局以"三个抓好"为主线,夯实基层基础,激发内在活力,与石河子发展同频,和石河子繁荣共振,在全面从严治党、夯实基层基础、改革创新发展、弘扬税务文化、优化营商环境、提升服务质量等方面取得了显著成绩。

一、背景意义

如何破解队伍规模庞大、人员结构复杂、干部思想多元、执法风险凸显的难题?如何在经济社会深刻变革、利益格局深刻调整、思想观念深刻变化的现实条件下顺利实现"四合"工作目标?如何在兵团深化改革的大背景下打造一支"忠诚担当、崇法守纪、兴税强国的税务铁军?面对税务机构改革前所未有的挑战和风险,石河子税务局党委紧紧围绕新疆工作总目标,提高政治站位,聚焦兵团特色,巧打"红色牌",深化"兵团情",把"热爱祖国,无私奉献,艰苦创业,开拓进取"的兵团精神和机构改革紧密结合起来,把军垦三代禀赋传承的红色基因和队伍建设紧密结合起来,培根铸魂、守正创新,履职尽责、不负使命,确保机构改革各项工作稳步推进顺利落地。

石河子税务局青年税务干部在"铸剑为犁"塑像前进行快闪活动

二、主要做法

（一）抓好组织建设，发挥"红色引擎"的引领作用

积极探索"责任党建、规范党建、质量党建、活力党建"工作理念，着力补短板、抓规范，提高党组织凝聚力，把党组织的职责权限、机构设置、运行机制、基础保障等党建内容纳入绩效考核指标，实现"党委、机关党委、党支部、党员"的四层衔接，做到组织落实、干部到位、职责明确、监督严格。贯彻落实国家税务总局新纵合横通强党建工作机制，与兵团第八师石河子市党委及政府工作部门建立常态化沟通联系机制，局党委委员多次分赴师市各部门对接汇报，积极争取师市党政支持。制订《党建工作流程简图》《基层党支部和党员考评细则》，编写《基层党支部标准化建设工作手册》，使基层党建工作学有制度、做有模板、考有标准，夯实基层基础，激发组织活力；各级党支部坚持"三会一课"和主题党日活动等组织生活制度，将党支部建设成为教育党员的学校、团结群众的核心、攻坚克难的堡垒；积极与社区党组织及团场连队、村镇开展形式多样的共驻共建和"在职党员双报到"活动。2018年以来，石河子市税务局各级党组织分别以"社区大党委"成员单位的身份参加红山街道、东城街道、一四三团一营三连等党组织的基层党建联席会议，组织4680多人次参加了联合开展的主题党日、"不忘初心、牢记使命"主题报告会、兵团精神演讲会、维稳值班巡逻等党组织活动。通过内容丰富的党组织活动，促进了思想统一，构建全域统筹、共驻共建、互联互动的工作格局，形成了上层发力、底层用力、层层给力的联动体系。

（二）抓好队伍建设，强化"兵的意识"的纪律观念

组织广大党员干部参观学习兵团军垦博物馆、周恩来总理纪念碑、1958红色文旅小镇、小李庄、军垦第一连等爱国主义教育基地，聆听革命故事，学习革命精神，

石河子税务局朗诵协会税务干部在"七一"主题党日朗诵方志敏烈士遗作《可爱的中国》

缅怀红色历史，不忘初心，重走军垦前辈走过的路，切身体会兵团精神，促进干部不忘初心、牢记使命。组织开展中层以上干部"强素质、聚合力、促改革、抓落实"军训活动。把军训作为转变作风、促进融合的载体，以铁的纪律和军旅文化打造税务铁军，用兵团精神强化军垦税务人的精神气质和职业操守。学习革命军人以苦为乐、吃苦为荣的高尚品质和勇敢顽强，吃苦耐劳的坚强意志，在野外拉练、军训中，增强集体主义精神和组织纪律观念，培养"兵"的精神，"兵"的品质，"兵"的情操。

（三）抓好文化建设，丰富"税务文化"的精神内涵

以"改革攻坚、先锋引领"为旗帜，把中国税务精神、兵团精神、家风建设、服务先行理念等融入岗位工作和各项活动，丰富党员先锋岗、党员承诺书、廉政家书等活动内容，广泛开展"党员承诺亮诺践诺"活动。打造"企业服务直通车"，推行"全流程、一对一、无卡壳"的一站式个性化全程现场办理服务，双向打通"税务人端"和"纳税人端"，释放改革红利。创造了"半小时完成申请，1个工作日内传递终审文书信息至人民银行，10分钟从银行划转到公司账户，2个工作日到账"的"石河子税务速度"。利用楼宇电视滚动播放党建微视频，使干部职工抬首驻足间利用点滴时间学习党建知识。举办道德讲堂、青春"快闪""红色朗读者"、党员进军营等活动，倡导"健康生活、快乐工作"。举办"民族团结一家亲"联谊活动，让民族团结之花开得更艳。开展趣味运动会等丰富多彩的文体活动，不断增强队伍"四合"向心力、凝聚力。

三、工作成效

石河子税务局党委坚持以党建为统领，充分发挥党的领导核心和政治核心作用，把党建政治优势转化为促进税收发展优势，凝聚起广大党员干部的磅礴力量，营造了重实干、勇担当的良好氛围，构建了党委高位推动、部门集成联动、系统整体推进的党建实体化机制，形成了党委全面部署工作、党建科（机关党委）督导落实、行政职能部门通力协作、业务部门"党建+业务"建设的一体化格局，成为新时代新税务建设的"红色引擎"，为石河子税收事业健康发展提供最稳固的支持。

（执笔人：刘宝　贾如江　武洋）

机关文化催人奋进　助力改革逐梦前行

国家税务总局佳木斯市郊区税务局

一、背景意义

国家税务总局佳木斯市郊区税务局着力打造机关墙体文化，营造催人奋进的良好环境，突出了党建引领作用和文化涵养育人功能，让干部职工在欣赏品读中净化心灵，在潜移默化中陶冶情操，在工作实践中凝心聚力，确保各项工作有序开展，使新机构呈现出新形象、展现新作为。

二、主要做法

（一）以励志佳句提振士气，鼓舞信心干劲

楼梯墙体文化是励志佳句录。励志佳句选自干部职工的心灵感悟和摘抄的励志名言，以书法的表现形式书写在楼梯墙体之上。创作过程中，干部职工共同参与，并邀请书法家进行创作书写。"进步不是和别人比较，而是优于昨天的自己""把简单的事做好就是不简单"等。一句句朴实而又睿智的话语，凝结着郊区税务干部对初心的坚守、饱含着奉献的情怀，营造出和谐奋进、情趣高雅的文化氛围，展现了郊区税务人锐意进取、主动作为的精神风貌。

（二）以党建文化强基固本，筑牢理想信念

二楼党建文化走廊以突出党建特色的"中国红"为主基调，将党建常识、入党誓词、党建标语、核心价值观等内容，通过艺术化形式表现出来，以"党旗誓词"引领广大干部职工践行"四讲四有"，用"新时代、新思想、新征程"领航发展未来，在润物无声中培育党员的党性意识，在耳濡目染中陶冶干部职工的高尚情操，时刻激励着郊区税务人坚定信念，永葆初心，朝着实现伟大复兴的宏伟目标奋勇前进。

（三）以税务史实见证改革，赓继使命担当

三楼税收文化走廊以"税务蓝"为主基调，两面主宣传墙遥相呼应，"勤政文明创佳绩、润物无声铸税魂"，记录着郊区税务局的发展变迁；"新故相推，日升不滞"，集中展现了中国税务工作的改革历程。一艘艘航船造型的宣传图

文,承载着中国税务改革进程,也承载着郊区税务人顺应发展形势,与时俱进,推陈出新的坚定决心,激励着全体干部职工在新时代税收改革的浪潮中扬帆启航,砥砺前行。

(四)以国学经典育人强税,涵养品质格局

四楼国学文化走廊将传统文化与中国税务精神相结合,重点围绕"为人处事""学思结合""为政之德""领导素养"等方面,精选习近平用典佳句配以书法绘画,彰显浓郁的国学气息。突出以史为鉴,与圣贤为师友,体悟古典哲学智慧。"盖有非常之功,必待非常之人",阐述了郊区税务局党委坚持德才兼备、任人唯贤的选人用人导向;"志之所趋,无远勿届……"表明了干部职工矢志进取,成就梦想的坚定信心。

(五)以廉政文化校正方向,奋斗不忘初心

五楼廉政文化走廊由廉政宣传画、格言警句、廉政古训等内容组成,时刻提醒党员干部牢牢守住做人、做事、从政的底线,切实做到为民、务实、清廉。巨大而鲜红的"廉"字浮于清莲之上,寓意"敬廉如山、信廉如石、守廉如玉、护廉如命"的价值取向;与之相对是一首唐初诗人虞世南《蝉》的书画作品,"居高声自远,非是藉秋风",突出强调了人格的力量,如春风细雨润入税务干部心中。

党建文化走廊

国学文化走廊

三、工作成效

(一)树起了学习之风

建设"牧心草堂"多功能图书阅览室,建立"蓝韵书香"微信读书群,深入开展"岗位大练兵 业务大比武"活动,激发了干部职工钻研业务的自觉性。截至2019年7月,已有4人取得

税务师资格，11人考取在职研究生，3人被选为兼职教师，6人被评为"青年岗位能手"，3名复合型年轻干部被国家税务总局佳木斯市税务局遴选重用。

（二）弘扬了清正之气

郊区税务局多名税务干部被评为佳木斯市"优秀青年标兵""龙江好税官""2018年度群众最喜爱的十佳经济人物""2019年全市职工创新标兵"。他们无私奉献、求实奋进的精神鼓舞着全体党员干部，营造出风清气正、见贤思齐的良好氛围。

（三）奏响了和谐之曲

干部队伍建设融合融洽，在"三定"中，有18名中层干部主动让贤，干部调整任用无杂音；物质基础建设取得突破，局机关实现集中办公，率先实现一窗通办；人民群众对税务工作满意度日益提高，行风测评满意度100%。2018年，郊区税务局被黑龙江省文明委评为"省级文明单位标兵"；2019年，国家税务总局佳木斯市郊区税务局第一税务所被黑龙江省妇联评为"黑龙江省巾帼建功先进集体"。

（四）传承了仁爱美德

成立"税务蓝爱心社"，以"资助一个孩子，温暖一个家族"为理念，以"每一位干部，每天一元钱"为目标，致力于关爱寒门学子，截至2019年7月，"爱心社"持续资助5名学生，从最初的几个人做善事到带动全体干部职工共同做善事，逐步凝聚起庞大的税务正能量。

（执笔人：宋亚超）

争创党建品牌　激活基层党建

国家税务总局青岛市崂山区税务局

国家税务总局青岛市崂山区税务局以提升基层组织力为重点，以党建品牌树项目为载体，以党建品牌体系化推动党组织建设规范化，为高质量推进税收事业科学发展提供了强大组织保障。

一、背景意义

党的十九大报告指出，要以提升基层党组织组织力为重点，突出政治功能，把基层党组织建设成为坚强战斗堡垒。全国组织工作会议强调，要加强支部标准化、规范化建设。国税地税征管体制改革后，更加需要加强党建引领，更好地促进"四合"。青岛市崂山区税务局加紧落实国务院"放管服"改革、减税降费政策和青岛市委"15个攻势"部署等重点任务，进一步改善优化税收营商环境，通过打造党建品牌，发挥党建工作辐射、带动、示范作用，不断增强党组织的创造力、凝聚力、战斗力，充分调动党员干部的积极性、主动性、创造性，为完成各项任务提供组织保证。

二、主要做法

创设"党建品牌+"模式，采取"党委品牌+支部品牌+党员品牌"的方式，打造了以"凝心聚力铸税魂"党委品牌为主干、25个支部品牌为枝干、全体党员干部为繁叶，党建和税收业绩为果实的崂山税务党建"品牌树"项目，累计创立三级品牌60个。

（一）打造一个主干品牌

发挥党委领导核心作用，打造"凝心聚力铸税魂"党委党建品牌。核心品牌释义是：坚定共产党人的初心和使命，实现"中国梦"、不断加强党性修养是共产党人的"心学"。在党的光辉指引下、在共同价值追求下，将全体党员的"心"凝聚到一起，实现同心同向同行，形成无坚不摧的力量，铸成崂山税务的根和魂，推动崂山税收事业阔步前行。

（二）打造25个枝干品牌，体系化集成崂山税务"品牌树"项目

以创党支部品牌凝聚共识、以创党员品牌树好标杆，凝练了具有鲜明特色的25个党支部品牌和数十个个人品牌，形成心合力合的价值认同。如国家税务总局青岛市崂山区税务局沙子口税务所党支部结合地域特点凝练了"党映税海再起航"品牌，国家税务总局青岛市崂山区税务局第一税务所（办税服务厅）、考核考评科、机关党委等党支部结合科室工作职能分别提炼了"迎上去服务"品牌、"融慧绩效"品牌、"心桥"品牌。丰富支部品牌内容，升级改造党建文化长廊，

崂山区税务局党建品牌树

并建立思想文化交流室、党员活动室、减压室、书画室和爱心妈妈小屋等阵地，充实内网平台、外网网站网络阵地，形成"两廊四室一屋两平台"的党建阵地文化格局。

（三）体系化思维创新支部工作法

积极推动党支部工作方法创新，涌现了"一心二组三税""迎上去服务三字经"等多个党支部工作法。第一税务所（办税服务厅）倡导"迎上去是一种思想、迎上去是一种行动、迎上去是一种心态"的服务理念，打造了"迎上去、说您好、主动问、明需要"既简明扼要又朗朗上口的服务规范。税政二科以一心向党（政治过硬）、两人一组（鼎力共赢）、三税齐管（个人所得税、企业所得税和国际税收），即"一心二组三税"支部工作法，集成推动了税收政策高效落地。以品牌集成思维，积极推动党支部建设规范化，将党员教育管理基本知识、党支部"三会一课"学习时间及学习内容等，印在党员笔记本上，提醒党员在规定时间节点完成规定动作，提升了支部建设质量。

（四）以"支部品牌＋项目制"助推工作质效提升

围绕塑造品牌，结合年度重点工作，建立党建文化长廊、风险识别管理、

纳税评估等14个项目组。青岛市崂山区税务局党委成员下沉到项目组，扑下身子真抓实干，呈现了点上开花、系统提升的良好局面。纳税评估项目组围绕打造"征管卫士"党支部品牌，对虚开发票高风险事项进行全面排查整治。风险识别管理组，围绕打造"谋新致税"党支部品牌，借助纳税辅导和第三方信息采集，加大监控清缴力度。党建项目组采取多项有效措施，充分调动党员干部潜心干事、激情创业。青年干部王一帆以"赤子心筑税梦"为个人党建品牌，心无旁骛投身税收事业，在青岛市"思想大解放、青春创时代"演讲比赛中获得一等奖并代表青岛参加山东省比赛获得二等奖。

（五）拓展党建"品牌树"的形式与内涵

着眼机构合并后税务干部的"力合心合"，组建了由75名干部组成的合唱团，学唱《天下相亲》和《中国税务之歌》；建立了乒乓球、书法、太极等10个兴趣小组，吸引160余名干部参与。将正转副干部事迹编写成《山海情怀》话剧，在青岛市税务系统文艺会演中荣获第一名。编写税收执法、党建情景剧12个，参演干部50余人。组织4个年代、8名干部代表进行"感悟蓝色情怀、聆听税月故事"演讲。组织"党建引领、减税降费、集群共建、服务发展"活动，服务税收中心工作。广大干部在党建品牌引领下，在崂山税务故事感染下，正心明道树品牌、信心百倍履职责，涌现出12名敬业模范、岗位能手等先进典型。新入职青年干部在执法资格考试中取得平均分第1名的优异成绩，1名干部被评为青岛市税务系统"最美税务人"。

2019年4月10日，举办"党建引领、减税降费、集群共建、服务发展"启动仪式，向尖刀班、宣传队、小分队等授旗

三、主要成效

（一）组织力明显提升

坚持以党建统领税收、以品牌树立形象、靠实干成就事业，营造了"少说多干、真抓实干、埋头苦干"的作风，确保每项工作抓到末端、见到成效、结出硕果。在机构改革推进中，紧紧围绕"三个关键时点"，建立"8+2"工作组的改革推进机制，打赢了改革攻坚战。

（二）税收营商环境显著优化

以永远在路上的执着，用党建品牌牵引业务，全方位、多渠道创新优化税收营商环境。在海尔集团创立了全国首个税务端与纳税人端互联互通的"智税通"服务平台，实现涉税数据集成申报，每年为海尔集团节约财务成本3000万元。

（三）服务经济高质量发展成效凸显

2018年兑现科技型中小企业享受加计扣除、增值税税率降低等各项税收优惠达20亿元。2019年1—6月，减税10.24亿元，有力支持了青岛市新旧动能转换和崂山区经济高质量发展，赢得了社会各界的广泛好评。

（执笔人：周建铭　胡积胜）

高原之舟 云端税韵
打造税韵牦牛文化馆

国家税务总局那曲市税务局

牦牛,高原之舟,雪域图腾;税收,国之血脉,发展之基。它们在羌塘的美好邂逅,铸就了税韵牦牛文化。牦牛享有"高原之舟"美誉,十世班禅曾说过,"没有牦牛就没有藏族"。牦牛用它"憨厚、忠诚、悲悯、坚韧、勇悍、尽命"的精神滋养着高原儿女。

自1994年以来,那曲税务人从吃糌粑粗粮、烧牛粪燃料、喝冰川硬水、住铁皮窝棚一路走来,一代代那曲税务人用坚忍和付出夯实那曲税收事业基础,一步一个脚印攀上税收现代化的高峰,始终秉承着"为国聚财尽责任、为民收税焕荣光"的初心与荣耀,用青春、健康、鲜血甚至生命坚守捍卫着共和国的税收事业,形成了"忠勇无畏、坚韧豁达、智慧精进"的那曲税务精神。

那曲市税务系统共有在职干部职工188人,平均年龄34岁,其中党员163人,是一支朝气蓬勃、风华正茂的队伍。那曲市税务局机关有内设部门19个,下辖11个县(区)局,主要负责那曲市税费征收和服务等工作。2018年挂牌成立以来,国家税务总局那曲市税务局不忘初心、牢记使命,全力以赴抓组织收入任务,为增强那曲市委、市政府公共服务和社会管理职能、全面建设小康社会提供了坚实可靠的财力保障。与此同时以"牦牛文化"为主题,以宣传贯彻为基础,潜移默化,长期培育,把税务文化贯穿于党建工作、税收工作的全过程,落实到高质量推进新时代税收现代化和干好税务、带好队伍的各环节,促进干部的全面发展。

荣誉展厅和廉政教育展厅

回望来时路,郁郁满芳华,是"牦牛精神"孕育滋养了那曲税务精神,形成了那曲税务系统的"税韵牦牛文化"。

税韵牦牛文化馆是那曲市税务系统"税韵牦牛文化"的具体承载。在建馆初期,那曲市税务局广泛征集西藏文化艺术界和地方党委、政府及相关部门的意见建议,多方筹措资金,力求高起点、高水平,把税韵牦牛文化馆建成集"声、光、电、影""历史与现代"的学习教育平台。那曲市税务局税韵牦牛文化馆已成为那曲市文化建设和西藏自治区税务系统文化建设的招牌。

税韵牦牛文化馆以藏式风格为主,总面积450多平方米,是一个了解税收发展史,接受党性教育、爱国主义教育,展示税务风采,开展税收文化教育的主阵地和新平台。文化馆按照"五行文化"构建出"金石良言""上善若水""星火燎原""寒木春华""拓土开疆"五个展区,展区主题鲜明,却又完美融合。

金石良言展区主题是社会主义核心价值观。二十四个字体现了社会主义核心价值体系的高度凝

税韵牦牛文化馆大门

练和集中表达,对丰富人们的精神世界、建设民族精神家园,具有基础性、决定性作用。展柜里陈列着中华宝鼎,承载着华夏5000年的历史传承。铸此鼎,既有庆祝、纪念税韵牦牛文化馆建成,又有祝愿那曲永远"税运兴盛"的含义。金石良言展区"以习近平新时代中国特色社会主义思想为指导,为实现中华民族伟大复兴的中国梦而努力奋斗"主题标语的浮雕墙作为收尾和升华,展现了那曲税务人坚定的政治立场和高尚的为税情操。

上善若水展区主题是五代党和国家领导人的主要党建思想,是举办入党宣誓、宪法宣誓活动的主阵地。头顶是金灿灿的党徽,党徽映初心,铁军铸忠诚。展柜里陈列着"牦牛背上的税月"雕像,形象地反映了老一辈那曲税务人,以牦牛为工具,不畏高寒缺氧等恶劣环境收税的场景,留下了那个年代的

光辉"税"月。墙上镌刻着按照比例复制的藏北岩画中最有特色和代表性的牦牛图案,这些岩画是距今4000~10000年的史前人类所创造,是青藏高原最早的岩画。

星火燎原展区主题是那曲税务干部工作和生活的缩影。习近平总书记提出的20字好干部标准,为新时代建设高素质专业化干部队伍指明了方向,也是那曲税务人始终遵循的"标尺"。展柜里陈列着税务干部曾经使用过的自制老式手提秤、珠算盘、老旧牦牛皮箱等物品。照片墙展现了各个时代税务干部工作和生活的状态,其中"马背上的税官"等事迹曾被《人民日报》报道,这些都是那曲税务荣光的见证,在历史中沉淀,在传承中升华。

寒木春华展区主题是那曲税务的发展历程。照片墙展现了党对税收事业的全面领导和各级领导对那曲税收工作的关怀,正是在党的全面领导和各级领导的关心关怀下,那曲税收事业发展才有了今天蔚为壮观的局面。那曲税收主题文化墙,西藏税收简史展示了新旧西藏税收制度的发展变化。为高质量推进新时代那曲税收现代化,那曲市税务局提出以"牦牛文化"为主题,建设"五大文化"的工作思路以及"123456789"工作思路,为那曲税务新时代干好税务、带好队伍指明了方向,提供了遵循。

拓土开疆展区主题是那曲税务基层风采。用沙盘呈现的那曲市各级税务机关分布图,在厚重的那曲市地形图上,各税务机构的名称、方位、海拔、里程距离一目了然。那曲市各级税务机关风采组图照片,展现了基层税务机关取得的成绩与风采。围廊里是那曲市税务局荣誉展厅和廉政教育展厅。五代党和国家领导关于党风廉政的语录、正反案例对比,在这里一一展现。本展区还展现了那曲税务近年来荣获的国家级文明单位、"巾帼文明岗""青年文明号"等荣誉。展区最后是藏汉双语的"忠诚担当、崇法守纪、兴税强国"的中国税务精神。

(执笔人:张帅)

打造"七彩"党建品牌
凝铸无悔高原"税魂"

国家税务总局格尔木市税务局

随着全面从严治党工作的纵深推进，国家税务总局格尔木市税务局深入贯彻党的十九大精神，以习近平新时代中国特色社会主义思想为指引，全面落实新时代党的建设总要求，以高度政治自觉始终把加强党的建设工作放在首位，按照"条主责、块双重，纵合力、横联通，齐心抓、党建兴"的新纵合横通强党建工作机制，着力打造基层新税务"七彩"党建品牌，以党建工作为统领，推动格尔木税务各项工作在新时代昂扬前行。

一、以"绿色休闲氧吧"为重点，做生态文明的建设者

格尔木市税务局始终把生态文明建设的重任记在心上、扛在肩上、落实在行动上。环境保护费改税后，为及时获取污染源、排污对象等信息，积极加强与环保部门的协作，构建"政府领导、税务主管、部门配合"工作机制，抓好环保税绿色税种的征管，发挥税收职能，守好"中华水塔"，2018年组织环保税326万元。

为积极打造绿色税务，在办公楼建设了600余平方米的休闲氧吧，涵盖各类植物20余种，配套建造了专业的喷灌设施，做好管理养护，确保整栋办公楼四季常绿。在机关庭院美化上建设6000余平方米的庭院花园及绿化带，涵盖各类花卉植物30余种，为各党支部划分管理片

格尔木市税务局休闲氧吧——办公楼负一楼的休闲氧吧涵盖各类植物20余种，配套建造了专业的喷灌设施，确保整栋办公楼"四季常绿"

区,为坚守在高原戈壁上的"税务工匠"营造了更加舒适的工作环境。组织青年干部每年参加格尔木市集中植树活动,助力绿色格尔木建设。

二、以"蓝色办税服务厅"为推动,做简政放权的践行者

为全面推进国税地税征管体制改革,进一步优化纳税服务,格尔木市税务局投资130余万元,率先建成青海省第一个高原标准化、规范化办税服务厅,厅内公告栏、宣传资料架、表证单书填写台、电子显示屏、排队叫号机、视频监控系统、自助办税设备、意见(投诉)箱、UPS配电室等便民工具设施一应俱全,36个窗口均实现全职能办税,让纳税人真正享受"一厅通办"的优质便捷服务。2018年共征收税费收入48.54亿元,为地方经济发展和社会进步做出了积极贡献。

三、以"红色党支部活动室"为依托,做基层堡垒的巩固者

格尔木市税务局党支部活动室突出"一个支部、一个堡垒""一名党员、一面旗帜"的建设导向,整体布局规范,整洁美观,特色鲜明,氛围浓厚,硬件配置齐全,场所功能完备,为广大党员的培训教育、各类活动提供了新的平台和阵地。党支部活动室上墙了关于党建的知识,如"三会一课"制度、党支部工作职责、党员的义务与权利、发展党员流程等,还设置了组织构架图、学习园地等,为党员专门定制个人学习档案,一人一档,实行动态管理,将党员基本情况、参加组织生活情况、奖惩情况、党的理论学习情况等内容融为一体,强化对党员的教育、监督和管理,规范了党内政治生活,增强了党员的认同感和归属感。同时开展各类选树优秀、先进党员活动,通过示范带动、动态管理,实现党员日常管理的精细化、科学化和规范化,增强党员的荣誉感,激励广大党员敢作为、勇担当、做奉献、走在前,争做新时代优秀党员。

四、以"白色法制展厅"为引领,做清正廉洁的捍卫者

结合"法治中国"理念,格尔木市税务局始终把依法治税作为税务工作的灵魂贯穿始终,通过"八个结合",即坚持与健全依法治税领导体制相结合、坚持与提升征管质量相结合、坚持与共建税收社会共治相结合、坚持与税收普法相结合、坚持与提升信息管税水平相结合、坚持与提升干部执法水平相结合、

坚持与提升纳税服务水平相结合、坚持与规范执法行为相结合，打造"法治税务"展厅呈现法治成果，全厅共分为法治中国、法治税务、自身亮点三部分，不仅有五代中央领导人在不同的时期对法治的理解与要求，还收集了丰富的反面典型案例，坚持以案释法，让全局干部职工参观学习，引以为鉴。建成以来，先后被国家税务总局青海省税务局和国家税务总局评为"法治税务示范基地"。

五、以"黄色综合展厅"为支撑，做税务文化的传播者

格尔木市税务局综合展厅共分为5个展区，分别为荣誉室、展板区、廉政树、展柜区、治局理念和形象墙。荣誉室陈列了格尔木市税务局近年来取得的荣誉，是所有"格尔木税务人"汗水和心血的结晶；展板区共分为领导关怀篇、干

格尔木市税务局法制展厅——自身亮点部分，展示格尔木市税务局依法治税取得的成绩和工作经验

部队伍篇、征管服务篇、党建廉政篇、文明文化篇五个篇章，生动再现了格尔木市税务局前进历程和各项工作掠影；廉政树由德、廉、纪、法四个部分组成，每一片树叶上有干部职工亲手写下的廉政誓言，时刻提醒干部职工将纪律挺在前面，警钟长鸣，引导干部增强法纪意识，坚守底线，不迈红线，不越高压线；展柜区放置着最新税收政策法规及历年来的税务大事记，是光辉"税"月中走过的重要足迹；治局理念和形象墙的正面是全局发展理念和税务工作的宗旨，背面是"以人为本、公平民主、诚信和谐、充满活力、严格执法、优质服务、清正廉洁、开拓创新"的治局理念。综合展厅是"格尔木税务文化"的浓缩，传承"忠诚担当、

崇法守纪、兴税强国"的中国税务精神，是格尔木市税务系统全体干部职工的"必修课"，也是每年新入职税务干部的"第一课"。

六、以"橙色书香税务"为抓手，做中华文化的传承者

最是书香能致远，腹有诗书气自华。为了满足广大干部职工多层次、多方面、多样性的精神与知识文化层面的需求，格尔木市税务局坚持以思想政治、税收业务和岗位技能类书籍为主，结合干部职工阅读兴趣，先后购买了2000余套书籍，并向全局开放，打造了以"阅览室"为核心，涵盖摄影展示区、刺绣展示区、书法绘画展示区的多功能"书香税务"文化阵地，在有效丰富干部职工业余文化生活的同时，促进了税务干部综合素质的提高，营造了"爱读书、多读书、读好书"良好风尚，是建设学习型团队的有效实践途径。

七、以"青色群团阵地"为载体，做党群关系的联络者

格尔木市税务局立足实际，加大整合，提升效能，加快群团组织阵地建设，推进工作创新，坚持从群众需要出发，把工作做到群众身边，让更多群众参与到群团活动中来，切实把群团组织建设成党联系群众、服务群众的坚强阵地。建成职工活动中心、青年之家、妇女之家、篮球场、羽毛球场、乒乓球场、健身中心、职工食堂等场所，极大地丰富了广大干部职工的精神文化生活，点燃群团组织工作"新引擎"。

（执笔人：徐崇甲　许鹏）

突出行业特色　打造"燊税"文化品牌

国家税务总局自贡市税务局

一、工作概况

国家税务总局自贡市税务局成立于2018年7月。市局机关内设行政机构19个、派出机构5个、事业单位3个，辖4区2县1高新共7个区县局。新机构成立以来，自贡市税务局把税务文化建设作为"干好税务、带好队伍"的有力抓手，在原有基础上，总结、提炼和打造既有历史底蕴，又具时代特征的"燊税"文化品牌，引领并推动理念引导、环境熏陶、体系规范、文化渗透，实现税务文化的全面协调发展，使税务文化建设更加贴近工作、贴近实际、贴近基层、贴近群众，为开创税收事业新局面提供了坚强的思想保障。

二、具体做法

（一）强理念，重引导，打造"燊税"文化符号

自贡市税务局结合"盐龙灯"的地域特色、历史文化沉淀和行业特征，提炼了"崇法厚德、燊税富民"的价值理念（注："燊海井"位于自贡市大安区，是世界上第一口超千米深井）。设计了以盐、龙、灯、税徽为基本元素的自贡税务Logo，全系统围绕一局一品、一科（股）一训、一岗一铭"三个一"创建具有地域特色、单位特点的岗位文化体系。广泛征集干部职工意见创作了《自贡税务之歌》和《自贡税务赋》并筹拍MV，利用会议和各类活动进行传唱吟诵。筹办"一片征帆扬起来"文艺会演，得到一致好评。建好"燊税服务队"和网络文明服务队，扩大品牌影响力。成立燊税文化艺术团，发挥文化建设主体作用，通过文化引领进一步凝心聚力，让干部职工共筑精神家园。

（二）树特色，创"两馆"，建成全国一流阵地

面对自贡具有全国唯一性的井盐文化遗存，自贡市税务局深入收集、整理、挖掘自贡盐税历史脉络、突出贡献，将税务文化与城市文化有机融合。建成全国地市州首个盐税史陈列馆，永久入驻国家一级博物馆（自贡盐业历史博物馆）。该馆弥补了博物馆仅有盐业科技史缺乏人文史展示的空白，开创了专题

性税种展示先河,被国家文物局选中纳入全国 72 个数字化陈列改造项目。2017年被国家税务总局、中华人民共和国司法部确定为全国首批税收普法教育示范基地。坚持挖掘地域特色和税史轨迹,创新打造以盐为铺染、以税为脉络的燊税文化陈列馆,全馆以序、崇法篇、厚德篇、燊税篇、富民篇、跋六单元组成。该馆成功入围四川省依法治省领导小组办公室、四川省司法厅主办"法治教育基地我点赞"活动,2019 年 3 月被四川省委全面依法治省委员会办公室和省司法厅命名为省级法治教育示范基地。

(三)抓载体,建"一厅一室一屋",培育清风正气

自贡市税务局从盐税史中寻找廉政脉络、从井盐文化中挖掘廉政典故、从税务违法违纪案例中筛选反面典型、从税收实践中彰显廉政模范,建成集宣传、教育、展示为一体的自贡税务廉政文化厅。展厅采用活动展板设计,适时更换展示题材,确保教育内容历久弥新。省内外领导、团体多次亲临观摩指导。结合现代声光电技术,采用"融物于景"展示手法,建成集宣传、展示、教育、学习于一体的党员标准化活动室,集中展示"燊税聚力、党建铸魂"自贡税务机关党建创建主题,打造具有行业特色的"燊税"党建品牌。丰富职工书屋功能,开展"全民阅读",共创"书香税务",让"职工书屋"真正成为干部职工的"充电室",被评为全国职工书屋建设先进单位。

三、工作成效

在"燊税"文化的引领下,自贡税务软实力得到进一步提升,各项工作稳步推进,自贡市税务局创建为全国文明单位,区县局和直属单位全部创建为省

燊税文化陈列馆大厅

级（最佳）文明单位。

（一）倡树好学之风

实施"333"人才兴税工程，即：市局力争拥有3名全国税务系统领军人才、30名省局人才库人才、建立300名市局专业骨干人才队伍。建立人才管理制度和激励机制，营造识才爱才育才用才氛围。实施全员岗位技能竞赛和高层次专业化人才培养工程，充分发挥人才兴税效能。已有47人取得研究生学历和硕士学位，税务总局领军人才1人，总局、省局各类能手标兵等骨干人才129人次，注册会计师、税务师、律师"三师"人才88人次。

（二）谱写和谐之韵

实施人性化管理，构筑心灵虹桥、营造和谐家园、搭建成功阶梯、挖掘快乐源泉，提高党员干部的幸福指数。为新进公务员举行"入职仪式"，为退休干部举行"欢送仪式"，开展家庭走访活动，增强了干部职工的归属感和自豪感，促进了和谐税务建设。组织全体干部职工深入开展扶贫济困、环境保护、义务献血等爱心行动。

新录用公务员宣誓仪式

（三）弘扬清正之气

注重培养典型，用身边事教育身边人。开展"可爱税务人"系列报道，大力挖掘先进人物典型事迹，以身边人身边事鼓舞人心，形成人心融合共同干事创业强大合力。

（执笔人：李笃渊　李泽正）

打造非常党建品牌　引领税收事业发展

国家税务总局湘潭市雨湖区税务局

一、背景意义

一是以作用来定义品牌。党的十九大报告指出："伟大斗争，伟大工程，伟大事业，伟大梦想，紧密联系、相互贯通、相互作用，其中起决定性作用的是党的建设新的伟大工程。"党建在基层税务工作中处于一个非常重要的决定性地位。

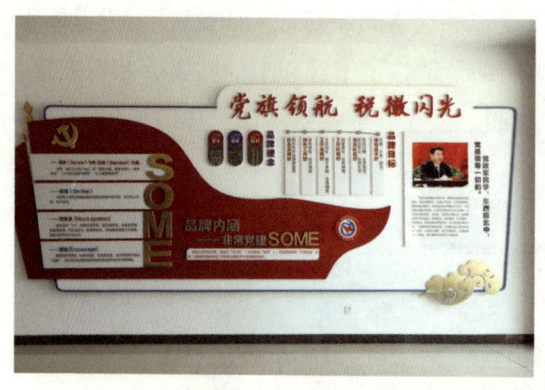

"非常党建"文化墙

二是以形势来凝聚品牌。当前正处于实现税收现代化非常关键的时期，适应改革发展新形势，完成改革发展新任务，税务部门使命光荣、责任重大。做好非常时期的税收工作必须把加强和坚持党的全面领导放在首位、贯穿始终，抓好党建至关重要。

三是以内容来提炼品牌。非常，是取英文单词"SOME"的一个中文之意。SOME，集合了服务（Service）和标准（Standard）、在线（On line）、微体系（Micro system）、激励（Excitation）5个基层党建特色关键词的英文首字母，是国家税务总局湘潭市雨湖区税务党建工作内容的高度提炼和主要脉络。

二、主要做法

（一）服务为核，点亮"指向灯"

以"服务经济社会发展大局、服务纳税人缴费人、服务基层群众"这"三个服务"，来落实落细落准全心全意为人民服务的根本宗旨。一是推进简政放权为市场主体"松绑"。压缩行政许可审批事项至6项，简并办税环节18个，实现172项业务"最多跑一次"、91项业务"全程网上办"、5大类50个事项"省内通办",80%左右的涉税事项一次办结,助力936户守信企业争取银行贷款授信5.8亿元。二是认真落实减税降费为企业壮大"助跑"。党员先锋队、青年突击队奔波在基层一线开展税法宣传,党员示范岗、青年志愿者坚守办税服务厅提供精准辅导,把减税降费的政策落准、优惠兑现、"铁账"算清。三是依法组织收入为经济社会发展"聚力"。坚决不踩组织收入红线,全面贯彻落实"四个坚决",确保税源监控到位、税收征管到位、堵漏增收到位。四是践行一线工作法为基层和群众"排忧"。推行"情况在一线了解,问题在一线解决,感情在一线融合,形象在一线树立"的一线工作法,加快税务"四合"步伐。全体党员坚持每个工作日到联点社区报到服务,实施"造血"扶贫。近年来持之以恒强化服务为核,区税务部门每年都圆满完成税费收入任务,"税银互动"典型事例在央视《新闻联播》《经济日报》报道,雨湖区税务局2018年获评全市系统绩效先进单位。

(二)标准为基,下好"一盘棋"

对标中央指导方针、上级部署安排和职能职责变化,在全面领会新时代党的建设、支部标准化建设等要求的基础上,制定出台《雨湖区税务局税务党建文化三年规划(2018—2020年)》,坚持"一张蓝图绘到底",明确2018年为"党建文化启动年",2019年为"党建文化提升年",2020年为"党建文化品牌年",每年结合新部署新要求下发年度党建文化实施方案,比如2018年着力开展服务升级、创先争优、文明公益、法治税务、换位体验、星火燎原、活力雨湖六大行动,2019年实施党建领税、改革兴税、征管强税、便民办税、文化润税、素质保税六税建设。一手抓责任分解和落实,构建起纵向到底、横向到边的责任体系,确保各项党建任务要求层层落实到岗到人,使党建路线图清晰、时间表精确、任务书翔实;一手抓党务培训和指导,以支部工作条例和标准化建设为主要内容,组织党委委员、党务干部集中培训,开展全面的提醒式督导,现场手把手辅导,使党建工作做有目标、管有抓手、考有标尺。目前,雨湖区税务局系统有3个党支部为湘潭市"五星"支部,雨湖区税务局为湖南省税务系统基层党建示范点创建单位。

(三)在线聚力,拧紧"牵引绳"

将纳税人的需求、税收事业的长远发展、干部群众的需要作为党建工作的出发点和落脚点。一是推广电子税务局,做到"线上自办,线下优办"。针对雨湖区管辖范围广、纳税人体量大、个体工商户众多以及由此产生的购票慢、申报挤等问题，大力推广电子税务局发票配送、网上代开、自助领票、掌上申报，电子税务局使用率近八成。二是优化营商环境，做到"线上问策，线下改进"。向纳税人推送热线电话、微信公众号、官方网站等线上问策渠道，收集纳税人有效意见107条，有的放矢地开展了走访D级纳税户、一企一策等服务举措，2018年全国纳税人满意度调查，雨湖区处于湖南省县市区第三位。三是突出减税降费，做到"线上宣传，线下辅导"。扩延"一网两微一端"的线上宣传阵地，建立税收管理员为群主、其管理服务对象为成员的征纳微信群49个，开展点对点、点对面的线上宣传。近两年的税收宣传月，以减税降费微信闯关游戏、税润窑湾等为主题，深入开展"个税改革党员百日大辅导""减税降费政策大宣传"，把税收政策送入千家万户。四是提升干部素质，做到"线上培训，线下比武"。组织干部每日线上一练，根据积分情况，按月跟进兑现奖惩。同时，推行每周线下一考，考试成绩与数字人事、个人绩效考核相关联，在国家税务总局2018年税务知识网络竞赛中，有5人进入全省前100名。

（四）用活微体系，占领"新阵地"

做优"七微"平台。一是制作微党课。各个党支部制作微党课视频，开展微党课竞赛。二是建立微阵地。在主办公区建成非常党建文化墙和廉政之路，窑湾分局、办税服务厅、姜畲税务所、鹤岭税务所等派出机构支部分别以悠远窑湾、青春税务、服务军工、鹤"领"发展为主线，形成"1+N"的党建文化阵地。三是诉说微感悟。用拍摄短视频方式，传播和分享优秀共产党员、标兵能手在工作、生活、学习中的感悟与故事。四是传播微美篇。将主题党建活动、中心工作推进等制作成美篇。五是开辟微党刊。创办了《非常党建》期刊，分别以"遇见""温度""发轫"为主题，讲述和记录税务人改革期间优服务、促融合、推发展的故事。六是用好微广播。成立"雨湖之声"广播站，设立党建园地、政策

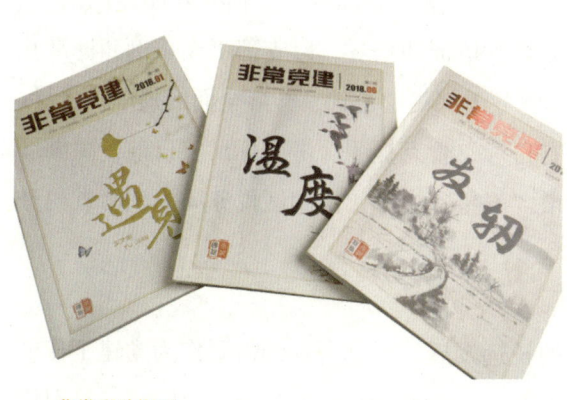

非常党建期刊

速递、新闻汇编、健康之友等栏目。七是建立微沙龙。推出"非常咖啡馆"项目,把税务干部从严肃的工作岗位,请进幽静的咖啡馆,茗香萦绕,轻松交谈,一起分享真善美,畅聊得与失,干部们的心拉得更近了,"四合院"里充满了真诚和欢笑。

(五)注重激励,弘扬"正能量"

立足党建带群建、群建促党建,推动工青妇组织增强政治性、先进性、群众性。严格按照组织程序选举产生新机构的工会、共青团、妇委会,将素质高、能力强、活力足的同志配置到相应岗位。把党支部和工会小组同主体设置,认真落实《湖南省基层工会经费收支管理实施细则》,党委会专题研究明确常态化经费支出标准,积极组织春游秋游、文体比赛和业务竞赛,引导气排球、乒乓球、摄影、诵读等兴趣小组有序开展活动。印制《工会会员应知应明52题》发放给工会会员,广泛宣传,接受监督。区局工会成功争创湖南省模范职工之家。不断激发干部队伍活力,成立青年工作室,以项目管理和正向激励为双驱动,促进青年税干成长成才,助推税收事业发展。青年工作室于2018年7月成立以来,共承担完成7个项目、2次税收调研,组织集体学习12次、集中授课6次,进行会计和公文业务考试3次。雨湖区税务局为青年工作室下发表扬性通报7个,55人次参与项目得到个人绩效加分。

(执笔人:周杰 黄帅 周佳晖)

点亮青春方阵　助力年轻干部成长

国家税务总局易门县税务局

一日之计在于晨，税务未来在青年。青年干部是税收事业的承继者，是民族进步、国家富强的守护者。习近平总书记指出，"我们要悉心教育青年、引导青年，做青年的引路人。"国家税务总局易门县税务局通过一颗小小的"时间胶囊"，激发了青年干部的成长主动性，采取系列有目的、有方向的培养措施，从政治素养、精神品格到业务能力，全方位打造信念坚定、志存高远的青年干部队伍。

一、"时间胶囊"启发成长自觉

"时间"是干部培养的基础，十年树木，百年树人。易门县税务局通过"时间胶囊"引导青年树立时间价值理念，重视时间利用率，启发成长自觉，让"时间"为个人成长赋能。每年年初，青年干部都要写下自己3年后的目标，有的人和自己约定未来3年要通过税务师考试，有的要学会查账，有的要看完20本书，有的要周游世界，有的要减肥成功……这些"约定"都会被统一封存到"时间胶囊"里，3年后"时间胶囊"会被再次开启，届时每个人都可以验证3年前的计划目标是否达成。相比起时下流行的快节奏，"时间胶囊"更像是一封"慢递"，要用3年的时间才能完成投递。时光流逝虽不可重来，但未来却可以亲手创造，"时间胶囊"让每一位青年深刻感受到了时间的力量，扇动了"自证预言"的蝴蝶翅膀，梦想的轴轮开始缓慢启动，对青年的培养也迈出了"自愿自觉"的第一步。

时间胶囊（2018—2020）

个人成长离不开组织的引导和规划，易门税务为青年干部量身定制了《易门县税务局青年干部培养实施方案》，通过加强学习、蹲苗压担等方式，打造"四个层级"高素质专业化青年干部队伍，培养政治上靠得住、业务上撑得起、作风上过得硬的中坚后备力量。同时，根据"时间胶囊"里的共性需求，有计划地组织开展读书会、知识沙龙、万步有约等活动，因势利导，循循善诱。建立成长台账，详细记录个人工作表彰、资格考试、活动参与、禁止清单等41项成长表现，绘制个人成长轨迹，每年度根据量化分值进行个性化微调，兼顾业务能力与行政能力"不偏科"。量化分值还将作为选人用人参考，做到能力与责任相匹配、相促进。

二、"兰英精神"坚定政治信念

孙兰英是解放战争中的女英雄，她年仅21岁便受组织重托，只身来到易门负责全县地下党工作。由于叛徒出卖，她被捕后受尽敌人酷刑折磨，依然忠于组织，严守机密，最终付出了年轻的生命。人们传诵着她的英雄事迹，并亲切地称她为"南疆丹娘"。易门县税务局在青年培养中注重传承兰英革命精神，为税收事业注入红色基因。以"忠诚"为主题，开展红色教育活动，组织全体干部参与《我和我的祖国》快闪拍摄，增强队伍凝聚力和自豪感，升华爱国主义教育。以"担当"为主题，开展脱贫攻坚、产业扶贫活动，连续3年组织全体干部职工深入田间义务移栽烟苗，帮助困难农户保生产、保增收。以"坚毅"为主题，组织干部参加体育竞技，培养执着奋斗、顽强拼搏的战斗精神。以"专注"为主题，组织盆景园艺兴趣小组，在雕琢盆景造型的过程中磨炼心性、培养专注，既陶冶了个人情操，又美化了办公环境。

坚持党建带团建，突出做好"五个带"，即带思想建设、带组织建设、带队伍建设、带作风建设、带工作成效。通过党组织履行好政治责任，引导青年干部牢固树立"四个意识"，始终坚定"四个自信"，坚决做到"两个维护"。设立青年理论学习小组，推行党员"334"学习模式和党建知识测试制度，强化青年干部政治理论学习，夯实政治素养。在推进减税降费、提升服务质效等工作中，充分发挥党团先锋模范带头作用，以党员先锋队引领青年突击队和巾帼建功队，主动适应新时代税收工作新要求，攻坚克难，确保各项任务顺利推进。

三、"师徒传承"提升业务本领

青年干部可塑性高，学习能力强，但在专业技能、业务精细和应急处理等方面还需要精心打磨。易门税务推行"导师制",使干部培养更接地气、更具实效。易门县税务局建立导师智库,精心挑选政治过硬、能力突出的导师,对新进人员实行"一对一"培养。导师要从关心成长、答疑解惑、指导业务等方面对徒弟"传、帮、带"。同时,将徒弟的表现与导师的绩效挂钩,纳入年度考核、评先评优等。通过结对成长机制,实现相辅相成的双赢局面。利用"夜校"充电,采取"培训+考试"的管理模式,从行政能力、业务能力、沟通协调能力等方面为切入点,以课堂讲授、操作体验、案例分析等方式开展培训。坚持逢训必考,对参训学员进行学习成果检测,考试结果记入个人成长台账,使个人成长轨迹可见、可量化,从而更好地激发了青年干部的学习干劲。

为减税降费党员先锋队等授旗

通过实践检验学习成效,敢于加任务、压担子,激发潜能。开展团队式攻坚,先后成立了税源分析预测管理团队、税收共治征管团队、税收宣传团队、青年突击队等多个工作团队,力促减税降费、税收共治、数据治理等重点工作顺利推进,主动拓展了"不见面办税"等纳税服务内涵。通过实战增强本领、凝聚人心、振奋士气,在实践中锻造青年干部向上向善的精神品格。

春风化雨,润物无声。易门县税务局抓住青年培养这条主线,大力倡导时间价值,大力弘扬时代风尚,大力推动师徒传承,有效带动了税务文化建设和精神文明建设。获得国家级荣誉4项次,其中4次获评"全国青年文明号",1次获评"全国税务先进集体";获得省、市级各项荣誉13项次,其中连续5届被评为省级文明单位。青年干部成长迅速,在39名青年干部中,有2人担任县局领导,8人担任中层干部;有14人次获得省、市重要嘉奖,其中3人被授予税务系统"业务能手"称号,3人被纳入"素质提升115工程",3人记三等功。

(执笔人:杨晟　杨妮娜　陈涛　吴坤华)

"三大工程"打造税务文化圈

国家税务总局盘州市税务局

国家税务总局盘州市税务局积极实施铸心、培元、星火三大工程,以机关文化建设为核心,以职工住宿区文化建设为纽带,以点带面,环环相扣,努力打造辐射盘州全域的税务文化圈,有效凝聚队伍士气、展现"专业、敬业、乐业"的盘州税务风采,引领诚信纳税新风貌。

一、铸心工程:用好抓手夯基固本

以"搭好平台、用好课堂、建好队伍"为抓手,将专业、敬业、乐业的盘州税务精神注入机关文化内核。

一是搭好"一个平台"。编发《丹霞山》杂志,刊登干部职工生活感悟、工作研究、先进事迹、诗歌和艺术作品等,为干部职工开展文化创作、交流工作经验、探讨学术问题搭建一个良好平台,展示税务干部良好风貌,传递健康向上的工作、生活理念。

二是用好"两个学堂"。每月组织道德讲堂,以"同赏一首歌曲、同读一篇经典、同听一个故事"的形式,用身边人、身边事教育和感染干部职工,宣传"中国好人"赵文泰、"凉都好人"蒋小龙,以榜样的力量鼓励干部敬业奉献;定期组织税务学堂,营造良好的学习风气,以各部门业务骨干为队长,组建学习小分队,定期开展学习交流,建立微信学习交流群,分享学习经验,展现学习成果。

三是建好"三支队伍"。组建青年联合会,定期组织各类文体活动,引导干部健康生活;组建青年志愿服务队,深入学校、社区开展志愿服务,传达志愿、友爱、互助、进步的志愿服务精神;

2019年4月3日,盘州市税务局党员先锋队到烈士陵园扫墓

成立兴趣小组，根据干部职工兴趣爱好，组建读书、摄影、足球和篮球等多个兴趣小组，通过打造职工书吧，举办篮球、足球和摄影竞赛等方式，充分调动干部职工参与热情，培养健康习惯和高雅情趣。

四是做好"四大创建活动"。以"不忘初心、牢记使命"主题教育为契机，坚持党要管党、全面从严治党，全面推进党的建设；以"黔税先锋"党建品牌创建为载体，严肃党内组织生活，积极组织开展党员教育、入党积极分子培训，到"盘县会议会址""国防教育基地""三线建设文化馆"，结合减税降费等工作开展支部主题党日活动；组建"党员减税降费青年先锋队"，党员业务骨干作为税收政策辅导员，深入办税等候区及自助区开展流动辅导，推出"红色心向党、绿色优服务、蓝色大练兵"的"三色"工作思路助力减税降费政策落地；以"文明在行动　满意在黔税"文化品牌创建为基点，围绕"1234"工作体系，提升纳税服务质量和管理水平。组织开展"党建铸铁军青春展活力"运动会、"盘盘马拉松"活动，组建"盘州市税务局合唱团"传唱《中国税务之歌》《走向复兴》《歌唱祖国》等歌曲，清明节到盘县革命烈士陵园扫墓，利用端午节等传统节日丰富各类活动，不断提升单位文明形象和干部职工文明素质；以"三创三树"为抓手，推动文明单位、文明股室、文明标兵创建，通过树立典型，传播正能量，唱响主旋律；认真开展"三珍惜"活动，组织演讲比赛、知识竞赛、主题党日等活动，引导全局干部珍惜岗位、奉献社会、培育家风、孝老爱亲。

二、培元工程：创新载体循序渐进

充分利用办公楼与职工住宿区相连的优势，以主题文化小区和文化家庭为载体，使税务文化融入干部职工家庭。

一是以文化养廉、亲情助廉为主题，打造主题文化小区。在职工家属区打造廉政文化长廊，建设廉政文化和法治文化小区，让干部职工及家属在耳濡目染间受到廉政文化熏陶。在职工住宿区宣传栏开辟廉政文化墙，邀请干部职工家属撰写廉政寄语，创作廉政文化报，并在文化墙张贴；组织廉政小区建设座谈会，请职工家属代表为廉政文化小区建设建言献策，提高职工家属参与感；打造法治税务文化小区，借力文化建设助推法治税务。

二是以廉洁从政和优良家风为主题，创建文化家庭。向职工家属征集廉政寄语和家风家训，并制成桌牌，摆放在干部职工案头，时刻对干部职工进行警示提醒；定期组织职工家庭学习廉政文化，以家庭为单位开展学习交流会，请职工家属代表交流学习心得，分享学习经验。

三是以身边人教育身边人为主题，培育税务好人。广泛发掘身边好人的先进事迹，选树大批身边好人，每月在"线索推荐平台"推荐线索30条，每季度报送好人事迹，通过身边人宣传身边人和事，以身边人身边事教育引导身边人，全力打造税务好人品牌，培育社会文明风尚。

三、星火工程：融合共建以文助税

充分借助地方党委政府和企业的力量，开展税务文化共建，以点带面，不断扩大税务文化圈辐射范围，使诚信纳税基因融入盘州文化。

一是强化部门共建，积极联合地方党委政府各部门开展文化交流。与盘州市公安消防队、人民检察院、人民医院联合举办"忠诚履职，担当作为，鱼水情深"迎春晚会；以法治税务示范基地建设为契机，与检察院共同成立"依法行政警示教育基地"，与工商联联合成立"法律援助中心"，通过联合开展依法行政警示教育、税法知识研讨会、法律援助等方式，强化沟通交流和税法宣传。

二是强化税企融合，积极创建诚信纳税示范街。选取依法诚信纳税的企业和街道，悬挂诚信示范标志，形成良好示范效应，有效带动全市纳税人诚信纳税、依法纳税的热情和积极性；与盘州市邮政公司、各大银行建立合作关系，充分对企业网点开展税法宣传，扩大税法宣传覆盖面；组织企业会计召开座谈会，通过联合会计事务所，为残疾人提供税务援助等形式，抓住会计从业者这类关键人群，潜移默化中将诚信纳税理念融入盘州企业文化。

三是打造校园税务文化，创新打造"税务文化墙"。在城市主干道、学校等公共区域打造税务文化墙，以漫画、展板、壁画等形式生动形象地向青少年学生宣传税收基本概念和职能、纳税人权利义务、税收优惠政策等税收常识，引导广大市民及青少年学生树立诚信纳税理念；结合盘州市职业技术学校的专业和需求，打造"青税学堂"，定期组织业务骨干为青少年学生讲解税收政策，提升青少年税法知晓度和遵从度；定期组织"小小税官体验日""税收主题班会"等活动，强化学习互动，有效提升青少年学生参与税法学习的获得感。

（执笔人：张兴磊　汪琦飞）

建设井冈山税务干部理想信念教育基地

国家税务总局吉安市税务局

一、创建背景

理想信念是共产党人精神上的"钙",坚定的理想信念是"带好队伍、干好税务"的思想基础。新时代新税务新作为,为进一步赓续红色血脉,坚守初心使命,打造过硬税务铁军,国家税务总局吉安市税务局积极依托井冈山丰富红色资源,紧贴地域特点、行业特色、时代特征、文化特性,充分运用图表、文字、展板、实物、声光等元素,精心打造全方位、立体式、系统化教育平台——井冈山税务干部理想信念教育基地,并将其功能定位为理想信念的高地、廉政教育的基地、税收宣传的阵地和税务文化的园地,被誉为一张精美的"税务名片"。

二、主要特色

整个教育基地分序厅、"信仰如炬""税月如歌"和尾厅四个部分,凸显了税务党建主题,贯穿了理想信念主线。一是紧扣"党"字,贴近时代要求。坚持高点定位,以革命精神之源的井冈山精神为主线,紧扣党建主题,展示好历届领导人关于理想信念的经典论述,及时将中央的新精神、新思想体现到展厅建设各个环节中。二是紧扣"税"字,贴近工作实际。通过情景、图片、实物

等形式,展示不同时期的税收理念、税收制度、征管模式以及纳税服务的发展历程,展现新时代吉安税务践行税收现代化的精彩片断和感人瞬间。三是紧扣"红"字,贴近地域文化。充分挖掘红色革命基因,做好中国税务精神结合文章,展示"身边

好税官""身边好人"等典型事迹，展示税务干部文体活动、书画摄影作品，打造"一局一品"党建窗口。四是紧扣"活"字，贴近干部诉求。积极邀请干部参与，充分反映干部意愿，广泛集中干部智慧，及时更新展板内容、制作专题片。把基地作为开展理想信念教育的主阵地，定期组织拓展式、体验式、实践式教育活动，如重温入党誓词、重走红军小道、重读红色经典、重唱革命歌曲，与红军后代进行互动教学等形式，引导税务干部"守初心担使命、找差距抓落实"。

三、主要成效

井冈山税务干部理想信念教育基地的成功打造，让宝贵的精神财富彰显时代价值，有效凝聚了干部人心、激发了队伍活力、促进了事业发展。同时教育基地立足本地，辐射内外，有效提升了吉安税务影响力和政治站位。近年来，中央组织部总务委员、全国基层办主任吴玉良以及原国家税务总局领导谢学智、宋兰等先后莅临教育基地参观指导，国家税务总局群众路线教育活动专题调研组、全省税务系统党建推进会、处级领导干部培训班以及市纪委、吉安市总工会的培训班先后在教育基地进行过现场教学（调研）。据统计，基地自启用以来已接待来自系统内外的来客10380余人次。教育基地被中华全国总工会授予"全国职工教育示范点"，成功入选第四届全国基层党建创新优秀案例。

（执笔人：龙小波　吴艳平　黄军　钟俊辉）

中华苏维埃共和国中央财政人民委员部税务局旧址简介

中华苏维埃共和国中央财政人民委员部税务局（以下简称中央税务局）于1931年11月成立，为苏区经济作出了重大贡献。1934年10月，中央税务局随主力红军一同踏上长征之路。新中国成立后，中央税务局旧址被列为县级重点文物保护单位。由于年久失修，风雨侵蚀，旧址房屋破损严重。为抢救和保护好这块历史珍贵遗产，在金人庆、谢旭人等领导的关心下，税务局旧址进行了迁建修复，并于2003年9月竣工开放。时任国家税务总局局长谢旭人同志在百忙之中亲自为中央税务局旧址题名，并与时任江西省常务副省长吴新雄一同为旧址揭牌。

重建的中央税务局旧址坐落在瑞金市沙洲坝旧址群内，占地面积1475平方米，主体风格为徽派建筑。旧址主要由四个部分组成，分别是中央苏区税收史陈列馆、苏区税务总局办公场所、现代税收展厅和税收普法学堂，其中中央苏区税收史陈列馆最具特色，采取声光电及立体场景模拟形式全方位展示苏区税收史。

旧址建成后，先后有多位领导视察指导，如时任江西省常务副省长吴新雄，国家税务总局局长谢旭人、副局长张志勇、王力、宋兰、钱冠林，总经济师董树奎，纪检组长贺邦靖等。据不完全统计，旧址先后接待国内外宾客将近100余万人次。

中华苏维埃共和国中央财政人民委员部税务局旧址全貌

点 评

文化自信源于历久弥新、浴火淬炼、开拓奋斗。税务题材主旋律电影《武陵山上的星光》，由税务干部编写剧本并担任总导演，斩获"金灯塔最佳影片金奖"。北京税务博物馆、晋冀鲁豫边区税务总局旧址、井冈山税务干部理想信念教育基地等文化场馆，展示党史税史，讲好税务故事。广东省东莞市税务局的税收主题馆、成都市龙泉驿区税务局的"驿路春风"品牌、浙江省嘉兴市税务局的"禾税先锋"等，使文化品牌融入税务干部的日常工作生活，引发社会广泛关注，成为彰显税务文化自信的一个个鲜明标识、亮丽品牌。

全力创建税务文化品牌，关键是把中华优秀传统文化、革命文化、地域文化等资源转化为品牌建设源动力。加强新时代税务文化建设，要突出以下"三个集聚"：一是集聚税务文化人才。"人才是第一资源"，只有越来越多的税务文化名家、大家、专家扎根税务、奉献税务，形成群星汇聚、交相辉映的生动局面，税务文化底蕴才会越来越厚重。各级税务机关要形成税务文化人才的发现、跟踪、培养、引进、交流、激励等完整创新机制，形成税务文化人才群。二是集聚税务文化创意。创意是税务文化发展的原生动力。文化品牌建设没有固定的公式，创新创意创造是推动税务文化繁荣兴盛的"万能钥匙"。各级税务机关要从基层税收实践、从基层税务干部中提炼题材、获取灵感、汲取养分，丰富税务创作内容，推出一批精品力作。三是集聚税务文化资源。以我为主，以更加开放、包容、合作的精神，促进中西、内外、上下、左右的资源聚合，激发税务文化的创新创造活力。各级税务机关要加强税务文化品牌建设，加强统筹规划、强化协同落实，深化宣传推介，提高税务文化品牌的知晓度和传播力，真正打响"新时代税务文化"品牌。

先锋榜样篇

他们,

有的是忠诚担当、崇法守纪的基层优秀党员;

有的是为国聚财、为民收税的基层一线税务干部;

有的是长期坚守在高原边陲、奋斗在平凡岗位,却作出不平凡业绩的税务人……

先锋模范人物是中华优秀传统文化、民族精神的重要体现,又是税务干部实现人生价值、奉献社会的生动榜样。为弘扬真善美、激励税务人、提振精气神,全国税务系统积极宣传和践行社会主义核心价值观,加强精神文明建设,深入开展全国人民满意的公务员、全国道德模范、中国好人、中国好税官、全国税务系统先进工作者、国税地税征管体制改革先进典型、"不忘初心、牢记使命"主题教育减税降费先进典型等群众性精神文明创建活动,在税务基层挖掘、推出、宣传一大批优秀先进典型个人。

先秦诗鉴赏辞典

全国人民满意的公务员

张学东：
岗位建功、创新攻坚的税务改革"排头兵"

张学东，男，中共党员，国家税务总局武汉市税务局货物和劳务税处副处长。2019年6月，被授予"全国人民满意的公务员"荣誉称号。

5年时间，7款软件，挽回和避免税收流失近50亿元……2019年1月16日，在全国税务工作会议期间举行的国税地税征管体制改革先进典型事迹首场宣讲会上，国家税务总局武汉市税务局货物和劳务税处副处长张学东的宣讲赢得了阵阵掌声。作为6位宣讲者之一，他用亲身经历讲述了新时代税务人不忘初心、牢记使命，积极投身改革、勇于担当奉献的感人故事。

张学东是湖北税务系统"预警快""分析准""轻松填"等系列管理工具的主创开发者，一位既有创新精神又有坚韧毅力的业务专家。在全面推开营改增、国税地税征管体制改革、减税降费等进程中，为了攻破办税难点痛点，堵塞税收违法漏洞，他夙兴夜寐，矢志不渝，做出了不懈努力，赢得了普遍赞誉，被称为改革攻坚、优化服务的"尖刀班长"。

作为以他名字命名并由他领衔的"张学东工作室"的负责人，张学东以坚忍不拔的创新精神和突出业绩，先后荣获"全国税务系统先进工作者""湖北省先进工作者""湖北国税最美税务人""全省国税系统最佳征管能手"等称号，2019年1月被树为"湖北省税务系统改革先锋"，被评为全国税务系统"中国好税官"，2019年3月被武汉市委授予"武汉时代楷模"；2019年6月25日，在北京人民大会堂参加"全国人民满意公务员"表彰大会，并受到习近平、李克强、王沪宁等党和国家领导人亲切接见。

忠诚担当走在改革前沿，用榜样力量激励人

2018年初，随着国税地税机构改革拉开序幕，张学东因工作出色被国家税务总局点名纳入全国发票风险防控机制研究人才库。经常去税务总局公干的张学东，经常是清晨第一班高铁去北京，晚上乘最后一班高铁回武汉。在税务总局办公的日子里，他担任项目组组长，以钉钉子精神，圆满完成了总局领导交办的各项工作任务，先后参与全国发票风险管理办法有关文件起草修改、增值税发票风险监控平台的设计研发建设等。2019年初，张学东被评为"全国征管体制改革先进典型""全国减税降费改革先进典型"，先后在17个省市进行宣讲，以实际行动为新时代税收文化建设贡献力量。

攻坚克难化解虚开难点，用职业操守打动人

随着"放管服"改革的不断深入，少数不法分子虚开发票势头不减，严重扰乱社会经济秩序。"决不能让国家税收因虚开骗税而造成流失"，这是张学东坚定的守税为国信念。他带领团队设计开发出一款"预警快——增值税发票快速预警处理系统"，首批85户涉嫌虚开的纳税人闻风而逃，软件由此一战成名，被命名为"预警快"。同时，开发了"打击狠——增值税发票虚开税警联合打击系统"，先后帮助破获了多起虚开发票大案要案，中央电视台、《中国税务报》作了专题报道。目前，共预警发现31.6万份涉嫌虚开发票，累计挽回和避免税收流失近50亿元，为税收改革保驾护航，捍卫国家税收安全。

为民服务助力减税降费，用进取精神鼓舞人

2019年为了更好落实减税降费这项重大改革任务，张学东和他的团队又积极投入"开好票""报好税"攻坚战中。没有休息，不舍昼夜，到高等院校找专家教授请教论证，到企业找财务人员商讨切磋，反复斟酌推敲、不断修改完善，终于抢在首次申报前开发上线"轻松填——增值税纳税申报辅助软件（减税降费版）"，它不仅能帮助纳税人学习申报业务，更具有自动校验功能，避免了纳税人漏填、错填，确保减税降费改革红利一个不落。目前，"轻松填"已在湖北省推广运用，《中国税务报》头版和税务总局微信公众号进行了推介，受到纳税

人、基层税务人员广泛好评。

执着创新全力为基层减负，用优良作风感染人

继"预警快""轻松填"之后，张学东和他的团队又接到湖北省增值税发票一体化数据集成应用平台（"票控全"）开发设计任务。"票控全"集成总局、省局9大系统的发票数据资源，自动生成各类发票管理监控、经济关联度、纳税服务等指标分析模型，在研发的6个月时间里，夜以继日地集中攻关。参与设计开发的外单位技术工程师们无不感慨，说他真是个"拼命三郎"。如今，应用"票控全"，基层税务人员原来需要一个月完成的报表统计分析，现在只要半天就能完成，极大提高了税务人员管理效能。

无私奉献催生人才成长，用高尚情操引领人

一花独放不是春，百花齐放春满园。现在"张学东工作室"已成为湖北省税务局专业团队，现有来自全省各地市税务局的业务骨干18人。张学东除了是业务创新带头人，还承担着大量的义务教学培训任务，5年时间累计授课80多场，为武汉税务业务人才培养贡献了力量，被同事们称为"张教授"。同时，"张学东工作室"团队在省、市局领导的支持下，形成了一整套轮岗、培训、交流机制，让团队发挥最大作用，更让优秀人才脱颖而出。2017年"张学东工作室"被树为"武汉市优秀党建品牌"。

张学东30年如一日，不忘入党初心，牢记为民使命，将服务纳税人、缴费人作为自己最大的责任，在平凡的岗位上树起了共产党员鲜红的旗帜。他守税为国，用税收大数据破解打击虚开发票难题，避免了国家税款流失；他创新为民，用一系列服务小程序的改进，提高办税效率，提升了纳税人的获得感，努力用实际行动树立践行中国税务精神的典范。

剡红红：
浴火重生志弥坚

剡红红，女，国家税务总局天水市秦州区税务局第一税务分局局长。2019年6月，被授予"全国人民满意的公务员"荣誉称号。

窗口服务用真情

从税27年，剡红红在税务所、局机关、稽查局、税政征管和办税大厅等多个岗位历练，始终把"爱国、敬业、诚信、友善"记在心里，不懈努力钻研业务，全心全意为纳税人服务，时时处处发挥模范带头作用。

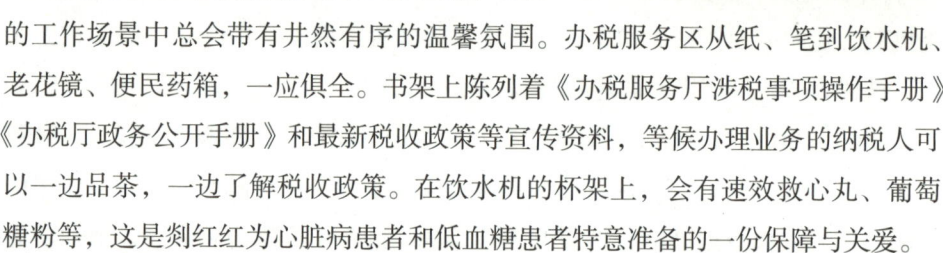

自从剡红红负责办税大厅工作以来，忙碌的工作场景中总会带有井然有序的温馨氛围。办税服务区从纸、笔到饮水机、老花镜、便民药箱，一应俱全。书架上陈列着《办税服务厅涉税事项操作手册》《办税厅政务公开手册》和最新税收政策等宣传资料，等候办理业务的纳税人可以一边品茶，一边了解税收政策。在饮水机的杯架上，会有速效救心丸、葡萄糖粉等，这是剡红红为心脏病患者和低血糖患者特意准备的一份保障与关爱。

办税大厅有一条便捷的"绿色通道"，直接通向剡红红的办公室，办公室悬挂着"纳税人维权室"的牌子，剡红红正是在这里为纳税人答疑解惑，帮助他们完成各项税费申报缴纳事项。

忆往昔峥嵘岁月稠

在单位，剡红红是有名的"钢铁女税官"，但却很少有人知道，在这钢铁意志的背后，她承受过多大的病痛折磨。

2013年4月，剡红红被查出患有乳腺癌，这消息犹如晴天霹雳，让她的家庭陷入了恐慌。面对儿子即将高考、80岁老公公无人照料等生活实际，她哭泣过，也想过逃避，但最终依然选择了坚强。

手术之后仅一个月，当她得知原天水市秦州区地税局被确定为"涉税事项前移"试点单位后，她一再请求家人将相关资料送到病房来，病弱的身体立刻埋进如山的资料中，一有好想法就立刻给领导同事打电话汇报沟通，有时一个电话时间很长，她就保持打电话的动作一直不变，甚至忘了自己的病痛……

从死神手中挣脱出来的剡红红，因对生命有更深层次的理解而平添了一份对工作的神圣的使命感。出院后，她更加忘我地投入工作。

2014年5月，她带领分局人员率先在原甘肃省地税系统推行办税服务厅"一窗通办"服务新模式；2015年1月，圆满完成原甘肃省地税系统首批"优秀办税服务厅"创建工作；2016年5月，顺利完成原天水市秦州区地税局营改增平稳落地和"双代"业务规范运行；2017年7月，试行天水市秦州区国税地税联合办税"一人一机双系统"的办税服务新模式；2018年7月，在国税地税征管体制改革中全面推行"最多跑一次""不来即享"等各项纳税服务新举措。在为纳税人提供更加优质、高效的服务道路上，剡红红从未放慢过步伐。

看今朝"前沿阵地"奔波忙

机构改革，服务先行。办税大厅是税务机构改革最基层的"前沿阵地"，她需要综合管理秦州区范围内五个办税大厅，任务更加艰巨，责任也更加重大。面对新的角色转变，她从人员配备、导税制度、晨会制度、考勤制度、业务流程等入手，对照规范、加班加点做好整合管理方案，结合新情况进行业务窗口的优化调整，没有耽误任何一次纳税人的正常业务办理。

她奔走在五个办税大厅之间，每一项繁重的改革任务中都能看到她的身影，她为纳税人讲解税收政策、指导缴税申报，赢得了纳税人和同事的一致赞扬。她满怀挚爱，潜心付出，经常迸发灵感、创造亮点，及时解决纳税人所想所盼所需。她每天下班时带领大厅人员坚持做颈肩操、小结工作、发现问题、解决矛盾，让大家在一天忙碌后能够彻底放松，带着愉悦的心情回家。

凤凰涅槃，浴火重生。传说中，凤凰是人世间幸福的使者，所到之处都是吉祥。在纳税人和同事的眼中，剡红红就是这样一只火凤凰，有她在的地方，充满关怀与感动，遍洒阳光与温暖！

鞠 英：
办税厅里的"知心大姐"

鞠英，女，中共党员，国家税务总局常州市税务局三分局副局长。2019年6月，被授予"全国人民满意的公务员"荣誉称号。

鞠英，先后荣获"中国好人""江苏省先进工作者""江苏省公务员职业道德模范""常州市十佳最美公务员"等荣誉称号，"鞠英纳税服务工作室"先后获评"常州市示范性劳模创新工作室""江苏省青年文明号""全国巾帼文明岗"等荣誉称号。她用"俯首甘为孺子牛"的身姿，带领团队雕刻出了新时代办税服务工作的"极限"品质，为税收服务增添了一份温度。

肩挑重担当大厅"顶梁柱"

微圆的脸、浅浅的笑，整天陀螺似地转，是鞠英给许多人的第一印象。工作30多年，鞠英一大半时间都奉献给了办税服务厅，无论是在征管一线还是在纳税服务窗口，无论是在营改增攻坚中还是在国税地税征管体制改革前，她不畏窗口业务的繁杂零碎，推出了一系列便民举措，最大限度挖掘、提升窗口服务效能，让纳税人享受到改革之后办税的简便高效。

她所在的大厅是全市税务部门对外服务"第一窗口"，担负着为打响改革攻坚"当头炮"架设"炮台"的艰巨任务，作为大厅第一责任人、第一"流动岗"，她时常靠前指挥、带头实干在窗口一线。哪里有需要，哪里就有她忙碌的身影，不管是自助服务区还是体验辅导区，细致地检查每一台设施设备、测试网络运行状况、补充整理业务操作指南，休息时间主动为纳税人提供延时服务，生怕有任何一个环节给纳税人"添了堵"。

鞠英在工作中有时候也急,遇到急难问题要站在同事身边立等结果。而面对纳税人,她却是出了名的好脾气。她的办公场所一直是人气最旺的,来咨询办事的人排着队,一如大医院专家门诊。即使被提拔为分局副局长,即使临近退休年纪,这种现象也没改变,大家照旧挤着上门。

勤学善思是业务"百事通"

为了更好地服务纳税人,2011年9月,"鞠英纳税服务工作室"应需而生。自工作室成立以来,各路业务精英主动加入到以鞠英为首的志愿服务队中来,鞠英带领工作室成员以专业团队的形式开展纳税服务,采取"6+1"的方式开展服务,推行疑难问题集体会商机制,充分利用每月"税收政策解读日"的固定阵地,增设市区街道"纳税人之家"流动服务站,每年创新推出菜单式服务举措,在全省率先试行"三岗并行""预约取件"等创新举措,主动向广大纳税人提供更为专业、高效、优质的纳税服务,成为江苏省纳税服务工作的"先行者"。

无论是在哪个岗位上,鞠英始终把学习放在心头,即使年过五旬,仍然坚持学习在先、掌握在先,不断攀登业务高峰,凭着谦虚好学的热情,刻苦钻研的干劲,她成长为一名令人敬佩的行家里手。她带头参加岗位技能竞赛,多次在江苏省"五员"能手竞赛中名列前茅,由她编写的相关业务操作指南,多次在常州市乃至江苏省推广应用。

在机构改革的关键时期,不论是电子税务局网上操作、企业简易清税注销,还是个人所得税专项附加扣除,她在统筹安排好服务纳税人的各项工作后,都会利用业务时间带领工作室团队主动钻研政策,并围绕优化办税服务质效,找准工作中出现的新情况、新问题,结合实际提出新思路、新方法,为稳步推进"一窗通办""一键通答"打下坚实的基础。

投身改革做暖心"鞠婆婆"

常州民营经济较为发达,鞠英所在的纳税服务分局,承担着市区8.5万余户纳税人的纳税服务工作。2018年7月,国税地税征管体制改革后,鞠英分管的办税大厅月均接待纳税人近3万人次,面对窗口工作量加大、服务压力剧增的情况，连续奋战了3个多月、还有1年即将退休的鞠英丝毫不敢懈怠，主动申请"打头阵"。改革过渡高峰期，拥有多年窗口工作经验的她总结出了一套创新高效的应急方法，通过重新划分导税区、自助区和体验区功能，开辟工作室专岗、专窗、专席等方式将改革"阵痛"降至最低，赢得纳税人的一致好评。为了及时回应纳税人、缴费人的期盼和需求，她带领工作室团队充分发挥"白加黑""五加二"的工作作风，力求精准传达政策、定向解答疑惑，让纳税人办税更畅通、更快速、更便捷，确保了政策落实"零折扣"、服务质量"零差错"、服务方式"零距离"。

多年来，"有困难，找鞠英"成了纳税人之间的一句口头禅，在许多纳税人眼中，鞠英本身就是一个品牌，代表着便捷、高效、热情的税务服务。认识或不认识、甚至是辖区外的纳税人，有问题总第一个想到她。她对自己一直有个硬性要求：纳税人反映的棘手事不能说"不清楚"，也不能简单地说"不能办"，必须在政策权限内给出解决方案，暂不能解决的，必须建立工作台账，及时跟踪回访。以"鞠英纳税服务工作室"为阵地，常州市税务局不断优化服务举措、创新服务方式，纳税人满意度持续攀升，在江苏省纳税人满意度调查中连续两年排名全省设区市第一名。

税企心贴心，服务零距离。鞠英身上散发着一种无畏、一种坚韧、一种踏实、一种气概，向人们传递着一种生命不止、奋斗不息、不为名利、无私奉献的忘我精神，而在她的身后，已成长出一批群众说好、信任可靠的税务干部。

滕梦利：
将青春的印记烙在八道沟

滕梦利，男，中共党员，国家税务总局白山市税务局法制科干部。2019年6月，被授予"全国人民满意的公务员"荣誉称号。

从税22年来，滕梦利始终保持着对税收事业最朴素的坚贞与最笃定的热情，在不断加强自身政治修养和业务学习的同时，也通过自己的一言一行不断感染周边同事，引领所在单位依法治税工作不断前行。"踏实、认真、有钻劲、品行好"是多数人对他的评价。

扎根基层，懵懂中学习成长

1997年，他被分配到远离长白县城140多公里的最偏远的基层分局，一干就是8年。骑车下乡开展税收宣传、走街串巷收个体税、受理申报粘贴档案……他逐步掌握了各税种的基本理论知识和征管实践经验。与此同时，他充分利用业余时间攻读了吉林大学自考法律本科；2004年，在吉林省行政许可法专项考试中，取得了全省第5名的好成绩。2004年8月17日，被评为"吉林省地税系统业务能手"。

爱岗敬业，历练中完善自我

2005年他调到原长白县地税局税政科后，不停地吸收税收知识的养分，撰写了数篇税收方面的调研文章，三次获得白山市税务学会理论研讨三等奖，一次获得原吉林省地税局和吉林省国际税收研究会联合颁发的全省地税系统税收调研成果优秀奖。

2006年底,他深入多个硅藻土企业进行实地调研测算,根据国家税务总局《纳税评估管理办法》的通用分析指标及分税种特定分析指标,有理有据地完成了原长白县地方税务局关于调整硅藻土资源税适用税额标准的调查报告。在后期的国家税务总局、原吉林省地税局多次到长白、临江等硅藻土原产地实地调研复核中,他的调研数据被反复论证引用,最终确定了硅藻土的税率为20元/吨,为白山市、吉林省乃至全国财政收入的增长做出了贡献。

2007年调到原长白县地税局办公室后,他能够立即转换角色,全身心地投入政务工作中。2008年原长白县地税局被长白县委、县政府评为政务公开工作示范点,政务工作也得到来长白县调研的原吉林省地税局领导和省委调研组的赞许和肯定。他税收业务和政务服务齐手共抓,同时获得了2008年度"全市地税系统业务学习先进个人"和"全市地税系统后勤服务标兵"两项荣誉称号。

谦虚谨慎,进取中不断超越

2010年他调到原长白县地税局稽查局,一头扎进业务学习中,虚心向老稽查、"老把式"学习。稽查局的33个月里,从地税18个税种到企业账务处理计巧,他一点一点地学,一页一页地记,学习到凌晨两三点钟那是经常的事;手捧业务书籍和衣而眠,睁开眼睛,灯还亮着,而看看窗外,已是翌晨拂晓……

近3年的稽查工作时间里,他秉公执法累计查补税款340多万元;荣获2010年度"白山市地方税务局稽查能手"、2012年"全市地税系统稽查能手""全市地税系统业务学习先进个人"、2012年"吉林省地税系统稽查能手"、2013年"白山市地税系统征管能手"。

砥砺前行,对朝国际税收工作实现历史性突破

综合业务科综合了征管、税政、法制、发票等主要的税收业务,2013年5月,他调任原长白县地税局综合业务科第一任科长。在土地增值税清算、金税三期上线、营改增、资源税从价改革等工作中,综合业务科责任重大,而作为科室负责人,滕梦利始终是冲在最前面,夜以继日地开展工作。

2014年7月,围绕对朝鲜惠中矿业合营会社中方工作人员个人所得税争议问题,与朝鲜财政省税务局负责人进行了有理有据的个人所得税税法知识宣传,强力地维护国家的税收主权尊严,得到了国家税务总局、原吉林省地税局的充

分肯定，其工作做法在 2014 年 12 月 5 日《国际税收工作动态》第 5 期上刊发，长白县局的国际税收工作开创了吉林省乃至全国对朝鲜国际税收工作的先河。

2015 年，他考取了"全省税收业务领军人才"。2016 年，他多年来从事的六五普法工作取得可喜成绩，原长白县地税局被原吉林省地税局评为"全省地税系统法治税务示范基地"，被白山市委、市政府评为"全市普法依法治理先进单位"；2017 年 2 月被长白县委、县政府授予"长白县'六五'普法依法治理先进个人"。2013—2016 年连续 4 年被评为优秀公务员，被原白山市地税局记三等功 2 次。

角色转换，勇挑国务院三项制度试点工作重担

2017 年 3 月，他调到原白山市地税局政策法规科，主要负责国务院"三项制度"改革试点及其他工作。在全国 32 个试点地方和部门的法制审核试点工作中，原白山市地税局成为国家税务总局和白山市双交叉改革试点单位。在没有可参照经验的情况下，他下大力气认真研究国家税务总局多年的政策文件，多次向省局、市政府法制办等部门请示沟通，组织和倾听基层局、法律顾问、纳税人的意见和建议，先后制定出台了原白山市地税局法制审核、执法公示、执法全过程记录的一系列规章制度。在国税地税征管体制改革期间，他认真做好相关制度的修订、执法记录仪的使用培训、基层局的督导调研等各项工作，确保了白山税务局"三项制度"工作在改革中不打折、不停步。指导全系统 66 户次重大执法行为实施法制审核，探索出"4+3"的法制审核新路子；对 117 户次现场执法事项进行执法全过程音像记录，开创了执法全过程记录的"一二三"工作格局。"三项制度"的先进工作经验在《中国税务报》《吉林日报》《北方法制报》《长白山日报》等广泛宣传报道，全力打造白山税务局阳光、规范、法治税务形象。

2017 年 6 月，他被原白山市地税局评为"全市地税系统爱岗敬业类好税官"；9 月 14 日被省政府授予"第六届全省人民满意的公务员"；2018 年 6 月被中共白山市直机关工委授予"市直机关优秀共产党员"。

学，无止境。滕梦利，依然坚定地走着……

全国道德模范（全国道德模范提名奖）

肖光盛：
入党初心 积淀大爱

肖光盛，男，中共党员，湖南省娄底市涟源市税务局退休干部。2019年9月，被授予"全国道德模范"荣誉称号。

自1991年6月从原涟源市税务局退休以来，肖光盛始终牢记共产党员初心，几十年如一日，只做一件事：扶贫助困、募捐助学。从一个人到带动一个团队，从一种精神到影响一个地区，他的事迹广为流传、广受赞誉。

大爱情怀：从一次偶尔助学到30年如一日募捐助学

肖光盛退休后，曾以绘画、种花、摄影、写写人生格言来打发时光，但是，他很快发现这种日子缺少了点什么。是一个偶然的机会，让他改变了自己下半生的生活轨迹。

那年冬天，肖光盛到一个偏远的山村，看望一位70多岁的农民朋友，得知其儿子一年前触电不幸身亡，儿媳妇远走他乡下落不明，留下一双小孙女与贫困、年老多病的他相依为命，孩子们哭喊着："爷爷，我要上学！我要上学！"瞅着农民朋友那老泪纵横、无助无奈的神情，肖光盛的心被震撼了：还有这样亟待扶助的特困群众，作为一名老党员我怎么能独享清福安度晚年呢？！肖光盛当即从身上掏出仅有的500元，嘱咐老人赶紧送孙女上学。

怀着沉重的心情回到家里，肖光盛彻夜难眠反复琢着：一名党员退休干部，应该怎样去为党和政府分忧，应该如何为弱势群众解困呢？直到天亮，一个大胆的帮扶计划，终于在肖光盛脑子里初步形成：用10年的时间，发动10万人献爱心，募捐100万元善款，帮扶100名亟待帮助的人。

14岁的孤儿郭春花，是一名患白血病、孤苦无助、无钱医治的特困户。得知她的情况后，肖光盛首先送去200元钱，然后连夜写好求援书，自掏腰包先后印刷了800多份，发动了9名退休老干部一齐上阵，挨家挨户进行募捐。经过11个月的共同努力，共为郭春花募捐善款11.6万余元，使其及时得到了救助。《湖南日报》曾以"九老救孤，一呼百应"为题，在头版头条上发表通讯报道，在社会上产生了良好的反响。

此后，肖光盛走机关、进企业、到学校、访农村，奔波忙碌，乐此不疲。不论刮风下雨，还是严寒酷暑，一年至少有300天奔波在募捐路上。这一走就是30年……

三个"爱心十年计划"：从一个人、一家人到近100万人的爱心大团队

"我一个人的力量有限，只能发动爱心人士一起行动，就算把我当成叫花子，也要完成爱心计划。"肖光盛如是说。

老伴刘穆桂是坚定的支持者，只要有时间就陪伴他在募捐的道路上，她讲到，"他为了多省点钱，衣服鞋子都要我亲手做，就连头发也让我剪。有一回，我连夜给他做了一双鞋，结果，他却送给别人了。"儿女们也加入进来，先后资助3名单亲家庭孩子顺利完成大学学业。

"爱心总是容易传染的"。许多干部、教师、职工、企业家和离退休老同志相继加入了肖光盛的"爱心团队"，越来越多的爱心人士纷纷参加了"爱心大合唱"。2005年，肖光盛喜圆第一个"爱心十年计划"：发动了11万多人，募捐了101.2万元，帮扶了108位急需救助的人。2009年，肖光盛又完成了第二个"爱心十年计划"：发动了30万多人，募捐了300万元，帮扶了300位急需救助的人。2010年7月22日，是肖光盛的80岁大寿。亲友们再次劝他："您80岁的人了，不要人照顾已是万幸了。以后的日子，您就待在家里安度晚年，不要再去成天咸吖萝卜淡操心了。"肖光盛非常理解亲友们对他的好心，但他怎么也放心不下他的爱心事业。他讲："正因为我有了80岁高龄，光阴对我来说尤为珍贵，只要我还有一口气，就要将慈善事业坚持到生命的最后一刻！"并且，当众宣布了他的第三个"爱心十年计划"：累计发动50万人献爱心，累计募捐

善款 500 万元，累计帮扶 500 个急需帮助的人。

　　80 岁大寿刚过，肖光盛就继续奔波在募捐的路上。然而，毕竟岁月不饶人。2011 年 4 月，从涟源市七星街镇土珠村调查回来的路上，肖光盛不幸摔伤右腿，导致髌骨骨折，不得不住院手术。出院不久，他就挂着拐杖，开始为土珠村不幸患上尿毒症的代课教师萧志勇募捐。

　　2014 年 5 月，第三个"爱心十年计划"又提前超额完成。截至 2019 年 7 月，肖光盛已发动近 100 万爱心人士，许多人都自觉把传承爱心作为了人生目标，一股股向善的力量不断凝聚、升腾。

精准助"三特"：创造从孤儿到博士的人间奇迹

　　2008 年起，肖光盛在助学上从"普遍助"转向"精准助"，重点扶持家庭特困、品德特好、成绩特好的"三特"学生。走进肖光盛简陋的书房，泛黄的帮扶学生花名册整齐地挂在墙上，从第一位开始，爱心已经延续到第 1050 位。墙壁上还挂满了肖光盛与他们的合影。

　　孤儿小吴，是涟源市安平镇人，父母双亡，与 84 岁高龄、行动艰难的祖父相依为命。得知这个情况，肖光盛先后 3 次爬高山去他家，从自己的积蓄中拿出一个学期的学费给他，并叮嘱他："你尽管用心读书，书籍费、生活费我想办法帮你解决！只有努力读书，学好本领，你将来才能够帮助别人。"在小吴从初中到高中的 5 年时间里，肖光盛先后为他找了干部、教师、职工和企业家等爱心人士进行"接力帮扶"，共筹集了帮扶资金 5.71 万元。功夫不负有心人。小吴终于以优异成绩考上了东南大学，现已硕士毕业在长沙一家建筑设计院工作。入校头一天，他给肖光盛来信："肖爷爷，您待我胜过亲生孙子，您就是我的亲爷爷啊。"

　　肖光盛帮助的 641 位贫困学生中，有 254 人上了大学，而他们中有 121 名是孤儿。尤其让肖光盛自豪的是，有 10 名孤儿成了硕士、博士生。"孤儿变博士，这是奇迹，更是为国家减轻负担、培养人才。"肖光盛说。

　　站在新时代，90 岁高龄的肖光盛又有了新目标，资助 200 名贫困生完成博士、硕士学业。他说，"我虽年老，但我还要一直干下去，干到 100 岁，帮扶更多需要帮扶的人，不达目的不咽气！"

黄桂祥：
乡村振兴助力者 瑶胞心中"船底顶"

黄桂祥，男，中共党员，国家税务总局广东省税务局第三税务分局副局长。2019年9月，获评全国道德模范提名奖。

黄桂祥17岁，恰逢改革开放伊始，他珍惜时代给予的机会，在组织的关怀和培养下，从乡村进入县城，从基层选调省城，从普通干部提拔到领导岗位，凭着一股坚韧不拔的毅力，一步步成就平凡而精彩人生。

贫困山乡走出的税务干部

罗坑地处韶关西南面最偏远的山区，与乳源县及清远英德市交界，是当地闻名的"老、少、边、穷、淹"乡镇，交通闭塞，经济发展落后。这里山地广袤、云雾缭绕，拥有10多座海拔千米以上大山。大山中林木特产包括冬菇、木耳、茶叶等一直是当地瑶族山民的生活来源，但由于产量与工艺限制，一直没有形成规模和商业品牌。

黄桂祥出生时，贫困的茶乡生产停滞不前，山民们的日子更为拮据、艰难，他像孤儿一样在乡亲的"百家饭"中长大。在上学年龄，他交不起学费，村里不收他一分钱，让他在教室旁跟着上课。正是罗坑人对他的关爱以及良好的自然生态，罗坑成了他幼年最深的记忆，并激励他拼搏上进。后来他通过推荐、考试成为中山大学首届财税干部班学员，毕业后回到曲江县税务局。从税务站专管员干起，勤奋好学的他很快成为韶关市青年标兵和全市系统最年轻的股所长。1992年被选调到广东省税务局工作。

身份变了，但根植群众、奉献桑梓本色丝毫未变。而且随着阅历的增加，关注基层、渴望家乡走上富裕路的心愿更加迫切。从20世纪末至今，村镇较大的公路、街道、饮水建设和村民种植、抚恤等，凡他知情或找到他的，他宁可亏欠家人也慷慨相助，默默地发挥影响一方的作用。加上他对贫困生活有切肤之感，看问题更深更远，而且勇于担当深入其中。不但整村推动、连片激发，而且针对重点抚恤对象，出钱出力出点子，还常年不断联系、跟踪推进，挽救了几个因贫、病、孤的濒危家庭。

带领村民脱贫致富的指路人

1998年，黄桂祥由广东省派驻丰顺县扶贫，同时兼任县委常委，当地的扶贫经验给了他很多启发。家乡自然条件并不亚于其他地方，如何寻找突破口成了他不断思考的问题。春节期间，回到乡村的他感受到父老乡亲对脱贫致富的渴望。他暗下决心，即使冒风险也应挑起推动乡亲脱贫致富的担子。

从2000年春开始，他选择林屋村进行试点，栽种易生快长传统山林作物。然而，种茶花，失败。种杜仲，失败。种肉桂，还是失败！他有一种不服输的劲头儿，虽经三连败的无情挫折，并没有气馁。而是引荐技术员，指导村民改种春桃、板栗和其他果树、药材500多亩。终于3年后平均每户增收超万元，第一次实现了"人人有活干，户户有钱赚"的目标。

为了打通山前"烂涎"路，他从多年累积的工资中捐出20多万元，自行设计修建了一条宽3.5米、长30米的"沉水桥"，并帮助村里从山上引水到各家各户，有效解决了通人、通车、通水的问题。这些工作看似微小，但它牵涉到各村各户，又要真金白银的投入，直接检验黄桂祥的思路和能力。在节假日义务劳作中，他一马当先，苦险脏乱活争先承担。在一次抢卸水泥中，他一人来回搬运了20吨（400包）水泥。不寻常的奋发，至今仍是乡亲们的美谈，困难的工作开始容易起来。经过前10年的努力，连片的果树园生机勃勃，收成一年比一年好，更增强了他后来推动全镇茶业发展的信心和决心。

铸造罗坑茶业品牌的奠基人

罗坑茶是地方特产，有一定的历史渊源，但一直没有得到应有的发展。作为当地出身者，他清楚罗坑经济除了传统农副业和少量小水电站外，再无其他工商业项目，全镇的国民生产总值10年来总徘徊在亿元以下，长期靠财政返还维持政府开支。

2005年前后,黄桂祥利用节假日时间翻山越岭走遍当地瑶区,在上斜村、花蕉岩、棉地等不同山冲,目睹了不少缺医少药、甚至温饱不保深度贫困、残弱的家庭。他深深地感到:瑶山瑶族同胞勤劳淳朴,安分守己,但千百年来形成的落后环境与习俗,导致大量瑶族同胞缺乏翻身的能力与意识。经过多年观察分析,他坚信发展茶叶产业是瑶族同胞走出贫困最有效的出路,也是政府精准扶贫的不二选择。为此,他一边向政府呼吁重视生态、发展茶叶生产,一边亲力亲为把自己摸索出来的制茶方式传授给广大村民,发出"一叶成魂,奋发传奇"的期许与诺言。

一是争取政府领导重视支持,成立罗坑茶保护开发机构。2010年,在他的推动和联系下,曲江区政府成立了"罗坑茶保护与开发办公室",由分管副区长负责。随后,又倡导在罗坑召开了有11个单位参加的现场会,他在会上提出了"政府推动,市场运作,品牌打造,农户参与,产业兴镇,文化传承"的总体思路,并指导镇里制定了实施方案,纳入"一乡一品"优质农产品发展规划。

二是恢复和扩大基地,成立茶叶规范化生产企业。采取"公司+基地+农户"的模式,动员瑶族村民和部分汉族群众恢复管理原有茶山、茶园,并择优种苗扩大新茶叶基地,很快以逾万亩专业基地稳定了基本茶源。2011年3月,在他直接组织策划下,首期投资2000万元的"广东雪花岩茶业有限公司"正式成立,并迅速发挥"龙头"作用,当年即带动了全镇茶叶采摘、加工、销售等系列工作。雪花岩公司已成为广东省重点农业龙头企业,中国茶业界的百强企业。

三是立足创新,以专业和品牌参与市场竞争。在茶叶市场趋于饱和以及基础薄弱的情况下,如何帮助企业扬长避短,站稳脚跟,一直是他思考和深为担忧的问题。他引导推进高标准、规范化的管理(争取了首个生产许可证QS),不管是大中小茶企,还是个人小作坊都要在质量管理上开好头、起好步,绝不能自断门路。在此基础上再进行品牌打造,先后推出了"雪花岩""猴采红"和"仙塘红"等知名品牌。为把握机遇提升站位,他克服困难,成功推动罗坑茶参与"2015年广东十大茶乡暨名茶"评选活动,使罗坑茶以独特的高山古树茶优势,荣获"广东十大茶乡"和"十大名茶"称号。他自己也以助推乡村发展成效和专业知识,受邀成为全省茶叶评比活动的评委。

2015年，黄桂祥接受曲江区委、区政府委托，不辞劳苦地访茶问道，从历史和现实角度撰写了《一次新的历史机遇——曲江罗坑茶发展和生态兴镇建议》的调研报告，被视为"反映罗坑茶渊源、现状和对策的珍贵材料"，成为政府工作的决策依据。利用党课、培训等方式传播核心价值观，推动自然生态保护的规划设计，主编《罗坑教育志》（韶关市唯一镇志），成立镇经济促进会和村民合作社等方面，影响积极而深远。

乡里乡亲心中的"船底顶"

经过多方努力，罗坑茶从名不出县到走向大江南北，跻身国家级名茶，当地茶农从自给自足的小农经济搭上产业化大船。在市场竞争激烈、优胜劣汰的背景下，全镇每年茶叶生产收入均超过2亿多元，已占GDP的六成多，茶农收入人均超过2万元，是6年前的10倍。罗坑镇正式走上致富奔康大道。

面对眼前的生机和持续不断的后劲，用心品味的干部群众都钦佩黄桂祥的毅力，感激他的付出。起初不少人以为罗坑茶业发展起来了，每年有巨额的收入，他呕心沥血功不可没，应该从中得到好处。当地所有茶企和干部都一致赞叹，他从未收取过一分钱的好处或报酬，是纯粹的奉献和回报初心！现在工作生活在广州的他，至今还住着单位在20世纪分的"福利房"。正是家人的信任理解，让黄桂祥感到莫大的欣慰。他说"我是一名受党培养30多年的党员。能为家乡和社会做些有益的事，是我人生最大的幸福。"

黄桂祥从基层起步，在省直机关工作又身兼多职，在每个岗位都能出色完成任务。特别是情系桑梓，对市、县、镇的工作都有关心支持，对家乡罗坑的生态与茶业发展做出了重要贡献，事迹真实、突出，影响广泛。可以说，为贫困山区脱贫致富和改变生活方式探索出了一条可持续发展的好路子。他积极建言，实干兴邦，干净干事的品格和作风，受到了当地百姓的称赞和敬仰，将其视作家乡巍巍群山中的"船底顶（当地山峰）"，激励着他们在乡村振兴和生态文明上更上层楼。

王 鹏：
一名孔子故里基层税务人的忠孝情怀

王鹏，男，中共党员，国家税务总局曲阜市税务局经济开发区税务分局纪检监察员。2019年9月，获评全国道德模范提名奖。

父子情深：孝莫大于尊亲，尊亲莫大于严父

"小鹏，咱什么时候回老家？在这里干吗呀？又不是咱的家，再不回去家里的东西都让人偷光了！""爹，明天就是星期六了，咱明天就回去！"面对83岁老父亲每天多次同样的问题，王鹏总是不厌其烦地回答。

父亲王昭祥患老年痴呆症已经5年了，而尼山下的小山村，却是父亲嘴里最常念叨的，也是老人心中最割舍不下的家。位于曲阜市东南方向的尼山镇新赵村，是王昭祥老人从小长大的地方，王鹏带父亲走遍尼山镇所有的村庄，想方设法让父亲找到他心目中的老家。每逢周末、节假日，他驱车几十公里沿着父亲最熟悉的小路去尼山水库逛一圈，暂时满足父亲的心愿。

随着病情的加重，王昭祥老人开始冬装夏穿、夏装冬穿，不知饥饱、四处乱跑，常常连儿子王鹏都认不出。2019年3月，国税地税征管体制改革进入第三场攻坚战的关键时期。一天，王鹏带领同事跑了10多家企业开展减税降费上门辅导，拖着疲惫的身子回到家中，却发现父亲又不见了。他心急火燎地带着刚下班回家的爱人，一起开车沿着那条父亲熟悉的老路足足找了30多里，终于在半夜11点多在路边找到了父亲。强忍着又焦急又心疼的泪水，王鹏用父亲爱听的玩笑话问道："您这是要去乡里开会吗？上车吧，我送您去！"然后，他和爱人开车带着父亲围着尼山水库转了一圈。午夜时分，皓月当空。尼山的月光，

倒映在空旷无垠的水面上，四周万籁俱寂。山水之间的空气里，似乎回荡着亘古未变的诗歌："蓼蓼者莪，匪莪伊蒿。哀哀父母，生我劬劳。"这里，是孔夫子出生的地方；明朗的月光，照亮世间已数千年。

"好在每次都是那条路，我每次都能找到他。在我小时候，因顽皮跑丢的时候，父亲也是这样找我的。"在许多人看来，这是令人恼火的事情，在王鹏看来，这却是父亲"可爱"的一面，"演戏"成了父子俩最特别的交流方式，而最大的"谎言"当数继母去世的事情。

2018年7月6日，继母去世，家人按照传统风俗给继母穿戴寿衣。"这衣裳花花绿绿，真好看，我也得穿！"面对父亲执拗的要求，王鹏说："这是娘上天去赶集才穿的，买菜回来给您做饭，你在家等着，明天我给你买身新的。"老父亲这才满意地笑了。出殡时，看到那么多人来自己家"做客"，父亲高兴极了，吵着闹着要一起跪拜，王鹏在忙于丧事之余，不忘对父亲的精神慰藉，交代问事总管说："让父亲送送妈妈吧，那么多年的夫妻感情了，妈妈在天上也会感到欣慰。"83岁的老父亲戴了块白布陪老伴走完世间最后一段旅程。

继母去世后，父亲天天吵着要见她，很长一段时间，晚上不肯睡觉，翻箱倒柜找继母。王鹏担心父亲精神受到打击，便夜夜陪伴在身边，常安慰他说"妈妈上天赶集去了，集上人多，这会儿回不来，过两天就来陪您！"只有听到这样的话，父亲才会平静下来。这个谎言一直用到今天，让父亲生活在憧憬继母马上就会回来的想象中。

对父亲生活上无微不至的照料已经令人赞叹不已，王鹏却不满足于此，每天像哄小孩子一样哄父亲开心，看到父亲笑了，他的脸上也挂满了笑容。"父母养育我们兄妹三人长大不容易，我要陪他们安度晚年，让他们幸福和快乐。我们做的，相比父母对我做的，太微不足道了。"这是王鹏常说的话。

善待继母：王事靡盬，忧我父母

王鹏一家本是外人眼中幸福和睦的模范家庭，父母健康恩爱，儿女事业有成。突如其来的变故发生在1997年，母亲因癌症去世。当年，虽然父亲身体还算硬朗，但兄妹三人都已成家立业，难免疏于对父亲的照料。为让父亲得到更好的陪伴照顾，王鹏提议并鼓励父亲找个老伴儿。在亲戚朋友的热心介绍下，父亲和继母在 2000 年重新组建了家庭,两位老人过起了融洽的晚年生活,王鹏一家三口与继母也相处得十分和睦,一家人其乐融融。

然而,天有不测风云。2011 年,病魔再次降临到这个家庭,继母突然因严重的糖尿病导致一系列并发症,身体每况愈下,脑梗死、心梗、肾动脉狭窄、视网膜病变……开始依赖胰岛素等药物控制血糖和血压。两年后,病情开始严重到无法靠药物维持,2013—2015 年,王鹏带着继母辗转奔波于山东省内各大医院,做了心脏搭桥、肾动脉介入等多次手术。近 20 万元的医疗费用,对于这上有老下有小的普通家庭,无疑是巨大开支,而王鹏所想的不是"量力而行",而是给继母最好的治疗,花光了全家多年的积蓄,他节衣缩食、四处借钱,不遗余力地带继母求医问诊。

2016 年 7 月,继母突发脑梗瘫倒在床,完全失去了自理能力,甚至不能正常说话和饮食,时时刻刻需要人照料。王鹏夫妇毫无怨言地在床前悉心照料,喂药喂饭,洗头洗脚,伺候大小便。每天睡觉前,王鹏还会坐在老人面前跟她耐心地讲话,帮她按摩早已麻木不能动的右手。尽管老人不能说,但她能领会儿子的一片孝心,每逢这时,老人已是泪眼婆娑,一会微笑、一会摇头,时不时用那只能动的手抹泪,王鹏便会心地看着她笑。

夫妻俩的言传身教,让儿子传承了孝老爱亲的传统美德,懂得"忠孝传家久,诗书继世长"的道理。学习空暇之余时常回家看望奶奶,坐在奶奶身边,给她按摩萎缩麻木的手脚。通过刻苦学习,儿子以优异的成绩考入合肥工业大学。拿到录取通知书,儿子第一时间拿给奶奶看,奶奶边抚摸着疼痛的胸口,边流出自豪的眼泪。

都说久病床前无孝子,可王鹏不信这个"邪",也以实际行动打破了这个"邪"。经过了整整两年卧床不起的病程,2018 年 6 月,继母生命垂危。在连续住院 24 天不见好转后,老人预感生命之火将要熄灭,她拒绝打针、吃药,放弃无用的医疗,频频摆手摇头,要求回家。在亲戚们的劝说下,王鹏把继母接回家中,静静地、默默地一直守候在老人身边,精心照料老人,做饭、喂饭、擦身子、洗衣服。老母亲临终的最后一刻,老人用尽全身力气吞吞吐吐地挤出几个字:"谢谢小鹏多年对我的照顾,我走后好好待你妹妹……"王鹏说:"妈妈您放心……我会像对待亲妹妹一样对待她!"老人安然离世,王鹏和家人披麻戴孝,送老人入土为安。

抚养妻侄：幼吾幼以及人之幼

"小宇，今天早餐吃什么？""天津小笼包！""行，那你得先背一遍昨天学的古诗。""可是我不大记得了。""我给你起个头：众鸟高飞尽……""我知道了，众鸟高飞尽，孤云独去闲，相看两不厌，只有敬亭山。""小宇真厉害！姑父这就去买！"

每天早晨，王鹏和侄子小宇这一大一小相携而行的身影，爽朗的笑声成了小区里亮丽的风景线，时不时地拉拉手，拍拍头，谁也看不出，这是一对姑父和侄子。3年来，冬去春来，寒来暑往，1000多个日夜，王鹏陪着妻侄小宇在上学和放学的路上，留下了一路的欢声笑语，小宇从一个沉默寡言的孩子渐渐成为一个活泼开朗的少年。

2016年，王鹏的妻弟和弟媳因变故离异，9岁的小宇跟随父亲生活，因家庭变故而意志消沉，学习成绩一落千丈。王鹏看在眼里，疼在心里，跟妻子商量后，决定把小宇接到自己家住，给孩子一个完整的家，一个安静的学习环境，让孩子健康快乐地成长。

平时除了生活上的照顾和学习上的辅导，王鹏还经常给小宇讲述曹操兵败赤壁却心情豪迈、苏东坡被贬却积极乐观等古代名人的励志故事，让他重新树立积极乐观的心态，帮助他塑造坚忍不拔的性格，教诲他要做一个真正的男子汉，能屈能伸、豪情万丈。侄子有时会说"姑父，因为我没有妈妈了，班里好多同学都欺负我。""小宇，努力学习是第一位的，成绩会替你说话！谁欺负你告诉姑父，我去跟班主任老师沟通。"经过王鹏3年多的谆谆教诲，孩子脸上渐渐地有了笑容，心情也慢慢开朗起来，成绩也有所提高，各科成绩都从个位数进步到及格线上下。

虽然成绩有了起色，整个人的状态也好了许多，生活的变故还是给小宇内心带来了不小的伤害，让他在某些时刻产生低落的情绪。王鹏总是细腻地觉察到孩子情绪的反常，跟他聊天，爷俩成了无话不谈的好朋友。

苦难中，饱含爱意的温存更显得弥足珍贵。生活的重担从来没有压垮王鹏的肩膀，更压不垮他的意志。无论生活如何残酷，王鹏始终保持积极向上的心态，把生活的勇气和力量传递给身边每一个人，让他们对生活充满希望。

苏云翠：
孝老爱亲　诠释亲情大爱

苏云翠，女，中共党员，国家税务总局云南省玉溪市红塔区税务局科员。2019年9月，获评全国道德模范提名奖。

孝敬父母、照顾子女不难，难的是"不独亲其亲，不独子其子"；重视后代教育不难，难的是在衣食困难的情况下，还能"穷家富教"，为家庭解决生存和发展难题，为社会培养有用人才。这两件难事，苏云翠都做到了。

苏云翠是国家税务总局玉溪市红塔区税务局的一名普通职工。她身患退化性髌骨软化病和糖尿病多年，自2006年以来，先后把丈夫哥嫂、妹妹家的4个孩子接到城里读书，精心照顾70多岁的公婆，用爱扛起9口之家的重担。10多年来，苏云翠斗战病魔、勤俭持家、侍奉老人、关爱孩子、重视教育、培养栋梁，以博爱的精神、坚忍的意志和乐观积极的人生态度，谱写了一首孝老爱亲的赞歌。

心怀大爱　无私养育

2000年，苏云翠与丈夫陈兴伟结婚，婚后育有一女陈思懿，三口之家幸福而又甜蜜，但这样的小幸福很快被打破。丈夫的哥哥15岁时到建筑工地做工不慎从高空坠落，留下了脑障的后遗症，其妻子天生听力残疾，两个残疾人组建的家庭育有陈蕊与陈丽两个孩子，农村低保是这个家庭唯一的收入来源。看着孩子们过年穿不上一件新衣服、没有一分压岁钱，身为母亲的苏云翠内心被触动了。"这孩子从小我带的时间较多，感情比较深，如果不把她接来城里上学，以她家的家庭条件，我想她是很难读出书来的。"苏云翠说。于是2006年，在自己孩子才 5 岁多的时候，苏云翠决定把丈夫哥哥家的孩子陈蕊接到自己家里来住，并供她上学。对于从来没有接触过外语、从农村小学毕业直接进入城里读中学的陈蕊来讲，英语学习无疑难上加难，苏云翠三年如一日每天一次地给陈蕊听写英语单词，功夫不负有心人，陈蕊初中毕业时，以英语满分成绩考入玉溪一中，拿到通知书的那个晚上，苏云翠激动得整夜都没有睡着。2007 年，苏云翠又决定把陈蕊的妹妹陈丽接到城里读小学，一同接来的还有 70 多岁的公婆，三口之家变为 7 个人的大家。2009 年，苏云翠又把靠摆地摊度日的丈夫妹妹家的两个孩子接到城里来上学，家又从 7 人增加到 9 人。

苏云翠告诉记者："生活在这个特殊的大家庭中，受自己的影响，女儿陈思懿从小就非常懂事，从不跟身边的同学攀比，不会多要一样东西，更不会跟哥哥姐姐妹妹们说一句不应该的话。女儿上幼儿园时，就知道要走路回家省下公交车钱；小学二年级开始，上下学都是自己去；连中考也没让父母陪着去……"提及女儿，苏云翠眼中含着泪花，她那由衷的自豪里，无法掩饰母亲对亲生女儿隐隐的愧疚。

节衣缩食　自学中医

仅靠夫妻俩的工资想要养活一家 9 口人，如何勤俭持家对苏云翠来说是门必修课。自从打理这个大家庭以来，苏云翠节衣缩食，衣服能穿就穿，偶有添置也是打折换季的，甚至是农贸市场地摊上淘的。她为了省钱，几乎不进饭馆吃饭，每天给孩子们准备的早点都是面条、鸡蛋、豆浆。面条 10 块钱可以买三把，够一家人吃上好几天，豆浆自己亲自榨，在填饱肚子的同时，孩子们的营养也基本够了。

有一年大年三十，女儿陈思懿突患白喉，高烧不退，送到玉溪市医院急诊科刚输上液，陈蕊、陈丽也被传染高烧起来。一个人带着三个孩子在医院里过大年三十，本就身心疲惫，但让苏云翠倍感委屈的是，陈蕊的父母不但没来探望，还责怪苏云翠对孩子照顾不周。听到这句话后，坚强的苏云翠感觉很困苦、很迷茫，不知道苦苦坚持为何？但最后她还是没有放弃初心，只选择为孩子坚持下去。也就是从这件事后，苏云翠走上了自学中医之路，她边看书边动手操作，从认识身体的构造到穴位、经络的熟悉，甚至跑到玉溪市中医医院拜师请教，逐渐成了一名合格的"家庭保健医生"，孩子们有个头疼脑热的，苏云翠在家就能帮他们调理。

多病缠身　顽强持家

对于苏云翠的选择，刚开始朋友们也不理解，认为她不值得为此放弃更好的生活。为此，苏云翠也曾彷徨过，特别是2009年，当时她患甲减已经10年，身体一度糟糕透顶，然而，病痛并没有压倒这位5个孩子的"妈妈"。"我不能倒下，孩子们需要我，这个家需要我……"苏云翠一遍一遍地警醒自己微笑面对疾病，2012年，被检查出退化性髌骨软化病，苏云翠开玩笑地说："还好，我还能行走……"2015年，又检查出糖尿病，但她仍旧坦然地笑道："早发现早预防，顺便我还可以减减肥……"为控制病情，苏云翠选择走路上下班，3个月瘦了5公斤。然而，这其中的辛苦只有她自己知道，因为对双膝髌骨软化的病人来说，膝盖磨损令她异常痛苦，丈夫看在眼里、疼在心头，主动劝她放弃这个大家庭，让父母回农村去住，各家的孩子各家管，这样负担会减轻很多，生活也可以过好一点。苏云翠没有采纳丈夫的意见，在她心里，自己多年的付出已经有了效果，孩子们在一块儿学习你追我赶，家里已经形成浓厚的学习氛围，如果这个时候打退堂鼓的话，几年的努力都白费了，这个大家庭也就散了。

教育兴家　回报社会

相对于物质的贫穷，这个大家庭的精神是富有的。苏云翠常常用这样一句话来教育孩子："与其用华丽的衣服打扮外表，不如用丰富的知识武装头脑"。衣食开支恨不能一分钱掰成两半花的苏云翠，给孩子们买书学习却从不吝啬，四大名著、唐诗宋词、天文历史，只要孩子们需要，她总是一个系列一个系列地买。每天晚上陪孩子们学习，成了她和丈夫唯一的功课。

苏云翠将自己的青春与心血全部倾注在了5个孩子身上。陈蕊、陈丽和女儿陈思懿都相继考上了生源"千里挑一"的玉溪一中。姐姐陈蕊物理特别有天赋，湖南大学毕业后，在深圳的一家新能源公司做研发工程师，如今成家当了妈妈；妹妹陈丽在读高二，喜欢绘画，将来想当一名老师；最不省心的哥哥赵金炜也考上了大学，毕业后在一家测绘公司工作；另外一个妹妹赵涵玉在读初中；女儿陈思懿今年高三，有思想有见解，是学校里小有名气的才女。说起孩子们的成长，苏云翠就像年轻了10岁，眼里充满了自豪与满足。

党员本色　先锋模范

身为一名党员,她把工作当做事业来干,为税务建设添砖加瓦。从业 20 年,她默默地付出数倍于常人的努力来兼顾家庭与工作,没有因为家庭的重担而耽误工作,而是努力成为工作骨干。2002 年,取消乡镇金库组建数据处理中心,作为组建人之一,苏云翠承担了合并前 6 个乡镇的会计统计工作;2004 年取得税务师资格;2006 年,她运用计算机处理税收管理数据,大大减轻人工操作的负担,有些成果还在红塔区税务局创新发明中评过奖;2009 年,参加全国注册税务师考试,当年就考过了两门科目;2015 年,金税三期系统上线,作为分局系统管理员的她,认真学习探索,积极做好答疑解惑、上传下达,确保系统顺利上线……多年来,先后获得了第七届云南省道德模范、第六届玉溪市道德模范、第三届玉溪好人,以及县区征管标兵、区局创新发明奖、先进工作者、优秀公务员、红塔区第六届道德模范、第五届红塔区好人、第一届红塔区文明家庭等荣誉。

税务,是苏云翠选择的职业;大家庭,是苏云翠选择的生活。在陪伴、教育孩子成长的 10 多年中,苏云翠觉得自己也在成长。

10 余年一路走来,有过辛苦,有过彷徨,有过痛苦,有过不被理解……但所有这些,最终被坚持替代,是坚持让苏云翠的 10 年人生路一路鲜花绽放。现在,苏云翠感觉自己是幸福的、快乐的,这种幸福感源于无私的付出与不懈的坚持。苏云翠常说:"爱是相互的,别人在得到你的爱时,他们也会向你传递爱,这样世界就会因为拥有更多的爱,而变得温馨美好。"苏云翠正是在爱的无私付出和收获的轮回中,蹚出了一条不平凡的人生之路。

全国民族团结进步模范

蒙 晖：
"我们相信你"

蒙晖，男，水族，中共党员，国家税务总局黔南布依族苗族自治州税务局督查内审科副科长。2019年9月，获评全国民族团结进步模范个人。

"真得感谢蒙书记啊，要不是他，这条路不知道猴年马月才能修通哦！""老蒙"叼着烟，言语中满是感激。"老蒙"原名蒙炳江，是独山县百泉镇摆罗村原村支书。他张口闭口的这个"蒙书记"，不是自己，而是驻村第一书记——蒙晖。

握起拳头干

百泉镇摆罗村为布依族、毛南族和彝族聚居村寨，来到摆罗村后，蒙晖的"第一把火"就是摸底。他天天带着村干部走组访户，旨在摸清全村915户4339名村民的详细情况。

村子要发展，关键看村支两委。蒙晖把"第二把火"烧在了这支带头的队伍上：一是严纪律，组织党员开展纪律作风学习，督促遵守各项纪律规定。二是作示范，积极宣传党的民族方针政策，发动群众、入户走访，排查纠纷、化解矛盾。三是强管理，实行分工合作、包片管理，按照工作轻重缓急合理分配和安排。四是帮济困，与村干部交心谈心，做好慰问，帮助解决家庭困难。五是树人才，建立村级后备干部人才库，充实党员队伍。

十指成拳，力量无限。在蒙晖的带领下，村里制定了《摆罗村发展规划》：协调物资进行村组路等基础设施建设；实施产业种植，加快产业带动脱贫；引进资金建设村文化广场和邻里中心；改善村支两委办公环境；加强基层党员阵地建设……

甩开膀子拼

说在嘴上，写在纸上，最终要落在行动上。蒙晖带着村里人干的第一件事就是修路。大寨组通组路由于资金缺口，硬生生成了村组的一块心病。蒙晖一边发动群众筹集资金，一边带着村主任到镇里不厌其烦地"登门拜访"，让镇里切实了解了村里的困难，拨付经费予以支持。在实地察看山体滑坡导致停工的通组路后，蒙晖又到州、县交通局等单位反复沟通。凭着"不解决问题不罢休"的韧劲，硬是让他挤出了路子。几个月后，崭新的大寨路建成了，损毁公路修复了，全村群众的安全出行有了保障。

不只是修路。建立群众活动中心一直是已逝村组长蒙正华的心愿。为了却老组长的心愿，蒙晖带着熬夜制作的PPT、村民意愿书及规划方案逐个报到了百泉镇、县扶贫办等部门，更多次邀请相关部门到村里查看。功夫不负有心人，从讲堂到广场，从活动室到活动中心……如今，总投资1000多万元近7000平方米的邻里中心和民族文化广场已建成，群众活动中心已经投入使用，甲港组167户800多人的精神文化有了归处。

揣着民心帮

"我们相信他"。2016年10月23日，村党支部选举，蒙晖被推选为村党支部书记。村民的信任，最终收到了回报。2016年初夏，村支两委决定以发展刺梨产业带动村民经济发展。村民们一开始并不理解，多数抱着观望的心态。蒙晖没有放弃，他带领村支两委挨家挨户宣传产业政策，先后组织大小会议20余次，并选组进行试种植，让村民们逐渐打消疑虑。慢慢地，从1颗到1户，从1亩到1片，村里种植刺梨的村民越来越多。2017年4月，上塘组和下塘组100余户300亩的刺梨全部种植完毕，中寨组和甲港组近400亩刺梨（无患子）育苗正茁壮成长，大寨组1200亩刺梨2018年1月15日种植完毕……

在产业支撑下，原来的"空壳村"摆罗村如今集体经济达36万元。村民们的腰包鼓了，更看到了小康的希望。"很多人问我，为什么要到村里来吃苦？其实就是想为村民百姓办点好事、办点实事"。在贵州省脱贫攻坚表彰大会的后台，刚刚被授予了"全省脱贫攻坚先进个人"的蒙晖淡然地说道。

喀哈儿·库尔班：
助人为乐　奉献爱心

喀哈儿·库尔班，男，维吾尔族，中共党员，国家税务总局库车县税务局牙哈所副主任科员。2019年9月，获评全国民族团结进步模范个人。

他是捐资助学的活雷锋

喀哈儿·库尔班从小家境并不富裕，爱读书、想上学的他却因家庭经济困难而多次与学习机会失之交臂。喀哈儿暗自发誓，将来一定要帮助那些家庭经济困难的学生，让他们上学读书，看到希望，走向光明。1992年，喀哈尔成为一名基层税务干部。他的收入不高，妻子没有工作，孩子正在上学，一家三口全靠他的工资维持生活。尽管如此，他省吃俭用，除去家里的正常开支外，坚持把节省下来的钱用在资助贫困学生上。2001年9月的一天，喀哈儿偶然听说库车县第一中学学生热依娜·克然木取得了昌吉师范学院的录取通知书，却因家庭困难而无法入学。这时，他想起了从前兄弟姐妹们对知识的渴盼、对理想的追求，想起了自己年少时立下的誓言，看在眼里，急在心里。经过多番打听，他终于找到了热依娜·克然木的家，为热依娜·克然木送来了3000元学费，让她成功踏上了求学路。在热依娜·克然木上大学期间，喀哈儿又先后拿出6000多元，帮助她顺利完成学业，走上了向往已久的讲台，成为一名光荣的人民教师。

他是扶贫帮困的热心人

2008年，喀哈儿·库尔班得知库车县玉奇吾斯塘乡大博孜三村村民收入普遍较低，家庭条件不好。想着自己小时候的艰苦生活，扶贫帮困的念头油然而生。他随即拿出多年攒下来的积蓄4000余元，为该村贫困户购买了200多只鸭子，帮助他们脱贫致富。在为汶川、玉树地震灾区捐款时，喀哈儿个人捐款2000元。他说："灾区的人民受难了，我心里很难过，虽然不能去救他们，但我是一个有良知的中国人，我必须为他们尽我的心意。"2017年12月"结亲周"期间他又组织单位干部捐助60套全新衣物送去给原库车县地方税务局驻村点的学生，让他们在寒冬时节感受到温暖。

20多年来，喀哈儿·库尔班始终把"助人为乐、奉献爱心"当作一句誓言、一种信念，日复一日，年复一年，用他热情友善的心态和大爱无私的善举，诠释着助人为乐的博大胸怀，传承着中华民族的优良美德。

全国税务系统先进工作者

施星灿：
永不褪色的旗帜

施星灿，男，中共党员，湖北省恩施州利川县税务局离休干部。1949年1月参军，1950年奔赴抗美援朝前线，先后12次立功受奖，获得"金日成勋章"，1966年他主动申请转业到高寒偏僻的利川市从事基层财税工作，始终保持党员本色，艰苦朴素，克己奉公。1987年离休后，他时刻想着自己共产党员的身份，在国家和人民有困难的时候慷慨解囊，倾力相助。他是电影《武陵山上的星光》主人公的人物原型。曾被评为湖北省优秀共产党员、离退休干部先进个人，2019年8月，被人力资源和社会保障部、国家税务总局追授为全国税务系统先进工作者。

施星灿戴着心脏起搏器，在恶劣的自然环境里一干就是46年，他省吃俭用，把三分之一的工资收入都奉献给了国家和人民，用实际行动书写了对党的无限忠诚，对人民的无限热爱，成为飘扬在武陵山区一面永不褪色的旗帜。施星灿同志离世前仅给女儿留下8个字的遗嘱："女儿保重、一切从简。"

2014年2月3日，施星灿同志逝世，恩施州3000多名党政干部和各界群众自发赶来送别心中的信念老人。

讲党性，坚守信仰，矢志不渝

"从入党那天起，我就选择了永远跟党走，这么多年我的理想信念从来没有动摇过。"这是施星灿同志在党支部会上常讲的一句话。

施星灿出身贫寒,青少年时期在地主家打过短工,给资本家当过苦力,被日本人抓去修过碉堡,他经历了汪伪政权、国民党政府和日本人统治,后来遇上新四军,才结识了共产党,终于找准了人生的方向。抗美援朝时,一个连的战友只有3个人活了下来,他曾经在阵地上冻晕了三天三夜,是战友们用冰雪把他搓了回来。参加工作后,由于心脏不好几次遇到危险,是组织的关照,才让他化险为夷。在新旧社会的对比和生与死的考验中,施星灿树立了对共产主义的坚定信仰。

施星灿最无法改变的习惯,就是每天坚持政治学习雷打不动。他说:"只有学习,眼睛才能更亮,方向看得更准"。多年来,他每天在家看三次电视新闻,在单位的门卫室看两次报纸,而且只看党报,看大报,看正面报道,坚持记笔记。他年纪大了眼睛不好,就用放大镜看报,放大镜的手柄断了他就拿着光光的圆镜片照样看。在党的十七大召开的时候,他还以普通党员的身份,给中央写了信,提出自己对党的建议,表达自己对党的感情。

施星灿最自豪的是有一个让人震撼的"红色"客厅,为他的坚定信仰做了真实的注解。在他简朴的客厅里,陈旧的沙发背后是一幅占满整面墙的喷绘,上面是天安门、毛主席头像,并印有两句毛泽东语录;靠窗的两边是两块标语牌:分别写着"没有共产党就没有新中国""只有社会主义才能救中国";有的牌子虽然已做了几十年,但施星灿说这是家里最好的装饰,他要把对党的信念融入到生活中的每一分每一秒。

施星灿最舍不得丢弃的有三件"宝贝":一枚"金日成勋章";一件已经60年的刚参军时候的卡其布上衣,补丁连补丁,洗得发了白;一个刚参加财税工作时发的黄挎包,带子已经快断了,盖子上"为人民服务"几个红字依然清晰可见。为什么这么多年后这个"老典型"仍然能成为税务系统和湖北省人民的感动,成为引领时代的价值取向和行为标杆?是施星灿始终坚守初心,坚定信仰,经受住了时间和历史的考验,在时代巨变中,他用自己的行动,回答了共产党员是"先进一阵子",还是"先进一辈子"的问题。

讲敬业,扎根山区,为民造福

1966年,施星灿转业有三个选择:一是随妻子落户北京,二是回到江苏老家,三是支援西部贫困山区。而施星灿对组织的回答是:"我是一名共产党员,就应该到最艰苦的地方去！"于是，他带着来自北京的新婚妻子来到湖北省县城海拔最高的利川，在文斗区开始了后半生的基层财税工作。文斗是离县城最远、海拔最高的乡镇，经济十分落后，当时群众的生活是"手捧一只碗，装满一碗汤，白天喝太阳，晚上喝月亮"，当年区财税收入还不到1万元。为了完成税收任务，时任财税所指导员的施星灿，曾经为了1.5元的屠宰税徒步几十里3次爬上1700多米海拔的高山，为了几十元的加工户税收连续办了15天的"学习班"，哪怕税收得这样苦，但区里干部职工的工资还是经常无法到位。在情与法的思考中让施星灿明白：只有小河有水才能大河满，没有经济作支撑税收就成了无源之水。

于是，施星灿大胆改变传统收税方式，根据当地实际向区领导提出"高山发展烤烟，平坝发展果园"的税源建设思路，区委书记亲自给财税干部发胶靴、电筒、斗笠和蓑衣，支持他们上高山下平坝发展税源。在分配驻点的时候，作为领导的他总是让别人先挑，自己拣最难啃的"落地骨头"。为了做通群众发展烤烟的思想工作，他不顾天寒地冻，在白雪皑皑的车罗洞，在春寒料峭的铁炉寨，在暴雨如注的青龙嘴，在秋风萧瑟的武陵村，到处都留下了他深入千家万户的足迹。

烟叶快成熟了，烤制是关键。为了指导群众建好烤房，施星灿主动到烟草部门参加完技术员培训后，就背着一套泥瓦匠的行当和技术资料守到山上，走到哪里就示范到哪里，守火时经常不分白天黑夜在烤房边一蹲就是一个星期。有一次变天刮倒风，一个烤房的烟囱被堵住，施星灿不顾自己心脏有病，奋力爬上了4米多高的烟囱顶，冒着呛人的煤烟，用长长的竹竿往下捅着积成的烟灰。等火再次熊熊燃烧起来时，他已被熏成了"火柴头"，鼻子眼睛都分不清楚了。

为了在平坝发展果园，施星灿带领全所干部职工给社员算经济账，算水稻和水果价格的比较账，多方筹集资金补助果农，当年就发展果园1000多亩，但是施星灿的一双手却全部开了"冰口"，一双脚也长满了冻疮。妻子周秀兰一边给他贴膏药，一边噙着泪水心疼地说："单位发的手套怎么不戴起，皮鞋怎么不穿起呢？"施星灿却没事一样："咱当兵出身的人，这点苦算个啥！"正是像施星灿这样一代代人的共同努力，利川烟叶从无到有，面积已突破20万亩，果园、茶园、药园近100万亩，成为群众致富、财税增收的支柱。

讲廉洁，艰苦朴素，永葆本色

施星灿对自己很苛刻，从来都不让亲人沾自己的光。当年妻子周秀兰放弃了在北京粮食部门的"金饭碗"，随他来到利川文斗这个穷山沟，区委书记王立亭几次想帮他妻子解决个工作，都被他婉言拒绝，就靠着给别人织毛衣每件挣个一两元钱来养家糊口，后来他调到城关税务所，妻子就以天天帮食品所收猪草为生，一辈子都没有过个体面生活。后来他离休了，药费可以全额报销，老伴和他一道去抓药，他从来都不让开到一起，连挂号都各是各的。他说："不能我们个人搞'节约'，却损害国家的利益！"

施星灿嘴上说不在乎钱，但在家里他可以说节约得要命。每次去买菜，都会在快散场时，买些便宜的尾菜，基本不买肉食。女儿为了老人健康，常常把不好的菜叶扔了，但他发现了又悄悄捡回菜篮里。吃饭时，外孙在桌上掉了几粒饭，他会一粒不剩地捡起来吃下去；菜吃完后，如果盘子里还有油，他甚至会倒点开水涮一涮后喝下去。2012年春节，女儿给他买了件400元的衣服，怕他嫌贵，谎称只要几十元，但他坚持不要，说有衣服穿，最终给退了回去。

施星灿并不是花自己的钱才这么苛刻，花国家的钱他一样很"吝啬"。他下乡有个"怪"脾气，从来不领下乡补助，刚开始每天补助一角钱，他不领别人以为他嫌少，后来涨到5角、8角、1.5元……他都不领，对于他这样天天下乡的干部，这笔钱累积起来，一年就相当于多领一个多月工资。除了补助，每年的烤火费、两双解放鞋、雨伞和工作包等，他都不领。那时每个人每月定口粮27斤，如果按要求完成每月的下乡任务，则可以补助到45斤。施星灿虽然每个月都超额完成下乡任务，但他坚持每个月只领取27斤粮食，仅粮食指标就为国家节约了4000多斤。施星灿当工会主席期间，每年底单位会发一些工会福利，但施星灿当了6年工会主席，硬是一次也没领过这笔钱。战争年代留下的伤残一直折磨着施星灿，2006年他的心脏起搏器到了第二次更换时间，可是施星灿对找他做工作的同志表示，不愿意再给国家、给组织添麻烦。最后是女儿多次做工作才去了医院，但坚持不搞特殊待遇，而是与普通病人一起住在嘈杂的普通病房，搭在床头的还是那些打满补丁的衣服。

讲奉献，牢记使命，服务人民

施星灿生活上勤俭节约，对家人严格要求，却热衷于关心社会事业，家人有时不理解，施老总是劝说："人最宝贵的是生命，我有许多战友牺牲在战场上，我能活着参加革命工作，这就是我最大的幸福，我还图什么呢？人要知足。"

2011年6月20日下午，施老到原利川市国税局党办交纳特殊党费1万元，为党的90岁生日献礼。"我现在身体不行了，为党和国家做不了什么贡献，今天我交1万元党费，希望为国家建设尽点力量，用到国家最需要的地方去。"施老的一番话，令在场所有人为之动容，称之"信念老人"。

离休后，施老先后多次交纳特殊党费，将自己的微薄积蓄捐给那些身处困难的人们。在利川市组织、原国税部门都保留了施星灿长长的捐款记录：1996年淮河发水、1998年长江抗洪，他都大额捐款；2008年汶川地震，他正在江苏老家探亲，在老家第一时间捐出了自己的探亲路费5000元，身无分文后他又打电话让女儿接他回家，到家第二天又捐款5000元；玉树地震，他毫不犹豫捐了几千元；2011年"七一"的时候，他又找到组织部门，交纳了特殊党费1万元，并写下"我党90大寿，老党员施星灿略表心意"的祝词。他每月交党费只需16元，他却每月交纳50元。2010年，他又把多年珍藏的1500多本书籍全部捐给了当年工作过的利川市凉雾乡三角庄小学，为了不给学校添负担，就连运费，施老也坚持自己掏腰包。很多人都说他傻，搞了一辈子工作，一家三代人一直住在20世纪70年代修建的一套70平方米的两室一厅老宿舍里，家里没有一样像样的家具，但他却说："党员不能只顾自己享受，吃不得亏那是什么党员？当年的战友都牺牲了，能活着就很幸运，钱要那么多干什么？我现在至少还有点工资，许多群众连生病都看不起呀！"

施星灿同志坚守信念60多年，始终坚守共产党员的精神家园，一生奉献大爱。施星灿在入党志愿书中写道："无论在任何复杂、危险的情况下，我都会站稳立场、绝不动摇、绝不退缩。"他坚定的共产主义信念，一生为人民服务服务的宗旨，为后人留下了宝贵的精神财富。

王俊华：
用生命点亮税徽之"华"

王俊华，男，中共党员，生前担任国家税务总局菏泽市牡丹区税务局人事教育科临时负责人。曾获山东省"五一劳动奖章"。2019年8月，被人力资源社会保障部、国家税务总局追授为"全国税务系统先进工作者"。

王俊华同志从税36年来，作为领导眼中的"可靠人"、同事眼中的"好兄弟"、家人眼中的"工作狂"，始终以一名普通税务工作者的身份，征战在税务工作的第一线，忙碌在国税地税征管体制改革的最前沿，奔波在人民群众的身边。在工作中他虽没有惊天动地的壮举，却把每一件简单的事情做到了极致，用忠诚诠释了一名共产党员的责任担当，用行动践行了中国税务精神，用生命托起了神圣使命的新高度。

一心扑在工作上，"轻伤不下火线"，是王俊华同志最真实的写照。2007年春天，忙于目标管理验收工作的王俊华跟同事们已经加了几个昼夜的班，胸部长了肿瘤也迟迟不肯去医院医治。当时分管人事工作的原副局长秦明华，劝他去检查检查，该动手术的动手术。可王俊华同志根本不往心里去，一拖再拖。直到后来，胸部开始冒脓水，严重的时候常常渗透了衣服，他这才匆忙请了假去市立医院找医生诊断。由于当时胸部已经严重感染，必须马上手术切除。但听说要手术的他却急忙"央求"大夫说："我忒忙，别进手术室了，你就在门诊上给我做了吧。"拗不过他的大夫只好在门诊上实施了手术。手术完成后，取出了一个脂肪瘤，有蛋黄那么大。他术后不顾医生的劝阻，拿了点药，就匆匆离开了医院。当天下午，秦局长惊讶地看到脸色苍白的他依然在办公室忙碌着。

"我以为得了乳腺癌呢，这下没事了，'警报'解除了。"他幽默地和秦局长开起了玩笑。又担心又焦急的秦局长让他立刻回医院去输液，好好在家休息几天再来上班。他却轻描淡写地说："输啥液？感染不了！你看单位这么多的事儿，我哪有闲空在医院里躺着？"秦局长"生气"地批评道："你不要命了？简直就是个工作狂、工作痴！"是啊，对待工作他就如同一头永远只管耕耘、而不知疲倦的拓荒牛，"不用扬鞭自奋蹄"。

2013年初，根据牡丹区政府安排从牡丹区各部门抽调工作人员参与棚户区改造拆迁扫尾工作，原牡丹区地税局党组研究由王俊华、监察室主任程长安和现国家税务总局郓城县税务局党委书记申向英同志组成工作组负责此项工作。众所周知，拆迁扫尾工作都是些难啃的"硬骨头"，个别拆迁户故意刁难提出过高要求，采取各种手段希望获取最大利益。有的在家里养殖信鸽，有的在院子里堆砌假山，有的在家墙上画"名画"等，给拆迁扫尾带来了极大困难。但王俊华同志却笑呵呵地说："没事，咱慢慢搁磨。人心都是肉长的，总有解决问题的办法。"那些天，他们深入拆迁户，不分白天黑夜的做工作讲政策，与拆迁户促膝长谈，经常是到深更半夜才拖着疲惫不堪的身心回到家里，第二天一大早还要再赶到指挥部汇报工作进展。就是在这样高强度的工作运转中，王俊华同志没有说过一句怨言，没有说过一句累，他始终把微笑带在脸上，把感情装在心里，一次又一次的上门，一回又一回的沟通，动之以情、晓之以理、明之以法，几次、十几次，甚至几十次，用真情实意春风化雨般的温暖，感动了每一位拆迁户。拆迁户被他的执着和诚意所打动，陆续地签订了拆迁合同。有的拆迁户到指挥部点名要找王俊华，说大家伙就相信王俊华，他是俺老百姓的"贴心人"。

对待同事，他有一颗"暖心"。2017年12月，正是人事科忙于人事年报的关键时期。时间紧，任务重，王俊华同志就带领大家加班加点赶进度。科员贺方立孩子还小，周末没有人带，为了不耽误工作就带着孩子来加班。由于天气寒冷，孩子在来的路上受了寒气，到办公室就出现了咳嗽打喷嚏等感冒症状。王俊华发现后，一句话没有多说，不会开车的他顶着冬天刺骨的寒风骑着自行车跑了几条街，给孩子买来儿童专属的感冒药，怕孩子嫌药苦，细心的他又买了孩子爱吃的糖果。等孩子服下药后，就催促贺方立赶紧带孩子回家休息，而他则默默地揽过了所有未完成的工作。机构改革期间，办税服务厅白天需要有人值班，特殊情况下夜间也需要值班。当时，有些科室没有合并，值班人员少，轮流得快，他就经常主动替人值班。张萍的孩子小，单位家庭两头忙，有时还没等到找人替班，他的电话就主动来了："张萍，你安心在家看孩子吧，我替你值班！"

王俊华同志总是在别人最需要的时候默默伸出援手，竭尽全力地付出，慢慢地，大家都喜欢围在他的身旁，听他说话，学他做事，在他的影响下，局里悄然形成了助人为乐、团结友爱的良好氛围。

王俊华同志对待别人，一直坚持原则；对待自己，同样毫不含糊。王婧是他的独生女儿，也是他最疼爱的人，是他常挂在嘴边的"俺妮妮"。可是，就是这个他平时捧在手心里疼的"妮妮"，大学毕业后没找到理想的工作，只应聘到保险公司当了一名临时工，月工资只有2000多元，勉强维持生活。作为税务系统的人事部门负责人，他完全可以托托关系，找找门路，即便是进不了税务系统，也可以找一个相对不错的工作。可是在这件事上他从未向组织上提过一次要求，找过一点麻烦，更没有找门路、托关系、徇私情。望着女儿委屈而又埋怨的眼神，他说，"妮儿啊，正因为我是人事科长，才更不能那么做！自己的路要靠自己去走，爸爸相信你一定能行！"

国税地税征管体制改革先进典型

李 平：
让生命在改革中绽放光彩

李平，女，中共党员，国家税务总局银川市兴庆区税务局第二分局副主任科员。2019年参加国税地税征管体制改革先进典型宣讲。

主动"转非"

半年前，我还是原兴庆北区地税局清和税务所所长。还记得，那是2018年10月26日，一大早，我就敲开了李建华局长办公室的门，将一份要求正转非的申请郑重地递给了他。他一脸惊讶地问，干得好好的，为什么要主动转非呢？

是啊，为什么呢？当我得知国地税合并，兴庆区税务局将由4个税务局合并成一个局，18个税务所合并为9个分局之后，这样的问题无数次在我脑中盘旋。第一个有想法的是我爱人。1994年，国地税分家时，我去了地税，他留在了国税。因为我工作好强，想到做到，想着能在税务系统有一番作为，他便全力支持我。我当所长，也寄托着他的期待。我下定决心要转非，而且，不提任何要求，他虽能理解，却告诉我，合并之前，好多人找到他，开玩笑地说，"哥，能不能跟嫂子说说，合并之后，让我们跟着嫂子干行不行？"是啊，我转非，他的面子也放不下啊！

对我而言何止是丢面子呢？我1989年参加工作，干了近20年才当上副所长；当了5年的副所长，才从激烈的竞争中脱颖而出，成为最基层的一名所长。在当所长的6年中，几乎年年都是先进个人，现在，要放弃这个给我带来无数荣誉的职位，近30年的奋斗，又回到原点，成为一名普通的税收管理员。到底图个啥呢？

有人说，转非可以，你应该要求组织给个待遇，最起码调成主任科员才行，否则，别人还以为你犯错误了呢！还有人说，既然转非了，你应该要求组织考虑你的身体的实际情况，换一个清闲的岗位……

改革是一块试金石，少不了利益的权衡、得失的取舍，别人的话不是没有道理，但我并不这么想。在基层，男同志的政治生命比女同志长。在一线，更多的年轻人需要岗位去历练，去成长。我快50岁了，最多还能干几年所长，如果把机会让给年轻人，他们的未来不可限量。何况，如果我能以主动让贤的方式，为组织作出一点点贡献的话，我觉得对得起"党员"这两个字。

更何况，时间、机会，对于我而言，有着别样的含义。如果你今晚躺下，却不知明天能否醒来。如果你看到秋叶飘落，却不知能否看到明年的春天。如果在人生的列车上，你只有一张随时可能下车的短途车票。相信你会和我一样，去做自己最想做、最值得做的事。

一心向党

是的，我是一个病人，一个不知道是否能够看到明天的太阳照常升起的肿瘤患者。今天能够站到这里，也算是一个奇迹。

6年前，我记得自己刚刚参加完自治区广播体操比赛，还拿了第一名的好成绩，之后不久，便发现身体里多了一个不速之客。它的名字叫脑底脊索瘤，一旦发作，让我头痛欲裂，血压升高，视线模糊，走路都得摔跤。有一次，它突然爆发，我的眼睛很快充满血丝，眼前一黑，坐在了地上，用纸巾一擦，白色的纸巾上一片血色，天呐，眼睛还会滴血，我被吓得够呛！

医生说，这个肿瘤的位置非常罕见。目前，就连国际上也无法通过手术来根治。它会不断侵蚀周围的骨质，让我的骨头一点点风化，最后失去支撑能力。这个过程既不可控更不可逆，我问医生，离那一天还有多长时间？他说，这个问题就不要去想了，还是过好每一天吧！

我刚当上所长，儿子正在备战高考，我还有很多事要做，我还有很多愿望没有实现，为什么是我，老天为什么选择了我！我接受不了这个事实。

白天，我像正常人一样去上班，不想让任何人同情安慰我。晚上，疼痛难熬，忍无可忍，常常伴有心悸，仿佛能够听到心脏的剧烈跳动，这时就赶紧含几粒速效救心丸。在我们家，床上、沙发上、餐桌上……到处都有速效救心丸，随时备用。精神快要崩溃了，我就向老公发泄。他含着泪搂着我说："如果你要肝，我毫不犹豫地把肝移植给你，如果你要肾，我会把肾分你一个，可现在，你能让我怎么办呢？"仅仅两个月，一头黑发的他突然间变得头发灰白，就像被洒上了白花花的一把盐。原来，病在我身上、疼在他心上！我的心，不禁颤抖起来，我告诉自己，如果你真爱一个人，就不要让他为你担惊受怕，备受折磨。我是单位的主心骨，更是家里的顶梁柱，必须振作，不能垮掉。

我要做的第一件事，就是申请入党，这，不能再等了！无论上学，还是工作，我都永争第一，每一次开组织生活会，看到所里的党员都去开会，唯独没有我，心里倍感失落。以前，总觉得自己还不够优秀，还需要再努力。得病之后，感到时不我待，马上向组织申请，一刻也不想耽误了。我相信，思想入党是一辈子的事，我愿意接受组织的考验！在组织的关心、亲人的爱护和医生的精心治疗下，我的病情得到了控制。2014年7月1日，当我身穿税服，举起右手，向党旗宣誓那一刻，我觉得浑身充满力量，我虽是一个病人，但我更是一名党员。从此，我下定决心，要在有限的时间里，始终做一名能够发挥先锋模范作用的合格党员！

在随后的几年里，我没有因为生病影响工作。依然坚持每天第一个来，最后一个走；坚持精神饱满地站到工作岗位上，热情洋溢地为纳税人排忧解难。我负责的办税服务厅成为全区首家"一站式窗口服务"试点单位，并多次被评为自治区"青年文明号集体""巾帼文明岗"，而我个人也被授予自治区"三八红旗手"和"先进个人"。

"对党忠诚，积极工作，为共产主义奋斗终身"的入党誓词不是一句口号，那是要在组织最需要的时候拿出自己行动。而，改革就是最好的试金石。

投身改革

基层税务所是庞大税务系统的神经末梢，大脑的一点点波动，都会让它产生复杂的反应。"两会"后，当改革的消息传来，作为所长的我坐不住了。各种传言满天飞，原本安心工作的也成了"热锅上的蚂蚁"，不知道未来在何处。一些所谓的灵通人士，每天都在散布着各种消息，在一定程度上，影响到了干部思想稳定。

我们所虽然只有9个人，但情况十分复杂，只有2个公务员编制，其他的都是事业编、工勤人员、助征人员等,很多人对前途表示担忧。对此,一方面,我带头执行工作纪律,工作标准不降、要求不减,坚决完成好各项工作任务;另一方面,积极开展谈心交心,想方设法稳住"军心"。鼓励大家树立正确导向,用专业赢得机会,凭实力获取平台,自觉接受组织新的安排。最终,全所人员顺利被分到各分局,并成为业务骨干。他们普遍年轻,最小的年龄跟我儿子差不多。说实话,分别的时候,就像母亲离开孩子一样,充满了不舍。我明白,这就是改革,它带来的是阵痛,是触动,也带来了新的希望,新的未来。

改革,要让纳税人有更多获得感。这是国家税务总局明确提出的要求。对我而言,就要想纳税人之所想,急纳税人之所急,解纳税人之所惑。

兴庆区是银川的老城区,分布在828平方公里的土地上,二分局的重点税源有1000多户,其中300多户最难管理的建筑业企业由我负责。2018年11月20日,宁夏亲水建设有限公司找到我,要求增加10万元版的发票33份,而且十万火急。原来,年底该公司要给农民发工资500多万元,施工单位要求当天凭票转款,否则,过时不候。我知道,农民工的工资是他们的"血汗钱",是全家一年的希望和等待,早一天到手,早一天心安;如果处理不当,不仅影响到近百名农民工的收入,还极易引发社会问题。弄清缘由后,我迅速向领导汇报,争取开辟绿色通道,并第一时间赶往企业实地核查,终于在下午1点让企业拿到了发票。这样的事实在是太多了。虽然经常因此顾不上吃饭,顾不上休息,但纳税人满意的笑容常常让我觉得,我们多做一些,他们的获得感就能多一些,距离实现改革的目标就能近一些。

改革,最不易见到成效的也许就是"心合"了。我们分局35人,原地税的10个人。作为曾经的老所长,我迅速放下身架,成为大家眼中的"李姐"。业务上,互帮互学;生活上,相互照顾。每天早晨,我提前到岗,打扫卫生,煮好茶水,让大家一来就有个好心情;有遇到不顺心的,家里有矛盾的,需要帮助的,我就主动上前,劝一劝、聊一聊、帮一帮,就这样点点滴滴之中,分局内部的氛围逐渐融洽起来了。

与征管体制改革随之而来的,是落实国家减税降费政策,助力经济高质量发展的浪潮。这项工作时间紧、任务重、影响大、要求高。作为兴庆区税务局的一员,我又和其他同志一道积极投身到这场减税降费的浩大工程中。我不甘落后,抓紧时间学习、掌握减税降费政策,要求自己熟记于心,落实于行,主动深入企业开展政策宣传。减税降费专题培训中有我、宣传队伍中有我、税企联系群里有我。我总是第一时间将新的政策文件，新的申报规范和要求发到群里。领导和同事们总是提醒我别太累，但是当我看到纳税人满意的表情和点赞，心中的快乐也就战胜了身体的疲惫。

改革是大事，具体到我身上，却常常是很小的、琐碎的事。我明白，正是全体税务干部干好这一件件看似不起眼的小事，改革的大船才能乘风破浪，一往无前。不过，常人做好这些小事靠的是责任，我爱人却经常说我拼的是自己的命。

无悔选择

生病这 5 年来，肿瘤对血管的挤压，常常让双手肿得无法握起来，而肿瘤对脑部的挤压，导致我每天都饱受着头疼的折磨，血压忽高忽低，头疼得让我恨不得去撞墙，或者砸开来揉一揉。同事们说，我的脑袋上顶着一颗"雷"。

我用常人很难想象的办法坚持着。头昏脑涨，就大口大口地喝咖啡，揉一揉太阳穴；躺在床上，爬不起来，但一想到约谈了纳税人，就挣扎着去见面；心烦气躁，坐立不安，但一想到还有企业需要联系，就努力心平气和地一个接一个打着电话。就这样，在征管改革和减税降费期间，加班加点我一次都没落下。

医生让我休养，同事劝我歇着，家人催我病退，我一概拒绝。我也累，我也有委屈，我也想躺下休息，可是当听到滴答滴答的时钟在响，呼吸着香甜的空气，心里便只有活着的美好。因为，我虽然怕死，但更怕成为一个没用的人；因为，只有投入紧张的工作，每一天都过得充实，我才能忘记疼痛；还因为，我不想辜负组织的信任，更不想干了大半辈子税收工作到最后却成了改革的逃兵。

回顾合并以来的时光，让我骄傲的是，新分局搬迁的时候有我，挂牌的时候有我，减税降费的时候有我，在改革的每一个节点，我都没有错过。不仅如此，我还被授予"全国巾帼建功标兵"、2019 年 3 月中国好人榜"中国好人""宁夏好税官""自治区民族模范先进个人"等荣誉称号。

尊敬的各位领导，各位同志，我曾是一名专业的篮球运动员，我深知，为了比赛的需要，主力也要甘当替补；为了球队的胜利，不分场上和场下。我更知道，比赛有伤停补时，人生没有从头来过，既然未必能看到明天，就把今天当做余生，每分每秒都不辜负。

我无悔自己的选择，无悔自己的坚持。

李红菊：
帕米尔高原上的坚守

李红菊，女，中共党员，国家税务总局塔什库尔干塔吉克自治县税务局党委副书记、副局长。2019年参加国税地税征管体制改革先进典型宣讲。

我们常常称塔什库尔干塔吉克自治县为塔县，它位于中国的最西部，距离北京5300公里，是全国唯一和三个国家接壤的自治县，守护着800公里的边境线，平均海拔4000米以上，氧气只有平原地区的50%，被称作"生命的禁区"。大家所熟知的红其拉甫就在塔县境内，著名的电影《冰山上的来客》，就发生在塔县所在的帕米尔高原。

改革攻坚

26年前，我脱下军装，穿上税装，成为站在祖国最西部的税务人。很多人都说，在这里，不要说工作，躺着就是一种奉献。但是，我却不这样认为，我们与全国税务人齐奋进、赴改革的决心是一样的。2018年初，当改革的消息从首都北京传来时，我们深感责任重大、使命光荣。当组织上任命我为改革办主任时，我下定决心，一定要圆满完成这次改革任务，打好改革这场攻坚战。

塔县虽小，但改革任务一点儿也不轻松，我按照国家税务总局党委和上级的统一部署，具体落实改革方案。从改革动员到筹备挂牌，从建立机制到规范操作，从系统配置到数据清理，从挂图作战到对表推进……我和我的同事们逐一落实工作任务，确保改革平稳落地。

塔县海拔高，物资匮乏，平原上的一件小事，在高原上往往都是大事。在新税务机构挂牌这个神圣的时刻，升旗是一场庄严的仪式，树立旗杆却成了一个大难题。7月的塔县，一连下了数日小雨，夜里温度降到零下，水泥很难凝固；地下都是碎石，连坑都特别难挖；地处偏远，工人也不好找，这可把我急坏了。没办法，我就带着工人一起加班加点连夜干，前前后后忙了半个多月，才把12米高的旗杆立在了办公楼前。2018年7月20日上午10点整，当鲜艳的五星红旗冉冉升起的那一刻，我仰起头，眼泪却落了下来。此刻，我们与祖国同在，我们与全国税务人同在。

时针指向了改革的第二场战役。落实"三定"方案关系到每一个干部的切身利益，有的干部希望能借此调换部门；有的干部担心能否尽快适应新岗位；还有的干部担心待遇是否会变化，大家的思想躁动起来。面对这些状况，我"掏心窝"地和干部谈心谈话，深入了解每个干部所思所想，引导全体干部在大局面前不讲条件、不讲特殊，坚决服从分配；我协助党委建立建好群团组织，积极开展党团活动，号召青年干部全力投身改革。短时间内，组建了一个团结高效、奉献有爱的"新家"。

我们这个"新家"有37名干部，来自五湖四海，平均年龄不到29岁，因为爱上高原踏雪追梦，因为深爱家乡守护热土，因为憧憬未来满腔热情。作为老大姐，我经常关心照顾他们，有人受凉了，我送去感冒药；有人住村了，我帮忙采购生活用品；有人失恋了，我开导了一夜。我尽可能地利用空闲下厨做饭，让不能回家的干部吃到家的味道，感受家的温暖。我还带他们参观税史馆，了解税务前辈的工作历程，激发他们扎根高原、投身边疆的动力。

非税职责划转、资产清查、系统并库……改革的攻坚任务一项接着一项。由于任务繁重、过度疲劳，有的干部一边吸着氧气一边继续工作；有的干部流着鼻血塞着纸接着忙碌；还有的干部感冒吃完药仍然坚守岗位，要知道，在高原，一个小小的感冒就可能危及生命。艰苦不怕吃苦，缺氧不缺精神。就这样，在改革面前，没有一个人叫苦叫累，没有一个人临阵退缩，更没有一个人斗志减弱。通过改革这块"试金石"将全体干部磨炼成一支特别能奋斗、特别能吃苦、特别能奉献的高原税务铁军。

支撑我在塔县坚守下去的动力是什么？为了啥？图个啥？我在国家税务总局王军局长2017年写给新疆青年税务干部的那封信里找到了答案。他说："我远在天边的税务新兵们，感动于你们放弃优越条件扎根边陲，感动于你们在雪山沙海倾情奉献，感动于你们在艰苦岗位闪亮青春。"王军局长的殷殷嘱托，激励着新疆青年税务人，同时也鼓舞着我们这些税务老兵，焕发青春和他们一同谱写新疆税务人全力投身改革的奋进之歌。

民族团结

改革大事多、难事多。如何协同推进、精准操作，让纳税人和缴费人因改革获利、为改革点赞，尤其是要让我们的少数民族兄弟姐妹在改革的道路上跟得上、不掉队，是我们考虑最多的问题。

我暗下决心，一定要和党委一班人树牢"服务先行"的理念，努力确保改革期间办税不断线、服务更到位、红利更彰显。塔县少数民族多，占人口总数的92%，虽然只有1000多户纳税人，却分散在2.5万平方公里的土地上，许多矿产企业都在距离县城40公里以外的牧区以及崇山峻岭之间，最远的距离县城500公里，海拔5000米以上。还有许多少数民族缴费人散落在不通网络的牧区。每一次走访和调研，都要经历常人难以想象的艰难，翻达坂、踏雪山、蹚冰河更是家常便饭。

一天，我接到了距离县城180公里的东陵石矿有限公司的电话，矿上的塔吉克族财务人员开不出发票，当时，矿上没车，无法从山上到县局来解决，请求我们上门辅导。改革要让所有纳税人有获得感，包括我们亲爱的少数民族兄弟姐妹。路途险远，我立即和两个同事一同驱车前往。车过不去的地方，只能徒步而行，身边是悬崖峭壁，脚下是湍急的河流，一走就是好几个小时。回到县城已是凌晨两点，脚上也打起了水泡，可是想到纳税人憨厚、真诚的笑容，我们都忘却了疲惫。在新疆，税务干部不仅肩负着"为国聚财"的职责，还有"维护稳定"的重任，税务干部没有正常的周末和节假日，一半的时间用来完成税收工作，另一半时间还要驻村入户，与少数民族兄弟姐妹同吃同住同学习同劳动。全疆1.6万名税务干部每人都至少有两到三户少数民族结对"亲戚"。就在此刻，我身后还有2000多名税务干部，他们的主战场在乡村、社区，他们在天山南北、塔河两岸，他们离妻别子，长期脱产参加"访惠聚"住村、管寺和扶贫攻坚工作。社会稳定好，税收才能好；税务人多辛苦一点，新疆的稳定才能更好一点。可以说，每一名税务干部都在为实现新疆社会稳定和长治久安并肩作战，每一名税务干部都在用忠诚和担当为改革保驾护航。

家庭支持

我曾经是一名军人,现在是一名军嫂,也是一名兵妈妈。我们是一个军人家庭,一家三口驻守在新疆三个地方,共同守护着祖国的西大门。我与丈夫相聚400公里,与儿子相聚2000公里。结婚25年来,夫妻团聚的时间还不足5年,改革期间,我们更是一面也没见着。这些年,丈夫常常说:"等我退役了,就回去好好陪陪你。"我也说:"等我退休了,我也好好守着你。"这句话,每年他给我说,我给他说,一说就是25年。对于老人,我们也同样愧疚。我们曾对老人说:"等我们不忙了就回去陪你们过个年。"可是,我的母亲和公公最终没等到这一天,这也成为我们永远的遗憾!

2018年7月下旬,正值改革的关键时期,儿子上高原来看我。一年多没见儿子了,我特别高兴。2000公里的路程,光往返就需要三四天,没想到,其中300多公里的山路,还遭遇了洪水和泥石流。等儿子赶到塔县,假期只剩下一晚上了。可是,等我忙完手头的工作,已经凌晨一点。第二天一大早,儿子就要返回部队。临走时,他默默地抱着我,只说了一句话:"妈妈,保重!"

望着儿子远去的背影,我的双眼已经模糊……

改革的工作一茬接一茬。2018年中秋节,我们一家三口依旧没能团圆。我们通过手机视频吃了一顿团圆饭,丈夫说部队的饭很香,儿子说兵站的伙食很好,我也说吃着食堂的饭很开心。其实,我心里深深明白,那天,丈夫正在执勤,儿子正在站岗,我正在加班。丰盛的晚餐不过是一家三口相互理解,相互支持的安慰而已。

新疆很远,塔什库尔干很远,但我们的心和首都北京、和总局党委、和全国税务干部,时刻紧紧联系在一起。请大家放心,新疆税务人一定像天山一样坚毅,以一片冰心向蔚蓝的税务情怀,义无反顾的坚守在祖国的西北边陲,为共和国的税收事业奋斗终身。

付铁盾：
我、深圳 12366 和改革的故事

付铁盾，男，中共党员，国家税务总局深圳市税务局纳税服务处主任科员。2019年参加国税地税征管体制改革先进典型宣讲。

这里是国家税务总局深圳市税务局 12366 纳税服务热线，我是"104"号话务员付铁盾。今天我要和大家分享我、深圳 12366 与改革的故事。

2000 年，我来到深圳，第一份工作就在原深圳国税 99511 税务咨询台，我是第一批咨询员，因为是全国第一家税务呼叫中心，可以说我是全国税务系统最早的咨询员。

18 年来，我和 12366 一起经历了无数次的改革，见证了 12366 的不断成长。比如 2000 年的时候，我们的话务量是 1 万；2013 年试点营改增和推行商事制度改革，话务量突破了 100 万；2016 年全面推开营改增和金税三期上线，我们的话务量是 160 万；但印象最深，也最具挑战性的就是 2018 年，我们迎来了国税地税征管体制改革后的第一场攻坚战。

一场攻坚战

国家税务总局发文要求 2018 年 5 月 1 日 12366 必须实现一键咨询。这意味着我们要在 18 天内完成原国地税 12366 两套系统的整合和业务的打通，涉及 4 个系统、7 家外部单位，协调难；同时我们还将面对新增的 100 万纳税人和近 1300 多万自然人的服务需求，怎么办？

头有点大！我看了看一起开会的领导，他看起来好像头也不小。可是 18 年的经历像放电影一样在脑海中闪过，每一次改革不都是这样吗，时间紧、任务重,每一次我们不都是这么大着脑袋往前冲,但每一次我们不都冲过了吗?有什么,干吧!原本需要20多天跑下来的通信管理局和电信公司,我们2天时间就搞定,涉及原国地税合作的事情,我们也是一天一个进度的往前赶,结果18天的事情我们仅仅用了6天。4月18日,深圳12366率先全国实现一键咨询,比要求的时间整整提前12天。

习近平总书记说:谋事要实,创业要实,做人要实。靠着实干,深圳12366打赢了机构改革的第一场攻坚战,我们用深圳速度跑到了全国的最前面。

改革似乎在朝着顺利的轨道前进,还没等我松口气,问题就来了。整合上线的第一周,在接线大厅的电子显示屏上,60个的最大当前排队等待数就像钉子一样一动不动,这个数字意味着所有的话务员都在通话的情况下,还有60个纳税人同时在等待接入,接通率也在下行,咨询员急躁的声音一天比一天多了起来,情况有些不对,果不其然,临下班前,我在办公桌上看到了两封辞职信。

两封辞职信

辞职理由是这么写的:专业不对口,想回老家发展,一封就直接写着个人原因。18年的经验第一时间告诉我,这肯定不是他们辞职的真实原因,队伍一定要稳住,不能散。我马上就把他们请来,用上平常谈话的三板斧,首先和他们谈利弊,讲得失:虽然现在辛苦了些,但我们可以学到更多的业务,balabala……他们看着我,没啥反应。接着谈平台,讲发展:如果你以后还是干税务的话,12366是一个非常好的平台,你看,像慧娴师姐,被四大挖走了,闻华师兄,上市公司税务总监,balabala……唉,还是没啥反应。再来,谈情怀,讲奉献。再退一步说,如果真要走,我希望过完这段时间再走,因为12366需要你,balabala……

他们没接话,好在也没说坚决要走。我想了好久,怎么办?真的是没办法了,第二天一早,我重新坐到了接线大厅,自己上吧,我拿起话机开始接听纳税人的电话,后台人员能上一线的全上了,我看了看那两个同事的工位,还好,人都还在。事后95后的小王跟我说,"盾哥,看到你坐到了电话机旁,我整个心都定了"。我连续接了3天电话。期间,他们也没再来聊离职的事,焦躁的情绪逐渐平复。我们一边增加人手一边加强培训,接通率也升上来了,我长舒了口气。就这样,整支队伍又回到了原来的轨道。回头想想,在改革面前,说千遍不如做一遍,行动永远比任何语言都重要!

深圳作为改革开放的窗口、创新之都,深圳纳税人密度之大,服务要求和维权意识之高,在全国都是数得着的。马兴瑞省长说深圳要继续当好勇当改革开放的排头兵、尖兵,我们张国均局长也说要打造具有国际范引领税收现代化体系"深圳版",可是,怎样才能勇当全国12366改革的排头兵、尖兵,怎样才能做出12366改革的深圳版,当然,我们想到了创新。

18年前,我们建设全国第一家税务呼叫中心,靠的是技术创新,10年前,我们首先制定了《12366业务标准化手册》,靠的是制度创新,4年前我们建设了全国首家互助式税务咨询平台——"问税"和立体化纳税人学堂,然而这次,创新从哪儿开始?不久,我们找到了创新的第三条路径。

第三条路径

有一次,我在过道里听到几个咨询员聊天,一个说:"晓晓,今天有个纳税人说你声音好好听,指定要找你咨询。"另一个说:"是啊,我也接到过,晓晓,看来你可是我们热线的网红,粉丝还不少。"她们边说边打趣。

说者无心,听者有意。是哦,现在流行网红经济,粉丝效应,我们热线既然有声音的粉丝,我们也可以打造我们的视频网红啊,假若我们有一批网红师资,能带动学堂的用户增长,能快速提升纳税人的业务水平,热线的需求自然就会少,想想都开心。

干吧!我迅速组织了一个小团队,仔细研究了网红是怎样炼成的?

首先做用户分析,办税员大多为女性,20~40岁,爱追偶像剧;第二是设计产品,小鲜肉老师,三高——业务素质高、颜值高、表达技巧高,会讲笑话、抖包袱;第三是推广平台,网络纳税人学堂直播教室;第四是运营策略,栏目品牌化——参照新闻联播,制作"直播周四见"栏目,每周四下午3点约定你。

不多久,"直播周四见"就成了深圳12366纳税人学堂的一个叫得响的品牌栏目,我们的小鲜肉老师们都有了固定的粉丝,社会反响也不错,网友"欣格里拉"评价道:那啥,课程内容是极好的,小哥长得极帅的。

还有一次,我和小伙伴们正在办公室进行头脑风暴寻找"国际范",突然一位印度客商进入了我们的视线,他是来咨询问题的。原来他想在深圳开展外贸业务,但是苦于对中国税收政策不熟悉,不知道该怎么缴税。听着他一口咖喱味的英语,我们心里直犯愁,交流了半天终于明白,原来他把外贸和内销弄混了，我们给他详细讲解了退税政策和程序。印度客商听后非常满意。

真是得来全不费功夫，这不就是"国际范"吗，我们立刻查了下数据，深圳 12366 每年非中国大陆地区的咨询需求还不小，而且我们深圳税务有 200 余名的英、法、俄、日、韩、阿拉伯等各类语种具有专业外语八级的高层次人才，平台也是现成的，就这样，我们在问税平台上开通了"英、法、日、俄"多语种咨询频道，让 12366 拥有了"国际范"。

从此，深圳"语税人"也走进国际会议，参与外事活动，为税务总局，为深圳税务打上了"国际范"的名牌。

2018 年，我们硕果累累，6 组数字，6 样回响。

1.2018 年，12366 人工话务接听量突破 1000 万次。当年接通 240 万。

2. 深圳税务纳税服务微信公众号关注人数突破 200 万，成为深圳最具影响力的政务公众号之一。

3. 深圳纳税人学堂浏览量达到 3000 多万次；最高日浏览课程次数 10 多万次，相当于 1 天举办了 100 场能容纳 1000 人的现场培训。

4. 深圳问税平台日活用户 4000 多人，有 100 多个税务师、注册会计师在协助进行税务共治。

5. 我们有一门"增值税普通发票之旅"视频课件最高点击量达到 50 多万次，小鲜肉老师成了名副其实的网红。

6. 我们的智能客服系统日问题处理量达 6000 多次，相当于 80 个咨询员的工作量。

18 年来，12366 已经成为我生命的一部分。我也从当初的咨询员到组长，再到具体负责人，收获了些许白发，也收获了人生中许多如"永远的大师兄""骨灰级咨询员"的荣誉称号……

18 年来，我有幸经历了共和国税收史上的黄金年代。我之所以能这么幸运，因为我不仅仅是一个 12366 的接线员，我的电话线连着一个国家的经济脉动，见证着税收事业的茁壮成长。我很普通，但我从事的工作一点不普通；我很平凡，但平凡的我一旦和一个有意义的事连接在一起，就会很充实，也很快乐。待到山花烂漫时，他在丛中笑；正是山花烂漫时，都在丛中笑。

这就是我、深圳 12366 和改革的故事，感谢你们的倾听。

施 艳：
绽放最美"第一面"

施艳，女，中共党员，国家税务总局厦门市思明区税务局第一税务所所长。2019年参加国税地税征管体制改革先进典型宣讲。

"税务改革，服务先行。"大家都知道，办税服务厅是纳税人感受改革成效的最前沿，是实施税收改革、落实减税降费政策的落脚点。我们闽南人常说"爱拼才会赢"，习近平总书记也把这句话作为厦门精神的注脚。作为土生土长的厦门人，我凭着这股拼搏劲，带领办税厅的伙伴们攻下一个个难关，在改革中跑出"特区速度"，向全社会展现税务改革"最美第一面"。

美在"敢打敢拼"的攻坚精神

2018年4月12日，全国税务系统联合办税推进工作会吹响了"一厅通办"的号角，要求5月1日起全国实现"一厅通办"。

作为全市最大办税服务厅的负责人，我感到肩上沉甸甸的责任。思明地处中心城区，是全市纳税人就近办税的集中之地，是各级领导和兄弟单位参观交流的必访之地，是检验"一厅通办"成效的聚焦之地。

时不我待，我立即带领骨干团队走访原思明区地税局、原厦门市地税局涉外分局，摸清全区办税窗口的分布情况：5个办税服务厅、103个办税窗口、3个24小时自助办税服务区。20天不到的时间里，两套系统、三个机构、三队人马"合而为一"，谈何容易？我争分夺秒地按照国家税务总局的统一部署，以5月1日为目标倒排工期。

那天,在办税厅值班时,一家旅行社问我,"听说以后可以'一厅通办'了,是不是能就近领用发票了?'五一'马上到了,我们得提前备点发票啊。"我猛然意识到,假期临近,厦门作为"高颜值 高素质"的海滨城市,将涌入大量游客,发票的需求量、使用量会出现大幅增长,"五一"才实现"一厅通办",靠近景区的几个原地税办税点没法发挥作用。改革,改在税务端,收获在纳税人端。如果我们的改革没能及时惠及纳税人,那又怎能让纳税人有获得感呢?

我撕掉制定好的实施方案,将全部时间节点向前调了一周。4月23日实现"一厅通办",这是我对自己立下的军令状。区局领导大力支持,一天之内增配人手、增加设备。

改革会有"阵痛期",但服务没有"真空期"。工作时间要照常受理业务,我们就在下班时间加紧测试业务系统。工作日无法迁移自助办税终端、叫号机等设备,我们就用周末时间搬家。10天后,当我站在"一厅通办"办税厅门口迎接第一位纳税人时,心中充盈着满足与自豪。"一厅通办"只是起点,"一窗通办"紧随而来,国地税业务的融合、各类辅助征管系统的衔接,都是严峻的考验。

两个多月的时间里,我与在征管岗位的丈夫一起,日夜兼程地互相学习新业务,为了测试双系统的运行,常常加班到深夜。回到家时,儿子早已和奶奶一起熟睡了。有天晚上,为了能和儿子多处一会儿,丈夫把他抱回我们的床上,儿子却在迷糊间无意识地喊了声"奶奶"。我百感交集,但是第二天一早,依依不舍吻了吻熟睡的儿子,我们依然义无反顾地奔向了单位。

相同的职业,共同的使命,把我们紧紧联系在一起。同事笑我们是"夫妻同心,其利断金",我却深知,103个窗口的"一窗通办",是169位办税厅干部职工加班加点实现的,是全局上下不遗余力支持下完成的。

美在迎难而上的服务意识

"一窗通办"顺利运转后,真正的考验才刚刚开始。改革后的国家税务总局厦门市思明区税务局作为全市税务系统管户最多的基层单位,服务对象更广,需求更加多元。加之7月又是新机构成立和网站整合后的首个申报期,申报期能否平稳顺利?纳税人办税体验是否随着改革不断提升?坦白说,我心里并不是特别有底,尚不习惯使用新网上办税系统的纳税人和尚在磨合的"一窗通办"是压在我心头的两座大山。

为了让纳税人顺利办好税，我决定服务"不打烊"，我们向全市的纳税人庄重地承诺："只要您还在，我们就不下班！"值班领导现场调度，办税厅全员上岗，税管员轮班值守，党团突击队精准服务，税收志愿者主动担当。我每天坚持站好最后一班岗，直到送走大厅最后一位纳税人。

7月申报期，办税厅平稳有序，忙而不乱。7月16日，申报期的最后一天，全市各办税厅共办理1.6万笔业务，是日常工作量的3倍，顺利通过挂牌后首个征期"大考"。"大考"成功的背后，离不开信息化的有力支撑。9月，韩国租税财政研究院参观思明区税务局办税厅时，留言表示："巨大的变化令我非常吃惊，特别是掌上办税超越了韩国。"

美在从不懈怠的自我加压

7月征期过后，是时候歇息了吗？我扪心自问。7月纳税人给我们写了48封表扬信，但也有纳税人说"服务态度很好，但是等了好一会儿，还是要给窗口人员点赞"。这个"点赞"，这句"等了好一会儿"，让我的脸上火辣辣的，看来我们还是没能达到纳税人的期待啊。如何提升办税速度，是在我面前的一个"大坎"。

晚上，我拿着秒表为儿子珠心算计时，突然灵光一闪，一个大胆的想法浮上心头，我们是不是也可以用秒表来为办税提提速？说干就干，我着手制定了"秒表练兵"计划。我首先用秒表精密测算各项业务的办理时长，汇集成一张"业务计时表"，分为高、中、低三个档位。为了达到最高档位的目标，我精挑细选培训讲师，先授课，再组织讨论，最后上机实操。同时梳理了窗口人员各自擅长的业务，分为"一对一"的师徒小组，进行"交叉学习"。在充分学习的基础上，我利用业余时间开展业务实操测试，组织"一窗通办"现场竞技，引入秒表计时测量，分小组、结对子，比拼操作时间和正确率，让窗口人员都懂操作、快操作、优操作。

检验"秒表练兵"效果的时刻到了。8月征期开始，窗口人手一个秒表、一本活页式业务操作指南、一段业务指导视频，大家都说"我们办得快一些，纳税人就能少等一些。"窗口人员你追我赶，办税效率有了很大的提升。8月征期，业务平均办理时间缩短了28.19%，纳税人平均等候时长下降了44.32%，"秒表练兵"带来的提速增效立竿见影。

美在不折不扣的政策落实

税收改革带来的"事合、人合、力合、心合",让征管有了新模式,让办税有了新体验。但是税务征程永远在路上,2019 年减税降费规模更是史无前例,如何将 2 万亿元减税降费的政策红利落实到亿万纳税人、缴费人手中?作为一线税务人,我深感使命光荣,责任重大。

我们制定了"一揽子"宣传辅导培训计划,先后联合街道、商会、行业协会进社区、进楼宇、进校园开展政策宣讲,我所青年干部自主设计《个人所得税专项扣除》思维导图登上全国个人所得税宣传的大舞台;打着快板说着减税降费顺口溜,风靡厦门各大社区;"我给减税降费点个赞"抖音视频挑战赛,吸引纳税人和缴费人共同参与。"减税降费在厦门"官方抖音号从 4 月 18 日开设至 2019 年 7 月,已经拥有超 1.8 万名粉丝,获得 5.7 万多个赞。

政策无缝落地,离不开办税厅这"最后一公分"。我把办税厅一角利用起来,装上教学电视,每天开设数场 3 到 10 分钟不等的"即时小课堂"。导税员在引导时摸清企业类型和辅导诉求,在纳税人等候的时间里将其引导至"即时小课堂",接受值班干部的现场辅导。课堂内容涵盖了基本实务操作和最新减税降费政策解读,纳税人可以随到随学、随学随走,大大提高了辅导效率和时间、空间利用率。不少纳税人都说,有了"即时小课堂",来办税还顺便收获了知识,再也不会有等候的焦虑感了。5 月"申报好"征期大考,我和办税厅的伙伴们开辟了减税降费专用通道,持续精准发力。办税厅里"有事请找我",这句标语更是我的一份承诺、一种行动、一片担当和无限责任。

2019 年是我在办税服务厅工作的第 11 个年头。在这 11 年间,我和一群善打硬仗的伙伴们不断自我加压,持续地优化服务,顺利走过营改增,走过金税三期上线,走过税收改革,走进减税降费新征程,将窗口背后看不见的辛苦,转化为窗口前摸得着的幸福,向全市展现了最美"第一面"。

"凡是过往,皆为序章",新的征程在前方等着我们。作为一名普通的税务工作者,我牢记国家税务总局王军局长的号召,减税降费,"我们税务人会很拼的!"在改革的征途中,我将继续奔跑,继续追梦,在办税服务厅的"方寸"之间,透过一个个小小的办税窗口,用自己的点滴汗水,春风化雨,继续为广大纳税人、缴费人绽放最美第一面!谢谢大家!

贺 艳：
我所亲历的改革：与千万人同行

贺艳，女，中共党员，重庆市税务局税收宣传中心主任科员。2019年参加国税地税征管体制改革先进典型宣讲。

很荣幸从文字背后走到台前，站在这里，跟大家分享我的工作和我眼中的税收改革。从专职从事税收宣传到现在，几年的亲身经历和所见所闻，让我有两个深刻的感受：

一方面，税务部门面对的舆论环境复杂、社会各界关注度高、税务部门的压力巨大。另一方面，税务部门做了大量的工作。系统上下夜以继日、攻坚克难，许许多多的同事为了工作，牺牲陪伴家人的时间、削减个人的自由空间，我们这么拼、这么努力，却没有太多的人知道、没有太多的人理解。

身处其中，我领悟到我岗位的价值。宣传人员，不仅仅是改革的参与者，还是改革的见证者、历史的记录者和舆论环境的改善者。我要通过我的文字、通过我和媒体记者的沟通，让税务工作和税务人员被更多的人所了解、所理解、所认同。

为你欢呼　为你自豪

国税地税征管体制改革中，省级以下税务机关书记、局长一肩挑，大量的"一把手"要变为"第一助手"。

我第一次去采访正转副处级领导干部——原丰都县国税局党组书记、局长王浩宇之前，有一位同事质问我："你怎么可以现在这个时候去采访他？他心里那么难受，你怎么可以还往人家伤口上撒盐？"

我有几秒的迟疑，然后回复他："王军局长说，要为这些正转副干部撑腰、为他们长脸，甚至是为他们讴歌。如果我不去记录下他的此刻，那我就是失职。"

出乎意料地，采访非常的顺利。没有一丝丝想象中的悲戚和尴尬。王浩宇非常开朗，笑声非常爽朗，他用洪亮的嗓音告诉我："在两位主要负责人中选一个，这不是一场PK，更不是一次淘汰。我知道'一把手'的不容易，我会全力支持他的工作。"

在这次机构改革中，重庆税务系统共有55名处级领导干部、473名科级领导干部由正职转任副职或改任非领导职务。重庆市委组织部反馈：重庆税务系统近2万人，这么大的改革，我们没有收到一起人事方面的投诉或举报，你们的改革做得好！

最终，这篇题为《不论个人进退 共担改革重任》的稿件在2018年8月6日《中国税务报》头版头条刊登。文中提到的另一位正转副领导辗转联系到我，想要这份报纸的纸质和电子版，他说："我工作了快30年，这是我这辈子第一次上报纸，谢谢你，我留个纪念。"

关键时刻看担当，进退留转看境界。全国税务系统22255名领导干部由"正"转"副"。在机构改革的关键时刻，他们不计个人得失，始终将改革的"进"放在第一位。至于个人，该退就退，该转就转，充分体现了税务人的党性！而我们这些宣传人，就要让这些闪耀着党性光芒的事迹广为人知，温暖更多人、激励更多人！

与你同感 与你同行

责任共担、齐心共进，税务前辈以身体力行诠释责任和担当。而我一个晚辈更责无旁贷，必须对得起自己的岗位和使命。那么多的新闻线索，那么多的税务故事，虽然我几乎每天都忙碌在宣传一线，但仍有时不我待的紧迫感和分身乏术的遗憾。

早上6点被我微信约稿很正常，晚上11点被我电话核实数据也很正常。紧急的稿子我睡在办公室，写几乎通宵。手指被车门夹成骨裂，不去医院，连夜赶第二天直播的底稿。膝盖摔掉一大块皮，一瘸一拐地去办税厅采访……

在很多人眼里，我不像女孩子，没有女人味，说我是标准的女汉子。有人觉得我过于执着工作；有人觉得我时常较真儿增加了他的工作量；有人觉得我不分工作日与周末，影响了别人的生活；有人说，工作只是工作，你还需要生活；有人说，你是个母亲，还是个单亲妈妈，这么少陪伴孩子，你以后肯定会后悔……

他们说的都对。但我的采访对象、我身边的同事又何尝不是如此？

国家税务总局重庆市南川区税务局办公室的焦相寅32岁，单位近200篇改革材料都经过他手。为了不让偏头痛影响工作，他已经把止疼药从阿司匹林、布洛芬、酚珈片，吃到了可待因。医生说如果连可待因这种神经麻醉类药品都止不住疼的话，下次只能上吗啡。

国家税务总局重庆市渝北区税务局办税服务厅的副所长陈力行，在金税三期系统整合上线期间，连续熬夜6天，心脏明显不适，靠服用丹参滴丸缓解。同事们都劝他赶紧回家休息，他一边服药一边喘着气说："明天新系统的运行不能出错，测试细节只有我最清楚，我必须留在这里！"

国家税务总局奉节县税务局的税收管理员张定平，在边远农村税务所已经驻守了23年，有严重的痛风。机构改革中，他原来的税务所撤销，县局党委考虑将他调回县城。他却主动申请去了距县城100多公里的另一个边远税务所。

那里是高寒边远山区，每年有4个月时间路面结冰，地形又崎岖险峻。农村很多人不会网上办税，张定平们每周都要到管辖的镇上去现场服务。前不久，在个人所得税新政策的宣传途中，他们的车子在冰雪路面上再次打滑失控，旁边就是悬崖，车上所有人都吓出一身冷汗。税务人，只是凡人血肉之躯，没有金刚不坏之身，却因为有着铁一般信仰、铁一般信念、铁一般纪律、铁一般担当，轻伤不下火线，不负改革重托，不负使命召唤！

我还见过一群常怀愧疚的有情人。他们舍小家顾大家，是亲人心里约不到的人，是孩子心里"说话不算话"的人。

在"三定"的关键时期，时任国家税务总局重庆市璧山区税务局人事部门负责人的赵有力，连续加班1个多月，手里的"三定"方案反反复复修改了不下10遍。战友约他小聚，他抱歉地说："我要加班"；外甥结婚邀请他参加婚礼，他还是说："对不起，我得去加班"；女儿求他兑现承诺周末一起去玩，他愧疚地回答："下次好吗？爸爸得加班"……在这节骨眼上，他的妻子突然患病，需要到 60 公里外的市区医院接受检查和治疗。赵有力纠结再三，只用了周末两天陪护妻子，然后又返回到工作岗位上。在 10 余天住院治疗期间，虽然赵有力每天都抽空打电话给妻子，但在医院，妻子只能自己照顾自己，自己去检查、自己缴费、自己取药，饿了只能用手机点外卖。9 月 21 日 "三定" 完成后，赵有力匆匆赶到医院接妻子出院。妻子看着他，没有一句责备，但终究忍不住流下了委屈的泪水。

国家税务总局重庆两路寸滩保税港区（重庆西永综合保税区）税务局社保和非税收入科副科长曾晶，一名 "80 后" 税花。曾挂职原长寿区地税局党组成员、局长助理，机构改革后，从 "副局长" 到 "副科长"，她笑对个人进退，主动投身社保费划转的战场。该局辖区内区域结构复杂，社保征管职责涉及 4 个行政区、40 多个相关部门和单位。在她随身携带的小本上，密密麻麻地写满了这些单位上百条联系方式和工作难点。通过坚持不懈的沟通协调，不到两个月时间，就完成了 4 个行政区 1200 余户社保缴费单位的划转和接收。比起高强度的工作，曾晶说，最让她揪心的，是每次离开家去加班，3 岁女儿抱着她脖子不愿松开的手和满眼的泪花。那一声紧一声的 "妈妈不走" "妈妈不走" 刺痛着曾晶的心。谁家没有孩子？谁家没有爹娘？谁家没点难处？谁人没有伤痛？

80 万税务人克服自身困难，不讲条件、不畏辛劳，在改革中负重前行，汇聚起推进改革的不竭动力。忠诚担当、崇法守纪、兴税强国，他们就是中国税务精神的诠释者，他们就是中国税务精神的践行者。如果他们都不能被宣传这束光照亮，那应该去照亮谁？

凝聚力量　奋力前行

宣传，有时是抚慰，有时是称赞，有时是回应，有时是刀光剑影。

当社保费征管职能划转，在社会上引起舆论风波，舆论一边倒地报道征管职责划转后，将增加企业负担。

在国家税务总局部署和指导下，第一批 4 个省级税务局需要主动发声回应舆论。当天下午，我拎着笔记本电脑跑去了社保处，和社保处处长张廉汶和戴俊老师一起收集数据，找准立论依据。通过翔实的数据分析，得出了结论——重庆税务部门征收部分社保费 20 年来，整体上并未增加企业负担。社保费是随着社平工资调整和参保人数扩面实现自然增长的。当天撰写稿件，送审发布，回应社会关切。

有时是主动发声，有时是努力消音，有时费尽全力也只是徒劳，但不拼尽全力就一定不会达成预期。宣传，就是这么一个充满矛盾又富有魅力的工作。

我还采访过一批税务扶贫干部。作为"第一书记"和驻村工作队队员，税务人扎根乡村，把汗水洒在泥土和田间小道上。我曾经三次到万州区龙驹镇老雄村，一次自己去，两次带着记者，跟着税务扶贫干部翻爬没有路的荒山，和他们一起查看当地水源地、走访困难群众。通过实地采访，《人民日报》、中央人民广播电台、新华网都做了专篇报道。

有人问我：改革宣传都忙不过来，你为什么要花这么多时间去报道税务扶贫工作？和我们的机构改革相关吗？我回答他：扶贫是更大的改革。借用税务扶贫干部程鹏的话说，很荣幸能投身其中。这些税务扶贫干部投身到了一场更大的时代改革中，是他们让税务在脱贫攻坚战中没有缺席。

当我们的脚印在荒山里留下一路痕迹，当新的公路和人行道连接起每一户村民；当农产品通过新建的电商平台卖到全国各地，当清冽干净的水通过新管道流进每一户村民家里……正是这些不曾有的改变让贫困生活有了新的希望，正是每一个人的努力让这个小乡村有了新的可能。

而国税地税征管体制改革又何尝不是如此？

这是一场史无前例的改革，没有经验可借鉴，没有模板可复制。正是千千万万个税务人不畏难、不惧险、不怕苦，努力落实改革、奋力推进改革、主动适应改革，才能打赢三大主攻战，才能完成涉及四级部门、几万机构、百万税务人、十多亿纳税人和缴费人的历史性改革。

在税收历史的字里行间，我们可以自豪地说，我们做到了，我们走出了一条新的路，我们走进了新的未来。

与千万人同行，我感恩是其中一员。

与千万人同往，我很荣幸，我们共担使命，共赴新的征程！

张农高：
改革不改情怀　转副不转信念

张农高，男，中共党员，国家税务总局江阴市税务局党委副书记、副局长。2019年参加国税地税征管体制改革先进典型宣讲。

心路历程

作为一名参加税收工作36年的税务老兵，坦率地说，当组织明确我正转副的时候，虽然早有准备，但是真正从"一把手"转为"第一助手"的那一刻，我的内心还是难以平静。

2017年底，当组织把我从原惠山区地税局"一把手"调任原江阴市地税局担任局长时，我对全体中层干部郑重承诺，江阴连续16年位居全国县域经济第一，我们江阴地税的治理水平必须要与之匹配。在随后的时间里，我带着270多名税务干部，创设税收政务服务网、搭建税收营商环境评价平台、联合15个经济管理部门主导发起党建联盟，持续助力江阴集成改革。

眼看着一个个关口被打通、一个个难题被破解、一个个目标成现实，而我，更加踌躇满志、豪情满怀，向新的目标发起冲锋的时候，征管体制改革不期而至，很快我也迎来了正转副，刚启动的工作被按下了暂停键，设想好的"蓝图"被暂时搁置。新的班子怎么样？接下来的事业将怎么干？我陷入了前所未有的迷茫和思索。是啊，未来的路该怎么走呢？

从17岁走出校门，我就一直从事税务工作。其中，33年在江阴，从一名基层的税收管理员，到走上领导岗位，共事过的同事数以百计，交往过的朋友数以千计，服务过的纳税人数以万计，在生我养我的这座小城，每一个侧身都是熟悉的面孔。

正转副的消息一出，关切的电话接连不断。有朋友说，刚回来当"一把手"，怎么就给你降职了？他们为我担忧；有同事说，能力摆在这，凭什么是你转副啊？他们为我惋惜。还有市领导说，实在不行就来政府干吧。

质疑、担忧、关心，种种声音，有的时候真的不知道该怎么办。都说人活一张脸，在中国，支撑这张脸面的往往就是你的职位、你的作为。是啊，在这座城市生活了半辈子，打拼了半辈子，这一次，我该怎样去面对家人亲人、怎样去面对故交好友、怎样去面对领导同事？

家人劝我正好借此机会歇一歇，把以前欠的亲情债还一还……回想过往，工作上冲锋陷阵处处有我，生活上却总是常常缺席，疏忽了老人的照顾，忽视了孩子的成长，忽略了爱人的感受，如今正转副了，是不是也该停一停，慢下来？

漫步在浩浩荡荡的江边，看着日夜奔流的长江水，过往的一幕幕在我的脑海中浮现。10多年前，当我走上县局领导岗位时，我承诺，只要组织需要，只要有利于事业，我不计个人得失；29年前，当我面向党旗宣誓的时候，我立誓，"执行党的决定，严守党的纪律"；36年前，当我踏入税务局，手拿算盘、捧着票夹，走街串巷收税的时候，我就立志，要为这身"税务蓝"奉献力量，一生无悔。

改革，考验的是关键时刻的担当；抉择，叩问的是内心深处的信念；坚守，磨砺的是许党许国的初心。我想，正转副，这是改革的需要，职位的调整，不是能力的PK，不是身份的淘汰，更不是歇脚的借口。

作为江阴人，为这片生我养我的热土奋斗，不管什么位置，我甘心情愿。作为税务人，从穿上税服的那一刻起，我就没想再脱下它。改革越到基层越难，必须有人做出表率，既然组织选择了我，走出这一步，无论是党员的要求，领导干部的职责，还是身为税务人的使命，我责无旁贷。

投身改革

内心有了坚定的方向，一切选择就变得简单。

合并挂牌前后，在与新班子成员探讨改革怎么办、人心怎么聚、基层怎么干的过程中，我把自己的工作设想和盘托出，大家在很多思路和想法上竟都不谋而合。

心是往一处想的，劲是往一处使的。是啊，"蓝图"不能只靠一个人勾勒，而要靠团队的力量共同描绘。这一次税务机构改革，我的设想，我们的"蓝图"，将在更大的平台上，由合二为一的全体江阴税务人一起实现。这是多么令人鼓舞、豪情壮志的一份事业啊!

当过"一把手",更知个中艰难,特别是要带好这一支相隔24年再会师的新队伍,难上加难。配合好、支持好"一把手"的工作,对于我这个"第一助手"而言,是首要之责。我时常用王军局长引用过的"将相和"的典故和"第二小提琴手"的事例鞭策自己,以"归零"的心态当好"绿叶"。"一把手"抓全面、抓重点、抓外联,我就侧重抓具体、抓落实、稳人心,当好"黏合剂",让合并后的这支队伍"进一家门、说一家话、办一家事"。

很快,更加重要的"三定"战役打响。如果说挂牌更多是形式上的"合",那么落实"三定"就是对事合、人合、力合、心合实质上的考验。定岗定责定编归根到底定的是"人心"。新的"一把手"非常信任我,让我分管人事工作,主抓"三定"落实。603名正式干部,185名离退休干部,99名中层干部,看着花名册上的这个"大家庭",我感觉肩上的担子沉甸甸的。

我深知,"做通人心的最后一公分,才能打通改革的最后一公里"。为此,我先后与200多名干部谈心谈话。

有一名干部在原地税是有职务的,按照规定,"三定"后职务不予保留,他怎么也想不通,多次找我倾诉。作为"老领导",我懂他的顾虑,也明白他的苦闷。我与他共同回忆一起走过的点点滴滴,以自己的实际行动现身说法。是啊,我们这代人什么苦没吃过?从一开始,下乡入户跑税收,到信息化管税、数据治税。从利改税、分税制,再到统一内外资所得税、营改增,可以说是风风雨雨都经历过了,哪有迈不过去"火焰山"!哪有跨不过去的沟和坎!说起这些,真是有笑有泪、有苦有甜,事实上,谁都明白,有今天的一切,真的要感恩这个时代,感恩组织厚爱。打那之后,他再也没找我诉过苦。

那段时间,一边谈心谈话,一边修改完善方案,加班成了新常态。爱人在上海动完手术,休养期间,我的电话不断。一头是相濡以沫的爱妻,一头是603位同仁的改革信任,都耽搁不起。"老张,去忙吧,这里还有孩子照顾我,改革更需要你",妻儿的理解让我既歉疚更感动,不把改革这块"硬骨头"啃下来,又怎么能对得起他们这么多年默默地支持和付出。

在大家的共同努力下,"三定"方案终于顺利落地。江阴在乡镇的派出机构有11个,全市有69名干部从城市走向农村,无论是正转副、城转乡,还是普通干部,全部按时到岗,没有一个人掉队。

在党委支持下，我又趁热打铁推进了三件事。人合上，与其他班子成员一起实地走访、调研座谈，走遍江阴 16 个乡镇片区，逐人逐项解决实际困难，消除后顾之忧，当好坚强后盾；事合上，我们在江苏省率先梳理出 214 项县区级原国地税部门差异，把 24 年间的不同在半年内整合，为推进岗责体系建设奠定了基础；力合、心合上，"两税"融合实务培训、青年成长纪实平台、趣味协作运动会、"1+1"结对计划……一项项凝心聚力的活动，有效加快了"两条线"拧成"一股绳"，实现了"1+1>2"的倍增效应。

倾力服务

机构改革，服务先行。

个人所得税新政推广实施期间，适逢年底办税高峰，办税服务厅的咨询量和业务量大幅增加。从 1993 年，《个人所得税法》颁布后，我就开始接触这一税种，已经非常熟悉，便主动向"一把手"请缨，这一仗由我领军，得到了局党委一班人的全力支持。我们按照国家税务总局王军局长"让纳税人及时享受专扣政策红利"的要求，以及国家税务总局江苏省税务局"指挥顺畅、资源倾斜、责任压实"的部署，建体系、订制度、划标准、明流程，开通导税专线、辅导热线，确保全新的优惠政策真正惠及每一个纳税人。

在改革后的一次服务调研中，一家拟上市公司董事长的话让我倍感自豪。他说："以前常讲，改革必有阵痛，而税务的这场改革，却是把'痛'留给了自己，把获得感给了我们。"

伴随着改革开放 40 多年的发展浪潮，江阴，这座万分之一国土面积的江南小县，如今已拥有 48 家上市公司。数字的背后，是敢闯敢拼江阴人的辛苦奋斗，也是税务人前赴后继的税援力量。IPO 税援团、CFO 税企通、税务集成改革……一个个税务品牌在合并后被注入了新的内涵、合的优势。

是的，我们自豪，能够有幸参与这次史诗般的改革，上下同欲、使命在肩；我们自豪，603 名江阴税务干部与全国税务铁军一起，团结奋进，不计得失，用情怀成就事业，用奋斗照亮未来。

时间是最伟大的书写者，时间也是最客观的见证者。昨天，我们已经用辉煌铸就，明天，我们将整理行装再出发，随时听从税务总局党委号令，继续奔跑在奋斗的路上，为创造税收事业的美好未来，一往无前，永不止步！

王玲玲：
有心总会有办法

王玲玲，女，中共党员，国家税务总局宁波市奉化区税务局第一税务所科员。2019年参加国税地税征管体制改革先进典型宣讲。

在国地税征管体制改革和减税降费工作过程中，"总有办法"的王玲玲不断破解难题，实现了让纳税人从"少跑一次"到"最多跑一次""一次也不用跑"，提升了纳税人的获得感，展现了新税务新形象。

以"新"办法破改革之题

2018年，国税地税征管体制改革成为全国的一个热门话题，改革的目的是进一步让纳税人减轻办税负担、尽享改革红利，而国税地税窗口业务的融合则成为这关键的第一步。2018年4月起，要求各办税服务厅必须在月底完成第二层级即一窗一人双系统的"一厅通办"，在"5加2""白加黑"的工作模式下，王玲玲挤出时间整理出一套《一厅通办业务流程》分享给窗口人员，她带领的原地税办税服务厅办税团队很快就学会了办理原国税业务的方法，确保办税服务厅于2018年5月1日顺利实现"一窗通办"。

2018年5月15日下午，一家气动公司的王会计急匆匆到办税服务厅来开增值税发票，等待了十几分钟后，他不耐烦地去了原国税办税服务厅。王玲玲明白，虽然在不到半个月的时间里就开始正式操作已属不易，但这不能成为让纳税人等待的理由。

王玲玲注意到窗口人员在上百个征收品目、20多个征收子目、300多个行业中做选择时,十分费时。于是她将以上所有的代码从系统中一一摘抄,制作成表格,发给窗口人员,开票时只需对照输入代码,每张增值税发票可节约1分钟。2018年7月5日,新机构挂牌当天,那位王会计再一次来到办税服务厅,这次只花了3分钟就拿到了3张增值税发票,办税速度的迅猛提升得到了他的称赞。

以"精"办法解纳税人之难

为更好地让纳税人了解办税事项,王玲玲带头组建了值班长、导税员、业务骨干"三合一"导税团队,并在最醒目位置张贴了"不满意,请找我"的标语,公开她的办公电话和手机号码。用这样的兜底承诺,表达了基层部门对推进"最多跑一次"改革的决心和勇气。

2018年10月底,青年创业者小李找到王玲玲,他的文创工作室遇到了资金周转困难的问题,想要申请缓缴税款。王玲玲通过金税三期系统了解到这家工作室纳税信用良好、发展前景不错,想到可以利用国家税务总局宁波市税务局"银税互动"平台为他们牵线搭桥解决资金问题,但这需要扩大纳税信用管理范围。她将自己的想法和建议在宁波市税务局"我为改革献一策"的专栏上留言,在第一时间得到了重视和解决,个体工商户、自然人和纳税信用M级纳税人全部被纳入了"银税互动"的范围,小李的难题也迎刃而解。

王玲玲用心了解纳税人需求,用心发挥专业优势,用心总结工作中遇见的问题,用心寻找解决问题的办法,让服务更加精准,工作更加精细,让纳税人享受到更好的办税体验。

以"笨"办法破税改之冰

2018年9月底,宁波税务系统机构"三定"方案最终落地,"第一税务所"这个新名字备受瞩目,王玲玲成了新队伍中的一员。当"有办法"的工作经验获得越来越多的肯定,王玲玲又开始思索如何才能将"一个人的办法"化为"群体的智慧",使整个团队都能成为服务先锋。

王玲玲说自己并非特别聪明,"有办法"只是多年付出汗水和心血得到的回报,大多数时候还需要坚持"笨"办法。为了让办法会"说话",她整理了2000多页的工作笔记,结合心得体会和服务经验自创"三个三"工作法,划定岗前"三准备"、在岗"三牢记"、岗后"三整理",以朗朗上口的歌谣形式全方位明晰工作准则，分享给每一位窗口人员，被大家亲切称为"玲玲工作法"。她利用业余时间发起"青春夜学"活动，开设"掌上玲课堂"，组建"玲玲e站"，以此帮助同事增强业务技能，增进团队交流协作，有效推进了纳税服务工作实现"事合、人合、力合、心合"。

以"好"办法筑减税之旅

2019年初，随着新个人所得税改革的实施，询问六项专项附加扣除项目具体规定的纳税人数量剧增，税务干部恨不得长出三头六臂，来满足纳税人急切的需求。怎样才能方便又准确地把新政策告知纳税人呢？

王玲玲开动脑筋，如果有一个类似"人工智能客服"这样的程序，不就省时、省心、省力了吗？有了这个想法，她马上咨询了局里的计算机专家，请他编了一个自动回复的小程序，再定期把税务总局下发的热点问题及解答更新导入，纳税人只要在税企QQ群上输入关键词，就可以搜索到有关政策解答。这个24小时即时解答的小程序也让纳税人赞不绝口。

2019年小微企业普惠性减税的退税工作是减税降费工作的重中之重，为了能够将每一笔税款都精准地退还到纳税人手中，实现减税红利的应享尽享。针对没有管户信息的自然人，王玲玲带领团队通过在金税三期系统信息查找、联络亲属等方式询问准确的账户信息，成立"退税小分队"走访社区、街道，主动上门服务。与此同时王玲玲还积极谋求公安、银行等部门的协作，逐个啃下退税过程中的"硬骨头"，最终实现了100%的退税完成率。

7月中旬，自主创业的退役军人张某给王玲玲打电话，询问自己怎么才能知道这段时间到底减了多少税，获得了多少优惠。像这样的问题王玲玲已经回答了无数次，但是最近她有了新的解决方案："最近咱们宁波市税务局开发了减税降费一户一档系统，您只要登录宁波市电子税务局，找到减税降费模块，输入想要查询的时间区间，系统便能自动生成一份减税降费专属账单，您所享受的减税红利和相关的政策依据一目了然。"

"纳税人们信任我，是我的荣誉，更是我的责任。我有义务做好做实税收工作，让纳税人实实在在地体会到减税获得感。"王玲玲用她执着的努力和不懈的尝试，给纳税人带来便利，也带来温暖，让减税降费变得更加真实，也更加鲜活。

方启平：
头顶税徽心向党　满腔忠诚献税收

方启平，男，中共党员，国家税务总局黔南布依族苗族自治州税务局党委副书记、副局长。2019年参加国税地税征管体制改革先进典型宣讲。

我生于20世纪60年代初，当过2年知青、5年兵，入伍半年后就被选到师部担任首长警卫员，参加了那场著名的对越自卫反击战；也曾因机智勇敢地保卫首长安全荣获三等功。这段军旅生涯的磨砺让我受益终身。脱下绿色军装，穿上蓝色税服后，我依然保持着军人身上那股不服输、不怕苦、不怕难，敢于担当、勇于挑战的作风和干劲。在37年的税收工作中，我趟过了一次又一次的难关与波折，也使我在人生一次又一次的选择中，始终在正确的道路上前行。当2018年3月，十三届全国人大一次会议上，国地税征管体制改革的倒计时钟声响起时，我知道，这对我又是一次新的挑战，更或许是我人生中最大的一次挑战。

我该怎么做——听党指挥！

人的一生充满了选择。面对选择，很多人都难以做得到像自己预想的那样坦然和淡定。我，也不例外。自从税务系统机构改革的号令发出后，不同的声音便在耳边徘徊，各种思绪也轮番游荡在脑海。

彷徨过吗？

彷徨过。特别是在不知道改革如何进行、机构如何整合、职位如何转换的那些日子，彷徨于自己该何去何从？

担心过吗?

担心过。特别是无法预想自己会如何迎接人生中最重要的挑战,担心于他人的眼光和看法,各种心态真是五味杂陈?

动摇过吗?

动摇过。特别是当进和留的好胜心与退和转的不甘心在相互拉扯时,动摇于迈一步或退一步的犹豫不定。

但是你要我说,后悔过吗?我的回答是:不后悔!因为每当这些彷徨、动摇、担心的念想在我脑中闪过,总有一个声音立刻出现将它们击碎——要听党指挥!是啊,听党指挥!这句共和国军人的誓言不就是我每一次面对选择和挑战时所坚持的吗?它帮我翻过了多少山、蹚过多少河、踏过了多少荆棘啊!

改革是一场战役,比拼的是战斗到底的意志,我曾是一名军人,我不会退缩,也不能退缩;改革也是一次试炼,考验的是关键时刻的担当,我是一名共产党员,我要站出来,也必须站出来;改革更是一面镜子,照出的是与税同行的执着,我是一名共和国的税官,我爱这份事业,就应该将这份爱进行到底。

按照国税地税合并的改革方案,我符合担任"一把手"的条件,我曾在两个自治州原地税局担任局长8年。无论身体条件,还是工作能力和经验,我都可以继续担任"一把手"。但我想得更多的是:为了让我州税收事业有一个更好的、更健康持续的发展,有更优秀、更年富力强的同志,比我更加适合担任黔南税务这个"掌舵人"的角色。如果我任职,势必会耽误年轻同志的发展和进步。再说,这是国家的重大改革,改革就必须有人让步,有人作出牺牲。

我思考了几个晚上,作出了一个重大决定:担任副职。而对我的这一决定,家人、朋友、原地税的同事们都很不理解,你为什么不能顺其自然干到圆满、画上一个满意的句号呢?当内心有了坚定的方向,一切选择就变得简单而容易。来不及跟他们多解释,我就找到省局领导,提出申请担任副职。

"你想好了吗?""想好了!"

"你不后悔吗?""不后悔!"

与省局领导这几句对话,我一辈子都不会忘。

这是我税务生涯以来最重要、最慎重的一个决定!也是我一生中最坚定、最满意的一个选择!因为,能为一辈子最爱的事业再出一次力,我很骄傲!不后悔!

我要做什么——扛起责任！

退下来，手上的事就少了、肩上的担子就轻了、人是不是可以放松放松了？一度我也这样以为。

然而，国家税务总局王军局长在全国税务系统机构改革动员部署会和推进会上的讲话让我警醒：退居二线，不是退下战线！担当副职，不是担任闲职！变动职位，不是卸下职责！

"老方，你资历老、威信高，队伍这么大，你得帮帮我。"州局"一把手"与我谈心时说道。"方书记，您是老局长，收入任务这个事情你还得帮我们协调协调。"县局同志打电话来求助。"启平局长，我们这里有个困难，您给我们指导指导。"调研时碰见基层干部提出困难。

组织的召唤、同事的信任、改革的需要，要求我必须扛起肩上的责任！

我响应着组织的召唤，扛起带好队的责任。带头树立"一把手"及州局党委的政治威信，积极配合"一把手"每日一议，与州局班子成员一一谈心、与县局班子逐一谈话，思想上讲团结、行动上求一致，大会小会和各种场合尊重"一把手"、突出"一把手"、支持"一把手"、配合"一把手"，在办公楼配置、考勤管理、县市区局新班子安排、"三定"人员落实等方面出主意、想办法、提建议，协助"一把手"短时间内熟悉了原地税人员，盘活了资源、理顺了事务，顺利完成了改革各阶段的工作任务。

我寄托着同事的信任，扛起收好税的责任。除了在团结队伍上花心思，我还把功夫下在了督导组织收入工作上，用不到1个月的时间，跑遍了全州13个县市区局，每到一地都主动带着县局的主要同志向地方政府有关领导汇报工作，分析税源、解读政策、讲清困难、提出建议，积极争取地方党委、政府的支持和理解，缓解组织收入任务压力，帮助县局完成任务目标。

我肩负着改革的需要，扛起服好务的责任。都匀市自助办税有阻碍，我带队与地方政务中心协调，提请当地政府批准扩大办税区域，仅仅用时9个工作日就完成了办税服务的升级扩容，并建成全省最大的24小时自助办税服务厅；金税三期并库有困难，我配合分管局长积极向省局请示汇报，在龙里县税务局组建集中工作组，在工作组上成立临时党支部，并建立党员先锋队，成功积累了金税三期并库"龙里经验"，作为唯一试点在全省税务系统推广。

此外，思想教育、改革督导、行政管理、党员监管、支部建设、考评考核、巡查检查……虽然已不在聚光灯下，但我依然让自己活跃在舞台之上。

怎么做更好——不忘初心！

经历了24载的分与合，税务正式踏上新征程。有同志劝我："老方，机构改革后干事的人多了，帮手也多了，你忙了一辈子，别再那么认真、那么拼命了，该休息休息、享享清福了！"听到这些话，我非常理解也非常感谢这些同志对我的关心，但他们并不真正了解我。因为我始终相信，干不干、拼不拼，跟退不退没有什么关系！正因为退下来了，才更需要全力支持、搞好配合！这是我的初心，也是我的坚持！

为了这份初心，我规整"零配件"保障人合。在县级局"三定"过程中，我了解到某县局为了体现管理特色，在部分干部的安排上采取了一些不同的做法。然而，这看似细小的差别却有可能导致全州改革出现纰漏。为此，我主动向州局"一把手"请缨，第一时间与督导组及该局主要负责同志联系，共同研究原方案中存在的问题，联合修订了符合机构改革政策的干部配备方案，及时纠正了偏差，确保了该局机构改革的顺利推进，也为全州建立了示范。

为了这份初心，我拧紧"螺丝钉"推动事合。州局挂牌成立伊始，原国税地税人员搬到一起办公，由于以往管理要求不同，导致一些制度在执行过程中，干部们有想法、有误解、有微词，极不利于人员的融合。"小火苗不扑将成大患"，我积极主动参与研究修订了包括考勤管理、值班制度、会议制度等在内的一系列制度办法，既坚持从严管理，又考虑到干部职工的实际情况，做到宽严相济，顺利引导干部主动适应管理变化，保障了局机关的平稳有序运转。

为了这份初心，我涂好"黏合剂"促进心合。原国税地税津补贴发放标准不统一，是机构合并不得不面对的问题，一旦处理不好引发矛盾，势必阻碍干部职工间的融合。为此，州局刚挂牌没多久，我就主动找到"一把手"表明态度："原地税部门的津补贴发放标准要比原国税部门高，但黔南税务是一家人，一家人就要同进退，就要坚持一个标准！陈局长你放心，原地税干部如果有什么想法，我去做工作，你只管放手去干！"说了就做，我为此专门找到原地税班子成员，也分别跟中层干部们谈心，讲原则、讲要求、讲安排，梳理思想疙瘩。如今，黔南税务这一家人的心紧紧地系在了一起，从没有因为津补贴等问题闹过一次别扭，大家端一个碗、吃一锅饭、聊一家亲。

为了这份初心，我启动"发动机"达成力合。改革实施以来，我积极参与州局党委议事决策，贯彻落实上级党委的部署要求，先后打赢了机构改革挂牌、"三定"两场硬仗，第三场社保费及非税收入划转战役已圆满收官。同时，在机构改革施行期间，全州税务系统党建工作实现突破，州局党委书记陈斌同志作为基层代表在全国税务系统党建工作会议上作了全面从严治党工作汇报；业务创新亮点纷呈，绩效管理再创佳绩，我州税务系统连续两年名列全省第一。

"不要人夸颜色好，只留清气满乾坤"。习近平总书记在讲话中曾援引的这句古诗，也一直是我对自己的要求和勉励的格言。我相信，只要不忘初心跟党走，脚下的路便是坦途。也请组织放心，我定会一往无前再战沙场、头顶税徽再踏征程，让胸前的党徽永远发光，让头顶的税徽永远闪亮。

张 咏：
传承红色基因 "咏"当改革先锋

张咏，女，中共党员，国家税务总局金寨县税务局党委副书记、副局长。2019年参加国税地税征管体制改革先进典型宣讲。

机构改革前，我是原金寨县国税局党组书记、局长，机构改革时由正转副，现在是国家税务总局金寨县税务局党委副书记、副局长。税务机构改革以来，我的内心从彷徨迷茫到趋于平静再到重燃激情，一路走来，几番思索，几点感悟。

事业比位子更重要

我生在长在革命老区，在我的内心深处一直有着浓浓的"红色情结"，总想着能为老区人民多做点有益的事。2017年，原六安市国税局选拔人员到基层任职时，我便主动申请到金寨。虽然金寨地处皖西边陲，是税源匮乏的贫困县，但它是中国革命的重要策源地，人民军队的重要发源地，被誉为"红军的摇篮，将军的故乡"，能够在这样一片红色热土上工作，是我多年的愿望和梦想。在担任原金寨县国税局"一把手"的一年里，我和班子成员始终站在群众的立场谋事、做事，想方设法让老区的税收营商环境更优一点，让基层税干的工作生活条件更好一点。我坚信，只要秉公心，行大道，勇担当，就一定能把工作干好。功夫不负有心人，当年我们的绩效就闯进全市第一方阵，并被评为省级文明单位和全省国税系统首批基层党建示范点。干部职工激情高涨、干劲十足，这也让我们更有底气、更有信心地提出了3年内争创全国文明单位、全国税务系统基层党建示范点的奋斗目标。

正当我们施展拳脚,准备大干一场的时候,机构改革开始了。随后,我也转岗为新税务机构的党委副书记、副局长。虽然早有心理准备,但真到了正转副的那天,我的内心仍然难以平静。想想自己虽然资历不足,但个人能力、工作实绩并不差;想到我和同事们制定的争创目标还没有来得及实施;又想到我为老区人民服务的愿望和梦想可能就此止步,遗憾、无奈、委屈一齐涌上心头,我的情绪非常低落。晚饭后,我茫茫然信马由缰,不知不觉地走到了金寨县革命博物馆,站在徐立清将军的展板前,我不由地想起他"三让"的故事。徐立清将军是安徽金寨人,从土地革命到抗日战争再到解放战争,他为新中国的成立下了赫赫战功,却在全军授衔时,主动让级、让衔、让位。想到这,我的心头一怔,不由地陷入了沉思。返程中,我不停地问我自己,你来金寨的目的是什么,你为老区人民服务的情结呢?在这次机构改革中,正转副的干部全省有八九百人,全国更多,如果都放不下"位子",那工作如何开展、改革又如何推进呢?这些年,组织把你一步步培养成岗位能手、优秀讲师,并授予安徽省"五一劳动奖章",头顶这么多荣誉,你难道不更应该学学徐立清老将军,不计名利得失,做个支持改革、服从改革的榜样吗?再说,机构合并后队伍更大、职责更多、服务面更广,税收事业不是更大有可为吗?想到这些,我的内心渐渐地平静下来,心结也解开了。

态度比能力更重要

在解开自己的心结之后,我不仅很快地调整好自己的心态,还利用全县正转副第一人的身份,主动配合党委书记挑起做通干部思想工作的担子。机构改革推进到基层,面临的困难又多了几分。我们不仅面临着人多职位少,正转副安排难的问题,还有城转乡的问题。我的同事老熊,他所在的分局,在机构改革前由农村上收到县城,改革后分局必须设在属地。老熊得知要去50公里外的农村分局任职时,一时难以接受。于是,我主动提出去做做他的思想工作。见到他时,我和他拉起家常。"孩子在哪上学?父母身体可好?爱人工作忙不忙?"得知他孩子已经工作,家里没有后顾之忧时,我和他聊起了我正转副的心路历程,老熊明白了我的意思,也讲出了他的心里话:"我都20年的老分局长了,比我资历浅的也有留在城区的,主要是这面子抹不开,经你这一说,我也没啥顾忌的了。"

还有老郑，在农村分局担任负责人近10年，父母年老多病，孩子正读高中，改革前一直想回县城。改革后，不仅没能回到县城，还要去离县城更远的农村分局任职，心里难免有点失落。我告诉他，机构改革后，社保非税业务划转，缴费人大幅增加，基层税收征管服务任务更重，更需要像他这样业务精、能力棒的分局长坐镇。我以自己为例，向他说起我的家庭情况，我父母在六安，丈夫和女儿在合肥，而我守在大山里，很少有时间陪伴、照顾他们，女儿得知我正转副后，问的第一句话是："妈妈，你以后是不是有的时间陪我啦？"我又告诉老郑，县局党委正在制定干部定期轮岗办法，特别考虑干部职工父母年迈、子女上学等实际困难，我的一番话，得到了老郑的理解，他也欣然接受了新的任命。

其实，像老熊、老郑这样的干部职工还有很多，他们最初也许会有思想的包袱，会有个人情绪，可最终都会克服千难万难，到更需要他们的岗位上，在改革的这场大考中，他们交出的都是合格答卷。有人说我做思想工作的水平高，其实哪有什么水平，都是掏心窝子掏出来的。

信任比荣誉更重要

我的抽屉存放着一封信，每当我看到它时，就会想起同志们的信任和鼓励，想起改革初期那段艰难的历程。

机构改革，稳定是基础、是重中之重，而各种历史遗留问题像是一颗颗"地雷"。我们县原地税协税员和退役士兵待遇、未休年休假补助等问题，在机构改革期间集中爆发，干部职工要求解决问题的愿望更为迫切，部分人员甚至与县局党委产生了严重分歧，情绪非常激动，准备到市局、省局上访。情况紧急，市局党委决定由我牵头负责处理历史遗留问题。接到任务时，距我卸任"一把手"刚好一个月。我深知，这是一个"烫手山芋"。这些问题不仅关系着干部职工的切身利益，也影响到机构改革稳定大局，是难事更是大事，是一块必须啃下的"硬骨头"！为全面掌握情况，我在与班子成员达成一致意见后，拟定了工作方案，决定先用一周时间走访调研。为避免发生过激行为，我将走访时间、内容在内网公示，便于干部职工知晓，并配合工作。

金寨是安徽省面积最大的山区县，10个分局散落在大山深处，我每天需要辗转2—3个分局，最多一天行程超过400公里，山路崎岖颠簸，一天下来整个人都像散了架一样。连续多天马不停蹄地奔波，我的身体有点吃不消，第四天早上出发时，我的胆囊炎发作，蹲在车旁吐黄水，疼得直冒汗。同行的同事纷纷劝我休息，当时，我也有点想打"退堂鼓"，可想到行程已经公示，大家正在迫切等待问题解决，吃完药休息片刻后，我又咬咬牙踏上了绵延的山路。

每到一处，我们都与干部职工促膝谈心。面对原地税干部职工，我们了解他们每一个人的诉求和对遗留问题的意见建议，我们把政策谈清、问题谈透、思想谈通，并代表县局党委亮明态度，给大家服下"定心丸"。走访结束后，我们将问题进行整理、分类，对照政策分别拿出解决方案。在"两下两上"不断征求干部职工意见的基础上，我们的解决方案，既得到了原地税同志的认同和点赞，也得到了原国税同志的理解和支持，这些差点影响机构改革大局的历史遗留问题被成功化解。

纳税人的满意最重要

县级税务机关直接面对广大纳税人和缴费人，他们的获得感、满意度是检验改革成效的重要标准。早在2018年3月，刚刚得知机构合并的消息，我便提议利用晚上时间由原国税地税一起组织双方办税厅的同志集中学习，互相学习税收政策、业务操作。我也发挥自己连续11年省局岗位能手和兼职教师的特长，经常抽空去给他们上上课。两个月后，我们的办税窗口基本做到了国税地税业务"一窗办"、政策咨询解答"一口清"。在纳税人大走访活动中，许多偏远山区的纳税人都欣喜地表示，"盼了好多年，国税地税终于合到一块了，现在呀，路少跑了，队少排了，一个窗口办税，方便实实在在。"全国人大代表、金寨四季春茶叶合作社理事长陈先志笑着对我说："我一直在关注国地税合并，如果不是亲身去大厅体验了一把，怎么也不会相信，合并这么短时间，你们窗口一个人就能办好原来两家业务，我老陈打心底服气。"他边说边竖起大拇指。

一诺千金重，赤诚勇担当。再回首正转副的那一刻，我曾郑重承诺，"虽然职位变了，但是我对税收事业的热爱不会变，我对服务老区发展的初心不会变。"现如今，我们县税务机构改革的路越走越顺，干部职工的心越来越近，大家干事的劲头也越来越足。

立足新起点，展望新未来。今后不管在哪里、做什么，我坚信只要我们心中有梦、初心不改，定会矢志不渝、奋斗无憾；只要我们心中有责、担当不减，必将积极有为、"税"月无悔。

白 波：
勇做机构改革的"挑山工"

白波，男，中共党员，国家税务总局济南市税务局第一税务分局综合室副主任。2019年参加全国税务系统国税地税征管体制改革先进典型宣讲。

白波，济南市税务局住房交易办税服务厅负责人，自2007年筹建住房交易办税服务厅以来，已在这个"窗口"岗位上奋斗了十多年。讷于言而敏于行，淡于名而精于业，他没有掷地有声的豪言壮语，没有轰轰烈烈的英雄业绩，而是凭借高度负责一丝不苟的敬业精神、扎实过硬持之以恒的工作作风、朴实真诚亲切和蔼的人格魅力、热情周到细致入微的纳税服务，在平凡的岗位上默默无闻地工作，感染影响着许多人，谱写了一曲催人奋进的敬业奉献之歌。

2018年，国税地税征管体制改革全面启动。机构改革，服务先行。为了实现这个目标，秉承"挑山工"精神，白波带领办税服务厅的伙伴们勇挑重担、攻坚克难，确保纳税人在改革"无感"、服务"有感"中顺畅办税，坚守了一名基层纳税服务人员对税收事业的忠诚。

心中有使命，勇做负重致远的"挑山工"

白波所在的济南市住房交易办税服务厅，是全国第一家进驻房管部门、实行"集中受理、集中征收"的住房交易办税服务厅，日常接触的都是普通市民，是个名副其实的民生窗口。

改革初期，作为济南市唯一一家筹备征管改革的市级办税大厅，没有任何经验可以借鉴；大厅的职能可能要分解到各区税务局，个人的进退留转也存在变数；大厅30名工作人员中，26位是女同志，2018年先后有3人怀孕，机构改革期间不能招聘新人；2018年初，因为工作需要大厅被抽走了4名业务骨干，新调来的4名同事对住房交易涉税业务还不熟悉，更需要与原工作团队加强融合；而且，很多同事考虑到大厅面临撤并的问题，思想上也出现了一些波动。

作为大厅负责人，作为一名共产党员，越是在困难关头，越应该带头示范、以身作则。白波继续坚持十年如一日、每天最后一个离岗的习惯，工作状态比之前更加积极。日常工作中，他有意识地规避"我们地税""你们国税"之类的提法，并组织"力量在党旗下凝聚"主题党日活动，和大家一起学习、交流机构改革的重大意义和思路措施，不断凝聚改革共识，让大家明白越是在关键时期，越要有担当。他还通过每日晨会、拓展训练、夜校学习等形式，促进大家的沟通交流、业务学习，加速同志们之间的融合。

心中有事业，敢做率先突破的"第一团"

白波时常想："如何让纳税人在'改革无感'之后，实现'服务有感'呢？""三定"方案还没落实的时期，对于那些探索性举措，很多人想缓一缓、放一放。他却认为，民生无小事，只要有利于纳税人的改革，就不能拖、不能等。要在征管改革的攻坚战中，敢做奋勇争先、率先突破的改革"第一团"！

机构改革前，税务部门曾联合国土部门推出"不动产登记业务联办"模式，不动产登记业务办理时限从3小时，缩短为1小时；涉税环节从30—40分钟，缩短为5分钟。这一便民服务的举措得到税务总局王军局长的批示肯定，并在全国推广。2018年以来，他发现，还有纳税人在大厅上班前就来排队办税，有时大厅部分窗口还会出现拥堵的情况。于是，他组建攻坚团队，对整个联办流程进行重新梳理、测试，逐一测算每个环节的办理时间，找出办税"堵点"。在不到两周的时间，就完成了升级联办程序、协调相关单位、重新配置窗口等工作，使"不动产登记业务联办"模式再次优化提升，联办单位扩围至国土、房管和税务三部门，联办范围增加继承、赠予、析产三大类业务，实现了联办模式的效率最大化。2018年9月，在机构改革、"一次办好"改革背景下，新模式再次升级，借助房管、国土部门进驻中介机构的便利条件，利用联办系统，实现了纳税人不用跑大厅就能完成网签、过户、缴税，从"最多跑一次"提升至"一次不用跑"。

心中有群众，甘做温暖服务的"贴心人"

白波所在的大厅每年办理五六万套房屋的纳税手续，那些涉及诉讼、离婚、继承纠纷、拆迁的房屋，纳税人走进大厅的一刻起就带着情绪，处理不当就会激化矛盾，引发负面舆情或信访。

多年来，白波作为大厅的"百宝箱"和"灭火员"，那些难以把握的政策难题，处理不了的复杂交易，个别无理取闹的纳税人最后都汇集到他那里。周围的同事好心相劝，别太傻了，不要什么事都硬扛。但他总是说："如果光计较个人得失，遇事都躲了，工作怎么办？事情谁来做？都不敢担当，一有矛盾就上交，大厅还怎么运转？"

2018年9月，济南市上调二手房评估价格，机构改革碰上二手房评估价格上涨，当得知需要缴纳的税款明显增加后，很多纳税人不理解。大量的解释工作、大量的政策难题、大量的业务和信息化整合也都集中在这一阶段，并且要"带电作业"。很长一段时间，大厅气氛非常紧张，他的心每天都悬着。可他牢记国家税务总局"改革期间稳字当头"的要求，只要听到有人高声说话，或者看到两个咨询台前排起长队，就赶紧跑去"支援"，经常被纳税人围得里三层、外三层。有时候，这边的矛盾刚疏通，那边咨询台的小伙子又被急眼的纳税人推搡起来，他又赶紧跑过去"灭火"。这种矛盾纠纷他碰到了数不清多少次了，每一次他都没有绕开走，因为他就认准这一条：只要能化解矛盾，帮到纳税人，讲多少遍政策、做多少工作都行。

近年来，白波同志先后被授予山东省"十佳最美税务人"、全国税务系统先进工作者等称号，所在的服务厅先后被授予"山东省青年文明号""全国模范职工小家""全国工人先锋号"等称号。这些荣誉也激励着他继续和同事们一起，不忘初心、牢记使命，以义不容辞的铁肩担当欣然而往、欣然于成！

张　强：
2018，我们一起走过

张强，男，中共党员，国家税务总局北京市门头沟区税务局妙峰山税务所所长。2019年参加国税地税征管体制改革先进典型宣讲。

作为一名基层的税务所长，我对刚刚过去的2018年感触颇深，这段不平凡的改革岁月，给我留下了难忘的记忆。

勤补拙，谦受益

大家知道，这几年我国的税务改革力度是很大的。税种的增加与减少，国地税的交叉与融合，税率的波动与变化……更增加了税务改革的复杂性。我入职税务系统22年，在工作中积累了一定的业务知识，因此在这次国税地税征管体制改革中，有幸成为我局机构改革工作小组的成员，但我仍然感到工作如逆水行舟不进则退。那段时间，作为原地税干部的我，经常是忙完组里的工作又回到所里继续处理事务，同时还努力学习原国税的新业务，时间紧，任务重，我索性在办公室准备了一张折叠床，工作太晚了就直接睡在办公室。以勤补拙见到了成效，我们终于在规定时间内完成了任务，共清理了200余份规范性文件，梳理了300多项业务流程，编订了超过10万字的工作指引。

机构合并后，我来到了新成立的妙峰山税务所，有一天，从门外传来了纳税人不满的声音："你怎么这么慢呀，我就办一个异常海关缴款书复核，这都快半个小时了，怎么还没办好？"我猜这一定是原地税的同志在办理这项原国税业务，过去一看，果然如此，我赶快请了一名原国税的业务骨干帮助办完了业务。事情不大，但我觉得就是在这个新旧更替期间，体现着税改的质量，纳税人不管你是原国税的还是原地税的，在他们眼里你就是税务局的，就应该什么都会，看来机构合并后，原国税地税业务的有效融合是关键。什么叫有效？就是光懂政策还不够，还要会在系统上操作才行。我对照工作流程，逐个对办税事项在系统上进行实际操作练习，将关键步骤标示出来，请原国税的同事重点讲解，并且利用计算机把常用业务，用通俗易懂的文字，配合操作截图，制作成简单易学的《流程操作手册》，通过手把手演示，面对面传授，全所干部很快掌握了系统操作方法。这种国地税相互学习的做法让我很受启发，随着改革的不断推进，北京市原国税、原地税的网上申报系统整合成了一个网上税务局。我赶快下载了纳税人版的网上申报手册，带领大家一起学习，现在每名干部都能为纳税人进行讲解说明，从客户端安装到用户登录，以及各个模块的具体功能都能为纳税人一一解答。我们的做法，受到了纳税人的欢迎，增进了同事间的工作互通与情感互融，大大提高了工作效率。

勤补拙，谦受益是我们这个团队共同走过2018年的切身体会，我们从中也品味到"事合、人合、力合、心合"这一目标的深切含义。

人心齐，泰山移

机构合并后，队伍人多了，业务增加了，说实话竞争压力也相对大了，但是改革后咱们税务部门的职能更加充实、作用更为重要，税务干部担重任、显作为的机会也更多了。人心齐，讲的是领导和干部是一个结实的团队；泰山移，说的是不论什么样的困难都能战胜。而这一切的目的都是为纳税人服务，为国家的发展保驾护航。

记得刚刚成为一名税务干部时，我的师傅就交给我一本厚厚的台账，上面记满了企业的各种信息。师傅说，税收工作不但要细致，还要及时了解企业情况，要多为纳税人解决实际问题。如今20多年过去了，我一直工作在税收一线，管户的台账早已从纸质台账变成了电子台账，但我一直保留着这本已经渐渐发黄的旧台账，因为我觉得那里面蕴含着一种精神。

2018年9月底，区局落实"三定"后，对税务所的管户重新进行了划分。调整到位后，我马上建立起企业的电子台账，第一时间带领干部去实地走访，了解企业的生产经营情况，帮助企业解决实际困难。我们所辖区内的妙峰山镇是一个面积 110 平方公里的纯山区，共有 17 个行政村。企业位置比较分散，道路也多为崎岖的山路，但是为了掌握真实有效的第一手资料，我和所里的干部不怕苦不怕累，短短的 1 个月，就跑遍了所有重点企业，完成了税源信息的统计分析工作，分税种建立税源电子台账，为下一步及时跟踪管理打好了坚实基础。

基层跑得多了，问题就会自动地跑出来，解决也就变得迅捷起来。一家企业的财务人员向我反映，在计算个人所得税时，电子表格中用公式计算的税款合计，总是和手工计算的不一样。通过对计算过程的检验，我发现了问题，原来在输入公式时，他只是简单地使用了乘法，没有对计算结果进行处理，而只是将计算结果设置成显示两位小数，虽然表面上看着只有两位小数，实际上两位小数后还有我们看不见的数据，这些看不见的数据参与了计算，合计数自然就不准了，查找出原因后，我指导纳税人在计算公式中加了四舍五入函数，通过验证，修改后的结果完全正确。此时，看到纳税人满意的笑容，我仿佛看到了师傅的赞许。

我手中的这本旧台账告诉我，或许记台账的方式已经成为过去，但是这台账中凝聚了前辈的忠诚担当、崇法守纪、兴税强国的税务精神，我们一定要传承下去。现在，我们税务系统正在倡导"指导导师制"，通过"传帮带"有力培养年轻干部，我从当初的一名懵懂青年，也成为一位引领后辈的"师傅"。我会保持那份初心，带领大家团结向前。

一个团队，领导者要具有鲜明的领导力，干部要具备坚定的执行力，这是"人心齐，泰山移"的核心价值所在。

舍小家，为大家

机构改革的成效最终要看纳税人的体验，基层税务所作为纳税服务的重要载体，直接影响着纳税人对改革后新税务机构的评价，这就要求我们要不断提升服务质量，规范税收执法，让纳税人真切感受到税务机构改革后的高效、便捷。

2018 年《个人所得税法》颁布后，为了方便纳税人，我给他们建了微信群，在群里解答问题，遇到共性的问题大家一看就全明白了，这样既方便纳税人及时掌握最新政策，又减轻了税务干部接听咨询电话的时间压力。微信群已经成为纳税人咨询的快速通道，不管是上班还是下班，只要有人咨询，我总是耐心解答。2018年10月是个人所得税改革后的首个征期，记得有一天晚上，已经11点多了，我刚躺在床上准备休息。听到微信有新消息，打开一看，原来是一位纳税人在申报个人所得税时遇到了问题。由于当天是征期最后一天，不能按期申报会对企业产生不利影响，纳税人实在没有办法了，于是抱着试试看的想法，深夜给我发了微信。通过观看他发送给我的申报截图，我发现原因是他不知道税率是可以选择的，只要选择10月1日后适用税率，就可以按新税率计算缴纳税款了，我通过微信一步步教他操作，纳税人顺利地在征期内申报并缴纳了税款，直到纳税人申报成功后，我才安心睡觉。纳税人的满意就是我不断进步的动力，在不断为纳税人排忧解难中，我获得了满足感与成就感。

　　我用自己的专业和细致为纳税人提供了实实在在的便利，但是却没能照顾好父母和家人，有一天我的母亲下楼时不慎摔倒，腿骨骨折，需要打石膏静养3个月。一周后的早上，我接母亲去医院复查换药，到楼下时我却愣住了：父母住在6层，又没有电梯，此时母亲已经在楼下等着我了。我赶紧问："妈，您这腿上打着石膏，怎么下来的呀？不是说好等我背您下楼吗？"我妈说："这不还有一条好腿吗。我拿了个椅子垫，一个台阶一个台阶慢慢就挪下来了，我早点下来，这样就不耽误你上班了。"看着母亲头上的汗水，我的眼泪再也控制不住了。

　　舍小家，为大家，在大家的理念中意味着牺牲和奉献，其实，在这六个字中我还感受到了更丰富的内涵，因为你能从中收获一个青年成长的动力。

　　沐浴着党的光辉成长，伴随着改革号角前行。我们共同走过的2018，是蓝色的税务梦，为我们的信仰提供了支点，给我们的梦想插上了翅膀。这，就是我们京西一个小小税务所的改革情怀。站在新的起点上，我要与大家一起重整衣装再出发。我会用自己的行动去诠释党性的力量，用奋斗去谱写改革的华章，用忠诚去抒写无悔的税务人生！

刘国英：
改革一线的"刘哥"

刘国英，女，中共党员，国家税务总局汤阴县税务局党委书记、局长。2019年参加国税地税征管体制改革先进典型宣讲。

我叫刘国英，来自国家税务总局河南省安阳市汤阴县税务局，汤阴是岳飞故里、忠义之乡，从小我就背着岳飞的《满江红》长大，"三十功名尘与土，八千里路云和月。莫等闲，白了少年头，空悲切……"岳飞精忠报国的情怀一直激励着我从一名基层税干成长为县区局领导。

2018年，我和大家一起经历了这场载入共和国税收发展史册的征管体制改革，这场轰轰烈烈的改革战役，将我们血液中的"精忠报国"精神再次激发，绽放出新时代的光芒。

勇于担当成"刘哥"

刘哥不是别人，是我。这个亲切的称呼是这次征管体制改革带给我的意外收获。第一个叫我"刘哥"的是我的正转副搭档、原地税局党组书记、局长赵军群。

2018年9月，国家税务总局河南省税务局下发通知，要求自然人税收代扣代缴客户端安装，在月底之前必须完成100%。当时，联合党委刚刚成立不久，业务科室尚未合并，国地税业务工作各干各的活。这项业务由原地税局税政法制科负责，由于人手不足，安装率全市排名靠后。得知这个情况，军群很着急，赶紧找我商量怎么办。我对他说，不管业务属于哪家，现在都是汤阴县税务局的工作，我们不能再分彼此，必须全员参与、共同完成。我和班子成员分别到各基层分局实地调查，了解情况。连开三次中层以上干部会议，讨论研究，主题就一个，怎样加快业务融合和人心融合，尽快完成这项工作。经过反复征求意见，统一思想，在大家的共同努力下，2899户的客户端提前安装完成。也就是从那个时候开始，原国税地税干部逐渐不分彼此，融合的进程大大加快。事后，军群同志对我的做法很是赞同。

到了10月，研究县局"三定"方案的时候，我对军群说："你分管人事，你来拿方案吧？""我尊重你的意见。"他这样说。我明白，这是一种信任，更是一种考验。

第二天，当我把想法和盘托出的时候，他激动地站起来说："刘局，我原来一直有些担心，怕原地税的干部不受重用，现在看来完全是多虑了。办公室、人事、财务这些大家都认为很重要的岗位，你全都选了最合适的人。你的格局、担当，令我信服。而且集中办公这几个月以来，工作上你比男同志还能拼。从今以后，我不再叫你刘局，就叫你'刘哥'了！咱俩就是亲兄弟！"听着他发自肺腑的话语，我想，这一声"刘哥"可能是他积攒了很久的心声吧！

一开始叫我"刘哥"的时候，我还觉得不好意思。后来，我逐步感受到这个亲切的称呼里饱含着大家对我的接受、认可和支持。同时我想这可能也是分开24年之久的两支队伍兄弟般感情的一种自然流露吧。

是"哥"就要当好"主心骨"

"刘哥，只要你坐在办公室，我们就有了'主心骨'！"融合以后班子成员经常这么对我说。在他们看来，好像只要我在，就没有做不好的事，就没有完不成的任务。

2018年10月，全国税务系统将统一宣布县级机构"三定"方案。汤阴县税务局将由11个基层分局变成6个分局，5名分局长面临转岗，其中1名能力强、口碑好的原地税分局长，怎么也没想到他会面临着转岗，当时情绪很大。我和军群局长商量，这个思想工作必须做好，这名同志很优秀，不能因为改革影响了他以后工作的积极性。我不停地找他谈心谈话，从工作谈到改革、从初心谈到人生。最后一次我和他谈话从下午一直谈到了晚上，直到我的颈椎疼得头都抬不起来，终于做通了他的思想工作，顺利地把方案报到了市局。后来，这名同志在新的岗位上，干劲十足，先后两次受邀，代表我们河南省税务系统到山东交流工作。

在这次改革中，基层"一把手"和正转副"二把手"之间的关系颇受关注。经常有人问我，为什么你跟军群副局长关系处理得那么好？问的人多了，我便认真思考了一下，我想主要是靠3个力量，第一是真理的力量，就是有制度按制度办，没制度按规矩办；第二是真实的力量，就是坦诚相待、以心换心；第三是真情的力量，就是设身处地、换位思考，多为对方着想。正因为做到了这3点，我和正转副的军群同志成为相互补台的好搭档。在河南省税务系统"新机构、新职责、新业务、新作为"网络知识竞赛中，军群同志主动请缨，带领学员们刻苦学习、团结协作，勇夺全省第一名桂冠，而且前五名选手当中，汤阴县税务局就占了两名。

县局党委班子板凳拉长了，调动班子成员的积极性也是一大难题。汤阴县局现有班子11名，其中原国税6名，原地税5名，5个60后，4个70后，2个80后，性格差异较大。如何才能攥指成拳，实现大团结、真团结，形成干事创业的整体合力？我经常跟班子成员说，同船划桨，没有看客，咱们必须心往一处想，劲往一处使，汤阴县税务局才能实现新税务新形象的目标。

在分工中我们本着"工作第一，人岗相宜"的原则，注重工作的延续性，充分发挥每位班子成员所长。我经常鼓励大家：你们只管放手大胆地去冲，有什么问题大家共同商量，我坚决当好后盾！

用人所长还要充分信任。今天，我站在这里跟大家交流汇报，有人会问："基层单位，人多事杂，你作为'一把手'，出来这么多天，就不担心？"说实话，如果是在改革之初，别说一天，就是离开两个小时，心里都不踏实。但是现在，我特别放心，因为我已经非常了解我的团队，更加信任班子里的每一位成员。这几天，在家主持工作的军群同志每天都会给我打电话，说说家里的事，问问我在这儿的情况。每次聊完，都会说："你放心，家里有我！"平时每天下班前，班子成员都要在一起说说一天的工作。现在我不在家，他们都习惯性地在汤阴县税务局党委工作群里发布一下当天的重要工作，字里行间流露的都是相互的关心和默契。

是"哥"就要当好"贴心人"

2019年2月10日,是我局驻村第一书记于建江同志的生日。那天下着大雪,我带着班子成员没打招呼,直接到了村里。当我们手捧鲜花、手拿蛋糕,突然出现的时候,建江同志的眼睛湿润了,说不出话来。这让我想起了去年的时候,建江同志因家庭和身体的原因,曾一度思想动摇,说什么也不想再干第一书记了,并且在机构合并当天,向我提出了辞去第一书记的申请。

我深深地知道扶贫工作难度大、要求高、问责严,但是在这场全国脱贫攻坚战役中,我们税务部门怎能缺席。我们党委班子一方面高度关注和支持他的扶贫工作,另一方面如家人般地关心和帮助他的家庭生活,并不断地与他进行深刻的思想交流,一次不行两次,一天不行两天,终于打开了他的心结,重新以昂扬的斗志投入到扶贫工作当中,而且被评为年度最美第一书记。

"三定"落实到位以后,200多名干部职工分散到了2个办公区和4个乡镇,这些干部职工的工作状况怎么样?思想状况怎么样?很难实时掌握。为此,我们及时提出了"三查三看"工作方法。我和班子成员一起,每周三次深入到基层分局、机关各股室查访,看人、看脸、看手。一查出勤情况,看大家是否在岗,二查手头工作,看任务分工是否合理,三查脸色如何,看有什么思想问题。

一次,我发现我们的机关党委专职副书记神情很疲倦,通过交谈,得知其家里90多岁的老父亲脑梗住院,加之改革期间党建工作量不断增大,同时他又担任扶贫队长,三重压力让50多岁的他有些喘不过气来,我们一方面协调医疗专家帮助诊治、另一方面派精干人员协助党办工作,及时为他解除了后顾之忧。

2018年冬天,我到一个偏远的税务分局查访。进到办公室,感觉屋里和屋外一样寒冷。看到有的干部穿着大衣、戴着手套在电脑前工作着,了解后才知道,由于楼房年久失修等多种原因,一直还没有取上暖。在办公室待了一小会儿,我就冻得瑟瑟发抖,更别说每天都坚守在这里的他们了。回去后,我们党委立即着手安排,想方设法,一周之内帮助他们解决了取暖问题。通过"三查三看"我们还解决了基层分局的交通难、用水难、就餐难等棘手问题,让基层税务分局真正能够"拴心留人"。

我们提出了"以局为家"的理念,待同事如家人,视工作如家事,开设了大家庭微信群和家属微信群,倾听心声,排忧解难;有人生病住院,我们第一时间前去探望,并妥善安排好护理;有人过生日,我们送上鲜花、生日蛋糕、书籍和廉政寄语在内的关爱礼包,交心交流、增进感情。有老同志退休,我们举行隆重的欢送会,并且专程安排口述访谈,记录他的税收历史,续写税务家谱,把汤阴县税务局建成春意盎然,充满家庭温暖的"四合院"。

是"哥"就要当好"排头兵"

正人先正己,要求别人做到的,自己首先做到;要求别人不做的,自己坚决不做。4年多来,尤其是在改革期间,我从未休过假,晚上9点以前基本没有回过家,重大事项马上办,一般工作不过夜,保证了全局工作的高效运转。

为了强化规矩意识,建立良好的工作秩序,新班子成立后,我们修订了一系列相关制度,其中有一条要求开会时手机必须静音。没想到,第一次就是我自己的手机响了,我马上向与会人员做检讨,并主动自罚100元,给加班的同志买了水果。这样一来,开会时再也没有了手机铃声的干扰。

在连续9天的"金税三期并库"人海压力测试中,我每天都和大家一起,作战在测试工作的第一线,在规定时间内登录自己的账号,按要求查询相关业务,并在规定的时间内退出系统,把集中业务测试场所变成了岗位练兵的演兵场。为并库后征期的平稳申报打下了坚实的基础。

为了促进队伍的融合,我们抓党建、带群建,成立了八大协会,每季度开展丰富多彩的主题活动。无论什么情况下,我都身体力行,带头参加。尽管有时候累得腰酸背痛,但是看到同志们亲如一家,密切合作、全力以赴、奋勇争先,心里觉得所有的付出都值了!

是的,要想当好这个"刘哥",就得对自己狠一点、要求严一点、标准高一点。这样才能叫响"工作标准向我看齐"的口号,才能让全局干部职工在见第一就争、见红旗就扛的氛围中加快融合,形成合力。

回首改革路,有收获,也有遗憾,但欣慰的是,能与身边这些可爱可亲、可敬可信的税务人,一路同行一路歌,我深感幸运和幸福。忠诚担当、崇法守纪、兴税强国,这是精忠报国应有之义。改革路上,我们还会继续勇立潮头、奋发有为、不负重托、再立新功!

我喜欢"刘哥"这个称呼。

减税降费先进典型

李玉斌：
情系税收
用生命演绎新时代共产党员的为民情怀

李玉斌，男，中共党员，1996年参加工作，生前担任国家税务总局河北省税务局征管和科技发展处处长。2019年被国家税务总局追记二等功，他的事迹参加全国税务系统减税降费先进典型宣讲。

李玉斌同志把毕生的心血献给了党和人民的税收事业，用46年的短暂生命演绎了无怨无悔的人生，他是河北乃至全国税收风险管理的探索者与践行者、服务税收改革的排头兵、落实减税降费的急先锋。他爱岗敬业、勤勉奉献，是一个德才兼备的优秀税务工作者，精益求精的税收工匠。

以思想政治上的高站位，勇挑税收事业的千斤担

李玉斌同志面对税收事业，他总是满怀激情，接过一个又一个重担；面对急难险重，他总是主动请缨，解决一个又一个难题。减税降费工作，是税务系统的首要政治任务，也是2019年税务工作的主题。不管是所得税还是增值税，不管是小微企业普惠性政策还是增值税税率调整，所有的减税降费最终都要通过征管系统来落地，常常是白天政策刚刚发布，晚上就要研究落实措施，第二天就向市县区税务局推进。作为国家税务总局河北省税务局征管科技部门的负责人，他始终奋战在减税降费第一线，组织编写了近2万行的后台语句提取数据，实现了系统内代开发票业务和"六税两费"申报业务中"应享未享"和"不应享而享受"情况的批量技术筛查，有效降低基层政策落实风险。直到生命

的最后时刻，他仍在全身心的工作之中，2019年4月9日晚他步入电梯和同事说的最后一句话是："明天还要参加减税降费会议"；当天晚上7点29分，他在河北省征管群里推送的最后一条信息是"请各位科长催一下征期申报率和入库率"；2019年4月10日同事们发现他离开时，床头仍放着他亲手改过的减税降费落地措施：统一各部门数据提取口径，确定退税工作中需要河北省税务局确定的工作，如何能由河北省税务局统一进行维护。

以心灵深处的为民情怀，开拓优化服务的创新路

"人民对美好生活的向往就是我们的奋斗目标"，李玉斌同志时刻铭记习近平总书记对党员干部的这一要求。他时刻把服务装在心中、抓在手上，在"放管服"、优化营商环境中不断的贡献新思路、拓展新方式。面对纳税人往返跑、多头跑等问题，他探索运用互联网思维，从网上办税服务厅到上线移动办税端，从"云办税厅1.0版"到升级为"智慧云办税厅"，从原国税地税办税系统的整合到"河北省网上税务局"上线运行，进而升级改造为"电子税务局"，并取得全国排名第二位的好成绩，在征管改革的道路上，他一年一个台阶、一步一个脚印。2019年河北税务系统启动"智慧税务"建设，将河北省网上办税系统打造成为全天候、全覆盖、全流程、全联通的网上办税品牌，实现了130个事项在线办理、227个事项无纸化操作、109个事项全省通办、2406张表单电子化处理，95%以上的涉税业务可以自助办理，实现了让绝大多数涉税业务办理从往返几次到一键秒办的飞跃，使河北税收实现了智慧办税、智慧管税、智慧决策的重大变革。

以攻坚克难的韧劲拼劲，当好服务改革的排头兵

近年来，河北税务系统承担了大量全国性的改革试点任务，征管科技处作为改革的核心部门，工作量之大超乎想象。李玉斌同志面对改革，以勇于担当的拼搏和坚韧，每天工作超过12个小时，重要的工作关口甚至通宵达旦，最长连续工作42小时。有一次，因长时间的加班工作，导致疲劳摔倒在地右臂骨折，但他也只是经过简单处理，第二天又全身心投入工作。在金税三期试点上线、营改增、"云办税厅"建设、国税地税征管体制改革、金税三期并库、个人所得税ITS系统模拟运行、减税降费等重大事项的组织实施中，他总是主动

担当，冲锋在前，沉着应战。2014年任原河北省国税局税收风险管理领导小组办公室主任期间，他协助税务总局起草《国家税务总局税收风险管理工作规程（试行）》，为全国税收风险管理提供了更加明确的指导。2014年，正值儿子高考备考的关键时期，他同步进入全国首批金税三期试点备战状态，作为试点上线工作的主要策划者和实施者，面对新系统、新问题，他主动出击、身先士卒，从试点上线前的系统初始化、数据准备工作，到配置岗位职责和254条工作流，再到完成5.79亿条数据迁移，改造特色软件13个，从双轨运行到单轨上线，创造性地开展压力测试和问题回归测试，无数次的论证、无数个不眠之夜，顺利实现金税三期工程正式启动上线，保障了新旧系统的一次性平稳过渡，安全顺畅运行，为全国税务系统积累了可复制的经验。2018年底，税务总局选定试点地区开展个人所得税改革政策模拟工作，他组织对选定的10926户扣缴义务人、17.5万名纳税人进行全业务、全流程模拟，与试点市11个政府部门进行沟通协调，探索实践了数据比对的有效方法，验证了政策的合理性与可行性。

以强烈的责任心事业感，做好综合工作的协调员

李玉斌所在的征管科技处作为业务处室的核心和枢纽，对上要承接税务总局和河北省委、省政府各项工作部署，对下要指挥督导209个市县税务局征管工作，对内与河北省税务局近20个业务处室发生业务关联，对外要沟通连接30多个综合治税成员单位和10余家技术服务公司，同时还负责全省税务系统信息化建设的统筹工作，职责繁杂，业务交织，每天都有诸多的难点和焦点，一旦不能及时协调统筹，就会影响全局工作的推进。面对机关各处室和河北省各市税务局提出的技术需求，他都欣然接受，从没有说过一个不字。作为全省税收信息化建设领导小组办公室主任，全省每年上百个信息化建设项目都要经过他审核把关，他总能有理有据、有利有节地拿出意见，并与相关部门和单位做好沟通解释，2018年申报的125个项目经过统筹合并，最终保留了66项，既节约了资金又提高了信息化水平。

以无私无畏的品格境界，奏响无怨无悔的生命曲

勤奋好学、清正廉洁，这是领导和同事们对李玉斌的一致评价。征管科技

工作每天都面临着新的变化，不学习就跟不上改革的步伐。他常说："任何事情都没有捷径可走，如果硬要找捷径的话，勤于学习便是唯一捷径"。在23年的税务工作中，不管是岗位调整，还是职务晋升，他始终坚持以学为先、孜孜不倦，先后取得了注册税务师资格和经济学硕士学位，并入选全国税收征管信息化人才库。对不良作风和习气，他敢抓敢管勇于斗争，真正做到了"忠诚、干净、担当"。在组织全省集中采购自助办税设备时，他亲自参与编写设备需求，亲自把关维保年限，把一些想通过小恩小惠推销不过关产品的供货商拒之门外，仅此一项就为国家节省了700余万元资金。在发票印制招标过程中，他主持设置了明确的技术指标，提出了更高的标准要求，让一些低端企业畏难退出，使河北省整体发票印制工作达到全国先进水平。

  46年的人生虽然短暂，但他用坚毅笃定的步伐走过每一步。23年的税收之路虽然艰辛，但他用生命诠释了对税收事业的挚爱，诠释了一个共产党员的奉献精神和无私情怀！

崔 国：
我和"崔崔说税"

崔国，男，中共党员，国家税务总局绵阳市税务局所得税科科长。2019年参加全国税务系统减税降费先进典型宣讲。

2014年4月，在单位支持下，我带领业务骨干，成立了"崔崔说税"志愿服务团队，依托绵阳交通广播103.3，常年开展税法宣讲。

团队成员每人都有一个卡通形象，我是队长，大家都叫我"崔教授"。这个称呼，源于很多年前的一场培训，学员们说，讲台上的我，很像大学教授。这一叫，就是20多年，这一叫，还真把我叫成了西南财经大学财税学院研究生导师、天府学院客座教授，同时也成了厦门大学经济学院特聘讲师。

一

长期在基层搞业务，让我养成了从税收看问题的习惯。

绵阳，是全国重要的国防科研基地，距省会成都，只有40分钟车程。受经济下行、中心城市"虹吸效应"双重影响，区域经济发展减速。利润薄、压力大，不少企业都有这种感受。

长虹集团副总经理胡嘉曾告诉我："现在，卖台电视，只赚10块，相当一碗米粉钱。"当时，我心里一震，长虹集团，子公司有200多家，员工近9万，产值过千亿元，是真正的"巨无霸"企业，也是全市的大税源。这样的状况，再持续下去，"天上彩虹、人间长虹"只会渐行渐远。

习近平总书记指出，"让企业轻装上阵"。我真切地感受到，实体经济的春天来了。

2019年，国家推出融资、就业等各类政策措施，部署了更大规模的减税降费，税务部门更把减税降费作为工作主题。这次减税降费，力度大、范围广、政策多。政策要落地，对纳税人来讲，了解政策是关键，对税务人来说，宣讲政策则是一场硬仗。

我想，"崔崔说税"，一定会派上用场。

二

绵阳交通广播103.3，是"崔崔说税"的主阵地。我们通过电波，把老百姓关心的政策，送到千家万户，对常见优惠，还编上顺口溜，一听就明、一看就懂。

2月的一个晚上，我下班打车回家，坐上车，就听见"小规模纳税人，只要一个季度，总的收入不超过30万元，从今年开始，免征增值税……"，我暗自得意，这不正是我自己的声音吗？

早上参加直播，1个小时时间，电台热线被打爆，现在重播，主持人小柯还在继续连线，记下问题，好让我下期解答。我一边听着广播，一边思考下期要讲的话题。突然，"啪"的一声，师傅一巴掌打在方向盘上，"崔教授，崔教授……""啪"，又是一声，"啥子热线，接通就断！""好好开车哦，啥事这么着急？我就是你要找的崔教授。"我有些忐忑地问师傅。师傅喜出望外，"对头，对头，是这个声音，今天见到真人了。"一脚刹车，差点磕到我的头。他告诉我，儿子开了一家软件公司，一会说要交这个税、那个税，一会又说不交，到底要交哪些税？全家人都不懂财务，着急得很。得知他家为儿子开公司，家底几乎都掏空了。创业初期，订单不多，经营上有些困难。我就告诉他："遇上好时代了，国家现在有好多税收优惠，尤其是软件产业，支持力度大，我支你几招……"

师傅告诉我，出租司机大多喜欢听我们的节目。时间久了，知道崔教授讲得好，税法他们都能听明白。我听了，哈哈一笑。

说着说着，车就到了小区，师傅坚持不肯收钱，说："一家人着急的事，今天你给我吃了定心丸，跑一趟算啥子。"最后，我只好把钱扔到座位上，撒腿就跑。

让老百姓记住常见的税收政策，是我做"崔崔说税"的初衷，"起征点又调高，到手5000元不用交""小规模、多优惠，10万元以下不缴税"。说起出租司机们讲的税法顺口溜，我和队员们，都有一种自豪感。咱们的宣传，可真没白做！

三

与老百姓的关注重点不同，企业在政策了解的精度和深度上，要求更高。

我们为科技型中小企业、高新技术企业举办减税降费专题讲座，连办5场，场场爆满。平时空闲的孵化中心会议室，热闹了好一阵子，走廊上、台阶上，站的站、坐的坐，还有扶着栏杆、拿上手机录音的，这样的场面让我很感动，原本2个小时的讲座，延长到3个小时。讲完课，刚挤出门，就听见"崔教授、崔教授""这里、这里"，走廊上每次都还有二三十人在等我。"这项支出是否可以税前扣？""哪种重组方式对我们企业更有利？"……老问题、新问题，简单的、复杂的，纳税人一个一个问，我一个一个答。

站累了，就坐在楼梯上。送走最后一位咨询人，天色已晚，我招呼队员们去街边吃麻辣烫，才发现声音早已沙哑，都快听不出谁是谁了。这样的事，我早习以为常。苦不苦？累不累？我还真没时间去想。我只知道，能做自己喜欢的事，还能帮助到他人，这本身就是一种莫大的幸福。熟悉我的人都知道，每次走上讲台，与大家交流税法，我都很享受这个过程。上课前，我都会洗个澡、换身衣，诵读一遍税法原文，以这种仪式感，让自己对税法更敬畏，对讲台更尊重。

西南财经大学财税学院刘蓉院长曾对我说，接触了这么多搞税法的人，你就是个"税痴"。"税痴"？不痴一点，怎能成为行家呢？这个称呼我喜欢！

四

其实，在我身边，还真有一群痴迷税法的人，他们就是"崔崔说税"的队友们。团队里，"范老师""曹小妹""王师兄"工作中都是独当一面的能手，也是减税降费宣传的"名嘴"。

一次讲课，一位企业的财务经理告诉我，这次政策培训，他已经追了3场，他说，虽然话题一样，但每场我们都有新观点，每场他都有新的收获。我们已经有了一群"粉丝",我们讲到哪,他们就追到哪。

说得好,更要做得好。

每次宣讲,我都会主动问需,能够为纳税人分一点忧,添一把力,都让我备感欣慰。前几年,我做"双创"优惠公益讲座,遇到5位愁眉苦脸的大学毕业生,他们手里攥着一叠皱巴巴的图纸,对我说:"崔教授,我们的梦想就是搞机器人,公司营销费用太高,可抵扣的太少,税也交得多,又借不到钱,可能要破产了!"我现场算了算他们的收支情况,整体税负高达30%,怎能经营下去?接下来的几天,我下班就去他们公司辅导,这些年轻人悟性很高、学得很快,短时间内就取得了资质、规范了财务,享受到"两免三减半"、研发费加计扣除、增值税超税负退税等优惠,税负下降到5%以下。2019年6月,我传给他们我的新课件,他们给我发来一段抖音,是几个小伙伴捧着"全国大学生创业金奖"的视频,他们笑得很开心,挥着手,"谢谢崔教授,谢谢崔教授!我们在'新三板'挂牌了!"每次看到这群活力绽放的年轻人,想到李克强总理说的,要把减税降费措施落实到位,促进经济增长和就业增加良性循环,我就觉得,咱们的工作有价值、有意义。

让我和我的队友们振奋的是,"崔崔说税"不仅受到纳税人欢迎,还先后走进了市、县政府常务会议、县市区招商会议。

2008年"5·12"特大地震,强烈的震波,彻底摧毁了原北川县城,坚强的羌族儿女,在30公里外重建了新县城,但也带来许多棘手的现实问题。2018年,四川省政府安排我参与北川灾后重建债务化解。凭着对税收政策的钻劲,我反复推演、多方沟通,在合法合理的前提下,终于找到办法,为政府节约支出近15亿元。农历十月初一,是羌历新年,羌族自治县北川,处处洋溢着重生后的喜悦。瞿永安县长用当地最隆重的仪式,为我披上象征吉祥的羌红,感谢我为新北川建设解决了大问题。那一刻,作为一名共产党员,我知道,那挂羌红,是一种信任;作为一名税务干部,我知道,那挂羌红,更是我们的骄傲!

五

税务总局王军局长说,减税降费的政策性、技术性、实操性都很强,必须匠心耕作,精细到位。

这次减税降费,我们遇到不少应享未享的问题。有位基层所长向我"吐槽"：税务部门又不是"千里眼"，企业情况不可能全部掌握，要应享尽享，难啊？是，难度极大，困难重重，可咱们税务人不全力以赴，啃下这个硬骨头，企业和人民群众又哪来实实在在的获得感呢！

我们"崔崔说税"迅速行动，不到1个月时间，整理出69万字电子书，27万字工作指引，320万条数据，3万多条外部信息，我们硬是为实操工作装上了"千里眼"。没几天，喜讯传来，高新区税务局用我们下发的数据，捕捉到一户企业应享未享信息，最终主动办理退税430万元。

我们还编写了小微企业申报业务需求，免费投放智能版"汇算通"软件，通过自动识别、自动提示、自动计算、一键申报，实现应享尽享。1年下来，为全市4万户企业节约直接办税成本600多万元。让我牵挂的长虹集团，也顺利收到减税降费红包。前不久，董事长赵勇告诉我们，仅增值税税率下调一项，集团减税近9000万元，相当总部2019年预算研发投入的1/3。节约的这笔资金，公司投入人工智能实验室建设，将为企业腾飞插上新的翅膀。

回想从税的30年，对这身蓝色税服，我的初心从未改变，有人许以十万元重金让我违规"放水"，有人许以百万薪酬让我脱掉制服，我都不为所动。

唯有税收业务，让我如醉如痴。

2018年我过生日，上大学的儿子对我说："老爸，您都50岁的人了，还这么拼，我同学的父亲，下班后，大多不在酒桌上，就在牌桌上，您还成天扑在书桌上。不过，我觉得，这么多年来，您不管是对工作，还是对家庭，都是一个特别有责任的人，您是我们全家的骄傲，做您的儿子，我很自豪！"

是啊，和全国税务干部一样，落实减税降费政策，促进经济高质量发展，我们都是蛮拼的，累点、苦点、值啊！还能给孩子做个好榜样，传承好家风，也是减税降费工作带给我的意外收获！

黄信伟：
投身减税降费　建设美丽新湖南

黄信伟，男，中共党员，国家税务总局湖南省税务局收入规划核算处副处长。2019年参加全国税务系统减税降费先进典型宣讲。

5个亿的力度

湖南近年来大力实施创新引领开放崛起战略，高质量发展迈出坚实步伐，轨道交通、电子信息、新材料等行业成为中坚力量。

特别是工程机械行业，已成为湖南的一张亮丽名片，2018年，该行业主营业务收入占到全国总量的26%。但这些企业也面临着低端产品的价格竞争压力和高端产品的技术研发压力，而2019年更大规模的减税降费，为他们突破发展瓶颈带来了实质性的利好。

为了将政策利好转化为企业利润，我们走进党委政府，走进人大政协，走进妇联协会，走进园区校园，广泛宣讲政策，争取党政支持，增进社会理解，特别是帮助企业调整经营管理策略，适用减税降费政策，最大限度地获取减税红利，企业家们受益的体会很深。

工程机械湘军的先进代表三一集团，预计全年享受减税可达5个亿，获得感尤为强烈。2019年5月10日，李克强总理主持召开企业减税降费专题座谈会，三一集团董事长梁稳根在会上一个劲地为税务部门点赞，还满怀感激地说："三一把智能制造的投入看作回报率最高的投资，而这笔投资的'天使投资人'，就是党中央国务院给我们的减税降费政策。我们一定用好这笔投资，让它对中国的智能制造发挥最大的价值！"

这让我深深地感受到，国家减税降费政策释放的红利，给企业带来了强大支撑和发展后劲，企业为此而增强投资能力和意愿，就是对我们最好的回报！同时，我也深深地感受到，把减税降费政策实打实、硬碰硬地落到实处，就是我们对企业最好的服务！

57.36元的温度

2019年减税降费力度大、覆盖广，受益的不仅是三一集团这样的大企业，更多小微企业群体也收获着真金白银的减税红利。但这些红利的兑现，需要我们税务人付出更多的努力。

比如小微企业多缴退税就是个棘手的难题，退税总量大，小额退税户数多，起初手续还繁琐，纳税人积极性不高，尤其是不少纳税人的银行账户信息不全，如何能退尽退，一度困扰着基层税务干部。为了破解这一难题，我们通过发布退税公告、优化办理流程、简化退库资料、开展上门服务、税银信息交换等多个举措，方便了纳税人，提升了退税率，已办理退税60万笔。在探索和改进退税方法过程中，发生了很多故事，让我印象最深的是一笔57.36元的退税。

2019年3月的一个周末，我们发现一条优惠政策应享未享的疑点数据。经核实，纳税人黎先生，在国家税务总局张家界市武陵源区税务局代开发票纳税，应退税57.36元。第一时间，我们的税管员打通了黎先生的电话，一听说退税，还要银行账号，他上来就是一句："哪有什么退税咯，你当我傻呀，又来电信诈骗啊，骗子！骗子！"直接就把电话给挂了。税管员拿着电话一脸蒙圈。副分局长笑他说："你还差点经验，让我来吧！"很自信地拿起手机就打。接通了电话，刚讲到是税务局的，黎先生立马打断："你们一伙的吧？专业一点咯，政府部门周末上班吗？给我交笔学费，教你们更高明的招数。"然后又挂断了，副分局长哭笑不得，尴尬得很。分局长安慰说："别着急，慢慢来，耐心打电话，耐心做解释，我们的诚心诚意他会感受到的。"于是，税管员又继续打了几次电话，黎先生都没接，只好编了短信发过去，再次说明我们的身份，解释事情的原委。十几分钟后，黎先生回了电话过来，我们在电话里不厌其烦地反复介绍减税政策，而这位黎先生，的确风险防范意识极强，只愿意告知家庭住址，却硬是不肯提供银行账户信息，除非我们上门确认身份。

大家都知道，张家界的景很美，但张家界的山也很高。黎先生的家就在景美山高的武陵源的一个山沟沟里。当我们翻山越岭来到他家时，已经汗流浃背，好不容易才跟他见上了面。黎先生见到我们，十分惊讶，他说："没想到你们还真的上门来了！"我们出示工作证和税务事项通知书，又一次解释退税的原因。听我们说完，黎先生带着歉意说道："真是不好意思啊，我也不晓得是这样的情况，给你们添麻烦了。你们税务局还真是不错，对我们老百姓的事情比我们自己还着急。"随后，他很快提供了银行账号。第二天，黎先生收到银行短信，"您尾号7346的储蓄卡账号收入57.36元"，为此，他特意打电话感谢我们，他说："钱虽然不多，但心窝子都暖了咧。"听完电话，税管员舒心地笑了。

有人问我，为了这么点钱，费这么大的劲，值得吗？值！很值！我肯定地回答。值就值在，让企业和人民群众切身感受到党中央好政策的浓浓暖意，凝聚了民心，提振了信心；值就值在，恪尽了职守，展示了税务部门不折不扣落实减税降费政策的决心和韧劲，提升了政府公信力；值就值在，践行了税务人"一切以纳税人为中心"的服务理念，融洽了征纳关系！

而这些，不正是我们税务人孜孜以求的目标和始终坚守的初心吗？

35分钟的速度

要像抓精准扶贫一样抓好减税降费，做到精准宣传、精准施策、精准统计、精准考核。这是国家税务总局湖南省税务局党委的思路和要求。全省税务系统全力以赴贯彻落实，打通政策落地"最后一公里"。

2月是2019年减税降费首个纳税申报期，正值小微企业普惠性减税、个人所得税改革全面实施和金税三期系统并库三大任务叠加时期，又恰逢春节过年，纳税申报期能否平稳运行成为我们的牵挂。为此，我们事前做足功课，做实宣传，做精辅导，做优服务，建立起了省、市、县三级快速响应机制，保障政策落实快捷到位。

2月1日，醴陵市税务局办税厅内一派忙碌景象。8点45分，前台工作人员在给巨基石材经营部的邓女士代开增值税专用发票时，系统出现异常，这将导致等候在大厅的40余位纳税人无法正常办税，更将导致增值税小规模纳税人不能及时享受"六税两费"减半征收的优惠政策。情况紧急，工作人员第一时间将问题反映到醴陵市税务局减税办。在核实清楚相关问题后，异常情况被迅速逐级反馈到湖南省税务局减税办。9点05分，运维组进行了集中核查分析，并在10分钟之内排除了异常情况，9点20分，仅仅过了35分钟，系统恢复了正常，邓女士顺利拿到了一张58万余元的代开增值税专用发票。当邓女士发现比以前少缴税近万元时，她不住地连声感慨，"这真是一场'及时雨'，减税力度这么大，我就不用考虑'关门'了。我要为税务干部的反应速度点个赞！"

为了这份速度，我们与一线对接。省局党委运筹帷幄，坚强领导，省、市、县三级局领导联点包干负责，省、市两级督导员常驻基层督导，"查问题、补短板、提质量"专项活动三级推开，形成了层层抓落实、精准抓实效的长效机制；"减税降费党旗红，精准落实当先锋"主题实践活动深入推进，党团工青妇一齐发力，凝聚起了减税降费的强大动能。

为了这份速度，我们与时间赛跑。省局领导有的凌晨1点还在忙着指导工作，有的凌晨3点爬起来琢磨工作思路和方法，还有的一次又一次深入基层、明察暗访、督导调研。省、市、县三级减税办"白+黑""5+2""997"成为工作常态。上级推送的工作任务，不管有多晚，总在第一时间安排落实。不舍昼夜打造铁账本，核算时间从5天缩短到3天再到2天，一次比一次更快更准。

为了这份速度，我们与服务同行。全省14个地州市、140个县市区局、3.4万税务干部一直在行动。一次性推出12条深化放管服改革举措；集中发布143个即时办结事项、172个最多跑一次事项等4类便民办税服务清单；4个多月优化升级信息系统58次；借助大数据分析，点对点、全覆盖宣传，精准分类辅导纳税人355万户次；12366坐席人员从38人增加到106人，解答减税降费问题咨询1.2万个；分户建档立卡，打造明明白白硬账单；精心编制的《增值税减税申报指南》，被18万余户一般纳税人称赞为"申报神器"。

这就是湖南税务版的"速度与激情"。2019年1—6月，湖南省纳税人享受新增减税243.4亿元。民间投资同比增长22%，高新技术产业投资同比增长34.6%。此刻，当我站在这里的时候，在三湘大地的热土上，3.4万名税务铁军正心往一处想、劲往一处使，无惧艰辛，一往无前，为建设富饶美丽幸福新湖南奋力拼搏。我坚信，多年以后，当我们回想新中国成立70周年之际，曾经并肩携手，打赢了一场叫做减税降费的"硬仗"，一定会感到无比光荣、无比自豪！

魏 哲：
推进减税降费　情系大美黑龙江

魏哲，男，中共党员，国家税务总局黑龙江省税务局货物和劳务税处副处长。2019年参加全国税务系统减税降费先进典型宣讲。

——

"锦绣河山美如画，祖国建设跨骏马，我当个石油工人多荣耀，头戴铝盔走天涯……"

对！这首歌唱的就是黑龙江大庆。大庆，一座因油而生、因油而兴的城市，一座结束了祖国油荒历史的辉煌之地，一座诞生了大庆精神、铁人精神的英雄之城。1959年到现在，这60年，大庆共为国家输送石油23.8亿吨，占全国陆地油田产量的四成以上。

从税收看，2018年，大庆税收580.6亿元，占黑龙江省的29.7%。其中，石油石化产业税收417亿元。大庆对国家、对黑龙江的重要性，有目共睹。对税务人来讲，助力油田、石化企业、助力大庆经济发展，我们责无旁贷。

减税降费政策实施以来，我们一直密切关注着涉油企业的政策落实情况。

一天上午，我们正在筛查深化增值税改革首期申报数据，突然发现大庆某石化企业，3月底尚未抵扣的744万元不动产进项税，并没有在本期申报抵扣。按照新规定，是可以一次性抵扣的呀！这可不是一笔小数目，不会是企业填报错了吧？我马上打电话到基层，让工作人员联系企业进行核实。谁知，反馈情况却是，企业目前并没有在当期抵扣的打算。

我一听就急了，李克强总理多次强调，实施减税降费，确保所有行业税负只减不增，国家这么好的政策，怎么能不享受呢？不行，我们得赶紧去一趟。说走就走，我和同事立即动身赶往大庆，到的时候已经是中午，饭也顾不上吃，就直奔企业。财务负责人听说了，非常惊讶和感动，连连对我说："企业的事儿，你们比我们自己还上心，还辛苦省局同志跑一趟！"

经过深入了解，原来企业财务人员，近期正忙着核算一个总投资44亿元的石油深加工项目，没有更多时间深入学习最新政策，担心掌握不够精准，当期抵扣有风险，又觉得反正早晚都能抵扣，想观望一段时间再说。

听到这里，我说："早一天享受政策，就早一天得到实惠，你们正在上项目、抓技改，省下来的钱不正好有用武之地吗？填报不熟练，没关系！我们可以手把手教！"在我们的帮助下，企业顺利修改了申报表，当期抵扣了税款。

问题解决了，企业财务人员又有点难为情地说："实在是不好意思！前期由于工作忙，对新政策的减税效果我们只是简单估算了一下，也不知道算的对不对，心里实在没有底，现在你们来了，能不能麻烦帮我们看一眼"。顾不上休息，我们又和财务人员共同翻账本、查数据、对明细，经过反复的测算，2019年，企业预计可减税4.3亿元，降费5000万元，增加利润9550万元。看着数据，企业财务特别激动："你们可帮了大忙。这两天正好在安排全年项目资金，有了减税降费明白账，我们心里有底，信心更足了！"

二

"我的家在东北，松花江上啊！那里有满山遍野大豆高粱……"

如果说石油产业是黑龙江的支柱，大豆就是黑龙江一张亮丽的名片！还记得，刚参加工作不久，我去农场走访。那时正是秋收，满眼都是金色的海洋，金黄色的大豆一望无垠，成群的收割机在豆海驰骋，奏响着丰收的乐章。我被这壮美的景象深深地陶醉了。肥沃的黑土地、独特的气候条件，孕育出中国最优质的大豆，被称为中国的"金豆子"。

然而，受进口大豆的影响，黑龙江大豆的种植、储运、加工受到严重冲击。最近，在备受关注的中美贸易摩擦中，大豆也成为热议话题。这小小豆子，影响着经济发展，关乎着国计民生。习近平总书记在视察黑龙江时，曾殷切的嘱托"中国人的饭碗任何时候都要牢牢端在自己的手上"。2019年1月，国家发布《大豆振兴计划实施方案》，黑龙江省种植面积扩大500万亩。

如何运用减税降费政策，推进大豆产业发展，对黑龙江经济振兴意义深远。

而我和大豆也有着不解之缘。

5年前，由于大豆被细分为"油料作物"门类，不能享受粮食收储的相关税收优惠。我多次到企业蹲点，深入开展调研，向上级积极反映，强调大豆的战略作用。为推动国家将储备大豆纳入增值税免税范围尽了自己的一份力量。

2019年，降低增值税税率政策一出台，我第一时间就想到了大豆产业。早一天把政策利好带给纳税人，就可以为企业提供一分竞争优势，就可以为国家粮食安全增添一份保障。我们立即深入某大豆加工企业，详细了解生产经营状况，研究大豆产业与政策的契合点，为企业发展出谋划策。当我介绍到本次改革除了降低税率，政策还规定购进的大豆如果用于深加工，比用于初加工要多抵扣一个百分点的进项税时，财务负责人感叹："真是一语点醒梦中人啊，可别小看这一个点，影响可大着呢！我们一直在谋划深加工转型，现在国家政策导向这么明确，还有什么可犹豫的呢？你们不但宣传了税法，还为我们拓宽了发展思路，真是太感谢了！"

听着这番话，我又想起了农场里那片广袤无垠的豆田，减税降费政策犹如一场及时雨，滋润着大豆产业。我仿佛看到，在豆花飘香的田野上，处处飘扬着希望的欢歌。

三

如果说大豆是黑龙江的一张名片，那么高端制造就是黑龙江的一张王牌。

黑龙江省是我国重要的装备制造业基地，"一五"期间，国家156项重点建设项目，有22项落户这里。这里有由赫赫有名的三大动力合并组建成的哈尔滨电气集团、这里有周恩来总理称为"国宝"的中国一重集团，这里更有习总书记赞誉为"国之重器"的中车齐车集团有限公司。

3月下旬的一天，正在外地出差的我，接到了某装备制造企业打来的电话，电话那端的声音非常急迫："魏处长，有个急事想请你们帮个忙，新税率4月1号就要实施了，可我们公司还有很多原来的采购、销售合同，涉及新老政策衔接，需要与上下游客户签订补充协议，时间紧、业务量大，我们担心把握不准，万一弄不好，我们的损失可就大了！"

时间不等人，我立即安排培训辅导团队变更既定计划，提前深入企业进行现场辅导，与企业财务人员一起对几百份合同，一笔一笔地进行梳理，特别对未完成合同、未开具发票、销售退回等跨时点问题提出具体解决方案。

经过两天两夜的忙碌，每笔业务问题都得到了清晰、有效地解决，每份合同都赶在 4 月 1 日前顺利进行调整。保护了企业利益，化解了潜在风险。

四

作为税务人，服务地方发展是我们义不容辞的责任。

还记得，2 月 14 日深夜 11 点，还在办公室加班的我接到省政府的紧急通知。第二天下午，国家要召集各省讨论尚在论证阶段的深化增值税改革方案。领导要求我立即开展测算提出意见建议，我马上带着相关资料，赶往省政府，经过几个小时的紧张忙碌，凌晨 3 点多，拿出了令人信服的数据和意见。

这时，又接到上级指示，要我中午 12 点前赶到北京，向省政府主要领导汇报相关细节。事出突然又正值春节返程高峰，从哈尔滨到北京，飞机已经没票，火车又来不及，只能另想办法。我千方百计抢到飞天津的机票，家也来不及回，经过一路奔波，终于在 11:40 赶到，完成了任务。而这时，我已经连续 30 个小时没有休息了。后来听说，黑龙江省提供的数据和建议，得到了上级有关部门的肯定，那种发自心底的自豪是什么也换不来的！

2 年前，营改增试点表彰，我曾光荣地接过国家税务总局王军局长亲手颁发的个人二等功证书，1 年前，国税地税征管体制改革我由正转副，2019 年减税降费，当我挑起减税办副主任这副重担时，有人曾问我，荣誉你有了，风格你也讲了，还这么拼命，你到底为个啥？

我想，就是我对税务工作那份难以割舍的特殊情结吧！

我的父母都是老一辈财税人，我从小就见惯了他们的辛苦和忙碌，父亲骑着那台陪伴他多年的自行车早出晚归的身影，是我对财税工作最初的记忆。慢慢地，他们几十年的无私奉献和默默坚守，潜移默化地融入我的血脉，激励我主动投身税收事业。现在我还清晰记得，第一天穿上蓝色税装的自己立下的誓言，好好工作，传承家风，沿着父辈的脚步不懈地努力前行！

无论走多远，不忘来时路，减税降费工作就是我新的起点，我会整理行装，向着明天，再出发！

熊俊杰：
阿佤人民唱新歌

熊俊杰，男，中共党员，国家税务总局临沧市临翔区税务局收入核算股股长。2019年参加全国税务系统减税降费先进典型宣讲。

在祖国的最西南，有这样一个地方：古朴的茅草屋顶，错落有致的竹篱笆墙，像吊脚楼一样的干栏式建筑，挂满牛头骨的寨子门，背靠大山，雨雾缭绕。我是熊俊杰，是国家税务总局临沧市临翔区税务局收入核算股股长，就是从这样的佤族寨子走出来的税务干部。今天我站在这里，想和大家分享阿佤人民享受减税降费红利的故事。

一分都不少

她一进到办税服务厅，我就注意到了她，黝黑的皮肤，大大的眼睛，穿着我们家乡的佤族服装，背着一个三四岁的小姑娘。"勐卖，山优买坝地？"我放下手上正在录入的多缴退税文书，赶紧迎了上去。

原来她叫依茸，在城里开了家佤族服装店，正愁着没钱买布料，就接到可以办理多缴退税的通知，想着尽快退了钱，在"摸你黑"狂欢节前买些好布料多缝几套佤族衣服，到时游客多了，肯定能多卖一些出去。可依茸的汉语不流利，办税服务厅的小姑娘又听不懂佤语，两人比划了半天还是没有弄清楚。我接过依茸递过来的银行卡，把卡号录入了台账。"布给，你别急，明天就能收到钱了，到时你注意查收。"

依茸的到来，让我再一次坚定了自己的初心。我们佤族是"直过民族"，1949年从原始社会一步就跨入了社会主义社会。

我的外婆是地地道道的佤族，也是一名光荣的共产党员。在我小时候，她教会了我唱第一首汉语歌曲《阿佤人民唱新歌》，也常常跟我念叨："过去我们阿佤人吃不饱、穿不暖，是共产党让我们过上了好日子，你要记着党的恩情，好好读书，走出大山。"我牢牢记着外婆的叮嘱，揣着要走出大山的梦想，蹲在火塘边，趴在小桌上，捏着铅笔头，一笔一划学写着汉字。

2002年的秋天，我坐了两天一夜的汽车，走进了云南大学的校门，成了全寨人的骄傲。在大学里我加入了中国共产党，毕业后，我有幸成为一名税务人，每天，我都会十分郑重地穿上这套蓝色的税务制服，胸戴党徽，带着一名共和国年轻税务人的骄傲，激情满怀、投入工作。

改革开放以来，在党的光辉照耀下，临沧通了飞机修了路，大批游客逐渐走了进来，茶叶坚果陆续卖了出去，脱贫攻坚让阿佤人民过上了好日子。如今，减税降费又让家庭小作坊焕发了新生机，很多像依茸一样的民族手工艺人借着这股改革春风扩大了门面，走上了奔小康的道路。像依茸这样的个体工商户在临沧有上千家，他们靠着一门传统手艺，开起家庭式小作坊，养活了自己更养活了家。依茸的事让我突然意识到，我操作的每一笔业务，都关系到每一个少数民族同胞的切身利益；退出去的每一分钱，都在助力民族传统工艺品走出深山、走向世界。

一人都不落

临沧有23个少数民族，其中佤族、拉祜族、布朗族、傣族等4个民族人口占少数民族总人口的一半，汉语不熟练的少数民族同胞还有很多，如何让我们的兄弟姐妹充分享受减税降费红利，是我们思考得最多的问题。如果因为语言不通，他们不能及时享受减税降费好政策，那他们怎么有获得感和幸福感呢？

我暗下决心，我们必须用少数民族自己的语言给他们讲减税降费好政策。于是，在领导的支持下，临沧市税务系统27个少数民族干部聚集到一起，大家商量着，整理政策，请教专业老师，把政策翻译成佤族、拉祜族、布朗族、傣族四种少数民族语言，录成视频，带着印有二维码的宣传册和环保袋走村串寨，遇人就讲、逢人便送，让少数民族同胞们一扫便有、一看便懂、一学便会，寨子里燃起了减税降费"最炫民族风"。

在我们那里有这样一句话"世界佤乡　中国临沧"，佤乡山高路远、坡陡路窄，虽然只有9.2万多户纳税人，但却分散在8个县（区）、89个乡镇、898个村，

2.4万平方公里的土地上，千百年来，佤族人傍山而居、依溪而眠，山有多高、水有多长，纳税人住的就有多高；纳税人住的有多高，宣传辅导就要走得有多远。

临沧与缅甸接壤，在距离缅甸最近的地方南伞镇，"界碑在城中，一城连两国"，两国边民同饮一河水，同赶一条街。近几年，临沧地震灾害频繁发生，缅北地区军事冲突接连不断，但我们依旧翻大山、踏边境、走口岸，只要有纳税人在，税法宣传就一刻不能停。

"您好，这是您的外卖，这是深化增值税改革和个人所得税税收优惠政策宣传手册，请您查收。"这几天，快递员、外卖哥送减税降费政策的新闻刷爆了朋友圈，我们给每个快递员、外卖哥统一培训，并配发了问题意见收集簿。在临沧的大街小巷上，这支特别的减税降费政策"配送队"，不仅送政策，还能辅导纳税人安装使用个人所得税 APP。在"配送队"中，拉祜族老陈最开心，干劲最足，他说自己就是减税降费最直接的受益人，每月个人所得税降了 45 元，相当于省了一个月的水电费。每到一个单位、一户人家，他都把纳税人提出的问题仔仔细细记在本子上，再反馈给我们，我们就能及时与纳税人联系，解答疑问。现在，纳税人只要在下单时备注"需要资料"，就能第一时间收到快递员、外卖哥送来的减税降费"大礼包""幸福餐"。

减税降费给少数民族带来的好处是显而易见的。在一次送政策上门的时候，我又遇到了依茸，她高兴地对我说，以前家里只有一亩四分地，丈夫常年在外省打工，她一边做着民族手工艺活，一边照顾老人和孩子，日子还是挺不容易的。现在县里的糖厂红火起来了，她的丈夫就在家门口就业，工厂开榨的时候在厂里上班，平时就在甘蔗地里忙活，每月能挣 4000 多元。

依茸所说的糖厂，就是我们临沧的蔗糖产业。在临沧，蔗糖产业全年产值 60 多亿元，产量排名全省第一、全国第二，大大小小的糖厂有 14 个，种甘蔗的农户 50 多万。佤乡没有冬季，只有"糖季"，越临近过年，就越是到了收甘蔗最忙的时候，家家户户都要赶着收完甘蔗，卖个好价钱，这样，阿婆们就能给家里换回油盐，妈妈们就能给孩子换回书包。小小的甘蔗，支撑着我们实现了走出大山的梦想，也承载了一个少数民族家庭的全部期望。

时至今日，种甘蔗的农户又迎来了党的好政策。在全年税费收入只有 100 亿元的临沧，仅 2019 年一季度减税就达 2 亿元。减税效应在蔗糖产业尤为突出，单单增值税税率下调这一项政策，预计全年就能减税 2600 多万元，对于一个发达地区来说，2600万元并不多，但对于我们少数民族地区来说，可不是一笔小数目，它可以收购1万多亩甘蔗，养活近3000个家庭。减税降费带来的不仅是企业的发展，更带来了少数民族同胞坚守在这片土地上的新希望。

依茸的丈夫能在家门口上班就是一个例子，欣欣向荣的糖厂让越来越多像依茸丈夫一样的外出务工者回到了家。是啊，背井离乡的生活谁会想要呢？我看着坐在织布机旁依茸的女儿，问她甘蔗甜不甜，她害羞地钻到了妈妈的怀里，探出个小脑袋，一个劲儿地对我笑。看着她甜甜的笑脸，我的心也很甜蜜。

一个民族同胞都不掉队

提到云南，很多人都知道茶马古道，它是我们西南民族地区经济文化交流的走廊。当年，来自云贵川的茶叶、药材经茶马古道运往印度，行销欧亚。古道上成千上万辛勤的马帮，开辟了一条通往域外的经贸之路。在云贵高原奔波谋生的特殊经历，造就了他们讲信用、重义气的性格，锻炼了他们明辨是非的能力。这种精神留在了佤乡，在这片土地上，在追求美好生活的路上，我们少数民族同胞和全国人民的心是一样的，用自己勤劳的双手建设美丽的家园，让改革紧紧跟上了全国的步伐，从不掉队！

如今的茶马古道已经融入"一带一路"建设，减税降费，让无数的企业以更大信心参与到国际市场中，更多的少数民族同胞对未来充满了希望。

你看，扛着锄头的阿叔哼着歌迈向蔗田，就是迈向希望。

你看，背着背篓采茶的阿姐用灵巧的双手，采摘着生活的美好。

你听，抽着水烟袋的阿婆在给孩子们讲故事，她讲的是古老的传说，也是未来的向往。

你听，鸟儿在枝头歌唱，唱的是我们阿佤人生生不息的力量。

我是税务人，投身改革，助力减税降费，为"一带一路"建设作出自己的贡献，我自豪；我是佤族男儿，用我热爱的事业让民族同胞们感受到党的光辉、政府的温暖，我骄傲。我又想起了外婆教我唱的那首歌："村村寨寨，打起鼓敲起锣，阿佤唱新歌，共产党光辉照边疆，山笑水笑人欢乐，社会主义好，架起幸福桥，道路越走越宽阔。"

党的光辉照边疆，边疆人民心向党，沐浴在减税降费的温暖之中，阿佤人民的新歌越唱越嘹亮，越唱越欢乐！

张继兴：
深耕细作十余载　忠诚担当耀税徽

张继兴，男，中共党员，国家税务总局中山市税务局信息中心副主任。2019年参加全国税务系统减税降费先进典型宣讲。

国家税务总局中山市税务局主动作为，抓住大湾区建设重大历史机遇，充分运用税务文化力量，以正确的价值观念、共同的发展愿景提振精气神，打牢共同思想基础，激发税务干部干事创业的积极性、主动性、创造性，自主研发出减税降费"惠知道"系统，进一步提升纳税服务质量，推动减税降费政策精准落地。

关键时刻见忠诚　挺身而出显担当

从2019年初上级部署更大规模减税降费工作以来，整个广东掀起了一轮又一轮的宣传热潮，政策宣讲会开了一场又一场，可是会后纳税人还得花时间从众多优惠政策中筛选出适合自己的。与此同时，珠三角地区众多来自海内外的企业正以国际一流湾区的高标准、高要求，对标衡量中山的营商环境，特别是在纳税服务方面，更多的企业希望有一对一、面对面、量身定做的纳税辅导。但中山市税务局仅有1504名在编人员，难以承担全市35万多户企业的日常征管和纳税服务工作，以信息化技术手段为减税降费工作提质增效迫在眉睫。

张继兴作为分管局内软件开发和系统运维等繁重工作的信息中心副主任，以重任在前、舍我其谁的担当精神，在落实减税降费的关键时刻挺身而出，主动请缨带领一支政治过硬、本领高强、作风优良的技术攻坚团队自主研发减税降费"惠知道"系统，15天内开发出"惠知道"系统1.0版，为全市35万多户企业推送定制化税收优惠政策清单，破解政策推送不准、纳税人定位不清的难题；20天内升级"惠知道"系统2.0版，打造减税降费"服务管理清单"，快速定位应享未享企业，精准释放红利，及时发现不应享已享企业，确保优惠政策不误用。

文化引领聚合力　减税降费稳落地

"精神的力量是无穷的。"对此，身经百战的张继兴有着极为深刻的认识，在征管体制改革有序推进的过程中，繁重的工作、艰巨的任务，每一次考验都需要凝聚起干部队伍合力，团结协作、攻坚克难。在15年信息工作经验的基础上，张继兴大胆创新、刻苦钻研、加班加点，带领技术团队将新时代税务精神贯穿于系统研发全过程，全国率先运用"标签化"理念，依托金税三期系统海量税务信息，为每户纳税人"画像"，根据"画像"结果做"标签"匹配，不需企业筛选，改由系统进行智能匹配和精准推送，让减税降费政策去"找"企业，进而让纳税人、税务人尽享信息"红利"，用智慧与汗水履行了"为国聚财、为民收税"的神圣使命，用出色的工作不断践行着中国税务精神。

"惠知道"系统的开发，涉及散落在5个信息化系统的近亿条数据，正常的开发时间需要2—3个月。但减税降费工作是一场"急行军"，必须快速落实到位、直达每一户纳税人。对于企业而言，早一天了解政策、掌握自身减税情况，就能早一天调整和完善关于设备升级、资本投入、人才战略等方面的发展规划，直接影响到企业命运。于是，技术研发团队向中山市税务局党委立下了军令状——务必在15天内完成攻关和研发！

张继兴重新调配技术组的人手安排，积极联系外部支援，组成9人攻坚团队，以每人每天不少于12小时的工作量倒排工期，让研发项目全速冲刺。第3天，拟定了详实可行的系统开发实施方案，对20份基础文档、3万字的需求要点记录逐字逐句进行论证，通过思维碰撞相互启发出更多的解决办法；第5天，搭建好系统框架；第10天完成了5万行代码的编写、审定；第14天，在信息安全规范内，反复验证系统的逻辑结构和数据结果，进行了三轮内部测试，优化系统设计。第15天，"惠知道"系统1.0版顺利"诞生"，并在全市快速推广，中山市35万纳税人自此有了专属的优惠政策清单。"惠知道"系统通过智策、智享、智推、智办、智控五大模块，实现了对减税降费宣传、服务、管理等环节的全面统合，大大减轻了纳税人和广大基层税务干部的负担。

精益求精促优化　兴税强国赤子情

没有信息化就没有现代化。信息兴税、科技强国，税务蓝图的实现需要税务人坚定文化自信，以精益求精的实干精神融入每一个工作环节、每一个岗位。张继兴深耕信息十余载，敢于尝鲜求经验、勇于领命做试点，在平凡的工作中，以赤诚诠释初心，以匠心熔铸使命，全力以赴投身减税降费、凝心汇智精准释放政策红利、倾情付出服务一方经济发展。

"惠知道"系统 1.0 版推出后，收获了多方的"点赞"，但让优惠政策找准企业只是迈出了"打造减税降费硬账单、铁账单"的第一步，信息技术在算好减税红利"获益账"方面还大有可为。于是，技术研发团队又马不停蹄地投入到"惠知道"系统的优化升级中。一方面优化链接跳转，让纳税人端更清晰，政策清单直接链接具体内容和办税指南，企业可以享受哪些优惠、减免了多少税费，一目了然，让政策红利更易享。另一方面优化查询功能，让税务人端更智能，鼠标一点，税务人员就能快捷查询到整个辖区的减税降费情况，让政策落实更及时、更精准。

2019 年 4 月 21 日，完成了系统的"软标签"升级，成功导入最新的增值税优惠政策数据后，2.0 版升级已经基本完成。但纳税人端的查询尚未升级，张继兴用测试账号模拟纳税人登录，发现单次查询需要 1 分多钟，35 万纳税人的单次查询累计时长，就将超过 5000 个小时！在张继兴看来，页面等待时间过长的系统就是一个不及格的系统！技术团队全体成员第一时间返回工作岗位，反复验证不同的查询路径、不同的代码编写方法，激烈的讨论和键盘敲击声交替出现，页面刷新时间由 1 分多钟缩短到 30 秒，再到 1 秒。2.0 版成功优化升级是无数个披星戴月、推倒重来、反复试验换来的成果，更是中国税务精神的完美展现。

系统已于 2019 年 4 月在全市上线应用，累计通过电子税务局渠道精准推送优惠政策 15 万户，通过短信平台渠道推送优惠政策 31 万户，工作成效先后被国家税务总局官方微信号、新华社、《经济日报》、中国报道网、《南方日报》、中山电视台等 10 余家中央和省市媒体报道，系统研发带头人张继兴被评为全国税务系统减税降费先进典型，并在各地巡回宣讲，为全国贡献了"广东智慧""中山经验"。

李志斌：
守土必尽责　让减税降费落地生根

李志斌，男，中共党员，国家税务总局桐乡市税务局党委书记、局长。2019年参加全国税务系统减税降费先进典型宣讲。

领兵守好土，当好"指挥员"

减税降费，是税务部门2019年的"一号任务"，是我们义不容辞的政治责任，也是一场克难奋进的攻坚战。我深知，只有用心当好"指挥员"，守好县级层面这一方土地，才能让上级部门和地方党委政府放心，才能真正在全省乃至全国落地生根，才能在纳税人心中开花结果。

作为地处长三角的经济强县——桐乡，有着12万户纳税人、48万户缴费人，在减税降费中，退税户数多，情况复杂，任务艰巨。

怎么退？退多少？数据从哪里来？有没有风险？减税降费的任务一下达，我倍感压力。

因为我要指挥的是一场"没有经验可借鉴，没有模式可复制"的战斗。

但是，容不得犹豫，必须分秒必争！我们在浙江省第一个成立工作专班，第一时间解读政策，第一时间设定指标，第一时间框定范围，1天时间内，就梳理了27000余条数据。提前7天，完成了首期任务，被同行称赞为"桐乡速度"。我们的工作，得到了国家税务总局、国家税务总局浙江省税务局领导的充分肯定。

那一刻，我真真切切地为我们的团队感到骄傲和自豪！

事实上，减税降费的退税工作，远不是加班加点就能做好的。这其中，涉及地方党委政府的重视、上下级的沟通、兄弟部门的支持。任何一个节点，都马虎不得。作为指挥员，必须在每一个细节上，多看、多听、多想、多做。为的，就是尽早把减税降费工作落实到位。

"要把好政策广而告之！减税降费不仅仅是税务部门一家的事，各部门必须要高度重视！"2019年1月，桐乡市委书记盛勇军的一席话，至今还在我的耳边萦绕，也让我吃下了定心丸。

但是，我也深知，减税降费是影响地方经济社会发展的大事。减税带来的税收收入下降与地方财力需求的矛盾，是党委、政府最为关心关切的。我们要想政府所想，急财政所急，加强税收分析，尽量把数据"追"得紧一点，再紧一点，准一点，再准一点。

有一次，减税办有位同志，忍不住对我说："你要的数据这么细，我们要逐项核实，时间又这么紧，我们现在压力好大！"

看着这些做事一丝不苟，平时从不会叫苦、叫累的同志，我心里五味杂陈。但也正是因为有这些认真负责的同志，所以我们的税收分析报告，为地方党委政府决策发挥了很好的参谋作用，得到了表扬。

除了向四套班子和纪委做好汇报外，我们加强与财政、社保等部门的对接，与人民银行建立了退税快速通道，保证了退税准确、及时、规范。

带兵冲在前，干好"战斗员"

作为基层税务局的第一责任人，不仅要"挂帅"，更要身先士卒，冲锋在前，干好"战斗员"，让广大纳税人和缴费人安心。

在我看来，减税降费，一方面要抓好政策落实，确保所有行业税负只减不增，另一方面，也要让纳税人、缴费人切实有获得感。

减税降费工作开展以来，我先后走访调研企业100多家，倾听纳税人、缴费人心声。

4月初，在桐昆集团调研时，企业负责人陈士良告诉我："创办企业30多年，这次的减税降费，真的令人惊喜，从来没有这么大的力度！"作为国内知名的化纤制造业上市公司，桐昆集团真切地感受到了减税降费带来的红利。经过测算，公司全年减税预计达1.3亿元。减税政策的落实大大减轻了公司的融资压力，公司计划将减税的红利用于技术改进、扩大再生产。

在调研中，我发现，由于不同的企业，财务人员的认知水平不尽相同，导致减税降费享受的情况也会有差异。比如，有家企业，因为政策理解偏差，以为不能享受减税政策。但我们经过核实，这家企业符合加计抵减条件，为此，企业每年可以多享受减税 6 万多元。随后，我让税政部门重点关注这类情况，又有 500 多家企业享受了上百万元的减税。

这次调研，也让我深思，我们税务部门还能做些什么，来打通"减税降费"最后一公里？针对存在的问题，我们组建了全省第一支"红管家"团队，通过税企党建联动，为企业减税降费解决难题。

一次调研带来了工作方式的创新和企业的获利，作为一名"战斗员"，我非常开心。

有一天，我们办公室朱伟和我说起："李局长，最近局里重点工作这么多，大家工作积极性还是这么高，你知道为什么吗？"

我问他："你说说看。"

朱伟说："因为不管你工作有多忙，你总是能和我们并肩战斗。"

每次减税办会议上，每个参会人员工作的汇报，我都会点评，指出具体问题，提出解决办法。好几位同事都说，李局，你的每个问题都问在点子上，感觉你掌握的情况，比我们还要清楚。

打铁还需自身硬。我深知，要让大家做好，自己就必须以身作则。我家住在嘉兴市区，工作地点在桐乡。2019 年以来，正在减税降费工作如火如荼开展的时候，又恰逢第一届"一带一路"税收征管合作论坛，在桐乡乌镇召开，我们需要做好保障工作。两边都很要紧，哪一边都不能松劲。所以我索性就住在了桐乡，方便在单位加班。有好几次下班太晚，被门卫师傅锁在了门里。

始终坚持学习无止境的习惯，始终保持拼搏在一线的斗志，唯有如此，我才对得起组织赋予我的重任，才对得起纳税人的重托！

强兵用真情，做好"服务员"

在大家眼中，我是一个"铁面局长"。对于工作，我标准高、要求严。但带领队伍、凝聚人心，我也用心做让干部职工暖心的"服务员"，用真情打造我们桐乡的税务铁军。

2019 年 3 月，我发现分管减税降费工作的赵振贤副局长，常常是顶着黑眼圈来上班，交谈后我才知道，减税降费工作任务重，又碰上他父亲生病住院，经常熬夜，压力特别大。我告诉他："工作重要，家里也要管好，这里有我们，你放心去照顾父亲吧。"可是，没过两天，父亲的情况稍有好转，他就来上班了。

这样的故事，在减税降费中，还有很多很多……有轻伤不下火线的基层老同志，有住院了还在关心退税进展的中层干部，有尽职又尽孝的年轻人。工作虽然繁忙，但我希望他们多照顾好自己，多陪陪家人。可我也知道，减税降费，是一场攻坚战，我们税务部门，义不容辞，他们，也一定不甘心缺席。

在我们的减税降费专班里，有很多80后、90后的年轻人。我经常在想，他们，是父母的孩子，也是我们税务大家庭的一员，我们必须要教会他们本领，帮助他们成长。而这次减税降费，给他们搭建了锻炼的平台、展示的舞台。

我们减税办的小李啊，是山东人，连续加班一个多月，她和同事开玩笑说："哎，每天都在食堂吃米饭，好想吃家乡的大馒头。"听说后，我让办公室给同志们准备加班小点心时，特意给小李准备了一份她心心念念的馒头。

事后他们说："李局，看到你总是和我们一起加班，就像个老大哥一样关心我们，心里好感动！"

我们的干部才让我真的感动！机构合并还不久，人和事还处在磨合期，但是，大家能一起克服困难，心往一处想，劲往一处使，全身心投入到减税降费工作中，出色地完成了各项任务，让我感动。

各位领导，同志们，在这次减税降费工作中，我们桐乡税务局所做的，只是全国基层税务工作的一个缩影。虽然，我到桐乡工作时间还不长，但是现在在每个场合听到"桐乡"这两个字，都让我觉得亲切和自豪。因为这是我们桐乡税务人挥洒汗水，倾注心血，为之奋斗的地方！我们在这片土地上，经历了一件件大事，打赢了一场场硬仗。2019年4月19日，国家税务总局王军局长来我局视察时，对我们的工作充分肯定。我要感谢我们的干部，感谢上级部门和党委政府的支持，更要感谢纳税人、缴费人的理解和帮助！

雄关漫道真如铁，而今迈步从头越。根据税务总局要求，浙江省局和嘉兴市局为我们确立了"在高质量推进新时代税收现代化新征程中走在前列"的奋斗目标。桐乡税务铁军，一定会在高质量推进新时代税收现代化的新征程上，继续追梦奔跑！

中国好税官代表

肖 英：
好家风让爱心传递　好家训让幸福延续

肖英，男，中共党员，国家税务总局太谷县税务局社会保险费和非税收入股股长。先后被评为"山西省道德模范""全国五好家庭""中国好人""中国好税官"。

在太谷县，提起肖英，许多人都会不约而同地说，哦，就是那个23年默默帮扶百岁空巢军属老人，被评为"中国好人""中国好税官"和"山西省道德模范"的税务干部吧！这么多年坚持为老人付出关爱，温暖了老人孤独的晚年生活，他可是我们大家学习的榜样啊！

传承家庭美德　不辍耕读记初心

肖英出生于山西省太谷县贯家堡村，祖上均是地地道道的农民。肖英的爷爷读过私塾，受过中华传统文化的影响，始终对后人坚持着"耕读为本"的祖训，要求孩子们时刻不忘学习、不忘劳作、不忘善良。父亲部队转业后成为税务干部，母亲一直在贯家堡村务农。肖家在贯家堡村是一个"大户"，老老少少近60口人。在村民眼中，他们一家是勤俭质朴、和睦友爱的典范。

从肖英记事开始起，"耕读为本"的祖训就深深扎根于他的心中。1997年，肖英毕业后也成为一名税务干部，但一年四季里，他都坚持每个星期天回村种地、做农活，这已经成为他的习惯。在结婚成家后，他照样坚持携妻带女一同在地里劳动。肖英说，我并不是希望从土里能刨出多少经济价值，而是要时刻告诫自己不能忘本，也是为我的妻子和女儿做一个榜样。他坚持定期回村务农，一家人一起耕耘，一起收获，一起品尝亲手种出来的无公害果实，营造了父慈子孝、婆亲媳敬、夫唱妇随的温馨之家、和谐之家。

　　俗话说，身教重于言传，榜样的力量是无穷的。肖英的父母经常教育他"吃亏是福"，不要害怕吃亏，不要害怕付出。在贯家堡村，肖英父母与邻为善，热心助人，在众人的口中颇多赞誉。肖英的母亲是蔬菜种植的一把好手。面对村民的讨教，她总是不厌其烦的讲解和指导。胡鲜桃家和肖英家做了三四十年的邻居，胡鲜桃的丈夫和儿子都在工程队，女儿在外求学，地里的活儿基本帮不上忙。在肖英的记忆中，这几十年来，每年春种秋收农忙季节，他的母亲都会帮着胡鲜桃一起在地里忙活，即便现在母亲已经 65 岁了，仍然坚持着这件事。街坊邻里手头出现紧急用钱、农活劳力不够等情况时，肖英的母亲只要是能帮上忙的，无论是出钱还是出力，都毫不迟疑。肖英的父亲是转业干部，部队上良好的作风一直跟随他，工作上认真踏实、精益求精，生活上严谨规律、一丝不苟。为了大家出行方便，有个良好的居住环境，每天清晨，肖英父亲总是早早地起床，把家附近的街道打扫得干干净净。退休后，因熟悉农村红白喜事的流程，义务"承揽"了全村 3000 余人的红白喜事"总管"一职，不仅不赚一分钱还得每家随礼。

　　在肖英看来，尊老爱幼、夫妻和睦、勤俭持家、邻里团结，这些传统的家庭美德，正是家庭和睦的密码，是家庭幸福的源泉，是社会和谐的基石。肖英和妻子于 2000 年结婚。婚后生活中夫妻始终相互照顾、相互信任，工作中相互理解、相互支持。妻子作为一名幼儿园园长，将一腔热情与爱心投入到工作中，受到了家长们的一致肯定。肖英一家四口舍弃自己的楼房不住，一直与父母挤在贯家堡村的农家小院，与现如今大多数青年结婚后就要求"独门独院""分门另过"的大环境相比是个另类，但他们一家人始终其乐融融、共享天伦。

践行社会公德　助人为乐显大爱

　　父母的一言一行都在潜移默化中塑造了肖英的品格。在积极向上的传统家风的潜移默化下，他的博爱和奉献早已内化为一种习惯、一种品质、一种精神。

　　1997 年，刚参加工作的肖英在一次团委组织的活动中了解到太谷县 171 处老八路段东元的遗属范玉兰老人的情况。从那时候起，他就开始结对帮扶范玉兰老人，直至 2019 年初老人在 108 岁高龄去世。

　　范玉兰老人有一子两女，都在外地工作，平时只剩老人独自生活。23 年来，肖英风雨无阻，每个星期都会去看望老人，帮她做家务，照料生活起居。

"冒着大雨帮我遮盖漏雨的屋顶；踩着七八寸厚的雪，走3个小时的路来看我，在锁骨摔裂的情况下依然为我打扫完家里才肯去医院处理；我摔倒骨折时请假陪侍，每日端屎端尿毫无怨言；大年初一我咳血，肖英的妻子和父母都一起在医院照顾我……"说起这23年来的点滴往事，范玉兰老人是如数家珍，更是对肖英充满着感激与疼爱，她亲切地称肖英为"亲孙子""福疙瘩"和"救命人"。

时间验证了这份没有血缘关系的，不同寻常的祖孙情。肖英帮扶范玉兰老人的事迹被社会各界知晓后，引起了很大反响，受到了社会普遍称赞。23年来，肖英和他所在单位的无私付出，为老人带去了太谷税务人的爱心，更为弘扬助人为乐、构筑和谐社会谱写了一曲动人的乐章。

牢记职业道德　爱岗敬业献青春

奉献社会有大爱，本职工作更有为。国税地税征管体制改革以前，肖英作为原太谷县国税局的办公室主任兼党办负责人，既要负责局里对内对外的宣传报道、各类材料稿件的起草修改，又要负责基层党建、文明创建和税务文化等工作，还要关注后勤管理等繁杂事务，可以说是一肩挑了绝大部分的综合性工作。而经他手承办的工作都打理得井井有条，文章经常见报，党务和文明创建工作频频出彩，后勤保障始终坚强有力。作为原晋中国税系统和太谷县税务局"条块双典型"的基层党建工作负责人，他更是任劳任怨、耕耘不辍，出色完成各项工作任务。

繁忙的工作，出色的成绩，也让肖英快速成长。全国税务系统优秀通讯员、先进党务工作者、优秀党务干部、信息工作先进个人等一系列的称号，都印证着他对本职的热爱和对工作的高标准。而正是这种热爱和执着，使他在岗位调整后，总能快速适应，快速进入角色。

机构合并后，在考虑机关科室负责人人选时，社会保险费和非税收入股作为一个新成立部门，股长人选着实让局领导们头疼。如果选拔原来的业务干部，考虑容易受原业务的影响带入惯性思维；而选拔非业务干部，又担心无法快速承担业务工作。在经过慎重考虑后，局领导一致决定让肖英这个最让人放心的业务骨干来挑此重担。最终，肖英没有让他们失望，在最短时间内熟悉业务并有声有色开展工作,太谷县税务局的社会保险费和非税收入管理工作,受到晋中市税务局领导和缴费人的肯定和好评。

机构改革"第三战役"的艰巨攻坚任务,绝大部分工作量都压在了社会保障费和非税收入管理部门,肖英的工作节奏也始终如改革前一样高速高效。在高压工作下,同事们遇到宣传报道、综合材料以及基层党建、文件创建方面的难题时,他仍然会第一时间出现,主动帮助同事解决非本职工作的难题。

"耕读为本"的祖训,和睦友善、互敬互爱的家风,以及爱岗敬业、乐于助人的精神品质,都为肖英女儿的成长创造了良好的环境和氛围。在良好家风的熏陶下,肖英夫妇时时不忘记督促女儿沿着正道走,勉励其勤奋刻苦学习。而他们的女儿也始终牢记着好家训、好家风。如今,肖英的女儿就读高二,学习上积极要求进步,成绩在全校名列前茅。受爷爷和父亲的影响她自幼习墨,书画技艺日益进步,多次在国家级比赛中获奖。此外,女儿传承了他们博爱、奉献的精神,用自己的压岁钱给特困学生和困难群体累计捐款 2000 多元。

家庭是社会文明承载的基本单元,一个和谐美满的幸福家庭是我们每一个人依赖的港湾,成为我们每一个人事业奋斗的依托。肖英一家闪耀着中华民族传统道德传承的光芒,点亮了税务系统好家风的心灯,引领一代税务任传承好家风。

董金巧：
不忘初心勤耕耘 倾心奉献创辉煌

董金巧，女，中共党员，国家税务总局怀化市鹤城区税务局迎丰税务所四级主办。先后被评为"全国税务系统先进工作者"，"中国好人""中国好税官"。

董金巧是国家税务总局怀化市鹤城区税务局一位普通的工作人员，每个第一次见到她的人，很难把湖南省"优秀国税工作者""全国税务系统先进工作者""怀化市十佳道德模范""湖南好人""中国好人"……这些荣誉称号与她单薄的身体、柔弱的外表、腼腆的笑容联系到一起，但熟悉她的人都知道，她内心有股坚强奉献、不向命运低头的精神力量，支撑着她默默扎根在平凡的岗位上。

困难，检验出坚毅的性格。知女莫如母，母亲金绪桃也是一名税务干部，从1951年起就在中方县税务局工作。"别人说金巧像我，确实像。不善言、不求利、只实干。在岗位上不敢有一丝懈怠，对待业务知识总是精益求精，年轻时我在忙，现在是她在忙。可她患有三期高血压、糖尿病、周围神经病变并发症，女儿听力残疾，丈夫又被确诊为肝硬化腹水失代偿期，并发肝性脑病。每当我看她忙完女儿的事情，就匆忙赶去医院照顾丈夫，紧接着又急急忙忙赶去上班时，我心中只有一个愿望，希望这个一直在奔波的劳累的身体晚上平安归来。很多次我劝她申请病退，避免来回奔波，还可以安心照顾家人，但她总是告诉我现在正值国税地税征管体制改革的攻坚期，她不能临阵退缩，组织需要她，同事需要她。作为一名老共产党员，她更需要作出表率，她不想因为有困难就给组织添麻烦，就自己先退缩了……"金绪桃提起女儿董金巧，神情流露出的，除了心疼和担心，更多的是自豪。就在 2019 年 3 月，她还针对中方县地域跨度大，纳税人分散办税不方便，特别是一些纳税户经常中午才能赶到纳税点的实际，董金巧推出了"午间办税连续工作制""中午 AB 岗值班制"等制度，获得了广大纳税人的点赞。

特殊情况，拒绝特殊照顾。"金巧，多年来，你一直在办税服务厅工作，你的工作态度和工作成绩，得到了辖区纳税人的高度赞扬，我们都看在眼里。这个机构改革，局里考虑到你目前身体状况和家庭情况，决定'三定'后安排你去县局工会，工作时间相对轻松一点。""三定"方案前中方县局的局长曾这样告诉董金巧。可她却说："干税务也有 20 多年了，大部分时间都在征收一线，办税务厅的工作工作衔接需要一段时间，而我轻车熟路，现在处于改革的关键时期，大厅工作的好坏直接影响到纳税人对国地税征管体制改革的预期，我还是在继续在办税服务中心吧。"

对待工作，她始终保持尽职尽责的态度，并尽力以最优秀的标准来严格要求自己，要求干部。为了及时帮助纳税人解决办税难点、痛点、堵点问题，她经常牺牲休息时间，加班加点帮助受理业务，从不叫苦、从不退缩，得到了纳税人的一致好评。为此，她成了纳税人随喊随到的"金牌服务员"。

2018 年 9 月 15 日，征期的最后一天下午 4 点多钟，中方县欧劲果业公司的财务主管抱着电脑主机，满头大汗地跑进中方县税务局办税服务厅。"巧姐，我们公司电脑坏了，报税怎么都操作不成，你快帮我们看看。"财务主管气喘吁吁地说。董金巧一边接过主机一边安慰他："别着急，我帮你看看。"装机、联网、排除故障，她的额头上的汗珠一颗一颗掉在主机上。3 个小时后最终成功抄报税，此时已是晚上 8 点多。财务主管感动不已，连声道谢："巧姐，耽误你下班了，一起吃个便饭吧！""事情办好了就行了，好意心领了。"董金巧面带微笑地谢绝了，独自乘着末班公交车回家。

改革路上，榜样如影随形。在办税服务中心工作多年的董金巧虽然身体饱受疾病的折磨，在工作中，却依然带领同事们保质保量完成每一项工作任务。"纳税人满意就是最好的褒奖。""我们要多学习，努力提高自身的本领，不让纳税人多等一分钟，多跑一趟路。"……是她的口头禅。2019 年初，原国地税办税服务中心集中搬进了县里的政务中心，大厅窗口的业务从之前的合署办公升级到了一窗通办，所有窗口人员不但要熟悉之前各自的操作还要学习新系统、新业务。为了不耽误纳税人正常的业务办理，她自己先把原国地税的系统、业务自己摸透，并做好笔记。午休时间，经常可以看到她守在办税服务厅了解掌握各税种的基础知识、新的系统操作流程和相关政策的身影，半年的时间，在她家里已经有三大本几万字的业务笔记。作为中方县税务局办税大厅的一名业务老骨干，董金巧还不忘记自己"大姐"的身份，经常给新近的小弟弟小妹妹们补习大厅业务。她自己学习好后，每天晨会时把自己实践操作中容易出错、容易忽略的问题一一给大家讲解。为了帮助大家尽快熟悉新的业务知识，她还发票室的一角摆上了各种业务书籍，甚至还买了几本《税法》的练习题库，她总是告诉弟弟妹妹们，学习就是要多看多做多练习，并且要不怕反复重复。在她的带领下，办税服务厅每天一练习，每周一测试，每月一大考，大家学习的劲头与日俱增。

"税"月无声，终是有痕。董金巧，一个平凡质朴的税务人，在此次税务机构改革中，不忘初心，勇于担当，用自己的行动和坚韧诠释了对党忠诚、对税务机构改革事业的赤诚。

董国富：
用闪光灯照亮乡亲们的心

董国富，男，中共党员，国家税务总局施甸县税务局征收管理股副主任科员。先后被评为"全国最美家庭""中国好人""中国好税官"。

家住太平镇地理脉沙子坡村的董国富是施甸县税务局的一名普通干部，多年来，他乐于助人，用无声的行动把公益诠释。

董国富的父母都是地道的农民，没有上过学，但他们以德立家、以己助人，经常向有困难的乡里邻居伸出援手，送去精神上、物质上的帮助。这让董国富从小耳濡目染、深受熏陶，决心以实际行动去帮助更多有困难的人。2006 年，邻居家的独子在香格里拉市不幸遇难，要尽快赶去解决善后事宜。邻居患肺结核身体一直不好，又目不识丁没出过远门，连路费钱都没有。董国富没有多想，凑足 2000 元就径直赶往香格里拉市帮忙处理后事。对于沙子坡村的乡亲们来说董国富就和自己的亲人一样。他们到县城求医看病，挂什么号，到哪个医院好，都喜欢找董国富。只要知道村里人来看病，他都会去看望。垫付医疗费、送汤送饭、帮忙陪护、办手续、出院接送成了稀松平常的事。

2019 年，55 岁的董国富在税务基层一线工作了 35 年，在征管岗位上一直恪尽职守、踏实工作，尽心尽力地为纳税人服务，为税收事业默默地做贡献。作为有 27 年党龄的共产党员，董国富在帮助别人的同时，还热心公益。以前的沙子坡村没有一条正儿八经的路，雨天一汪泥、晴天一片灰，修路成了董国富心里一直牵挂的事儿。2010 年，村里修西边路段时，他捐款捐物并且亲自参与修建。2015年，原本就不富裕的董国富兄弟三人商量着凑钱把村东的路修了，可部分村民认为占用了自家耕地而不同意，董国富和二哥每晚到村民家做工作，奔走了10多天，终于全村一致同意修路，使村里道路东西贯通。虽然这条进村的路坡度陡，并且只有2米来宽，但是不管晴天雨天，村里的摩托车、三轮车、拖拉机、轿车都能开到家门口，玉米、小麦、牲口，随时能拉出去卖，大家心里都知道，这一切都得感谢董家兄弟。

2015年春节，当得知现在仍然还有一些贫困村寨的乡亲至今没有拍过一张全家福照片，很多老人甚至一辈子没有拍过照片，董国富和儿子召集朋友发起了"全家福公益摄"活动。从那以后，周末、节假日，父子两人都会组织一些志愿者到贫困村寨为村民免费拍照、选图、打印、过塑、装框、配送，为那些从来没有拍过全家福和照片的乡亲送去用镜头定格住的"阖家团圆"。摆榔尖山、木老元哈寨、酒房梅子箐、太平田头村……哪里艰苦他们就去哪里，哪里有需要他们就去哪里，这一坚持就是3年。拍摄工作异常辛苦，山区交通不便，有些地方甚至还没有通公路，他们就步行，尽量给每一个家庭都拍到。每次把装裱好的全家福送到乡亲们手中，看到乡亲们喜悦的笑脸，父子俩人都会觉得一切的辛苦都是值得的。截至2017年2月，父子俩人累计为200多户村民拍摄并赠送了全家福、为1000多位老人拍摄并赠送了纪念照。父子俩人约定每年春节都会到山区拍全家福，10年以后将再次回访，用镜头记录幸福，用镜头送去温暖，用镜头见证"新农村建设"和"精准扶贫"带来的变迁。

韩宇南：
携妻驻村 扶贫攻坚当先锋

韩宇南，男，中共党员，国家税务总局周口市税务局社会保险费和非税收入科副科长，2015年8月起任太康县马厂镇前何村第一书记。先后被评为"河南省驻村优秀第一书记""全国税务系统先进工作者""中国好人""中国好税官"。

河南省太康县前何行政村全村595户，2322人，其中贫困户175户，784人，18个孤寡老人，16户低保，还有15个残疾人，是当地一个出了名的贫困村。入村后，刚刚下过一场大雨，村中街道积水成河，一个水坑连着一个水坑，水有膝盖深，成群的鹅在坑里游来游去，家长只能背着孩子趟水上下学，韩宇南是沿着墙根进的村。附近村民流传着"宁摸十里黑，不走何庄街。"外村的姑娘都不愿意嫁到前何来，他看在眼里，疼在心里。

2015年8月，韩宇南同志带着周口市国税局党组的重托，受市委组织部的委派任太康县马厂镇前何村第一书记，2017年11月，在全省驻村第一书记轮换中，他受原周口市国税局党组的重托和村民的联名挽留，他继续留任前何村第一书记。3年多的驻村时间，他访贫问苦，走遍了村中的每一户；为村民解难题，排忧解难，填坑修路，几十年的水洼道路变成了平坦路；为村民献良策，全盘谋划，种辣椒致富，自筹资金51200元，购买辣椒种子，引领村民脱贫致富，还推行多元种植模式，辣椒订单、春红薯订单、花生订单等亩均增收1万余元，成为村民致富的领路人；驻村以来，他的妻子潘丽英也跟随他驻守前何，在村里，他的妻子潘丽英教村民广场舞，丰富村民文化生活，他还和妻子潘丽英创设巧媳妇工程，渔网加工订单、服装加工订单等户均增收8000多元，带领村民走出扶贫新路子；他把村里的孤寡老人和留守儿童像亲人一样照顾，成为村民的贴心人，大年三十，他们夫妻还在村和孤寡老人一起包饺子过春节，给这些孤寡老人儿女般的温暖；他以创建优秀基层党支部和村委会为目标，把强班子、带队伍、正作风贯穿帮扶工作全过程，成为村干部的主心骨。

驻村以来，他把村里的孤寡老人和留守儿童像亲人一样照顾；忘不了，2015年那个风雪的日子里，当他把慰问金和米面油送到80多岁的孤寡老人陈素真大娘家中时，她感动地跪了下来，韩宇南连忙把老人扶起，老人用手擦着眼泪，哭着叫他孩子那一刻；忘不了，孤寡老人何金居大爷临终前，他坐在他的床头，紧紧地握着他的手，泪流满面那一刻；忘不了，他帮助的贫困户何新强的儿子何创伟，到村室他住处向他下跪认他干爹的那一刻；忘不了，乡民政所来村里进行养老金登记造册，200多位老人把村室挤得水泄不通。几个中风偏瘫的老人也用拉车拉来了，人多，进不了屋，他和村干部就把这些老人，一个一个地抱到屋里，登记好以后，又一个一个抱回到车上。

驻村之后，由于工作忙，他很少回家，他妻子说，你把前何当成了家。当她在他的微信看到，为秸秆禁烧他和村干部日夜奔波在田间地头的时候；当她看到，前何村民何立新家房屋失火，他带头第一个闯进火海，帮村民抢救财物的时候；当她看到，他和村干部深夜巡逻，夜追小偷的时候；她哭着心疼地给他打来电话，"大火烧着你了怎么办，小偷扔你一砖头怎么办"。在2016年的元旦妻子跟随他驻守前何。在村里她教村民广场舞，丰富村民文化生活。在档卡资料规范中，她和他们一起，不分昼夜，加班加点，填制档卡资料，还不辞辛苦为加班的同志们做饭。

原周口市国税局领导多次到驻村调研，实实在在办实事、办好事。先后投资90多万元，建设了农民体育广场；兴建了留守儿童之家；购买了办公桌椅文件柜、电脑打印机、会议桌椅、空调、校服、宣传栏和锅炉；建了公厕；安装了路灯和电线；维修了桥梁和村室；清洁家园，建设美丽乡村。

韩宇南的驻村工作得到了村民们的认可。先后荣获"周口市第六届道德模范""河南省驻村优秀第一书记""全国税务系统先进工作者""中国好人"等荣誉称号；他的妻子潘丽英也被太康县妇联表彰为2017年度"最美巾帼脱贫之星"；村民赠送他们"人民好公仆，党的好干部"等20多面鲜红的锦旗挂满村室。

许 艺：
为爱启航 倾心公益的税务蓝

许艺，女，中共党员，国家税务总局北京市东城区税务局财产和行为税科科员。先后被评为"北京榜样""全国五好家庭""中国好人""中国好税官"。

许艺用"三个关注"诠释人生，始终关注孩子、关注老人、关注工作。先后数十次为贫困学生、灾区同胞、孤寡老人等弱势群体捐款捐物，累计金额数万元。由她发起成立了"义演小分队"和"为爱启航"同住蓝天下爱心公益系列活动受到社会广泛关注。其40余成员来自家人、好友、同事及其女儿所在班级师生。许艺常说："穿上税服，肩扛税徽，承担的是国家责任；脱下税服，融入人群，承担的是社会责任。"她在助人为乐的道路始终如一，追求尽善尽美，将人间真爱流淌在京城内外。

关注孩子——用爱助力前行

云南省瓦马乡上拉堡小学是个不知名的小学，直线距离首都3000余公里，一次偶然的机会，许艺得知云南省瓦马乡上拉堡小学孩子们生活困难的情况，在校寄宿学生197人，全部在校就餐，这些孩子都来自贫困的农村家庭。当地政府、社会、家庭都想改善孩子们学习条件，但是杯水车薪，囊中羞涩。每周五和星期日的下午，他们小小的身躯背着书包艰难地跋涉在乡里各条羊肠山路上，犹如星星点缀在夜色中天空，一眨一眨，好是可爱。但理想与现实差距很大，奔波在山路上的孩子们因贫困而长期缺乏营养，许艺看到照片中孩子因长期缺乏营养露出纤细又粗糙的小手，决定用自己的行动为彩云之滇孩子们发起爱心筹款，资助这些孩子增加一些营养，在学校里能茁壮成长。从此上拉堡小学有了小幸福，这幸福来自首都税务人的关爱。

2017年6月25日，在中国红十字基金会的支持下，许艺带领"义演小分队"在中央音乐学院演奏厅举办了"为爱启航"公益演出，作为筹款发起人，她坚信知识改变命运，决不能因贫失学，呼吁社会爱心人士都来关注千里之外需要帮助的孩子们，为他们加一顿营养餐，添一双过冬棉鞋。义演当时就获得115人次支持，筹集善款13711元，解决了上拉堡小学的孩子们一年的用餐补助费。云南省红十字备灾救灾中心专程寄来了感谢信和照片，当大家看到山区的孩子们吃上肉菜穿上冬鞋，那一张张笑脸和真挚的眼神，溢于言表。

关注老人——真情无处不在

千里之外的孩子们得到了关爱，许艺又想到身边的老人。西城区椿树园社区国安银柏养老中心老人是她关心的重点。她利用春节、元宵节、中秋节、端午节和国庆节等时机，带领孩子们为老人们做到"节日有义演、生日有祝福、春节有聚会。"3年来，"义演小分队"送演上门12场，同时为生活不便的老人打扫卫生、整理衣服、陪伴老人谈心拉常，不仅在生活上给予老人帮助，更在精神上让老人得到了慰藉，很多老人见到孩子们就像见到自己的孙子、孙女一样开心。

许艺常说一句话："帮老人干活，怎么干都不过分。"工作20年来，无论在什么岗位，她都一心一意为老人谋福祉，但凡是老人对她提出的要求，她都想方设法去满足。

"人生有涯，为民无涯。"在养老中心应月书记眼里，许艺是值得信赖的好人，她在大家心中分量是沉甸甸的，老人们早已把她当作亲闺女，贴身的小棉袄。住在养老中心316房间的袁奶奶说："看到他们来，感觉就在自己家里，特别喜欢这帮孩子。"椿树街道四川营社区居委会把许艺养老助亲活动进行了推广。老人的喜欢，养老中心的肯定，加之社区的推广，许艺和孩子们更有前进的动力。

关注工作——践行好税官的诺言

2008年，许艺分配到交道口税务所担任税收管理员，负责接待新户和注销清算的工作，纳税人审批事项材料堆起了1.6米高，此时正值北京互联网原地税建设上线的关键时期，忙得她不亦乐乎，但情绪激动的纳税人不理解，冲上来指着她就出言不逊的责备，她一面默默地在心里给自己做工作，一面放慢语速不厌其烦地讲解税法，最终企业人员被她的真诚所感动，动情地说："过去你们税务局不是查就是罚，没想到你们是如此替企业着想，帮助我们答疑解惑，改变了以往对税务人员的印象。"

税收工作，一头连着国家，一头牵着百姓，家与国的关系是一架天平，称量着情与义，忠与孝。作为两个孩子的母亲家务事十分繁重，她总以阳光心态克服工作和生活中的困难。

帮助别人就是快乐自己。在许艺的爱心行动感召下，她周围的朋友、同事和家人将这种个人行为转化为集体力量。"为爱启航"同住蓝天下爱心公益系列活动已在中国红十字基金会注册备案，目前已招募志愿者90多名，作为一个长效机制每年举办。许艺说："能够救人于难、解人之困是我的荣幸，将向上向善的正能量传递给大家，很快乐也很自豪。"这正是首都税务人精气神，更是中国好税官的良好形象。

王子洋：
唱响青春之歌　大爱筑梦前行

王子洋，男，中共党员，国家税务总局景德镇市税务局收入核算科科员。先后被评为"江西好人""中国好人""中国好税官"。

在国家税务总局景德镇市税务局有这样一位积极投身于改革的年轻人，在面对工作时，他兢兢业业；在改革进程中，他奋勇当先；在未婚妻病重时，他不离不弃、悉心照料。他用忠诚担当唱响中国税务"青春之歌"，用坚毅笃行书写激情"税"月，用深沉大爱筑梦前行。他，就是王子洋。

敬业奉献的年轻税官

2013年，19岁的王子洋刚走出大学校门，就步入税务大门。"税"月流光，青春无悔，起初在原乐平市国税局工作的时候，他便立志要成为一名"为国聚财，为民收税"的好税官。工作中，他认真负责、兢兢业业，各项工作总是及时、认真地完成；生活中，每天回家帮父母做家务活，陪年迈的爷爷谈古论今；学习上，刻苦学习税法知识，提升自己的专业水平。

2015年初，王子洋因表现优异调入原景德镇市国税局收入核算科工作，主要负责税收计划、税收分析、重点税源等工作，曾入选原江西省税务系统税收收入规划核算人才库。他负责撰稿的《江西省小微企业减免税政策效应分析》，受到了景德镇市税务系统上下一致肯定和赞扬。

参加工作虽然才短短几年，他持之以恒在岗位上虚心学习、甘于奉献，以饱满的工作热情迎接挑战，突出的业绩回报组织，以优秀共产党员的高标准严格要求自己，在平凡的岗位上，做出了优秀的成绩。他本人也因此连续 4 年荣获"优秀公务员"，多次被评为"全市优秀共青团员""优秀共产党员""优秀税务工作者"等称号。

忠诚担当的改革先锋

岁月为犁，不负韶光。自 2018 年国税地税征管体制改革以来，他主动投身于改革浪潮中，在本职岗位上、在改革任务前主动扛重任、挺在前、做表率，充分发挥了一名共产党员的先锋模范带头作用。

国家税务总局景德镇市税务局在挂牌成立后不久，就接到国家税务总局江西省税务局对组织收入方面的工作任务，作为收入核算科业务骨干，他当天就加班加点对全市下半年税源进行精准预测，将同期税收按照区划调整后进行基数测算，为景德镇市税务局能够合理统筹收入进度，努力实现收入均衡入库做好了基础工作。

2019 年初，在金税三期系统并库、社保费征管划转初期，出现了大量纸质税票未入库的问题。为了确保改革过程中各项税费及时准确缴库，王子洋与景德镇市税务系统金库对账人员一同加班加点进行数据比对、做好入库销号。最终，经过大家的努力，景德镇市税务局金库对账一致，并获江西省局表扬。

2019 年 4 月底，为确保改革期间内景德镇市 126 户省级重点税源企业网上直报的数据及时上报，正在上海陪妻子做复查的王子洋将各项数据随身携带，白天陪妻子做检查，晚上对数据进行审核、汇总并上报。正是因为有许多像他这样认真负责的税务干部，景德镇市局重点税源工作在江西省税务系统排名前列。

不离不弃的模范丈夫

愿无岁月可回头，且以深情共白首。认识王子洋的都知道，他和妻子席玲的恋爱道路是坎坷的，起初因为"姐弟恋""异地恋"的关系遭到家人反对，但他依然坚持着那份感情，并没有选择放弃，用心呵护着他们期许的美好的一切，最终双方父母被他们的真诚和努力所打动。

2016 年 11 月 24 日，原本是王子洋与席玲的婚期，但就在婚礼的前两天，席玲因左脑"先天性脑动静脉畸形"引发脑出血在工作岗位上倒下了。当时主治医生告诉他，席玲目前处于瘫痪状态，将来可能更糟糕，并且发现右脑还有一颗动脉瘤，随时有破裂的可能性，让他做好心理准备。王子洋强忍着泪水，坚定地对当时还是未婚妻的席玲许下了"我们要在一起幸福地走下去"的誓言。

经过医生的努力治疗和王子洋的悉心照料，席玲终于从死亡线抢救回来了。此后，王子洋背着瘫痪的妻子先后去上海等知名医院寻医问诊。两个多月来对妻子的全程陪护和精心照料，让这个身高一米八多的男子汉一下子消瘦了20多斤，"衣带渐宽终不悔"，他从没任何怨言。

现在，王子洋每天都要帮助妻子进行大量的康复项目训练。他每天起早贪黑，按时接送妻子上班、下班，家里大大小小的事情都压在他年轻的肩膀上。在他辛勤的付出下，席玲的手术后遗症状况不断减轻，愁容终于得到舒展，脸上露出了笑容。

当国家税务总局机构改革专题片摄制组在景德镇市税务局采编镜头，记录税务干部意气风发的精神风貌时，参与活动的队伍里的那个小伙子，尽管汗流浃背，但依旧满怀激情地挥舞着拳头宣誓："忠诚担当、崇法守纪、兴税强国""拥护改革、支持改革、投身改革"。在青年干部齐唱国歌时，他高举五星红旗，目光如炬地唱着国歌。

"阳光的笑容，走到哪里都似一团火焰，用满满的正能量，温暖和激励着身边每一个人向上向善。"这是王子洋给大家的印象。这位90后税务干部，用实际行动践行中国税务精神，用爱和责任撑起了爱人生命的"雨伞"，是忠诚担当、向上向善的好榜样。在新时代新税务的新征程中，他将再次出发，热情拥抱税务美好未来。

朱 海：
不忘初心守使命　履职尽责反避税

朱海，男，中共党员，国家税务总局江苏省税务局国际税收管理处副处长。先后被评为"中国优秀青年卫士""全国五一劳动奖章""全国十佳税务工作者""全国先进工作者"。

不忘初心，苦练内功，自身过硬

反避税是一项业务国际性突出、工作专业性强、技术难度大、政策把握要求高的工作。朱海深信反避税工作是一场智力地博弈，能力地比拼。他一边工作，一边刻苦钻研，先后取得了中国注册会计师资格和中国注册税务师资格；跟踪学习欧美、日本等发达国家的最新反避税理论；积累丰富的跨国公司 ERP 审计经验。

2009 年，朱海团队在细心核查某跨国公司的会计资料时，发现其虽然开工充足、产销两旺，但关联交易比重大，账面连年亏损，避税嫌疑十分突出。但该公司聘请的一家国际知名的会计师事务所，针对他们提出的避税疑点，先后出具了 10 多份证明该公司关联交易符合独立交易原则、不存在任何避税问题的书面文件。对此，朱海团队合理分工，广泛收集相关信息，在取得大量翔实数据的基础上，加强信息的分析和利用，寻找、确认企业避税的证据。同时，朱海团队还与公司展开了 10 多轮正式谈判、近 100 次电话沟通，最终确认：公司的母公司巨额亏损主要是由于母公司经营决策失误、并购重组失败造成的。在真凭实据面前，公司不得不承认避税事实。该案补征税款 1.23 亿元，开创了全国首个集团母公司严重亏损而子公司补税超亿元的成功案例。

不忘初心，冲锋在前，敢为人先

朱海团队十分注重理论与实践结合，攻克了反避税前沿的一个又一个桥头堡。

朱海团队在全国范围内第一次系统性地提出了跨国公司"利用刻意抵消交易实施避税"的识别方法和调整方案和针对"来料加工"企业的反避税调整方案；率先对营销性无形资产进行系统性的识别和量化，并成功运用到1户跨国公司的双边预约定价谈签中，增补税款1.6亿元；首创股权流通性差异调整方法，解决了股权估值方面的一个重大难题，得到了国家税务总局的充分肯定；开创性地运用"加减法"功能差异调整方法，有效地解决了寡头竞争行业反避税调整在地区间、企业间的横向公平难题，并被国家税务总局采纳作为全国行业联查实施方案；率先运用一般反避税条款对非居民间接转让股权实施调整，单案补征税款2.6亿元，成为当时全国利用该条款补征税款最大的反避税案件；应用数据仓库先进技术，原创性地建设了《跨国税源动态监控系统》，对跨国公司关联交易实施动态监控，对发现的风险及时进行应对，利用该系统，每年增收税款20多亿元。2014年，在国际税收规则100年来首次全面重塑和国际社会联合打击跨国公司避税的新形势下，朱海团队顺势而为、主动出击，抓住某知名跨国公司全球避税的关键证据，首创可比行业分析方法，反避税单案补征税款在全国范围内首次超过10亿元。2015年，朱海团队再次出击，在全国范围内率先实践国家税务总局倡导的价值贡献分配法，对某知名跨国公司成功实施了反避税调整，补征税款及利息14.5亿元，再次刷新了原江苏国税于2014年度创造的反避税调查单案补征税款最大的全国记录。针对行业特点，系统性地提出了液晶行业转让定价调整方案，建立了以"全球一户式"分析框架为核心的跨国企业利润水平监控系统，得到了国家税务总局的充分肯定，并确定在全国推广。

不忘初心，履职尽责，甘于奉献

朱海团队始终坚持融服务于办案之中，在办案中体现服务。某日资企业通过避税向其日本母公司转移利润近4亿元，被朱海团队实施反避税调查调整后，补征税款近5000万元。但是，由于其日本母公司已将该转移出去的利润向日本税务机关进行了申报纳税,从而导致该转移利润被重复征税。针对这个情况,朱海主动告知企业可根据中日双边税收协定规定,提请中日双方税务当局进行双边磋商,以避免双重征税。通过有理有节的谈判,最终日本国税厅完全认可朱海团队的调整方案,同意由日方向企业退还该转移利润在中国的补征税款。会计师事务所和跨国公司由衷地称赞"江苏是一个讲税收法制,守国际惯例,重纳税服务的地方"。

朱海团队靠勤学积累、实战磨炼,已成为国际知名会计师事务所的强劲对手。曾经有"四大会计师事务所"的高级合伙人说,只要朱海愿意去,条件任由朱海开,但他丝毫没有动心。朱海始终感恩组织多年来的精心培养,始终珍惜维护国家权益的荣誉感和自豪感,始终坚定聚财为国的理想信念,始终专注他所热爱的反避税工作。

朱海,不忘初心,敢为人先,争创一流,甘于奉献,展示了中国税官的形象,唱响了捍卫国家税收主权的最强音,创造了反避税战线上的辉煌!

王晓云：
身边的党员　榜样的力量

王晓云，女，中共党员，国家税务总局甘泉县税务局主任科员。先后被评为"优秀共产党员""巾帼建功标兵""延安模范""五好文明家庭""中国好人""中国好税官"。

从青春洋溢到渐生华发，王晓云始终如一坚守着孝老爱亲的初心，为公公当"红娘"找老伴，日夜陪伴继婆婆走出丧子之痛，忍着脚疾，悉心服侍病重的继婆婆恢复健康，守护生病的姐姐，照料姐姐年幼的孩子……多年来，她用心血与付出为家人撑起"守护伞"，用执着和坚韧点燃爱的"长明灯"，她从三位"母亲"身上学到坚强、仁爱、敬老的精神品质，又将这些品质传递给她的下一代，让孝老爱亲的美德在整个家族里落地生根。悠悠岁月中，她不辞辛劳，用善良淳朴延续家庭希望；尊老扶幼，以无私大爱谱写亲情乐章。

打破旧俗　她为公公找"老伴儿"

王晓云出生在一个普通的农民家庭，父母辛勤劳作，赡养着爷爷奶奶，抚养着她们姊妹7人。13岁时，父亲因病猝然离世，46岁的母亲强忍着丧夫之痛，艰难地挑起了供养全家老小的生活重担，将王晓云姊妹各个抚养成人。

1989年，在甘泉县税务局工作的王晓云和丈夫黄四清结婚。婚后不久，王晓云的婆婆去世，家里只剩下公公和一个未成年的小叔。为了照顾公公和小叔，王晓云过上了两头跑的日子。在同事兼好友张莲芳的记忆中，一到周末就逮不住王晓云的人影，只要一得空，王晓云就会骑一个多小时的自行车，前往20里外的公公家。一进门就开始收拾凌乱的屋子，清洗公公和小叔的衣服。到饭点，一头扎进灶房洗菜做饭。吃完饭，又跟着公公一起上山种地。辛苦劳作两天，每次周一回到单位，王晓云的脚就疼痛难忍，走路都一瘸一拐。当时，王晓云在县城工作，丈夫黄四清长年工作在外，加上租住的房间太小，无法把老人接来同住。想着公公和小叔子能得到更好的照顾，王晓云决定给公公找个老伴儿。

20世纪80年代，农村还很闭塞，人们的思想和观念还较为守旧，媳妇给公公当"红娘"，这让不少村民都议论纷纷。"第一次听说媳妇上赶着给公公找老婆""上梁不正下梁歪"……闲言碎语不断地在村里蔓延。为了公公晚年的幸福，王晓云还是顶住压力，安慰公公不要在意，还当着全村人的面儿为公公操办了婚礼。婆婆去世后，公公的脸上又一次有了笑容。

那时候条件差，加之继婆婆李爱英来时还带着两个未成年的女儿，一家人的生活更捉襟见肘。王晓云和丈夫精打细算，极力贴补家用，让小叔子和两个小姑子都上了学。

命蹇时乖 她舍身忘我照顾继婆婆

有了继婆婆的照顾，尽管日子很艰苦，但公公一家相亲相爱，日子过得其乐融融。每到周末，王晓云仍然坚持回家看望老人，帮忙做农活，尊敬孝顺公公婆婆。

除了带来的两个女儿，继婆婆还有一个已成家女儿和两个儿子。但不幸的是，婆婆的两个儿子先后因突发心脏病和肝癌离世，连遭失子之痛的打击，使继婆婆一病不起。王晓云就干脆将公婆接来与自己同住，一人挑起了照料老人、照顾弟弟妹妹的重担。

面对心态消极的婆婆，王晓云紧紧地握着的老人的手坚定地说："妈，不要怕，还有我们呢！"连续多少天，她日夜守护在婆婆床前，宽慰着她，陪伴着她。婆婆不吃饭，王晓云想方设法转移注意力，给老人讲关于未来的美好畅想。在王晓云的帮助下，婆婆慢慢地走出悲痛。可好景不长。几年后的一天，婆婆李爱英突然感到头晕恶心，晕倒在地。医院检查后确诊为脑梗塞，出现大小便失禁、不能走路、说话困难等症状。老人吃饭困难，王晓云就一口一口喂；老人大小便失禁，经常弄脏被褥，王晓云特意准备了几套被褥，每天更换清洗；老人大便干燥，有时候几天都无法正常排便，王晓云就用手一点一点抠……

幼年生活艰苦，王晓云的骨骼从小就不好，特别是脚踝，经常有痛感，平时忍忍也就过去了。为了照顾婆婆，她总是忙忙碌碌跑前跑后，每天晚上脚都肿得像"猪蹄"一样。她只是泡泡脚，涂抹些药膏，第二天继续奔波，总想等着忙完了去看医生。

2015年4月，王晓云在同事张莲芳的陪伴下，来到医院检查，发现双脚距骨严重坏死，胫骨和舟骨也有不同程度的坏死。得知结果时，王晓云眼泪不住地往下流。张莲芳知道，王晓云是担心自己再没办法照顾身边的亲人。就在这时候，她的婆婆又一次犯病，丈夫不在，王晓云背起婆婆从五楼一步步挪下来，全然不顾脚的疼痛，豆大的汗珠砸在地上，她咬着牙，心里暗暗给自己鼓劲。总算，婆婆得到及时治疗，醒来后握着她的手颤声说道："我这辈子可害苦你娃了呀！"王晓云微笑着说："你是我妈，我是你女子，有什么害苦的！"在王晓云悉心的照顾下，婆婆又可以拄着拐杖走路，大小便也渐渐能自理了，王晓云的脚却不得不接受手术治疗。"晓云比我的亲闺女还要亲，没有她的照顾，早就没有我老太婆了。"每次一见到邻居，王晓云的婆婆李爱英就要不停地夸她的好媳妇。

提起妻子王晓云，丈夫黄四清一直觉得有亏欠。从结婚那天起，王晓云就跟着他回到老家劳作，连结婚"度蜜月"都是在山上锄地。为了照顾公婆，王晓云患上严重的脚疾，黄四清非常心疼。"这辈子能遇上王晓云真是我的福气。"黄四清用朴素的语言表达了他浓浓的爱意。

守护亲情　她是姐姐的"避风港"

王晓云的二姐年纪轻轻就守了寡，并独立抚养两个未成年的孩子，可是2007年春节之际，二姐却突发脑溢血，需要做开颅手术。手术后，王晓云三天三夜没合眼，守候在姐姐床前悉心照顾，直至姐姐意识清醒。能进食后，王晓云一日三餐变着花样为二姐调剂饭菜，还伺候大小便，清理脏衣秽物、翻身擦身、洗脸喂饭……

为了方便照顾，王晓云将二姐接回自己家，帮她进行康复训练、尽心照料。两年时间里，她带着二姐四处求医，可最终仍没能留住二姐。二姐去世后，留下两个年幼的孩子无人照料。王晓云就把他们当成自己的孩子抚养。

如今，姐姐的两个孩子现已长大成人，外甥女考取了小学英语老师，还多次被评为优秀教师，外甥成功入职延长石油，是班组的业务骨干、青年尖兵。

在王晓云的影响下，两个外甥还长期从事公益志愿活动，把这份爱延续到其他更需要的人。王晓云用一份坚持，照亮了家里的每一处角落，守护了生者的"希望火种"。

孝老爱亲　她沿着榜样的方向一路前行

王晓云常说，她所做的这些事，都源于身边的榜样——她的三位"母亲"。

一位是她的生母。父亲去世那年，46岁的母亲在度过了极度悲伤的日子后，收起了眼泪，用一双勤劳的双手，没黑没白地为家里操持着，无论再难再苦，都不让爷爷奶奶受罪，不让孩子们挨饿。母亲明事理，是全村妇女的典范，母亲热心肠，常常将自己种的菜送给村里的孤寡老人。她教会了王晓云用全部的爱守护全家。

王晓云的另一位"母亲"实则是她的大嫂。大嫂美丽善良，尊老爱幼，第一碗饭总是先端给老人，永远都是干在人前，吃在人后。长嫂像母亲般呵护着王晓云姊妹们，常常点灯熬夜给七个姊妹做鞋。大哥是村支书，各方面都要带头，大嫂便跟着一起带头种试验田、带头种烤烟、带头搞养殖、带头种大棚菜。大嫂的孝老爱亲、通情达理，让王晓云铭刻于心。

第三位母亲是她的继婆婆。在王晓云怀孕时，婆婆步行几十里地，提着筐子送来鸡蛋、小米，还塞给她几个满是斑点的苹果，让她十分感动。在王晓云心目中，婆婆李爱英心地善良、吃苦耐劳，但却命运多舛。婆婆生育5个儿女，但早年就失去丈夫，后来与公公结合，仍起早贪黑劳动，吃尽苦头。她有一颗博大仁爱的心，像亲生母亲一样抚养丈夫的姊妹们长大。在连遭失子之痛的打击，婆婆一病不起，但仍然顽强地与命运抗争，依然心存阳光，不离不弃地守护着大家庭。

王晓云生命中遇到的这三位母亲，都在潜移默化地用女性的善良仁爱、坚毅刚强的人格魅力感染着她，用和睦相爱的家庭氛围熏陶着她。"我在她们身上学到的是坚强、仁爱和责任。"

女儿黄旭从小耳濡目染母亲王晓云对于身边亲人无私的大爱。"从小，妈妈就教育我做事要仰不愧于天，俯不怍于人，要知恩图报，做一个懂感恩的人。"在王晓云写给女儿的家书中，可以看到一位母亲对女儿的殷殷期盼和谆谆教导。如今黄旭已成了家，有了自己的孩子，她说，她也要把母亲的留下来的家风家训教给自己的女儿。

刘忠范：
高寒地区林海深处的女税官

刘忠范，女，中共党员，国家税务总局额尔古纳市税务局莫尔道嘎镇税务所所长。多次被评为"优秀共产党员"，2019 年 8 月，被评为呼伦贝尔市扎根基层先进个人。

雷锋同志说：一滴水只有放进大海里才永远不会干涸，一个人只有当他把自己和集体事业融合在一起的时候才能最有力量。今天，要讲述的就是这样一个人，一位在大兴安岭深处扎根 27 年的基层税务工作者。

原始森林、西伯利亚寒流、税务蓝，这看似没有关联的几组词是她工作生涯的关键词。刘忠范，现任职于国家税务总局额尔古纳市税务局莫尔道嘎税务所，2019 年是她从税的第 27 个年头，也是她在基层的第 27 个年头，就是这位把青春和全部精力都奉献给税收事业的女干部，在平凡中孕育出最动人的力量。

守着她的根

有人问刘忠范："你在基层干了二十多年，就没想过离开吗？"怎么会没想过呢，税务所路远偏僻，医疗教育条件都有限，一位女同志在山沟沟里一呆就是二十多年，很多次她都要打退堂鼓了，想调到市局去工作，但第二天到了单位，当来来往往的纳税人向她咨询业务、新来的小同事向她请教政策法规的时候，她又打消了后退的念头。在她看来，大兴安岭就是她的家，纳税人就是她的亲人朋友，林区需要一个她这样有工作经验的税务人，办税厅这方寸之间就是她的人生舞台。

1992 年，21 岁的刘忠范第一次走进税务局——内蒙古根河市阿龙山税务所。

阿龙山地处大兴安岭西坡北部，属于林区，地方经济落后，人口也少。刚当上税管员的时候，她不敢一个人出门收税，就跟在单位老同事的后面，拿着税票，夹着算盘，骑上自行车，到市场里挨个摊位征收。20世纪90年代初的小镇物资匮乏，卖东西的摊位也少，卖肉的老板都特别牛气，手起刀落，不停挥舞着剔肉刀，看都不看一眼这瘦瘦小小的税管员。刚开始看见这种情景她就赶紧躲在老税管员的身后，每次都是老税管员把她拽到前面来，手把手的教她记账、开票，她也格外认真地学习。时间长了，业务熟了，信心也足了，她逐渐能够自己独立完成这些工作了。在阿龙山税务所的那十几年，刘忠范先后在前台征收、收核会计、稽查局等岗位工作历练。税务所人少，业务种类却不少，她总是开玩笑的说除了门卫打更这活没干过，其他啥都会。

跟西伯利亚寒流的正面较量

2008年，在阿龙山税务所工作15年后，刘忠范被调到额尔古纳市的莫尔道嘎税务分局。莫尔道嘎镇在原始森林深处，距离额尔古纳市228公里，都是坑坑洼洼的山路，每天只有一班客车，要行驶将近4个小时。道路崎岖不算什么，更艰苦的是这里的高寒天气，小镇离俄罗斯很近，别的没沾上光，只要一有寒流，必定光顾莫尔道嘎。2012年12月，受西伯利亚寒流影响，莫尔道嘎镇气温骤降到零下50多度，房屋似乎都要被冻裂开来，这样的气温持续了十多天。外面天寒地冻，雾气弥漫，分局屋里烧着土炉子，24小时不间断地一锹一锹往炉子里填煤，可依旧没能阻止暖气管冻爆。冻爆的暖气管喷出的水把办税厅和办公室都给淹了，修理管道的师傅都在百公里外的市里猫冬呢。刘忠范和三名职工一起，连夜把水引到屋外，零下50多度，泼水成冰的温度，整整一宿没睡觉，棉衣棉裤从里到外湿了个透，又冷又累浑身直打哆嗦，全力以赴赶在第二天办税厅开门之前修好了管道。寒冷也是大自然的厚赠，它让这里的人更加坚强，基层的税务人，往往在工作的同时，还要与恶劣的自然环境抗衡。

纳税人的知心人

刘忠范的口袋里常年装着一小瓶降压药。一次季度征期，有位大娘因为人多排队着急突然血压升高晕倒，刘忠范及时扶住大娘并帮其服下降压药，像这样的事情不胜枚举，多年的基层工作经验，她已经对纳税人的需求了然于心。

2015年，刘忠范的儿子在几百公里外的牙克石市上高三，高考前夕，她答应亲自送孩子进考场，给孩子加油打气，嘴上答应，可实际行动却没跟上。莫尔道嘎镇管户813户，每一户的经营状况、涉及税种都在她的脑子里。镇上有一家福利工厂，按照政策规定享有退税优惠政策，偏偏赶在高考前一天，她得起草完退税公文才能走，一边是要参加高考的孩子，一边是眼巴巴等着退税文件的企业，她陷入了两难。残疾人经营企业很不容易，给那么多家庭带来生活的希望，不能因为自己的家事耽误了人家退税，她决定自己制发完公文再出发。当她赶到学校的时候，儿子已经开考。出了考场，孩子轻轻地抱了她一下，对她说："妈，注意身体，别太拼了。"那时候刘忠范偷偷地抹眼泪了，哪个当妈的不想在这么重要的时候陪在孩子身边？税务人的孩子也是好样的，能够懂得妈妈的良苦用心，能够体会这一份沉甸甸的责任。

  刘忠范从事税收工作27年，全部在乡镇分局，在税收最前线，经历过金税三期上线、营改增、机构改革等一系列大事。2015年，刘忠范患甲状腺恶性肿瘤住院手术，经过一周的简单休养就回到了单位。2016年4月，体检中又发现乳腺肿瘤做了切除手术，但手术之后恰逢营改增倒计时。4月12日，做完手术不到一周的刘忠范回到家中，大夫反复叮嘱她一定要好好休养，一个月后再去上班，可她实在是坐不住，离5月1日还有不到20天，分局的工作进展顺利吗？纳税人能理解和支持吗？这都是她担心的。说服了爱人，她赶紧回到单位。分局人员少，营改增工作量又大，很多纳税人还不理解，任你怎样解释还是有一些纳税人不配合，真让人着急。这一急刘忠范的手术刀口发炎溃烂了，原本身体瘦弱的她不得不二次开刀，开始一个更加痛苦的恢复过程，她问医生能不能回家换药，这样还能去上班，当时他爱人就生气了："你还想不想养好病了？没有你，单位难道就不运转了吗"。刘忠范何尝不知道爱人的担心呢，毕竟镇上的医院医疗条件有限，但她更了解这次税制改革意味着什么，更了解分局的工作情况，她耐心的解释，又给爱人看了许多备战营改增的新闻报道，她说："我作为分局的带头人，在关键时刻不冲在前面，不是辜负了党和组织的信任吗？"最终，她又一次说服了爱人，每天送她去镇医院换药，伤口一次次被揭开流出血水、反复擦药，再一点点缓慢恢复。尽管疼痛难忍，但她咬牙坚持，换完药带着引流管就去单位核对户数、汇总数据，疼的不行就在办公桌上趴一会儿。刘忠范，小小的个子，瘦弱的肩膀，却坚定地扛起了税徽上的责任。就这样坚持了近 20 天，终于迎来 5 月 1 日，营改增审核确认 351 户全部顺利完成，莫尔道嘎税务分局，没给我们额尔古纳拖后腿。

减税降费的"排头兵"

减税降费工作开展后，时间紧、任务重，常常是一件事情没做完，另一项任务又下达了，因此，加班加点已经成为常态，刘忠范和她的同事早就已经习惯了。作为莫尔道嘎镇税务所所长和减税降费工作第一责任人，很多工作除了她来牵头布置和协调，更需要她亲力亲为。减税降费这场硬仗千头万绪，海量的数据统计更是重中之重，除了繁重的退税数据录入，还要分行业、分税种、分等级、分政策进行核实，和相关人员进行会审，确保户数和减免税额精准无误。由于长期紧盯电脑屏幕，刘忠范的眼睛已经超出了承受范围，出现干涩症状，视力不断下降，有时看人都会模糊，她却只是滴点眼药水来缓解干涩。工作一忙就是一天，甚至连口水都喝不上，她的嗓子经常处于嘶哑状态，每天直至深夜才拖着疲惫的几乎虚脱的身体回家，顾不得爱人的感受和责备。由于 2015 年、2016 年两次手术后不久便回到了工作岗位，身体一直没有完全康复，她强忍着身体疼痛和不适，始终顽强地坚守在减税降费第一线，她的心里只有一件事：将减税降费数据误差降到最低，将减税降费政策贯彻到底。

坚　守

随着办税条件显著改善，再也不用一边办理业务一边烧着土炉子了。国税地税征管体制改革后，税务分局变为税务所，领导们问刘忠范的去留，她有过犹豫，但最后选择继续坚守，守着这片原始森林，守着这一座座青山。在 27 年的基层工作中她帮过数不清的纳税人，走过数不清的山路，撒下数不清的汗水。平凡孕育伟大，信仰铸就理想，作为一名女税干，她让税徽更加闪光！

文化建设先进典型

龙智海：
方寸票证　逐梦前行

龙智海，男，中共党员，国家税务总局湘潭市税务局第二税务分局科员，中国税票研究会和中国摄影家协会会员。20年来，他累计收藏税票1000余张，时间跨越清代、民国、新中国成立前后等百余年历史，种类涵盖农业税、牲畜税、盐税、杂捐杂税等10余个税种。

忠诚"税"月，开启收藏

熟悉龙智海的人都知道，一旦谈起税票和税票收藏，44岁的他就仿佛变成了另外一个人，由平素的干练沉稳、不苟言笑，切换到津津乐道、妙语如珠。久而久之，大家都知道了他与税票收藏事业的结缘，要从刚参加工作的时候说起。

20世纪90年代中后期，初出茅庐的龙智海从事基层税收工作，他走村串户、扎根农村10年多。一叠叠屠宰税完税凭证，各式各样的印花税税票，经他之手成为了充盈国库的入库资金。在油然而生的成就感之外，他逐渐对这些票证产生了兴趣。这些别人眼中的普通印刷品，在他看来，不同的种类，不同的功用，既承载了国家治理责任，又反映出税收事业在不同历史时期的文化特征和深刻内涵。

最初，龙智海只是下意识的留存一些票证，聊以纪念自己的工作岁月，直到他第一次参加印花税税票展。面对无数张印花税税票展品，他一方面惊讶于自己日常使用的工具，竟然有一个如此庞大的族群，另一方面被那方寸票证之上蕴含的如此丰富的政治、经济和文化信息所折服。大开眼界之后，他当场萌生了收藏税票的想法。从那一刻起，小小的税票承载不再仅仅是个人的青春岁月，还有他对税收事业的执着追求和义务记录国家"税"月的责任心,收藏税票成为了他基于工作热情衍生的兴趣爱好。

不负"税"月,屡获珍品

税收票证多为纤薄的普通纸质,相对于字画等文物,税票绝无宣纸绢材的光鲜与高档,相对于金石类文物,更加谈不上坚固皮实,加上战争、水火灾害众多原因,该类文物非常不易保存,且大多散落民间,遗存稀少。在收藏界,税票收藏是正儿八经的冷门,龙智海的收藏梦注定五彩斑斓,坎坷萦绕。

2000年6月18日,龙智海驱车80余公里,前往湘潭县青山桥镇一农户家,入手一张"中华民国三年十二月六日"(公元1914年)的农业税票。这是他在收藏之路上的首秀。从此以后,他20年如一日,收集的税票包括印花税、农业税、盐业税等多个税种品类,时间跨度从清朝直到当今,区域范围遍及全国,从数量到质量都堪称上乘,在业内获得了相当好的口碑。

如有佳品,金玉不足为贵。他曾看中了一套1930年国民政府雪茄烟印花税样票,报价8000元,是他当时月工资的4倍有余。价格显然有点高,但他的收藏橱柜中,确实缺一类这样的藏品,这一下子就击中了龙智海的软肋。在接下来的3个月,他虔诚地登门拜访,小心地讨价还价,最终以6000元与原藏家成交。有的人喜欢山珍海味,有的人喜欢豪宅靓车,也有的人宁可自己节衣缩食也初心不改,没有一颗执着热爱收藏税票的心,又岂会购买在旁人看来等同废纸的税收票证。这,就是龙智海。

铭记"税"月,逐梦前行

方寸票证之间,感受万千世界。闲暇时,龙智海沉浸在色彩斑斓的税票艺苑,遨游税海,感怀"税"月变迁。作为一个藏家,他的收藏事业源于他始终忠诚无比的职业;作为一个税务人,他的梦想,是让更多的纳税人透过税票看税收,了解税史助力税收。

"衣食所安,弗敢专也,必以分人"。工作中,他经常把税票带给同事们一起欣赏,分享税票背后的故事,有的时候说得兴起,甚至送给大家,收藏大家的豪气尽显其中。因为对税史的充分理解和独特掌握,凡遇税收宣传相关活动,他更主动"变身"义务工作人员,跑前跑后张罗,现场热心讲解,枯燥单调的税票硬是被他一张张说活了。生活中，作为中国摄影家协会会员，龙智海将自己的摄影技术发挥到了极致，不断把收藏到的各种税票拍成照片，通过各种媒体途径向社会广泛宣传税务文化。

念念不忘，必有回响。方寸票证，终于实现了龙智海多年的梦想：收藏的票证逐渐走出橱柜，进入大众视野，获得了越来越大的影响。2019年4月，全国第28个税收宣传月，"品百年税票　鉴百年税月"税票展在湘潭市博物馆免费展出。300余件展品，跨越清代、民国、新中国成立前后和"文革"时期等百余年历史，涵盖农业税、牲畜税、盐税、房地产税和杂捐杂税等10余个税种。而这些票证实物，全部来自龙智海。先后有3万余名市民前来参观，创湘潭市博物馆专题展人数之最。展览活动分别在《湘潭日报》《湖南日报》《中国税务报》和湖南经视、湘潭都市等频道予以专题报道，取得了极大的正面社会影响。

2019年5月，龙智海的税票藏品受邀请在湘潭市白石古玩珍宝馆展出。

2019年6月，龙智海的税票藏品受邀到长沙税务学院展出。

……

小小的票证，翻开了湘潭乃至全省、全国税收宣传事业的崭新一页。

"税"月不居，时光如流。龙智海在自己的事业和爱好之间，找到了一个美妙的平衡，实现了小爱好推动大事业的不凡梦想。税票很小，梦想很大。龙智海的下一个梦想，是计划在收藏的税票达到一定数量后，开办税票博物馆。

孙文海：
躬耕文化沃土　为税扬帆起航

孙文海，男，中共党员，国家税务总局明水县税务局党委委员、副局长。中华诗词学会会员，黑龙江省曲艺家协会会员。先后创作近百个反映税收文化、弘扬中国税务精神的文学、演讲和曲艺作品分获黑龙江省总工会金奖和黑龙江省、绥化市税务系统一、二等奖。分别被黑龙江各级税务机关春晚及各类文艺演出采用。

他20年如一日用生花妙笔讴歌税收事业发展，用敏捷才思开发黑龙江税收文化底蕴，用多才多艺展现税收事业和税务干部风采，用党建引领赋予税收文化厚重内涵。他就是国家税务总局明水县税务局党委委员、副局长，一位钟情并投身于税收文化建设的税务老兵——孙文海。

讴歌税收生活的高产作者

孙文海是中华诗词协会和黑龙江省曲艺家协会会员，多年来醉心于现代诗、格律诗和多种曲艺类作品的创作。他工作在税务系统，植根于税收沃土之中，他的作品也都自然而然地讴歌着税收事业发展，反映着美好的税收生活。近年来他创作的诗歌《喜庆建党颂税收》《光辉税月　勇毅前行》《二十四载后的团圆》、诗词《沁园春·征管改革抒怀》《七律·减税降费》《江城子·优化税收营商环境》、税务廉政小品《送礼》、精准扶贫小品《税官探家》、快板舞《总书记考察来龙江》《劳动托起中国梦》《鲜花献给谁》等先后在黑龙江省税务系统和绥化市举办的征文及文艺汇演中获奖。其中，税务廉政小品《送礼》在2007年原黑龙江省国税系统纳税服务肇东现场会公演，为重点税源企业——明水三精药业编创的快板舞《鲜花献给谁》在哈药集团成立60周年文艺演出中获一等奖。20年来，先后创作税收文学和曲艺类作品300多件，其中有200多件作品分别在《中华诗词》《纳税向导》《龙江税务》和黑龙江省、绥化市税务局网站上发表。2010年税收宣传月期间，他围绕当年"依法诚信纳税　共建小康社会"主题编撰出版了一本集书画、剪纸、摄影、诗词、楹联、散文和曲艺作品为一体的税收文化宣传专刊，填补了原黑龙江省国税系统县级局出版税收专刊的空白。

善于节目主持的高端策划

孙文海不仅有着文思泉涌的生花妙笔，而且还具备高水平的节目主持和活动策划才能。多年来孙文海一直担当黑龙江省、绥化市税务系统和明水县多种活动的策划和主持工作，从知识竞赛到演讲比赛，从爱心捐款文艺演出到优秀人物颁奖仪式，他始终以一种公益的心态尽心尽力去完成好上级交办的策划和主持任务。2002年3月27日，原明水县国税局新一届领导班子组建，恰逢4月税收宣传月来临，原明水县国税局党组研究决定要在2002年4月1日组织举办一场原国税干部、纳税人和社会各界参加的税收宣传文艺演出。时间紧任务重，所有的重担都压在时任原明水县国税局办公室主任的孙文海肩头。短短3天时间里，他早起贪晚撰写了少年税校学生献词送到学校排练，连续工作编创并导演反映税收主题的文艺节目，同时利用自己的文艺人脉联系社会力量参与到演出当中，4月1日一场主题鲜明的税收宣传文艺演出如期成功上演。2018年国税地税征管体制改革以来，作为国家税务总局黑龙江省税务局特邀的大型活动总撰稿，孙文海参与了黑龙江省税务系统纪念改革开放40周年文艺演出和2019年纪念五四运动100周年"青春建功　寻找身边的感动　十大感动人物"颁奖晚会的策划和撰稿工作，完美呈现了两场文化盛宴。

推进文化建设的高效领队

在明水县税务局，孙文海分管全局的党建工作。在实际工作中，他坚持税务文化与党建工作一手抓，坚持政治挂帅引领税务文化建设，倡导以蓬勃开展的税务文化建设活动助力税收各项工作前行。在他的倡议和组织下，单位成立了"文学爱好者"和"朗诵爱好者"沙龙。他带领干部开展税收文学创作，提高干部朗诵艺术水平；挑选文艺人才组建"明水税务文艺轻骑兵"，利用业余时间排练舞蹈和说唱类节目，定期以巡演形式深入企业、乡镇、社区宣传税法。2019年以来，按照明水县创建"全国诗词之乡"安排部署，明水县税务局深入开展"诗词进机关"活动。活动中，他组织开办诗词创作与欣赏讲座，教导干部进行诗词创作，在短时间内使众多干部从一窍不通的"门外汉"变为了掌握诗词格律并能够进行诗词创作的作者。在2019年明水县税务局组织的"清明怀先烈、赋词迎五一"诗词征文中，共征集到干部创作的诗词作品68件，立体展现了税务干部爱党爱国和献身税收、逐梦未来的情怀。在民族传统节日和重大节日来临之时，他总是紧密结合实际带领党建部门和工会精心组织干部职工开展演讲、诵读、征文、志愿服务和文艺演出等活动，通过活动弘扬中国税务精神，培养干部"一专多能"，使得一大批"文艺青年"在活动中脱颖而出崭露头角。在近年来黑龙江省总工会举办的"中国梦 劳动美"演讲比赛和绥化市税务系统组织的诗歌朗诵和演讲比赛中，由他撰稿并指导的参赛选手均获得金奖和第一名。

　　文思如海情潮涌，为税扬帆踏浪行。在深化征管体制改革加快税收现代化高质量发展的前进航程上，孙文海，这位丹青在怀逐梦前行的歌者，为新时代为税收事业发展谱写出隽永的华章。

朱明东：
痴心文化写诗篇

朱明东，男，中共党员，国家税务总局大兴安岭地区税务局机关党委专职副书记。中国作家协会会员。散文作品获"第八届冰心散文奖"。出版诗集《税魂》《诗客小记》，散文集《行走的歌谣》《在北方》《酒杯里的月光》《檐下无霜》。

作为税务党务工作者，全国税务系统知名作家、诗人，朱明东同志一直孜孜以求将税务文化建设做为一项事业来完成。

国税地税征管体制改革前夕，朱明东担任原国税局教育科科长，他关注的不是自己的去向，而是机构改革期间的税务文化生命不能荒废。改革前，作为原教育科科长，他狠抓全区税务系统税收业务辅导和税务文化理论培训。在短短几天时间里，全区税务干部们的文化理念和思想得到了健康融合。此举，对全区税务系统机构改革顺利进行和税务文化建设稳步发展起到了积极作用。

早在2009年，朱明东就建议并组建了原大兴安岭地区国税摄影爱好者协会。他利用工作之余，他定期组织开展摄影比赛和摄影文化作品展，丰富了原大兴安岭国税文化和精神文明建设。兴安税务摄影活动已成为全局文化建设的一个品牌。多名税务摄影爱好者，已成为省内乃至全国的摄影家。朱明东把讴歌税收事业作为自己的一项使命。朱明东先后从事办公室秘书、办公室副主任、教育科科长等职务。机构改革后，朱明东担任国家税务总局大兴安岭地区税务局机关党委专职副书记。无论从事什么岗位，朱明东始终脚踏实地，勤奋耕耘，爱岗敬业，努力工作。多年来，他利用工作之余和休息时间，坚持深入实际、深入生活,用真挚质朴的笔触抒写了大量文化作品。他创作的散文《窗口》《小税姐》《大年之前》和诗歌《蓝色的旗帜》《我们同行》《穿起一身蓝》等税务题材作品,在全国税务系统引起了良好反响。诗集《税魂》等6部作品,深受全国税务系统广大干部喜爱。当朱明东的散文作品获得"第八届冰心散文奖"时,正逢全国税务机构改革之时。他紧扣时代赋予新税务的最强音,创作了长诗《我们是中国税务兵》,先后发表在2018年9月28日《中国税务报》税苑版和国家税务总局《税务党建》内刊上,并荣获国家税务总局黑龙江省税务局纪念改革开放40周年"致敬光荣历史 拥抱美好未来"主题征文一等奖。

2018年12月,国家税务总局组建诗歌创作组,作为创作成员之一,朱明东参加了总局长诗《穿过历史的拥抱》创作。2019年7月30日,在中央文明办、国家税务总局举办的"中国好税官"暨全国税务系统先进人物现场交流活动会上,该作品被现场朗诵。朱明东为歌颂中国税务做出了积极贡献。

於中甫：
坚守初心　扎根基层　讲述精彩税收故事

　　於中甫，男，中共党员，国家税务总局广州市黄埔（开发）区税务局党委委员、总经济师，中国作家协会会员，广东省作家协会理事。获全国第七届冰心散文奖，2016年冰心儿童文学新作奖，番禺市文学奖等。鲁迅文学院第33届中青年作家高研班学员。出版散文集《税月如许》以及诗集《我的唐诗宋词》《城里的布谷》等。

扎根基层，文化兴税

　　於中甫同志立足于税收工作，立足于本职岗位，理性工作，诗意写作，竭尽所能，利用自身的一技之长服务税收，服务工作。除了撰写信息、调研、宣传、综合材料外，还通过散文、小小说、诗歌等文学体裁为税收鼓与呼。

　　税收文学是为税收工作服务，也是以人民为中心的文学。於中甫参加工作后，着力围绕税收抒写新时期征纳关系，反映和思悟身边的人和事。所撰写的《挑战》《窗口的荔枝》《那些年我的四个大叔同事》《春风轻轻地吹拂》等，多次获得原广东省地税系统多次征文一等奖等。

　　於中甫将新时代文学更好融合税收工作，深入基层，扎根基层，不断书写税收故事讴歌人民致敬纳税人。曾在《广东税务》上开设专栏《税月文心》，绘写出了依法治税服务纳税人的正能量。

　　於中甫是广东省税务系统唯一一名中国作协会员，在《人民日报》、学习强国APP、《文艺报》《中国税务报》《广东税务》等媒体发表多篇文章。2019年被推荐为广东省作家协会第九次代表大会代表，并当选为广东省作家协会理事。

钻研业务，为国聚财

作为分管法制工作的局领导，於中甫认真细致学习法律业务，曾出庭应诉广州富贵城公司4亿多元退税案，通过精心准备、精细组织、精准答辩，确保了把该案再审申请终结于审查阶段，不予再审。从而确保了近5亿元国家税款不致流失，为广东税收经济发展和大湾区建设保驾护航。

情系山区，精准扶贫

2012年，於中甫作为帮扶工作组组长奔赴500公里外的梅州市大埔县百侯镇武塘村，进行为期3个多月驻村帮扶。他上山头，进农家，到客家，走访察看。与留守的山区村民交谈，询问他们的衣食住行，听取他们的真实的诉求和心愿。他用情用心，切实做好危房改造、蜜柚种植、捐资助学、修路引渠，积极推动了武塘村美丽乡村和振兴建设。

左 中：
笔耕不辍写春秋　以文兴税扬正气

左中，男，中共党员，国家税务总局铜陵市郊区税务局党委委员、纪检组长。热爱文学创作，廉政漫画《"铁骨御史"左光斗稽税记》入选安徽省纪委首届"安徽廉洁文化精品工程"，散文《白湖农场的来信》获第二届方苞文学奖。

一张书桌、一把椅子、一台电脑、一摞书籍和一支毛笔，这就是左中同志的日常"玩伴"。自1993年参加工作以来，他始终以一名基层税务文化"志愿兵"的角色笔耕不辍。

不拘一格，做清风正气的宣传员

左中现为鲁迅文学院安徽中青年作家班学员、安徽省作协会员、铜陵市书协会员，他充分发挥自身写作、书画特长，积极投身税务文化建设。在任原铜陵市郊区国税局纪检组长后，他针对局里廉政宣传碎片化的现状，勇于突破、大胆创新——通过原铜陵市国税局网站、微信公众号开辟"廉政文化半月谈"，漫谈铜陵乃至安徽地区的廉政遗迹、典故与佳话。栏目以安徽泾县的警示诗《泾溪》开篇，将铜陵的"廉镜""廉田""惜阴亭""陶母封酢"，桐城"六尺巷"、合肥"包拯家训"等一个个廉政小故事串珠成链，打造了"一局一品"品牌栏目，传播廉政文化正能量、树立良好的铜陵税务廉政文化新形象。策划举办了三届"桐花杯"廉政书画摄影作品展，号召广大税务干部职工、纳税人和社区居民拿起手中的纸笔、画板、相机，讴歌税收惠民成果、抄录廉政警句格言，得到了系统内外的积极响应。2018年，在深入研究铜陵枞阳历史名人左光斗文集《左忠毅公集》，挖掘出左光斗查处的一起不法之徒截留贪污税款的案中案史料，创作廉政漫画《"铁骨御史"左光斗稽税记》。作品分别代表国家税务总局安徽省税务局、铜陵市纪委参加由安徽省纪委举办的首届"安徽廉洁文化精品工程"作品征集活动并成功入选。

不遗余力，做地方文化的发掘者

2016年，左中以连载的形式在《铜陵广播电视报》发表《"铁骨御史"左光斗》。2017年6月起，以《"铁骨御史"左光斗》为母本，设法利用节假日四处走访采风、探访遗迹、考证史料，历时三载，前后增删十二稿，于2018年10月完成《左光斗及其家族》的写作，第一本全面反映左光斗及其家族历史的专著。积极参与旨在反映左光斗家风的新编历史黄梅戏《御史夫人》，不遗余力地宣传左光斗家族诗书传家、扶贫济困的良好家风。撰写的《诗书之家是怎样炼成的——谈左光斗家族读书之路》获铜陵市文联、铜陵日报社联合举办的"家风家训家教"文学征文二等奖；为"好家风进校园"绘本《我们的好家风》，撰写《左光斗家族家风：扶贫济困、廉洁自律》文稿。

不辞劳苦，做传统文化的搬运工

基于对好家风、好家训教化作用的深刻认识，左中开始关注本土历史名人家风家训。将一本曾备受曾国藩垂青如今却湮没不彰的张英家书《聪训斋语》，从历史故纸堆中挖掘出来，撰写《恒产琐言》读后感，且以封面文章形式通过核心期刊《瞭望东方周刊》广为传播；撰写《一本家书的奇幻旅程》发表于《新安晚报》，呼吁推动了《父子宰相家训》第三次的再版，使字字珠玑的《聪训斋语》重新为世人所知，并向税务系统广大干部职工推荐此书。为支持铜陵市税务局"青铜之梦——税务文化建设巡礼"系列活动的开展，左中还精选出自己发表在《中国税务报》《中国税务》《新民晚报》《铜陵日报》等纸媒上的散文、漫画、摄影和钢笔画作品，结集为专辑《月河》参与展示和分享，赢得好评，激发了税务干部职工的创作热情。

点 评

　　45名全国税务系统先进典型个人，展示了用生命书写的真善美，彰显了用心灵蕴含的人性真谛，汇聚了税收事业发展强大精神力量。一个个生动鲜活的事迹，一张张坚强自信的面庞，我们看到，这里有向上向善的人格力量，有开拓进取的敬业精神，有清廉自守的高尚情操，有公而忘私的家国情怀，是践行社会主义核心价值观的生动体现，是践行中国税务精神的形象展示。国家税务总局党委书记、局长王军说："税务队伍中每个人都有一颗金子般发光的心，每个人都是税收事业天空中璀璨的星！"

　　在新时代，面对建设高素质专业化税务干部队伍、开启高质量推进新时代税收现代化的新征程，广大税务干部更要以永不懈怠的精神状态、一往无前的奋斗姿态，见贤思齐、勇于担当，充分发挥党员先锋模范作用，创造无愧于时代的光辉业绩。一是展示税务系统新形象。广大税务干部要学习先进典型恪尽职守、默默奉献的优秀品质，切实增强服务意识，不断展示税务新形象。二是树立税收工作新标杆。先进人物以出色工作实绩为广大税务干部建立了标杆。广大税务干部要学习先进典型追求卓越、精益求精的工作精神，不断提升税收执法的知识和能力，成长为税收人才。三是创造税收事业新成绩。广大税务干部要学习先进典型的拼搏进取、只争朝夕的职业态度，不断激发干事创业热情、积极奋斗，为税收事业发展做出新的更大贡献。

附录：

国家税务总局关于印发《国家税务总局关于加强税务文化建设的指导意见》的通知

（国税发〔2009〕14号）

各省、自治区、直辖市和计划单列市国家税务局、地方税务局，扬州税务进修学院：

现将《国家税务总局关于加强税务文化建设的指导意见》印发你们，请结合单位实际，认真贯彻执行。

税务文化是一个开放的体系，税务文化建设也是一个随着时代变化而不断发展变化的新事物。各地税务机关在大力加强税务文化建设的过程中，要从实际出发，重视理论研究，扎实有序的推进各项具体工作。要发扬勇于创新、积极探索的精神，结合精神文明建设和思想政治工作，结合工作性质、地域特点和税收特色，不断推出税务文化建设的新思路、新形式、新方法，丰富和发展税务文化。各地税务机关要将税务文化建设中的好经验好做法及时报告国家税务总局。

国家税务总局
二〇〇九年二月十八日

国家税务总局关于加强税务文化建设的指导意见

为了全面贯彻落实党的十七大精神，坚持以科学发展观推动和谐税务建设，更好地贯彻聚财为国、执法为民的税收工作宗旨，促进税收事业又好又快发展，现就加强税务文化建设提出如下意见。

一、加强税务文化建设的重要意义

（一）税务文化建设的重要性。税务文化是社会主义先进文化的组成部分。在构建社会主义和谐社会的伟大实践中，税务部门肩负着历史使命和重要责任，需要充分运用税务文化的力量，以正确的价值观念、先进的管理理论、共同的发展愿景凝聚精神力量，打牢共同思想基础，培育良好道德风尚，促进科学发展，激发税务人员的积极性、主动性、创造性，使广大税务人员精神风貌更加昂扬向上，税务部门的共同价值取向充分展现，税务文化软实力进一步提升，进而形成推动税收事业发展的巨大内在动力。

（二）税务文化建设的必然性。党的十七大做出了兴起社会主义文化建设新高潮的重大部署。在全国税务系统着力推进税务文化建设，为繁荣社会主义文化做贡献，已成为时代的必然要求。同时，加强税务文化建设也是税收事业发展到一定阶段的客观要求。改革开放以来，依法治税深入推进，税制改革稳步进行，税收征管不断加强，税收收入大幅增长，税务人员素质进一步提高，税收事业呈现良好的发展势头。各级税务机关已经具备了全面加强税务文化建设的现实条件。面对良好的发展机遇，大力加强税务文化建设，已经成为全方位提升税收管理和加强税务机关内部建设的必然选择。

（三）税务文化建设的紧迫性。税务文化建设来源于税收事业的实践，支撑和推动着税收事业的科学发展。多年来，各级税务机关积极探索推进税务文化建设，取得很大成效。但是，与新形势新任务新要求相比，还存在一些不适应的地方，突出表现在：一些税务部门对税务文化建设重视不够；税务文化建设缺少统一的规划、内容和标准，发展程度参差不齐；缺少新形势下税务文化建设的研究和创新，人才短缺；等等。在当前税收事业不断发展、各级税务部门越来越重视税务文化建设的形势下，迫切需要以改革的精神、创新的思路、发展的办法，在全系统深入推进税务文化建设，满足广大税务人员对进一步加强税务文化建设的强烈要求，创建具有鲜明时代特征和丰富实践内涵的税务文化体系。

二、税务文化建设的指导思想、总体目标和基本原则

（四）指导思想。以邓小平理论和"三个代表"重要思想为指导，深入贯彻落实科学发展观，以社会主义核心价值体系为核心，以促进税务人员全面发展为目标，坚持聚财为国、执法为民的税收工作宗旨，大力加强税务精神文化建设、制度文化建设、行为文化建设和物态文化建设，为税收事业的科学发展提供强有力的精神支撑和文化保障。

（五）总体目标。建立适应社会主义市场经济发展和符合社会主义核心价值体系要求的税务文化体系，积极推进税务文化建设，培育政治坚定、业务熟练、作风优良、团结协作的税务队伍；形成规范有序、严密高效、运转协调、纪律严明的税务管理体系；建设法治、文明、和谐、规范的税收工作环境；树立依法治税、爱岗敬业、诚信服务、廉洁高效、奉献社会的税务形象，促进税收事业全面协调发展。

（六）基本原则。坚持正确的政治方向。坚持马克思主义理论的指导地位不动摇，打牢税务文化建设的思想基础。以科学发展观统领税务文化建设，不断增强贯彻落实科学发展观的自觉性和坚定性。把社会主义核心价值观融入税务文化建设全过程，在税务系统倡导一切有利于爱国主义、集体主义、社会主义的思想和精神，倡导一切有利于改革开放和现代化建设的思想和精神，倡导一切有利于民族团结、社会进步、人民幸福的思想和精神，倡导一切用诚实劳动争取美好生活的思想和精神，不断满足税务人员日益增长的精神文化需求。

坚持以人为本。税务文化建设的根本目的在于满足税务人员精神文化需要、提高税务人员综合素质。要依靠广大税务人员的积极参与和支持，尊重税务人员主体地位，发挥税务人员创造精神，最大限度地集中税务系统以及全社会的智慧和力量，投身税务文化建设。坚持用税收事业凝聚人，用科学机制激励人，以文化建设推动干部队伍建设，使税务人员自身价值与税收事业发展高度统一。税务文化建设的成果要体现在不断提高税务人员思想道德素质和科学文化素质上，体现在不断增强税务部门征管质量和纳税服务上，体现在税收事业不断发展和税务人员实现个人理想的高度统一上，税务文化建设成果应惠及全体税务人员，惠及全社会，实现人人共建人人共享的良性机制。

坚持税务特色。保持和发扬税务部门在长期税收工作实践中形成的以价值观念、职业道德、行为规范、管理制度、业务特征和办税设施为主要特色的税务文化传统，大力弘扬税务系统多年来形成的优良品德和作风，结合税收工作特点和发展实际，提炼形成以税务精神、价值理念、共同愿景、行业形象为核心的税务文化，并使之融入到税收制度、税收执法、纳税服务、行政管理、队伍建设等各项税收工作中去，建立税务部门统一规范的职业道德、行为准则和行业标识，进一步构建具有鲜明特色的税务文化体系。

坚持与时俱进。税务文化建设应牢牢把握税收形势变化，紧跟税收改革步伐，始终站在税收事业发展前沿。坚持解放思想、实事求是、与时俱进，以创新精神和科学态度去认识、把握和遵循税务文化发展的客观规律。深刻认识当今时代对税务文化的发展要求和根本趋势，不断研究税务文化建设中的新情况，解决新问题，形成新认识，开辟新境界。弘扬与时俱进的精神，不断推进税务文化建设的理论创新，推动实践创新，使税务文化建设的理论和实践永远体现时代性，把握规律性，富于创造性，不断赋予税务文化新的时代内涵，使之始终充满生机和活力。

三、税务文化建设的主要内容

税务文化是税务部门在长期的税收实践活动中积累形成的价值观念、职业道德、管理制度、行为规范和各种物质形式的总和，包括精神文化、制度文化、行为文化和物态文化四个层面。

（七）税务精神文化建设。税务精神文化是税务人员共同信守的基本信念、价值标准、职业道德观念及精神追求，是税务制度文化、行为文化、物态文化的集中体现，是税务文化发展的内在活力、力量源泉和精神支柱。

确立工作宗旨。工作宗旨即组织使命，是一个组织存在的理由和价值。税务人员要牢固树立"聚财为国,执法为民"的工作宗旨,牢记为国家经济发展服务,为广大纳税人服务的工作职责,充分发挥税收职能作用,严格执行税收法律法规。税务部门既要紧紧围绕税收中心工作尽职尽责,又要为承担社会责任发挥积极作用。税务人员要不断增强做好本职工作的使命感、责任感和荣誉感,提高综合素质和工作水平,出色完成各项任务,为构建和谐社会而不懈努力。

制定目标愿景。要以"服务科学发展,共建和谐税收"作为税务人员共同的目标愿景。围绕这一目标愿景,努力做到法治公平、规范高效、文明和谐、勤政廉洁。大力推进依法治税,规范税收执法,营造良好的税收法治环境;积极稳妥地推进税制改革和税收政策调整,逐步建立有利于科学发展和公平分配的税收制度;大力实施税收科学化、专业化、精细化管理,规范税收管理制度和业务流程,加强信息化建设,不断提高税收管理的质量和效率;不断改进和优化纳税服务,提高纳税服务水平,共建和谐的税收征纳关系;大力加强税务干部队伍建设,努力营造干事创业的良好工作氛围,激发广大干部职工开拓进取、勤奋工作;大力推进党风廉政建设和行风建设,认真解决纳税人反映强烈的不正之风,树立税务部门良好的社会形象。

弘扬税务精神。税务精神凝聚着税务人员对国家的忠诚、对党和人民赋予神圣使命的认知和现实感受,积淀着税务人员对税收事业深层次的精神追求和行为准则。塑造税务精神境界,最重要的是贯彻落实党的十七大精神,高举中国特色社会主义伟大旗帜,在全国各级税务机关和广大税务人员中大力弘扬"忠诚、敬业、守法、廉洁、创新"为主要内容的税务精神,将与时俱进的时代精神、理想信念、奋斗目标和价值观念同税收工作实践密切融合,统一思想,凝聚力量,引导激励广大税务人员开拓创新,推动税收事业不断发展,形成集中反映全国广大税务人员团结奋进的共同精神面貌。

精神文化在整个税务文化体系中处于核心地位,是税务文化的精髓和灵魂。要在传承历史的基础上,随着税收工作的不断发展,及时赋予新的内涵,使税务精神文化建设不断得到丰富和完善。

(八)税务制度文化建设。税务制度文化是税务机关在一定的经济文化环境和税收征收过程中运用制度进行管理实践所形成的共识。加强税务制度文化建设,首要的是将以人为本、可持续发展和统筹兼顾的科学发展观贯穿于税收各项法律法规中,在税收制度中体现科学发展、和谐税收的理念和价值取向。同时,将税务精神、共同愿景贯穿于税务机关内部行政管理制度中,使税务系统倡导的执法理念、服务理念和管理理念内化为税务人员自觉遵循的行为规范和工作准则,保证各项工作有章可循,有据可依,促进管理专业化、科学化、规范化和精细化。

完善税收制度。以党的十七大提出的"实行有利于科学发展的财税制度"要求为目标，加强经济发展形势的研究和预测，按照"简税制、宽税基、低税率、严征管"的原则，以创新的精神健全和完善税收制度和办法，积极稳妥地推进税制改革，更好地改进和优化税收制度安排，建立更加科学、公平、完备的税制体系，为完善社会主义市场经济体制、促进和谐社会建设创造更加良好的税收环境。

统一执法规范。按照加强管理、有利服务、讲求效率的要求，规范税务机构设置，完善征收管理体制，优化税收业务流程。进一步明确职责分工，建立岗责体系，规范工作标准，客观、公正地评价税务人员的工作实绩。深入贯彻《行政许可法》和《全面推进依法行政实施纲要》，按照法定权限和程序行使权力、履行职责，实行政务公开，积极探索保证审批权力正确行使、后续管理科学有效的制度和机制，形成权力层层分解，工作环环相扣，相互联系制约、科学严密的管理链条。

构建服务体系。牢固树立征纳双方法律地位平等的理念、公正执法是最佳服务的理念、纳税人正当需求应予满足的理念，做到依法、公正、文明服务。加强纳税服务机构建设，完善纳税服务管理制度，健全纳税服务体制机制，规范纳税服务标准，丰富纳税服务内容，改进纳税服务手段和方式。加大信息化建设力度，不断提高服务效率。加强纳税信用体系建设，提高纳税遵从度。建立完善以纳税人满意度为主要内容的纳税服务考核指标体系，建立纳税人对税务机关纳税服务质量评议、评价和监督制度。

优化行政管理。深化干部人事制度改革，推行公务员分类管理办法，扎实稳妥推进机构改革和事业单位改革，逐步形成广纳群贤、人尽其才、充满活力的用人机制，营造良好团队氛围与和谐的工作环境。贯彻落实"人才兴税"战略，完善教育培训制度，加强教育培训规划，改进教育培训方法，丰富教育培训内容，全面提高税务人员的综合素质和工作能力。健全内部规章制度、行为准则，加强机关政务、事务、财务及后勤保障等管理，保持良好工作秩序，提高工作效率，形成行为规范、运转协调、公正透明的行政管理体制。

加强廉政建设。由廉政建设发展起来的廉政文化建设，是税务文化建设的重要组成部分。要按照建立健全税务系统惩治和预防腐败体系的要求，在教育、制度、监督、改革、纠风、惩处等各方面齐头并进推动党风廉政建设。在推进反腐倡廉教育方面，加强税务领导干部廉洁从政教育、党的作风和纪律教育，加强反腐倡廉宣传教育。在健全反腐倡廉法规制度方面，进一步健全领导干部廉洁自律制度、党风廉政责任制领导体制工作机制的具体制度、违纪违法行为惩处制度等，形成完善的制度体系。在强化监督制约方面，加大对领导班子、领导干部监督的力度，加强对税收执法权和行政管理权重要领域和关键环节的监督。建立健全相互制约又相互协调的权力结构和运行机制,整合监督资源,形成监督合力。在纠正损害群众利益的不正之风方面,深入开展专项治理,建立防治长效机制。在坚决惩治腐败方面,加大查处力度,提高执纪执法水平,发挥案件查处的综合效应。

制度带有根本性、全局性、稳定性和长期性,要通过建立健全各项管理制度,形成科学的制度体系,彰显丰富的税务制度文化,保障各项工作的有序开展。

(九)税务行为文化建设。税务行为文化是指税务人员从事税收工作以及日常学习、生活过程中的活动文化,是税务机关工作作风、税务人员精神风貌、素质修养的动态体现,也是核心价值观、税务精神的最终折射。税务行为文化建设重点是发挥各级领导的表率行为,弘扬先进人物的模范行为,规范税务人员的群体行为。

发挥领导表率行为。领导干部自身言论、行动、作风表现的好坏,不仅影响到领导班子的凝聚力和战斗力,而且直接影响到一个单位、一个部门的风气和工作。领导干部要在税收各项工作中发挥表率和示范作用,坚持从自身做起,从具体事情做起,按照党章、党纪的规定和胡锦涛同志大力倡导的"八个方面"良好风气的要求,规范自己的一言一行、一举一动,真正做到勤奋好学、真抓实干、心系群众、艰苦奋斗、令行禁止、秉公用权、廉洁从政、生活正派,要自觉在实际工作和社会生活中践行税务文化。将决策、指挥、检查、协调、激励等领导行为上升到文化层面,以文化意识改变传统管理模式和习惯,以自身的表率行为影响团队、带动部属。

规范干部群体行为。要根据社会主义荣辱观、公民道德、公务员职业道德、纳税服务礼仪规范和税收执法责任制、税收管理员制度的要求,结合地域、民俗、部门、岗位特点,制定税务人员行为,运用各种有效方式,不断规范税务人员的税收执法行为、行政管理行为、纳税服务行为。要加强教育培训,不断提高税务人员的税收业务能力、工作水平和纳税服务意识,增强综合素质。要让税务文化深入税收工作场所、培训课堂、税务人员家庭,使税务人员在工作、学习、日常生活中浸润在浓厚的税务文化气息中,养成规范、文明、符合礼节礼仪的行为习惯,成为社会公德、职业道德、家庭美德的传播者和实践者。

弘扬先进典型行为。要重视先进典型的示范导向作用,增强税务行为文化的鲜活性、亲切感、认同度。要善于发现、塑造践行税收宗旨、弘扬税务精神的先进典型,大力培养、宣传先进典型,树立一批具有时代特征和税务特色的先进集体和模范个人,用他们的行为启发、引导广大税务人员,培养健康高雅、文明规范的行为习惯,自觉践行良好的行为方式。以此带动各级税务机关办税服务"窗口"建设和行风建设,展示税务机关的整体精神风貌,树立税务部门的良好社会形象。

税务人员的行为体现税务文化的丰富内涵,通过大力加强税务行为文化建设,进一步提高领导干部治税、带队能力，规范税务人员执法、服务行为，展示税务系统忠诚、敬业形象。

（十）税务物态文化建设。税务物态文化是与长期税收实践活动相关的一切物质形式的总和，是保证税收活动得以实施、税务文化目标得以实现的物质基础，包括税务行政设施、税收服务场所、税务网络、税务报表、税务标识以及税服、税徽等。

统一税务形象标识。在全国税务系统内建立系统化、规范化，具有丰富内涵的税务视觉标识系统，通过形象标识，蕴含和反映税务系统特有的管理理念、审美意识和价值观念，充分体现税务精神。税务机关在办公环境、公务用品、交通工具、宣传物品等设施建设中，要注重设置和印制视觉标识，对内营造出良好的工作氛围，对外树立鲜明的税务机关形象。

完善办税服务设施建设。办税场所应符合标识清晰、功能齐全、优美整洁、安全保障的要求，充分体现人性化管理和诚信服务理念，促进税收管理，提高纳税服务质量。要统一税务徽章、税务制服，并按照有关规定规范佩戴、穿着。所有办税场所的税务人员都要着装上岗，所有税务文书、表格、证照等税务资料样式要规范统一，简约实用，并结合工作实际及时更新，确保其既符合相关法律法规的要求，又适应日常税收管理和纳税服务的需要。

加强文化设施建设。文化设施建设主要是加强税务机关内部管理硬件和文化载体建设。一方面各级税务机关要坚持简朴实用、美观大方、温馨和谐的原则，根据实际可能和需要改善办公及配套设施，为广大税务人员安心税收事业创造良好的工作环境。另一方面，要加强文化设施建设，为税务人员提供安全实用的文化体育活动场地，搭建更多更好的沟通交流平台，建立更多更好的教育学习阵地，满足税务人员的文化需求，提升文化品位，活跃文化气息，丰富文化生活。

税务物态文化是外显的文化形式，是易于推广的文化类型。要通过税务物态文化建设，宣传税务文化的性质和理念，营造良好的税务文化环境，展示良好的税务文化发展前景。

四、税务文化建设的组织实施

（十一）明确思路。党中央关于推动社会主义文化大发展大繁荣的总体要求，是税务文化建设的行动指南。开展税务文化建设，要以科学发展观为指导，认真分析税收工作面临的客观形势与发展趋势，用人本的意识和宽广的眼界站在时代发展前沿，以提升管理水平、工作能力和人员素质为中心，以促进税收法治公平、提高纳税服务质量、营造良好税收工作环境、确保国家财政收入稳定增长和促进税务人员全面发展为目的，将税务文化建设纳入税收发展战略，作为税收工作的重要组成部分，与党的建设、思想政治工作和精神文明建设等相关工作有机结合，凝集税收事业发展的精神力量，促进税收事业持续发展。

（十二）科学谋划。充分认识税务文化建设的长期性和渐进性，做好统筹规划，明确阶段部署。要按照统一、规范、求实的要求，结合本单位本部门的实际和自身特点，总结多年形成的优良传统，挖掘税务文化底蕴，了解税务文化现状，在广泛调研、充分论证的基础上，制定符合实际、科学合理、便于操作、长远目标和阶段性目标相结合的税务文化建设规划。同时细化分解具体建设项目，找准切入点和工作重点，努力打造具有自身特点的文化品牌。要紧随税务管理内外部环境的变化，用发展的观点和创新的思维，及时对税务文化建设的具体内容和项目进行充实和完善，促进税务文化的繁荣与发展。

（十三）创新载体。充分发挥税务党校、税务干部学校、传统教育基地的教育培训作用，在各级领导干部中传播税务文化理念，同时培养一大批善于宣传、组织、考评税务文化的人才。充分发挥税收新闻媒体、税务内部网站、简讯板报等媒介的宣传作用，精神文明创建和思想政治工作的导向作用，群众性业余文化活动健康向上和寓教于乐的凝聚作用，学习型组织建设中的团队学习、终身学习的进取作用，组织开展多种形式的税务文化活动，弘扬民族精神和时代精神，宣传税务精神和共同愿景，树立税务文明形象，不断巩固促进税收和谐的思想道德基础，不断提高队伍素质，凝聚税务精神力量，规范税收执法行为，推动税收事业健康发展。

五、税务文化建设的保障措施

（十四）高度重视，加强领导。各级税务机关要高度重视税务文化建设，从贯彻落实党的十七大精神、推进税收事业发展、促进税务人员自身建设的政治高度，深刻认识加强税务文化建设的重要性。要加强领导，认真研究思考税务文化建设中的各种实际问题，以人为本出思路、因地制宜出对策，制定本单位本系统的建设目标，动员和组织广大税务人员积极投身税务文化建设的实践中。要遵循税务文化建设的特点和规律，加强重大问题及理论体系的研究，始终把握正确方向。不断总结推广新鲜经验，引导和促进税务文化建设有序健康发展。要将税务文化建设经费纳入年度预算，为推动税务文化建设提供必要的物质保障。

（十五）营造氛围，全员参与。推进税务文化建设，需要全系统的共同努力。要把领导者的主导作用与广大税务人员的主体作用紧密结合，尊重群众的首创精神，在统一领导下，有步骤地发动广大税务人员广泛参与，从税务基层抓起，集思广益，群策群力，全员共建，充分调动税务人员参与税务文化建设的积极性、主动性和创造性，注意培养税务文化建设的各类人才，发挥税务文化建设骨干的带头作用，发挥人才潜能，激发团队精神，形成浓郁的税务文化建设氛围。充分发挥党委、工会、共青团等组织的作用,构建税务文化建设多层次运行体系,努力营造出齐抓共管、整体并进的良好态势。

(十六)健全机制,协调发展。各级税务机关要把税务文化建设作为一项重要工作纳入议事日程,建立健全领导体制,形成协调一致的工作局面。要探索建立税务文化建设的长效管理机制,逐步实行科学有效的考核评价和激励办法,推动税务文化建设顺畅运行和持续发展。要坚持稳步推进,以初任培训为起点,以宣传贯彻为基础,潜移默化,长期培育,把税务文化贯穿于税收工作的全过程,落实到税务队伍建设各环节,达到促进人的全面发展的根本目的。同时注重税务文化建设的实效,防止形式主义,确保税务文化建设各项工作目标顺利实现。

税务文化建设是一个长期过程,是一项随着税收事业不断发展而逐步成熟的事业。全国税务系统要加强实践探索,逐步完善、提高税务文化建设水平,持续推动税务文化建设的深入开展。

国家税务总局关于加强新时代税务文化建设的意见

(税总发〔2019〕66号)

国家税务总局各省、自治区、直辖市和计划单列市税务局,国家税务总局驻各地特派员办事处,局内各单位:

税务文化是中国特色社会主义文化的组成部分,是中国税务精神的载体,是广大税务干部的价值基因和时代追求。为认真贯彻落实党中央、国务院关于社会主义文化建设的决策部署,充分发挥税务文化举旗帜、聚民心、育新人、兴文化、展形象的使命任务,坚定税务文化自信,提高税务文化软实力,推动税务文化繁荣兴盛,制定本意见。

一、指导思想和工作原则

加强新时代税务文化建设以马克思列宁主义、毛泽东思想、邓小平理论、"三个代表"重要思想、科学发展观、习近平新时代中国特色社会主义思想为指导,增强"四个意识"、坚定"四个自信"、做到"两个维护",积极培育和践行社会主义核心价值观,弘扬中华优秀传统文化,践行中国税务精神,强化税务职业道德建设,深化税务精神文明建设,为高质量推进新时代税收现代化提供坚实的思想基础、精神支撑、道德滋养和文化保证。

加强新时代税务文化建设,要坚持党对宣传思想和文化工作的领导权;坚持用习近平新时代中国特色社会主义思想武装税务干部职工;坚持文化自信是更基础、更广泛、更深厚的自信，是更基本、更深沉、更持久的力量；坚持统一思想、凝聚力量，培养忠诚担当推进高质量税收现代化大任的税务铁军。

二、主要内容

（一）加强政治文化建设

1.加强意识形态工作。坚持党对意识形态工作的领导权、管理权、话语权。落实意识形态工作责任制，加强阵地建设和管理，把握正确舆论导向，旗帜鲜明反对和抵制各种错误观点。加强理论武装，推动习近平新时代中国特色社会主义思想入脑入心。加强理想信念教育，在党员干部中开展世界观、人生观、价值观的"总开关"教育，引导党员牢记党的宗旨，坚定马克思主义信仰，凝心聚力，挺起共产党人的精神脊梁。

2.营造良好政治生态。尊崇党章，严格执行新形势下党内政治生活若干准则，加强党性锤炼，营造风清气正的良好政治生态。坚守共产党人的精神家园，弘扬忠诚老实、公道正派、实事求是、清正廉洁等价值观，开展党员、公务员、税务干部等身份意识教育培训，坚决防止和反对宗派主义、圈子文化、码头文化，以良好政治文化涵养政治生态。

3.发扬革命文化。大力学习弘扬红船精神、井冈山精神、长征精神、延安精神、抗战精神、西柏坡精神等革命精神。注重发挥好革命文化资源和红色教育基地的作用，把红色资源利用好、把红色传统发扬好、把红色基因传承好。在"七一"建党节、"八一"建军节、"十一"国庆节和重要革命纪念日，组织开展参观革命纪念馆、爱国主义教育基地、纪念革命先烈等活动，加强爱国主义、集体主义、社会主义教育。

（二）传承中华优秀传统文化

4.弘扬中华人文精神。坚守中华文化立场，深入挖掘中华优秀传统文化蕴含的思想观念、人文精神、道德规范，认真继承创新，融入思想道德教育、税务文化建设各方面和全过程。大力弘扬讲仁爱、重民本、守诚信、崇正义、尚和合、求大同的核心思想理念，大力弘扬自强不息、敬业乐群、扶危济困、见义勇为、孝老爱亲等中华传统美德，培育民族精神和时代精神。开展全员阅读、书香税务等文化活动，运用中华戏曲、民乐、书法、国画等艺术形式，增强税务干部的文化参与感、获得感和认同感。

5.重视文明家庭建设。注重家庭、注重家教、注重家风，以"家和万事兴"为主题，广泛开展"传家训、立家规、扬家风"活动。学习传承中国传统的好家训好家规，整理提炼税务干部家庭的家训家规，运用生活化的场景、日常化的活动、具象化的载体，以好家风涵养好政风好行风。鼓励参加全国文明家庭、五好文明家庭创建活动，弘扬家庭美德，推动形成爱国爱家、相亲相爱、向上向善、共建共享的社会主义家庭文明新风尚。

6.弘扬传统节日文化。充分发挥中华民族传统节日思想熏陶和文化教育功能，以春节、元宵节、清明节、端午节、中秋节、重阳节等传统节日为重点，精心组织走访慰问、缅怀追思等活动，形成新的节日习俗。深入开展"我们的节日"活动，举办传统经典诵读、传统礼仪展演、传统体育、民俗文化展示等活动，积极培育家国情怀和人文情怀。培育节日文明风尚，开展文明餐桌、文明交通、文明旅行、扶贫助困等活动，倡导崇德向善、勤俭节约、礼让宽容之风，丰富节日文化内涵。

（三）践行中国税务精神

7.构筑共同精神家园。坚持人人宣传践行"忠诚担当 崇法守纪 兴税强国"的中国税务精神，采取交流研讨、文艺创作等方式，深入阐释中国税务精神的历史渊源、发展脉络、价值取向，提振税务干部精气神。推动中国税务精神全方位、立体化宣传教育，做到上网上墙上桌，做到入脑入心，内化为税务干部自觉弘扬践行、社会各界广泛认同赞誉的行为准则和价值追求。结合地方文化特色，进一步明确工作学习、税收执法、纳税服务、绩效管理、数字人事等文化理念，丰富中国税务精神内涵。

8.组织精神传播活动。开展主题征文、文艺展示、演讲辩论等活动，办好税务大讲堂，在税务报刊杂志、内外网站开设中国税务精神专栏，广泛唱响《中国税务之歌》，引导税务干部交流心得、分享体会、展示精神风采。采取动漫、微电影等干部喜闻乐见的方式，吸引税务干部踊跃参与、积极传播。保护和促进税务文化表现形式的多样性，推进组织文化更新、鼓励文化行动创新、发展区域文化特性、提倡基层文化特色表现，努力形成一体多样、百花齐放的文化繁荣发展格局。

9.开展税史研究教育。实施中华税史研究工程，开展税史编写、反映中华民族税收历史，做好中国税务年鉴编纂工作、反映当代中国税收发展历程。开展税收史料的收集整理、普查登记、保护展示工作，建设税史陈列室、税收文化博物馆等，传承弘扬税务物质文化和精神文化。把税史教育贯穿税务干部教育培训始终，增强从事税务工作的责任感、使命感和自豪感。

（四）深化税务精神文明建设

10.深化群众性精神文明创建。提升税务系统全国文明单位创建水平，开展具有税务行业文明特色、职业文明特点、岗位文明特征的创建活动，召开文明单位创建经验交流会，提高文明单位创建的数量和层次，不断提升税务行业文明程度。积极参与中央和地方组织的各类评选表彰活动，在窗口服务单位重点开展工人先锋号、青年文明号、巾帼文明岗等创建活动，确保提供文明优质便捷服务，着力树立良好税务形象。

11.推进公民道德建设。深入实施公民道德建设工程，发动基层税务干部大力推选道德模范、时代楷模、身边好人、先进工作者等各类先进人物，积极主动挖掘身边好人好事，表彰善行义举，形成崇德向善、见贤思齐的浓厚氛围。开展"中国好税官"现场交流活动，发动税务干部广泛参与"我推荐我评议身边好人"活动，树立道德榜样。关心关爱道德模范人物，健全关爱礼遇机制，树立好人好报、德者有得的鲜明导向。

12.培育宣传先进典型。建立税务系统功勋荣誉表彰奖励信息数据库，结合重点工作重要改革，积极选树税务系统先进典型，组织开展先进典型学习、宣传工作，生动展示先进典型的感人事迹和高尚精神。坚持壮大主流思想舆论，运用新闻报道、基层巡讲、"故事汇"巡演、事迹展览、影视动漫等多种形式，弘扬主旋律，传播正能量，激发税务干部干事创业的强大力量。

13.推进学雷锋志愿服务。弘扬雷锋精神，把学雷锋志愿服务融入税务精神文明创建活动，推进志愿服务常态化制度化，践行"奉献、友爱、互助、进步"的志愿精神。广泛选树、宣传税务系统学雷锋示范点和学雷锋标兵。壮大税务志愿服务队伍，支持群团组织服务中心工作，开展职工、青年、巾帼等志愿服务活动，围绕精准扶贫、税法宣传、环境保护、移风易俗、社会公益等志愿服务项目，打造具有全国影响力的税务志愿品牌。

（五）强化税务职业道德建设

14.建设法治文化。树立宪法意识、恪守宪法原则，弘扬宪法精神，在税务干部入职、领导干部就职时进行宪法宣誓。推进依法治税，深入开展税收法律法规的普法教育，组织税收法律知识竞赛，加强税收执法宣传，促进尊法、学法、守法、用法。严格规范公正文明执法，出台鼓励税务干部考取律师资格政策，做好税务系统公职律师工作，出版涉税司法案例干部读本。

15.深化廉政文化。广泛开展以税务廉政文化为主题的教育活动，加强廉政教育基地的建设、管理和使用，创新"数字廉政教育基地"，让税务廉政文化进机关、进基层、进家庭、进网络。挖掘地方历史名人、历史文化中蕴含的廉政资源，立足筑牢拒腐防变的思想道德防线，使税务廉政文化理念深入人心。

16.推广服务文化。出台税务文明礼仪规范，重点规范办税服务厅等窗口服务场所的文明礼仪规范，引导讲文明、讲公德、守秩序、树新风。普及开展工作生活、社会交往、人际关系、公共场所等方面的文明礼仪规范，重点加强税务干部服务礼仪、上岗礼仪、接待礼仪、电话礼仪、社交礼仪等学习培训，引导税务干部自觉遵守公共秩序规则，建立和谐清新人际关系。

17.重视健康文化。贯彻落实"健康中国2030规划"和全民健身计划要求，普及公共卫生和健康科学知识，着力提高税务干部健康水平。关注身体健康，做好健康体检,认真执行休假制度,组织职工运动会,增强税务干部体质。关心关怀干部心理健康,加强人文关怀和心理疏导,提供健康宣传、心理评估、教育培训、咨询辅导等服务,打造责任税务、阳光税务、幸福税务。

(六)繁荣发展税务文艺

18.搭建税务文艺创作平台。组建税务文学艺术兴趣小组或团队,广泛开展群众文化活动,做好学习研讨、深入生活、文艺创作、成果展示、人才培养等工作,繁荣发展税务文艺。建设税务文艺集中创作、展示平台,在税务报刊杂志、税务内外网站要设置税务文艺专栏,联合各级文联在文学刊物刊载反映税收工作的优秀作品,激发税务干部文艺创作热情。

19.丰富税务文艺创作内容。坚持以人民为中心,善于从基层税收实践、从基层税务干部中提炼题材、获取灵感、汲取养分,推出一批优秀税务文艺作品。规划重大税收历史题材、现实题材等专项创作,加大对宣传税收事业的小说、诗词、音乐、影视、戏曲等创作的支持力度,讲好中国税务故事。创作推广一批税务文化主题的优秀纪录片、动漫、微电影,设计制作一批税务宣传公益广告,紧扣爱党爱国、税收改革等推出精品力作。

20.提升税务文艺创作质量。实施税务文艺创作精品工程,扶持优秀文化作品创作生产,推出更多思想精深、艺术精湛、制作精良的优秀税务文化产品。组织文艺创作人才培训,开展税务文化创作和文化活动。加强税务文化建设对外交流,实施税务文化新媒体传播工程,宣传最受欢迎的税务文艺作品,提升税务文艺作品的创作力、传播力和影响力。

(七)夯实税务文化基础

21.统一税务形象标识。建立系统化、规范化、具有丰富内涵的税务形象标识体系,明确制定规范标准,反映税务系统工作宗旨、管理理念和审美价值。规范党员(团员)上岗工作、参加重大活动佩戴党徽(团徽)。统一税务徽章、税务制服,加强税务干部税容风纪管理。规范税务着装和徽章佩戴,提升税务职业荣誉感,树立鲜明的税务执法形象。

22.完善办税服务设施建设。落实办税服务厅管理办法,明确办税服务制度、工作人员行为规范、窗口服务规范和办税环境建设规范,打造服务优质、办税高效、纳税人满意、社会认可的办税服务场所。办税服务场所应标识清晰、功能齐全、优美整洁、安全保障,提供全面、规范、便捷、经济的服务措施,充分体现人性化管理和诚信服务理念。规范统一税务文书、表格、证照等税务资料样式,简约实用。

23.加强办公场所文化建设。统一税务机关名称、机关标志、机关象征图案,坚持因地制宜、节俭建设、文化引领的原则,利用办公室、会议室、楼道等区域,悬挂税务标识、中国税务精神、税务文化理念及税务文化作品，积极打造独具风格的文化环境。利用信息技术手段，在电子显示屏、计算机屏保、一人一铭工作格言牌、内外网站等宣传税务文化建设内容，耳濡目染，强化税务文化熏陶，营造浓郁的税务文化氛围。

24. 完善税务文化设施建设。适应税务干部精神文化需求，做好图书室、健身房、文化展示厅、廉政文化和税史纪念馆等文化设施建设，形成税务文化中心阵地。优化、美化、绿化工作和生活环境，配备全民健身器材和运动设施，打造美丽、健康的庭院文化。推动文化设施向税务干部家属子女免费开放，切实提高使用效率。加快数字文化建设，实施税务网络内容建设工程，做大做强网上正面宣传，营造积极健康清朗的网络空间。

三、加强组织领导

各级税务机关要高度重视新时代税务文化建设，采取有效措施扎实推进。加强组织领导，切实把税务文化建设摆上重要日程，纳入税收工作整体规划，形成党委统一领导、责任部门各负其责、群团组织协同推进、全体税务干部共同参与的税务文化建设新格局。加强经费保障，将税务文化建设经费纳入年度预算，为推动税务文化建设提供必要经费支持。加强宣传教育，充分调动税务干部职工参与税务文化建设的积极性、创造性，增强文化自觉，营造向上向善、干事创业良好氛围。

国家税务总局
2019 年 5 月 23 日

国家税务总局关于践行中国税务精神的通知

（税总发〔2018〕7 号）

各省、自治区、直辖市和计划单列市国家税务局、地方税务局，国家税务总局驻各地特派员办事处，局内各单位：

为认真学习贯彻党的十九大精神，培育和践行社会主义核心价值观，进一步加强税务系统精神文明建设和税务文化建设，提振广大税务干部干事创业的精气神，2017 年税务系统开展了"中国税务精神"提炼活动。各级税务机关认真动员组织，广大税务干部积极研讨，通过上下联动、各方参与，认真总结提炼出"忠诚担当、崇法守纪、兴税强国"十二字为中国税务精神。为在税务系统认真践行中国税务精神，现将有关事项通知如下：

一、指导思想

全面学习贯彻党的十九大精神，深入学习贯彻习近平新时代中国特色社会主义思想，紧紧围绕税务系统精神文明建设和税务文化建设的目标任务，结合税务系统推进"两学一做"学习教育常态化制度化，深入挖掘中华优秀传统文化中蕴含的思想观念、人文精神、道德规范，坚持突出历史传承与创新发展、突出精神内涵与工作实践、突出税务特色与各方参与相结合，认真践行"忠诚担当、崇法守纪、兴税强国"的中国税务精神，形成广大税务干部自觉弘扬传承、社会各界广泛认同赞誉的行为准则和价值追求，凝聚广大税务干部的精神力量，为扎实推进税收现代化提供坚实的思想基础和精神支撑。

二、工作内容

各级税务机关要深入学习贯彻党的十九大精神，围绕税收中心工作，进一步创新载体、创新形式，积极开展践行中国税务精神的各项主题活动。

（一）上好主题党课。各级税务机关党组织要以党的政治建设为统领，结合开展"不忘初心、牢记使命"主题教育，组织以践行中国税务精神为主题的党课。党员领导干部要带头讲党课、带头实践中国税务精神，教育引导广大税务干部全面准确把握中国税务精神的重大意义、核心内涵和实践价值，把力量凝聚到扎实推进税收现代化的各项任务上来。

（二）开展主题征文活动。各级税务机关要抓好文学作品的写作创作，围绕践行社会主义核心价值观和中国税务精神，组织相关主题征文活动。发动广大税务干部创作一批理论研究、观点研讨、杂文、通讯、散文、诗歌等方面的精品力作，通过征文比赛、评奖、笔会交流、文章汇编等方式，认真践行中国税务精神，弘扬主旋律，传播正能量。

（三）组织主题书画摄影展示活动。各级税务机关要围绕践行中国税务精神，组织兴趣爱好团队，鼓励书画和摄影创作，充分展示广大税务干部创作成果。发挥书画摄影等文化作品以文化人的独特优势，生动活泼地宣传中国税务精神，让广大税务干部乐于接受、受到熏陶。

（四）组织主题微视频传播活动。各级税务机关在内外网站、官方微博和微信公众号，开设中国税务精神专栏，网上展厅、专题网页等，引导广大税务干部交流心得、分享故事、展示精神风采。采取动漫、微视频、微电影等税务干部喜闻乐见的方式，吸引青年税务干部踊跃参与、积极传播，扩大活动影响力。

（五）组织主题演讲辩论活动。各级税务机关要开展践行中国税务精神的主题演讲、主题辩论等活动，促进形成思想自觉和行为自觉，营造良好氛围。将中国税务精神列入新进人员、党员干部教育培训之中，通过演讲解读、辩论交锋，组织广大税务干部积极践行中国税务精神，促进宣传教育和实践养成相统一。

（六）组织主题先进典型宣讲活动。各级税务机关要注重面向基层，深入挖掘践行中国税务精神的先进典型集体和个人事迹,组织开展系统内的巡回宣讲活动。通过制作宣传展板、组织交流展示、评议推荐"中国好税官"等方式,充分发挥精神引领、示范带动的作用。税务总局将适时组建践行中国税务精神先进事迹巡讲团,赴各地进行宣讲。

三、工作要求

(一)高度重视、加强领导。各级税务机关要高度重视践行中国税务精神,明确工作责任,周密安排部署,精心组织实施。党员领导干部要身体力行,以上率下,带头学思践悟,积极参与到践行中国税务精神各项活动之中。

(二)统筹结合、积极推动。各级税务机关要紧紧围绕培育和践行社会主义核心价值观的主线,结合税收工作实际,统筹推进活动开展。要将践行中国税务精神的过程,成为更好推进税务系统"两学一做"学习教育常态化制度化和"不忘初心、牢记使命"主题教育的过程,成为更好推进税务文化建设、加强税务系统精神文明建设的过程,成为更好推进税收改革和税收重点工作的过程,以税收工作成效来检验践行中国税务精神的质效。

(三)认真总结、做好宣传。各级税务机关要注重发现、挖掘和总结践行中国税务精神各项活动中基层单位、基层税务干部的好经验好做法,扎实推动活动开展。充分利用电视广播、报刊杂志、税务网站、微博微信等传播媒介积极宣传,促进形成税务干部人人践行中国税务精神的良好氛围。

国家税务总局
2018年1月9日

中共国家税务总局党组印发《关于在税务系统培育和践行社会主义核心价值观的意见》的通知

(税总党组发〔2015〕26号)

各省、自治区、直辖市和计划单列市国家税务局、地方税务局党组,局内各单位:

现将《关于在税务系统培育和践行社会主义核心价值观的意见》印发给你们,请结合实际认真贯彻执行。

中共国家税务总局党组
2015年4月7日

关于在税务系统培育和践行社会主义核心价值观的意见

为深入贯彻落实党的十八大和十八届三中、四中全会精神,根据《中共中央办公厅印发〈关于培育和践行社会主义核心价值观的意见〉的通知》(中办发〔2013〕24号),现就在税务系统培育和践行社会主义核心价值观提出如下意见。

一、税务系统培育和践行社会主义核心价值观的重要意义、指导思想和基本原则

(一)在税务系统培育和践行社会主义核心价值观,是经济发展新常态下推进税收事业科学发展,实现税收现代化的重要思想保障和力量源泉。党的十八大提出,倡导富强、民主、文明、和谐,倡导自由、平等、公正、法治,倡导爱国、敬业、诚信、友善,积极培育和践行社会主义核心价值观。税务部门肩负着筹集财政收入和调控经济、调节分配的重要职责。面对世界范围思想文化交流交融交锋形势下价值观较量的新态势,面对改革开放和发展社会主义市场经济条件下思想意识多元多样多变的新特点,在税务系统积极培育和践行社会主义核心价值观,对于充分发挥税收职能作用,巩固广大税务干部团结奋斗的思想基础,凝聚干事创业的强大正能量,具有重要的现实意义和长远意义。

(二)税务系统培育和践行社会主义核心价值观的指导思想是:高举中国特色社会主义伟大旗帜,以邓小平理论、"三个代表"重要思想、科学发展观为指导,深入学习贯彻党的十八大和十八届三中、四中全会精神及习近平总书记系列重要讲话精神,紧紧围绕"三个倡导"这一基本内容,紧紧围绕实现税收现代化这一总目标,积极培育和践行社会主义核心价值观,注重宣传教育、示范引领、实践养成相统一,注重政策保障、制度规范、法律约束相衔接,激励广大税务干部职工为全面开创税收事业发展新局面而不懈奋斗。

(三)税务系统培育和践行社会主义核心价值观要坚持以下原则:坚持以人为本,尊重税务干部职工的主体地位,关注利益诉求和价值愿望,促进人的全面发展;坚持以理想信念为核心,抓住世界观、人生观、价值观这个总开关,提振税务干部职工的精气神;坚持税务特色,把握提升站位、依法治税、深化改革、倾情带队的主线,构建具有鲜明行业特色的价值体系;坚持改革创新,不断总结税务核心价值观建设的新情况,解决新问题,形成新认识,开辟新境界。

二、把培育和践行社会主义核心价值观落实到税收现代化建设实践中

(四)把社会主义核心价值观作为推进税收现代化建设的价值要求。建立完备规范的税法体系,成熟定型的税制体系,优质便捷的服务体系,科学严密的征管体系,稳固强大的信息体系,高效清廉的组织体系,都要遵循社会主义核心价值观。积极倡导民主法治、公平公正、爱国敬业、诚信友善等价值理念,充分发挥社会主义核心价值观的引领作用和评价效应,促进税收工作提质增效。

(五)把社会主义核心价值观作为凝聚改革发展力量的精神追求。坚持以核心价值观凝聚共识,激发活力,积极鼓励志不求易、事不避难、义不逃责的担当精神，增强永不自满、永不停滞、永不懈怠的进取精神，发扬岗位就是责任、责任就是使命的敬业精神，把核心价值观体现到每名税务干部的言行举止上，形成团结奋斗的共同思想基础和价值追求。

（六）把社会主义核心价值观作为税务干部工作生活的道德规范。培育和养成新时期税务职业道德，以高尚道德约束干部行为，引导他们坚定政治理想，对国家税收事业尽心竭力，忠诚无私；引导他们遵循税务职业规范和行为准则，树立职业理念，遵守工作纪律，提高职业技能，保持职业作风；引导他们勤恳、细致、优质、高效地开展工作，无怨无悔、全身心地投入工作，在工作中找到价值感和认同感。

（七）把培育和践行社会主义核心价值观作为税收治理的重要内容。形成科学有效的诉求表达机制、利益协调机制、矛盾调处机制、权益保障机制、责任落实机制，提高制度机制的执行力，实现治理效能与道德提升相互促进，形成正向效应。推行内控机制，用科技和制度管人、管事、管风险，为税务系统党风廉政建设和作风建设提供科技支撑和制度保障。实施绩效管理，做到横向到边、纵向到底、任务到岗、责任到人，为全面提高工作效能奠定管理基础。

三、加强社会主义核心价值观宣传教育

（八）用社会主义核心价值观引领思潮、凝聚共识。深入开展中国特色社会主义和中国梦宣传教育，把社会主义核心价值观教育纳入各级党组中心组学习计划，纳入税务干部政治理论学习计划，纳入"三会一课"等党员教育之中，积极开展解读、传播社会主义核心价值观的专家讲座和主题宣讲活动。深入研析社会主义核心价值观对税收工作提出的新要求，探索提炼税务核心价值观，牢记为国聚财、为民收税的神圣使命，紧贴实际，拓展内涵，彰显特色。加强税务干部职工思想动态分析，强化热点难点问题的正面引导，防范西方价值观和错误思想侵蚀。

（九）税务系统宣传媒体要发挥传播社会主流价值的主渠道作用。坚持团结稳定鼓劲、正面宣传为主，牢牢把握正确舆论导向，把社会主义核心价值观贯穿到形势宣传、热点引导、税收宣传、典型宣传和舆论监督中，弘扬主旋律，传播正能量，不断巩固壮大积极健康向上的主流思想舆论。税务报刊杂志要增强传播主流价值的社会责任，推出专栏专题专刊，开展常态化宣传，积极发挥自身优势，多联系身边事例，多运用大众化语言，在生动活泼的宣传报道中引导税务干部职工主动践行社会主义核心价值观。

（十）建设社会主义核心价值观的传播阵地。充分利用税务系统教育基地、廉政文化展馆、税务文化展馆等载体，开展社会主义核心价值观教育。适应互联网快速发展形势，积极打造网上教育平台，注重把社会主义核心价值观体现到网络宣

传、网络文化、网络服务中，用正面声音和先进文化丰富税务网络阵地。拓展内部网站功能，开辟专栏，专题宣传先进理论和经验。加强对论坛、微信等新兴媒体的使用和管理。充分利用互联网传播税务系统培育和践行社会主义核心价值观的先进经验和成果，培养价值自信，树立税务形象，形成良好的宣传教育环境。

四、开展涵养社会主义核心价值观的实践活动

（十一）广泛开展道德实践活动。以诚信建设为重点，加强社会公德、职业道德、家庭美德、个人品德教育，形成修身律己、崇德向善、礼让宽容的道德风尚。大力宣传先进典型，传播典型事迹，形成学习先进、争当先进的浓厚风气。深化道德宣传活动，组织道德讲堂、道德修身等活动。加强政务诚信、执法公信建设，落实纳税信用管理办法和税收"黑名单"制度，规范税收执法，优化纳税服务，营造守信光荣、失信可耻的氛围。开展道德领域突出问题的专项教育和治理，把开展道德实践活动与培育廉洁价值理念相结合，营造崇尚廉洁、鄙弃贪腐的良好风尚。

（十二）深化学雷锋志愿服务活动。广泛开展形式多样的学雷锋实践活动，推动学雷锋活动常态化。建立税收志愿服务组织，把纳税服务、学雷锋和志愿服务结合起来，建立健全志愿服务制度，完善激励机制和志愿服务保障机制，把学雷锋志愿服务活动深入税户、深入基层、深入家庭。以税务系统窗口服务单位为重点，以相互关爱、优化服务为主题，围绕便民办税、扶贫济困等方面，针对纳税人、困难干部职工等群体，组织开展各类形式的志愿服务活动，促进形成我为人人、人人为我的社会风气。

（十三）深化税务文化建设。把握税务文化现状，挖掘税务文化底蕴，围绕"三个倡导"，进一步丰富精神文化、制度文化、行为文化、物态文化内涵。找准新时期税务文化建设的切入点，努力打造具有税务特色的文化品牌，以培育和践行社会主义核心价值观为内容，广泛开展演讲征文、交流座谈、社会实践等多种形式的税务文化活动，弘扬民族文化和时代精神。开展税务精神大讨论活动，提炼税务精神。加强税务廉政文化建设，引导干部弘扬时代新风，不断巩固推进税收现代化的思想基础。

（十四）深化群众性精神文明创建活动。推进税务系统先进集体、人民满意的公务员集体、文明单位、五一劳动奖状、青年文明号、巾帼文明岗等创建活动。深化礼节礼仪教育，倡导在税务系统重要场所和重要活动中升挂国旗、奏唱国歌，使礼节礼仪成为培育社会主流价值的重要方式。深化常态化读书活动，建立图书室、阅览室等学习交流平台，提升税务干部职工的文明素养。

（十五）发挥优秀传统文化怡情养志、涵育文明的重要作用。大力弘扬中华优秀传统文化，充分利用本地区传统文化和税务文化资源，重视民族传统节日的思想熏陶和文化教育功能，加强优秀传统文化思想价值教育，开展学习、参观、交流等实践活动，让优秀传统文化在税务系统不断发扬光大。开展革命传统教育，弘扬民族精神和时代精神。发挥重要节庆日传播社会主流价值的独特优势，挖掘五四、七一、八一、十一等政治性节日，三八、五一、六一等国际性节日的丰富教育资源，组织税务系统党员、妇女、青年、退伍和转业等干部，开展庄严庄重、内涵丰富、形式多样的纪念活动。在税收宣传月、政务公开日、国家宪法日等开展主题实践活动，引导税务干部树立正确的价值观。

五、加强对培育和践行社会主义核心价值观的组织领导

（十六）税务系统各级党组要充分认识培育和践行社会主义核心价值观的重要性，把这项任务摆上重要位置，把握方向，营造环境，切实负起政治责任和领导责任。把社会主义核心价值观要求体现到税收工作的各领域，推动培育和践行社会主义核心价值观同税收工作融为一体、相互促进。建立健全培育和践行社会主义核心价值观的领导体制和工作机制，加强统筹协调，加强组织实施，加强督促落实，提高税收工作科学化水平。税务系统基层党组织要在推动社会主义核心价值观培育和践行方面，发挥政治核心作用和战斗堡垒作用，筑牢征纳和谐的精神纽带。

（十七）党员、干部要做培育和践行社会主义核心价值观的模范。税务系统广大党员、干部特别是领导干部要在培育和践行社会主义核心价值观方面带好头，加强党性修养，立身、立业、立言、立德，以身作则、率先垂范，讲党性、重品行、作表率，为民、务实、清廉，以人格力量感召群众、引领风尚。加强理想信念教育，重温入党誓词，保持革命激情，创业热情，引导党员、干部着力增强走中国特色社会主义道路、为党和人民事业不懈奋斗的自觉性和坚定性，做共产主义远大理想和中国特色社会主义共同理想的坚定信仰者。加强党性教育，引导党员、干部贯彻党的群众路线，弘扬党的优良传统和作风。加强税务职业道德建设，引导党员、干部始终保持高洁生活情趣，坚守共产党人精神追求。

（十八）培育和践行社会主义核心价值观是税务系统各部门的共同责任。坚持一把手负总责，分管领导具体负责，各部门齐抓共管、全员参与的工作格局。各级税务机关要制定实施方案，落实工作责任制，明确任务分工，完善工作措施。人事部门负责组织指导和协调推进，办公厅（室）负责开展宣传和督促检查，机关党委负责党员教育管理，教育中心负责加强教育培训，纳税服务部门负责对纳税人优化服务，纪检巡视部门负责加强监督巡视。各部门要在党组统一领导下，加强沟通，密切配合，形成共同推进工作的良好局面。

（十九）把培育和践行社会主义核心价值观的任务落实到基层。税务系统基层单位是培育和践行社会主流价值的重要依托，税务分局、税务所等基层单位要重视社会主义核心价值观的培育和践行，使之融入基层党组织建设、思想政治工作、税务文化建设中，融入基层干部职工的工作学习生活中，推动社会主义核心价值观不断转化为群体意识和自觉行动。充分发挥党员干部的模范带头作用，在税务系统形成人人践行社会主义核心价值观的生动局面。

中共国家税务总局委员会关于印发《2019年税务系统精神文明建设工作方案》的通知

（税总党委发〔2019〕62号）

中共国家税务总局各省、自治区、直辖市和计划单列市税务局委员会，中共国家税务总局驻各地特派员办事处分党组，中共国家税务总局税务干部进修学院委员会，局内各单位：

现将《2019年税务系统精神文明建设工作方案》印发给你们，请结合实际认真贯彻落实。

中共国家税务总局委员会
2019年4月9日

2019年税务系统精神文明建设工作方案

税务系统精神文明建设是税务工作的重要内容，是"干好税务、带好队伍"的重要抓手。为扎实推进税务系统2019年精神文明建设，大力营造庆祝中华人民共和国成立70周年的浓厚氛围，进一步激励广大税务干部奋发进取、干事创业，制定本方案。

一、总体要求

2019年是新中国成立70周年，是全面建成小康社会实现第一个百年奋斗目标的关键之年。各级税务机关要以习近平新时代中国特色社会主义思想为指导，全面贯彻党的十九大和十九届二中、三中全会精神，认真落实中央有关工作部署和要求，立足税务系统实际，积极培育和践行社会主义核心价值观，加强税务文化建设，深化群众性精神文明创建，推进依法治税和税收诚信体系建设，对内促进干部队伍深度融合，对外展现新税务新形象，为税收工作提供强大精神动力和文化支撑。

二、工作目标

2019年税务系统精神文明建设要实现以下目标：

一是习近平新时代中国特色社会主义思想在税务系统深入人心，习近平总书记关于税收工作的重要论述得到认真贯彻落实，广大税务干部切实做到"两个维护"。

二是精神文明创建活动取得新成果，文明单位荣誉有序承继并不断优化，青年文明号、巾帼文明岗等创建活动质量持续提高，税务系统相关先进集体、个人在全国范围内占比持续提升。

三是国税地税征管体制改革先进典型、税务系统先进集体和先进工作者等表彰及宣传工作效果明显，学先进、争先进风气更加浓厚，典型引领示范作用充分发挥。

四是思想政治工作更加扎实有效，队伍更加融合，高质量的税务文化建设典型案例大量涌现，一批有社会影响力的税务品牌得到广泛认可。

五是税收执法更加严格规范公正文明，纳税服务更加优质高效，税收营商环境进一步优化，税收诚信体系建设取得长足进展，社会对税务部门的满意度不断提升。

三、主要任务

推进税务系统精神文明建设取得新成效，要重点做好以下工作：

（一）坚定不移推进习近平新时代中国特色社会主义思想入脑入心入行。深入学习宣传贯彻习近平新时代中国特色社会主义思想，进一步推动广大税务干部在学懂弄通做实上下功夫，更好把科学理论转化为指导实践、推动工作的强大力量，更好统一广大税务干部的思想和行动。

一是落实好主题教育活动。按照党中央统一部署，结合税务系统实际，高质量开展"不忘初心、牢记使命"主题教育，将学习习近平总书记关于税收工作重要论述作为重要内容。适时开展税务系统主题教育经验交流，总结宣传推广各地好经验好做法。（党建办、宣传中心）

二是组织好领导干部学习培训。实施习近平新时代中国特色社会主义思想教育培训计划及"一把手"政治能力提升计划，把习近平新时代中国特色社会主义思想作为税务系统各级党委理论学习中心组和"三会一课"主要学习内容，每位处级以上领导干部都要参加集中学习。鼓励各级税务机关成立学习小组，开展知识竞赛，选树学习标兵。（党建办、宣传中心）

三是抓好重点人员集中培训。发挥教育培训提能力、助创新、激活力、促融合作用，落实《2018—2022年全国税务系统干部教育培训规划》，持续推进素质提升"115"工程，举办税务系统厅局级主要领导干部专题研讨班和厅处级领导干部轮训班、中青年处级领导干部调训班、县区税务局主要负责人培训班，在教学安排中以习近平新时代中国特色社会主义思想课程为主。探索实施税务系统理论教育和党性教育成效考核办法，建立学习效果检测机制，推动全系统形成一大批学习成果。（教育中心、人事司）

（二）积极培育和践行社会主义核心价值观。立足税务系统实际，着眼打造高素质专业化税务干部队伍，充分发挥社会主义核心价值观在税务干部培养管理中的引领作用,使核心价值观成为税务干部"日用而不觉"的行为准则。

一是深入开展践行中国税务精神活动。加强对中国税务精神的阐述解读,通过主题党课、报告会、座谈会等开展研讨,通过征文、演讲辩论、微视频、书画摄影展等进行艺术呈现。利用税务网站、微博、微信公众号等平台,开展丰富多彩的宣传践行活动,大力宣传税务系统推进社会主义核心价值观取得的成效。组织举办唱响中国税务之歌活动、"致敬光荣历史、拥抱美好未来"诗歌征集活动。以税务博物馆、文化展厅、荣誉室等为平台,展示模范人物先进事迹,讲好税务干部奋斗故事,增进对中国税务精神的认同。(人事司、党建办、宣传中心)

二是加强税务干部思想道德建设。坚持马克思主义道德观、社会主义道德观,组织学习《新时代公民道德建设实施纲要》,编印《税务职业道德读本》,大力加强社会公德、职业道德、家庭美德、个人品德建设,形成讲道德、尊道德、守道德的良好风尚。积极组织参加全国道德模范和"我评议我推荐身边好人"活动,定期开展"中国好税官"现场交流活动。认真做好从税30年电子纪念证书发放工作,增强税务干部荣誉感、归宿感和使命感。深入开展"传承好家风好家训"活动,开展以"清风满家"为主题的家庭助廉活动等,引导税务干部廉洁修身、廉洁齐家。组织做好国税地税征管体制改革先进典型巡回宣讲活动,大力宣传税务干部的先进典型事迹,营造"学先进、助改革、促工作"的浓厚氛围。(人事司、党建办、宣传中心、教育中心)

三是扎实开展思想政治工作。认真开展税务干部思想状况调查分析,坚持问题导向,及时发现并解决问题,提高思想政治工作的针对性和实效性。完善和落实谈心谈话制度,建立"必访必谈清单",开展常态化谈心谈话。总结提炼国税地税征管体制改革中责任包干、沟通交流、重点疏导、多元激励等思想政治工作好经验好做法,在全系统推广。建立完善关怀帮扶机制,探索建立干部职工互助基金,做好重大疾病、困难帮扶工作。建立心理健康咨询和心理疏导制度,帮助税务干部科学应对压力,维护身心健康。实行意识形态责任制,做好税务系统QQ群、微信群、公众号等专项清理工作,牢牢把握意识形态领域主动权。(人事司、党建办、宣传中心)

四是积极开展群众性文体活动。围绕重要会议、重大庆典、重大活动、重要节日,充分发挥工会、共青团、妇委会等群团组织作用,结合税务系统实际,有针对性地开展主题演讲、歌咏比赛、书画摄影展、职工运动会、单项体育竞赛等形式多样、健康有益的文体活动,加强党史、国史、税史、改革开放史、社会主义发展史等宣传教育,突出喜庆气氛,突出家国情怀,掀起全员参与、祝福祖国、奉献税收的热潮。(党建办、人事司、宣传中心)

(三)加强税务文化建设。传承中华优秀传统文化,繁荣税务文艺,大力加强税务文化建设，充分发挥文化引领作用，促进税务干部队伍"事合、人合、力合、心合"，提振干事创业精气神。

一是制定印发《加强新时代税务文化建设的实施意见》，认真抓好在税务系统的贯彻落实，为高质量推进新时代税收现代化提供坚实的文化保障。（人事司）

二是指导各级税务机关组织形式多样的文化活动。各地立足实际，突出时代精神、税务特色和地域特色，开展丰富多彩的文化活动，不断推出讴歌党、讴歌祖国、讴歌税务人、讴歌税务精神的精品力作，加强宣传报道，打造一批有影响力的税务文化品牌。加强图书室、荣誉室等文化阵地建设，倡导运用"两微一端"等新兴媒体开展税务文化建设。（人事司、宣传中心）

三是组织开展税务文化建设典型案例推荐选编活动。总局组织开展以促融合为主题的税务文化建设论坛交流活动。精心筛选各地税务文化建设的好做法好经验，编辑成册，分发各地学习借鉴。（人事司、宣传中心）

（四）深化群众性精神文明创建活动。突出思想道德内涵，突出人民满意标准，推动税务系统精神文明创建活动深化拓展、提质增效，树立"见先进就争、见红旗就扛"的正确导向，促进税务行业文明程度不断提升。

一是建立健全税务系统精神文明创建制度体系。落实中央有关精神，制定税务系统评比达标表彰活动管理有关办法，进一步扩宽税务总局及省以下税务局开展评比表彰活动渠道。研究制定税务系统精神文明创建及荣誉表彰获得者激励办法，进一步提升各级税务机关和广大税务干部争先创优积极性。（人事司）

二是积极开展先进集体和个人推荐、评选工作。按照中央及中组部、人力资源社会保障部的部署和要求，结合税务系统实际，做好国家勋章、国家荣誉称号人选推荐工作。落实税务系统公务员奖励办法，结合国税地税征管体制改革、个税改革、减税降费等重点工作，表彰奖励一批在重点工作中脱颖而出的先进典型。按照有关规定，与人力资源社会保障部联合开展税务系统先进集体和先进工作者评选表彰活动，选树一批实绩突出、群众公认的先进单位和个人。注重选拔创新引领模范、攻坚克难先锋进行重点培养，纳入高层次教育培训计划。综合利用税务内外网、"两微一端"、中国税务报、中国税务杂志等线上线下资源，协调主管部门、主流媒体、市场化媒体、有关网站等，加大先进典型宣传推介力度，增强在全社会的影响力。（人事司、办公厅、改革办、减税办、个税办、宣传中心）

三是做好文明单位等荣誉承继和优化提升工作。适应国税地税征管体制改革后新税务机关需要，与中央文明办、团中央、全国妇联、总工会等积极配合，组织做好税务系统各级文明单位、青年文明号、巾帼文明岗、工人先锋号等荣誉承继和评选表彰工作，努力在创建质量数量上不断优化提升。研究制定税务系统评选表彰制度办法，促进精神文明创建工作规范化常态化。加强税务系统精神文明创建活动情况宣传报道，向社会展示新时代税务干部良好精神风貌。（人事司、宣传中心）

（五）推进税收文明执法优质服务。认真贯彻落实以人民为中心的发展思想，切实转变税务部门职能，提高执法服务水平，营造更加稳定公平透明、可预期的税收营商环境，增强纳税人和缴费人的获得感。

一是深入推进依法治税。加强法治教育，各级税务机关每年至少安排一次党委理论学习中心组集体学法，党委书记每年至少讲1次法治课。落实新提拔任用干部宪法宣誓制度。全面推行行政执法公示、执法全过程记录、重大执法决定法制审核"三项制度"，着力打造新型税收执法质量控制体系，促进执法方式转变、执法水平提升，巩固和优化法治化的税收营商环境。（政策法规司、征管科技司、稽查局、办公厅、人事司、党建办）

二是规范税收执法行为。抓紧修订升级和补充完善纳税服务、税收征管等工作规范，进一步统一税收执法和服务标准，以规范促融合。统一政策执行标准。督促落实税务行政处罚裁量权行使规则，严格执行一事不二罚、相同事项相同处理等执法规则，确保严格规范公正文明执法。进一步规范并减少税务检查。深入推行税收执法责任制，实现对执法过错行为的事后追责。（纳税服务司、征管科技司、稽查局、政策法规司、督察内审司）

三是提升服务水平。贯彻实施深化优化税收营商环境五年行动方案、"放管服"改革五年工作方案等，优化税收营商环境。以"新税务 新服务"为主题，持续开展"便民办税春风行动"，集成推出系列便民办税服务措施。把优化缴费服务贯穿社保费和非税收入征管工作始终，积极拓展"实体、掌上、网上、自助"等多样化缴费渠道，确保服务水平只升不降。积极参加国内营商环境评价，进一步提升我国世界银行营商环境纳税指标排名。围绕落实新发展理念，用好税费数据"金山银库"，不断推出有分量的税收经济分析"拳头产品"，服务经济社会发展。（纳税服务司、征管科技司、社保组、非税收入组、规划核算司）

（六）推进税收诚信体系建设。贯彻落实关于加强个人诚信体系建设的指导意见精神，建立与"放管服"改革、国税地税征管体制改革和个人所得税改革相适应的自然人纳税信用管理体系，通过纳税人的自我评价、自我管理促进诚信自律，提高税法遵从度，助推社会诚信体系建设。

一是做好自然人纳税信息记录。以现有自然人库和应用功能为基础，在总局云平台统一开发自然人纳税信息相关运用，"一人式"自动归集、整理、记录自然人的纳税信用信息（包括基础信息、纳税信息和税收违法违规信息等），供纳税人查询、下载和税务机关内部使用、推送共享。（纳税服务司、征管科技司）

二是完善税收违法失信"黑名单"和联合惩戒制度。落实《重大税收违法失信案件信息公布办法》，严格执行案件公布、信息推送的标准和程序。建立完善信息配套系统，探索实现税收违法"黑名单"当事人在日常征管中自动触发风险提示，进一步严格"黑名单"当事人内部惩戒措施落实，促进形成良好的税收秩序。充分利用全国信用信息共享平台推送、共享"黑名单"相关信息。积极推动联合惩戒相关部门对"黑名单"当事人实施限制或禁止性联合惩戒措施，充分发挥联合惩戒机制震慑力。（纳税服务司、征管科技司、稽查局）

三是加强纳税诚信建设宣传引导。选取守信激励和失信惩戒典型案例，通过传统媒体与新兴媒体双平台向社会大众公布，扩大"黑名单"和联合惩戒制度的影响力，构建"一处失信、处处受限"的信用惩戒大格局，让失信者寸步难行。通过外附激励和内滋激励引导纳税遵从，增强诚信意识。（纳税服务司、征管科技司、稽查局、宣传中心）

四、工作要求

做好新时代税务系统精神文明建设工作，关系税收事业发展全局，关系税务干部队伍"四合"。各级税务局党委要立足新坐标、新方位，切实加强对精神文明建设的全面领导，奋力开创税务系统精神文明建设新局面。要坚持新时代党的建设总要求，落实全面从严治党政治责任，以党的政治建设为统领，推动全国税务系统增强"四个意识"、坚定"四个自信"，做到"两个维护"，始终在政治立场、政治方向、政治原则、政治道路上同以习近平同志为核心的党中央保持高度一致。要在税务总局党委统一领导下，各级税务机关上下协同，各有关职能部门分工合作，构建精神文明建设完备的工作体制和运行机制。要坚持重心下移、力量倾斜，推动精神文明建设在基层不断得到加强。要发挥党员领导干部表率作用，推动基层党组织和广大党员在精神文明建设中走在前、作示范。要坚持问题导向、实践导向、效果导向，突出"实"，力戒"虚"，坚决摒弃形式主义、官僚主义，促进税务系统精神文明建设工作不断改进创新、提高质量水平，创造经得起群众和历史检验的实绩。要认真总结梳理，深入发掘提炼各地的好经验好做法，及时上升到制度层面并予以推广。要加强相关部门工作人员教育培训，增强"脚力、眼力、脑力、笔力"，努力打造政治过硬、本领高强、求实创新、能打胜仗的精神文明建设工作队伍。

后 记

为庆祝中华人民共和国成立 70 周年，充分展示税务文化建设的重要成果和宝贵经验，激励广大税务干部为高质量推进税收现代化，实现"两个一百年"奋斗目标而不懈奋斗，我们组织编写了《文明花开新税务——税务文化建设典型案例选编》。

本书以习近平新时代中国特色社会主义思想为指导，突出税务文化建设主题，集中收录了全国税务系统税务文化建设集体典型案例 60 个，个人先进典型 45 个。这些典型案例紧密结合税收工作实际，注重突出时代特征、行业特色和地域特点，集中反映了税务文化建设的新气象、新风尚、新成果，充分体现了新时代税务人"不忘初心、牢记使命"的精神追求，与时俱进、开放包容的文化气质。这些典型案例主题清晰，内涵丰富，分为党建引领、文化传承、品牌建设和先锋榜样等四个篇章，力求充分展示税务文化特色，展现税务文化建设成果，进一步推进新时代税务文化建设。

本书选编过程中，得到了各级税务机关和部分单位负责同志及专家学者的大力支持。国家税务总局党建工作局局长孙玉山、人事司副司长武艳茹多次过问选编情况，提出意见建议。基层工作处党若祥、张玉峰、徐贞宇主持选编工作，审改全部书稿。范素平、张茜、王思光、崔松松、刘斐、赵溢航、吴伟强、潘志勇等同志承担了案例编辑工作。此外，中国税务出版社、国家税务总局广东省税务局、国家税务总局广东省东莞市税务局为本书编写出版提供了大力支持。在此，谨对所有为本书选编提供支持的单位及同志表示衷心感谢！

编 者

2019 年 11 月